U0939063

《黔首，你的暂住证？》配图

秦朝时期的通行证“传”（里耶秦简博物馆供图）

释文：故邯郸韩审里大男子吴骚，为人黄皙色，隋（椭）面，长七尺三寸☐年至今可六十三、四岁，行到端，毋它疵瑕，不智（知）衣服、死产、在所☐

《穿衣吃饭，待人接物，全得从头学！》配图

秦始皇陵园出土的跽坐俑
（秦始皇帝陵博物院供图）

秦始皇陵园出土的箕踞俑
（秦始皇帝陵博物院供图）

战国时期的朱绘黑漆花几
（摄于国家博物馆）

古代席地而坐时间长了，会感到腰酸腿麻，可以将上身靠在凭几上，稍微缓和一下

错银卧牛青铜镇（摄于国家博物馆）

其作用类似“镇纸”，用来压在席子的四角，以防席角翘起来

记载虎肉交易的简牍
（里耶秦简博物馆供图）

☑虎肉二斗卖于更☑
☑令史就☑平

武士斗兽纹铜镜（摄于国家博物馆）

出土于湖北云梦睡虎地，描绘了武士与猛兽搏斗的场面

秦公簋（摄于国家博物馆）

制于春秋秦景公时，出土于甘肃省天水市，用于盛放煮熟的饭食

东汉时期的舂杵陶俑（摄于国家博物馆）

秦简和考古发现中都出现了“舂”这个动作，但很可能是舂米，因为想把麦粒碾成面粉的难度太高

冬苋菜（王艾宁　摄）

又名冬葵、冬寒菜，古代叫葵菜，很长时间内都是古代中国人主要的蔬菜。今天湖南、四川、江西等地还在食用，一般用于煮汤或者煮粥

藠头（里耶秦简博物馆供图）

秦始皇帝陵博物院藏青铜漏壶
（敬泽昊　摄）

梁、盖的长方孔处插有有刻度的箭，箭随壶水外漏逐渐下降

《与其幻想着皇帝的恩宠，还不如当个独立自主的女汉子》配图

商代玉蚕（摄于国家博物馆）

这一实物证明中国至少从商代就已开始养蚕了

里耶出土的纺轮与梭（摄于里耶秦简博物馆）

《秦朝爆笑驱鬼手册》配图

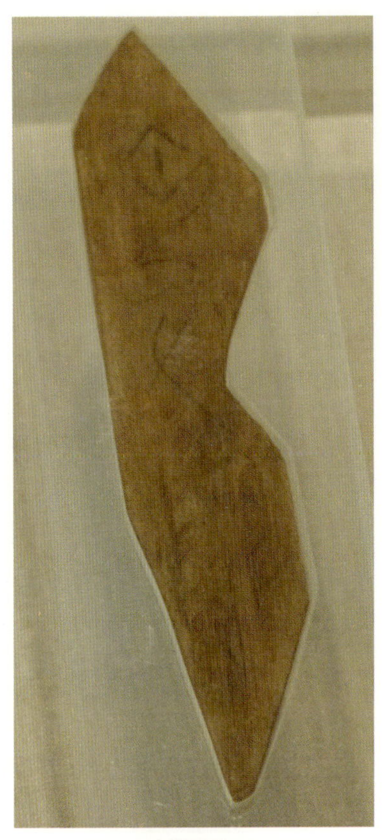

用来驱鬼的桃木符
（里耶秦简博物馆供图）

一枚记载了驱鬼咒语的简牍
（里耶秦简博物馆供图）

左图为正面，右图为背面
释文
正：☐书到二人袭夷山 急急急急急急朔书
背：☐到袭夷☐山☐☐到(爰浅)到贰(鼓)山到贰邑(备) 邑邑

《骊山欢迎你，包吃包住，还发制服！》配图

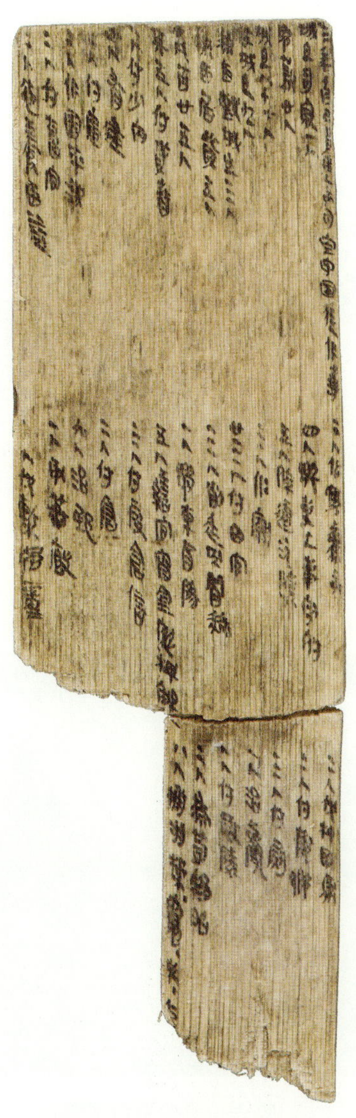

记载刑徒簿籍人数的简牍

（里耶秦简博物馆供图）

《当个好农民才是正经事》配图

铁插（秦始皇帝陵博物院供图）

长14.30厘米，高5.80厘米，厚1.80厘米，秦始皇帝陵园外城北端石料加工场遗址出土

铁铧（秦始皇帝陵博物院供图）

残长30.70厘米，宽25.50厘米，厚7.50厘米，秦始皇帝陵园西南赵背户存修陵人墓地出土

《手工DIY青铜器教程》配图

青铜柄铁剑（摄于国家博物馆）

春秋时期秦国文物，它的剑柄是青铜的，剑身是铁制的，是目前中国最早的人工冶铁制品之一

“廿一年相邦冉”青铜戈（摄于国家博物馆）

秦昭王二十一年（前286年）相邦魏冉监造的兵器

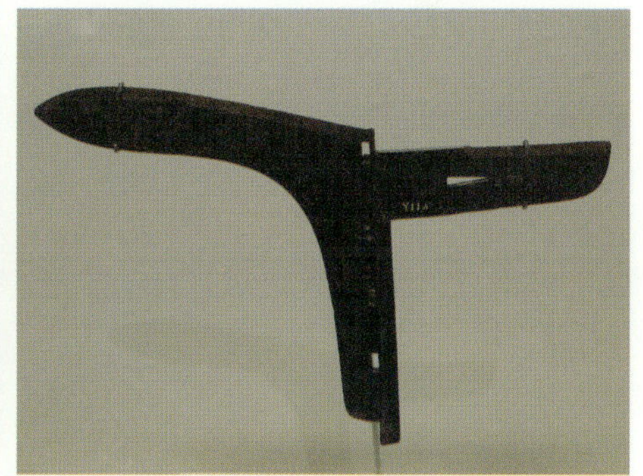

相邦吕不韦戈（摄于国家博物馆）

《走过路过不要错过，一律两钱！一律两钱！》配图

东汉市楼画像砖
（摄于国家博物馆）

四川广汉出土，反映了当时市场的景象，秦朝市场情况与此类似

两诏青铜版
（摄于国家博物馆）

上面以小篆体刻有秦始皇二十六年（前221年）统一度量衡的40字诏书，又附有秦二世元年（前209年）补刻的诏书，强调统一度量衡是始皇帝的功绩，还表示将统一度量衡的政策继续推行下去

青铜量器（摄于国家博物馆）

瓜棱形青铜秤锤（摄于国家博物馆）

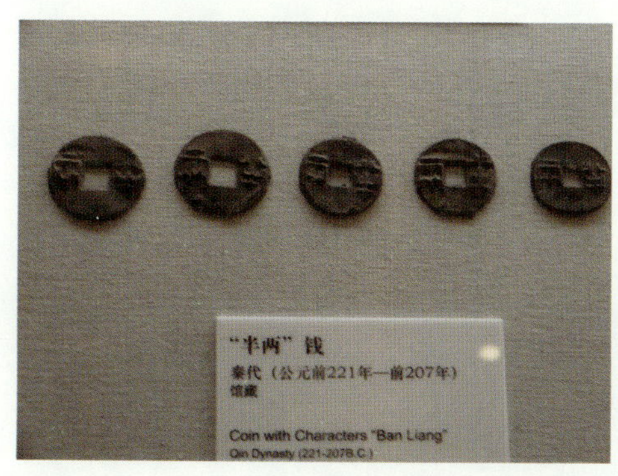

秦半两与铸钱的陶范（摄于陕西历史博物馆）

《秦军的二十一条军规》配图

杜虎符（摄于陕西历史博物馆）

虎符平时被一分为二，需要调兵时，君王就会将自己的半枚虎符送到军中，与将领手中的另半枚合在一起，方可调兵。这枚虎符的铭文为："兵甲之符，右在君，左在杜。凡兴士被甲，用兵五十人以上，必会君符，乃敢行之。燔燧之事，虽毋会符，行殹（也）。"

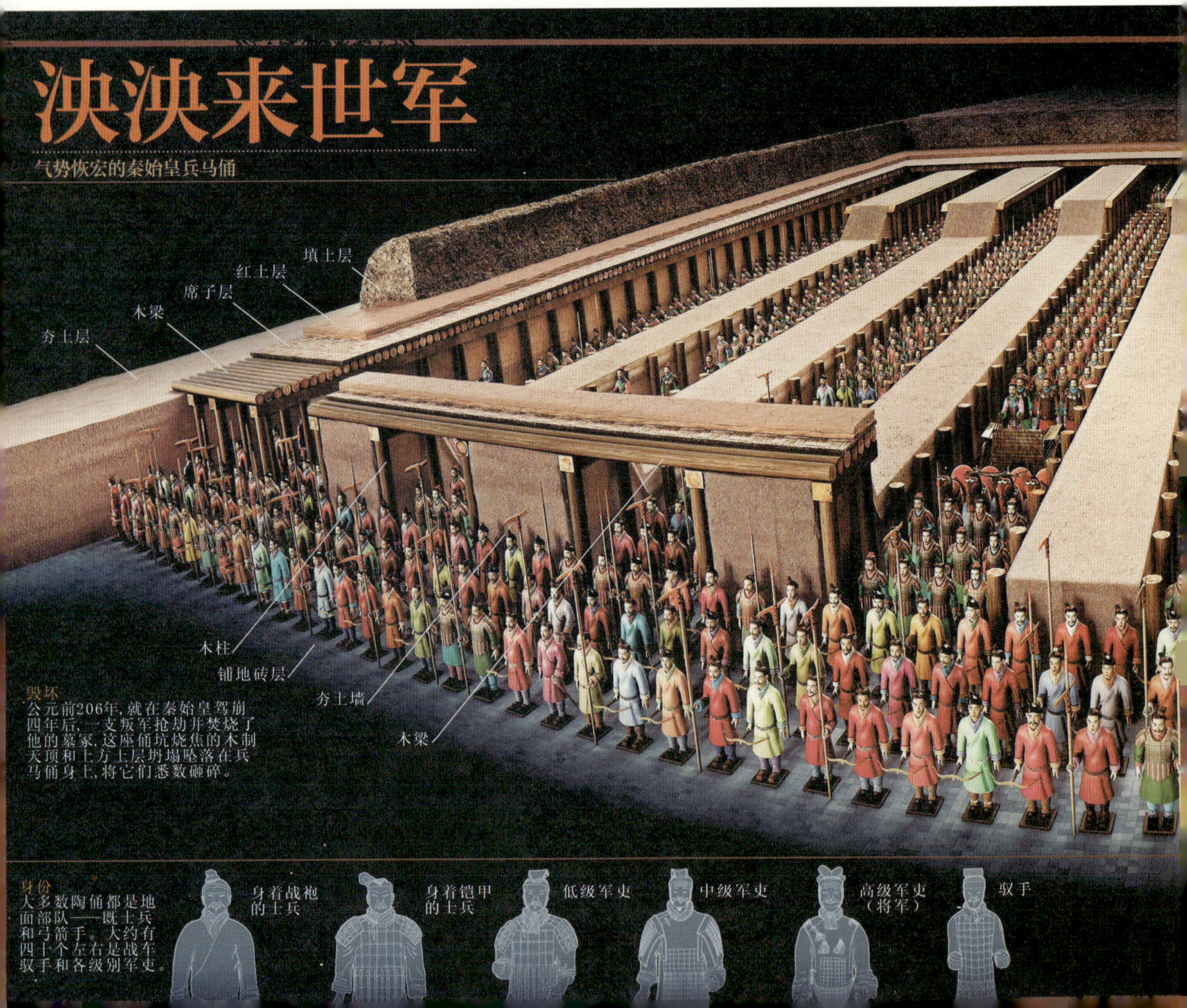

泱泱来世军

气势恢宏的秦始皇兵马俑

填土层

红土层

席子层

木梁

夯土层

木柱

铺地砖层

夯土墙

木梁

毁坏

公元前206年，就在秦始皇驾崩四年后，一支叛军抢劫并焚烧了他的墓冢，这座俑坑烧焦的木制天顶和上方土层坍塌坠落在兵马俑身上，将它们悉数砸碎。

身份

大多数陶俑都是地面部队——既士兵和弓箭手。大约有四十个左右是战车驭手和各级别军吏。

身着战袍的士兵

身着铠甲的士兵

低级军吏

中级军吏

高级军吏（将军）

驭手

《在战场上，单枪匹马会死人的》配图

《美国国家地理杂志》对兵马俑将军俑的复原图（图片来源于网络）

《美国国家地理杂志》对兵马俑的复原图
（图片来源于网络）

兵马俑坑出土的青铜剑
（秦始皇帝陵博物院供图）

剑身共有八个棱面，表面有一层10微米厚的铬盐化合物，体现出十分高超的工艺

虎座鸟架鼓（湖北省博物馆馆藏）

悬鼓外形扁平，竖放在凤形鼓架上，两脚分别是卧虎的形状，是出土的鼓中最有名的一面

虎纹青铜钲（摄于陕西历史博物馆）

战国文物，出土于四川，即军中用于发布停止、撤退等命令的“金”

兵马俑坑出土的石胄
（秦始皇帝陵博物院供图）

秦始皇帝陵出土的石铠甲
（摄于陕西历史博物馆）

其形制模拟了皮制铠甲

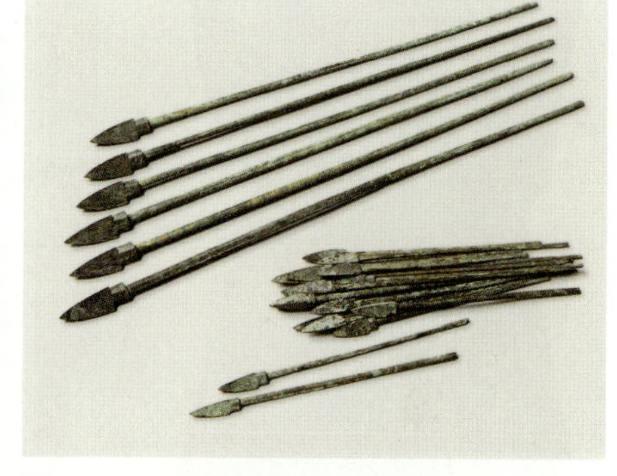

兵马俑坑出土的青铜弩机零件与箭镞（秦始皇帝陵博物院供图）

御官俑（秦始皇帝陵博物院供图）

兵马俑坑的陶马（秦始皇帝陵博物院供图）

《说秦朝愚民？人家只是太重视实用技能》配图

兵马俑坑出土的文吏俑
（秦始皇帝陵博物院供图）

削刀（里耶秦简博物馆供图）

用于刮去简牍上错字的工具

习字简
（里耶秦简博物馆供图）

由于这些字大多无意义，专家推断这是吏员们练习写字时用的习字简

九九乘法口诀表简
（里耶秦简博物馆供图）

目前出土的最早的乘法口诀表，里耶秦简博物馆镇馆之宝之一，专家推断这也是吏员们用来进行数学练习的

《“开门，我是送快递的！”》配图

写有“迁陵以邮行洞庭”字样的“检”（里耶秦简博物馆供图）

这是中国最早的信封

《秦时做官何其难》配图

秦朝官吏在官府中议事的模拟场景（里耶秦简博物馆供图）

《到咸阳啦，来次帝都深度游！》配图

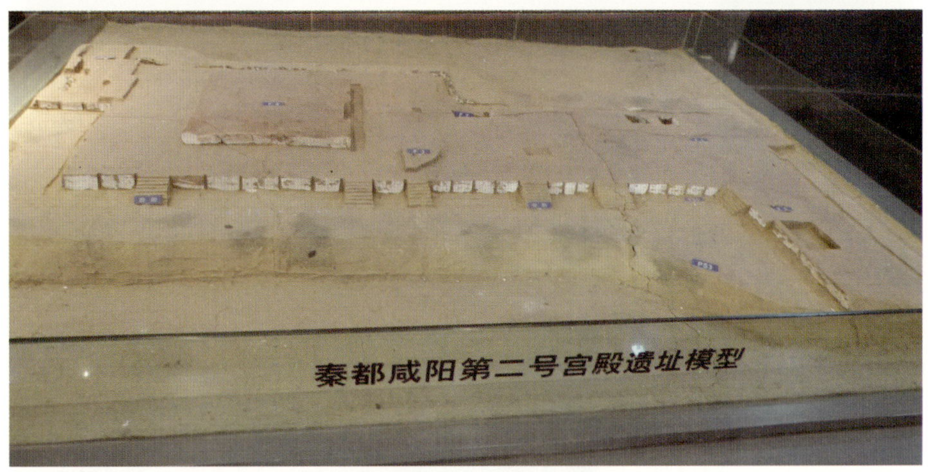

咸阳宫一号、二号宫殿遗址的模型（摄于咸阳市博物馆）

咸阳宫复原模型（摄于咸阳市博物馆）

秦朝瓦当（摄于国家博物馆）

龙纹空心砖（摄于国家博物馆）

出土于咸阳秦一号宫殿遗址

水神骑凤空心砖（摄于咸阳博物馆）

出土于咸阳秦一号宫殿遗址

青铜釭（摄于国家博物馆）

用于连接、加固宫殿壁柱、门窗的青铜构件

青铜龙（摄于陕西历史博物馆）

有观点认为可能是大型乐器架的底座

金啄木鸟（摄于陕西历史博物馆）

出土于秦公一号大墓，放大后才能看清精美的做工

彩绘铜车马（秦始皇帝陵博物院供图）

兵马俑博物馆的镇馆之宝，第一辆被认为模仿了秦始皇的金根车

《一个幽灵，秦始皇的幽灵，在骊山飘荡》配图

秦始皇陵出土的乐府钟
（秦始皇帝陵博物院供图）

迄今为止中国考古发现的唯一一件能证明秦朝已有“乐府”的文物

秦始皇陵出土的青铜鹤与青铜鹅
（秦始皇帝陵博物院供图）

有观点认为铸造它们的工匠借鉴了地中海地区的制作工艺

秦始皇陵出土的百戏俑（秦始皇帝陵博物院供图）

鎏金龙凤纹银盘（摄于国家博物馆）

出土于山东临淄的西汉齐王墓，是目前所见唯一一件秦朝的银质器皿

鸱鸮形马胄饰（摄于国家博物馆）

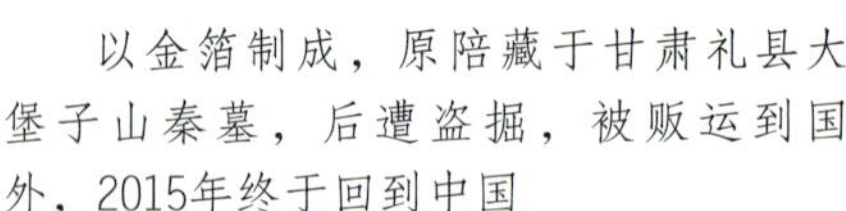

以金箔制成，原陪藏于甘肃礼县大堡子山秦墓，后遭盗掘，被贩运到国外，2015年终于回到中国

秦朝穿越指南

张不叁 编著

陕西师范大学出版总社

图书代号：SK15N1208

图书在版编目（CIP）数据

秦朝穿越指南/张不叁编著. —西安：陕西师范大学出版总社有限公司，2016.1（2021.11重印）
ISBN 978-7-5613-8334-6

Ⅰ.①秦… Ⅱ.①张… Ⅲ.①中国历史—秦代—通俗读物 Ⅳ.①K233.09

中国版本图书馆CIP数据核字(2015)第314393号

秦朝穿越指南
QINCHAO CHUANYUE ZHINAN
张不叁 编著

策划编辑 / 姚蓓蕾
责任编辑 / 王西莹
封面插画 / 燕王wf
装帧设计 / 张潇伊 这礼文化
出版发行 / 陕西师范大学出版总社
（西安市长安南路199号 邮编710062）
网　　址 / http://www.snupg.com
印　　刷 / 西安市建明工贸有限责任公司
开　　本 / 720mm×1020mm 1/16
印　　张 / 23.75
插　　页 / 12
字　　数 / 377千
版　　次 / 2016年1月第1版
印　　次 / 2021年11月第6次印刷
书　　号 / ISBN 978-7-5613-8334-6
定　　价 / 55.00元

读者购书、书店添货或发现印装质量问题，请与本公司营销部联系、调换。
电话：(029)85307864 85303629 传真：(029)85303879

◎ 序

如果你爱他，送他去秦朝，那里是天堂；

如果你恨他，送他去秦朝，那里是地狱。

它是古装剧穿越剧的大热门，也是史书中充斥着无数恐怖传闻的虎狼之国，假如你只因《寻秦记》看入了迷，就想步项少龙的后尘穿越到那个时代，肯定会遭遇千奇百怪的凄惨下场。

好在还有我——秦穿导游张不叁，以及你手中这本《秦朝穿越指南》。在这本书中，我会带你畅游商鞅变法后的百余年历史，让你亲身体验形形色色的秦人生活，无论是美好、刺激还是荒诞、恐怖。

你也许会成为万千农夫中的一员，在官府的指导下辛勤耕种，体会丰收的喜悦；

你也许会加入那支复活的军团，王于兴师，修我戈矛，最终挣得爵位，为统一大业立下汗马功劳；

你也许会当上法吏，切身体会秦朝庞大严谨的法律体系，再平步青云步步高升，直至成为三公九卿，手中掌握着帝国的未来；

你也许会化身两千年前的神探，用自己的智慧和洞察力破获大案，捍卫民众的福祉；

你也许会修炼成秦朝的驱魔人，手握桃木弓，脚下踏禹步，云游天下、斩鬼除魔；

你也许会去干工匠，DIY出青铜器，体验一把古代的标准化制造；

你甚至会亲身游历壮丽的帝都咸阳，见识大朝会的盛况，与始皇帝及文武百官零距离接触，再深入骊山陵的地宫一探究竟；

…………

心动了？好，这本《秦朝穿越指南》塞给你，带着大无畏的精神，踏上旅途吧！

穿越须知

◆本书里主要使用秦朝这一称呼，有时也称秦国，这要视具体时间而定。公元前359年商鞅变法，前221年统一天下建立秦朝，前206年灭亡，因此前221年成为两种称呼的分水岭，但这一百五十年的各项社会制度本质上没有变化。

◆了解秦朝必须从了解它的法律入手，而不能一味相信史书上的夸大其词。秦律的确严苛，你会发现许多规定都不近人情甚至不可理喻，但它们大多有着深刻的社会原因，只有和时代背景联系起来，才能充分理解这些严刑酷法背后的意义。

◆这是一次不折不扣的自虐游，连绵的严酷战争使这时期的每个人都要将生存放在第一位，所以你只能时刻紧绷神经，否则稍不小心就会受到严厉处罚，甚至小命休矣。

◆这又是一个极度崇尚奋斗拼搏和建功立业的朝代，所以不要期待能直接穿越成帝王将相，过上锦衣玉食的生活。你必须从一个最普通的秦人做起，通过自己的努力一步步积累经验值，最终成为人生赢家。

◆只有真正的猛士，才能在这个艰难时世存活下来。

你的传说，都已被它们记下

从20世纪70年代起，记录着法律条文、政府文书的秦汉简牍在各地陆续被发现，你这次穿越的许多经历，都是根据这些简牍上的内容改编的。

必须说明的是，秦朝创设的许多制度都被汉朝继承了下来，因此你也会在穿越中不时遇到汉代的律法与案例。

◆云梦睡虎地秦简：1975年出土于湖北省云梦县，记载了秦律的许多法律条文，还包括类似司法解释的《法律答问》、类似案例汇编的《封诊式》等。它们都被秦朝一位法吏“喜”带入自己的坟墓，沉睡了两千年后才重见天日，一经披露便震动了考古界。

◆里耶秦简：2002年出土于湖南省龙山县里耶镇的一口古井中，简牍数多达3.8万枚，记载了秦朝当地官府——洞庭郡迁陵县的各类政府公文，内容涉及官吏任免、公文传递、灾害防治、物资运输、户籍统计、司法诉讼、债务追讨等方方面面，是目前研究秦制最重要的考古资料。

◆张家山汉简·奏谳（yàn）书：1983年至1984年出土于湖北省江陵县的一批简牍，虽然年代是汉代，但其中一部名为《奏谳书》的案例汇编记载了几个秦朝的真实案例。

◆岳麓书院藏秦简：2007年湖南大学岳麓书院从香港古董市场购藏了一批秦简，内容包括占梦、数学以及官吏道德教材，其中最重要的是《奏谳书》，又名《为狱等状四种》，里面也记载了秦朝许多真实案例。

◆北京大学藏秦简：2010年初香港一家国学基金会赠送给北京大学的一批简牍，内容十分丰富，涉及古代政治、地理、经济、数学、医学、文学、历法、方术、民间信仰等诸多领域。

◆天水放马滩秦简：1986年出土于甘肃省天水市，主要内容是秦朝的占卜手册《日书》，该书在湖北云梦睡虎地秦墓、湖北江陵岳山秦汉墓、湖北江陵王家台秦墓、湖北沙市周家台秦墓等多处都有发现，足见在当时的普遍。

◆龙岗秦简：1989年出土于湖北省云梦县，记载了秦朝禁苑、驰道、马牛羊、田赢等领域的一些律文。

这次穿越，你会见到这些名人

◆商鞅：著名改革家。姓公孙，名鞅，因出身卫国公族，称卫鞅。后因在河西之战中立功获封商十五邑，所以又被称为商鞅。秦孝公时期入秦，推行变法使秦国强大起来。秦孝公死后，他被继位的秦惠王以谋反罪名车裂，但他创设的制度都被保留下来，并为秦国最终统一天下打下了坚实基础。他的著作《商君书》流传至今，不过其内容并不都出自他本人之手，有些是他的学生、门客记录下来的。

◆秦惠王：名驷，秦孝公之子。年少时曾犯法，商鞅因此处罚了他的两位老师。继位后，他以谋反罪名将商鞅车裂，并任用张仪、公孙衍展开外交攻势，破解了六国合纵，还任用司马错占领巴蜀。

◆宣太后：又称芈八子，秦惠王的妃子，秦昭王之母。曾和儿子一同赴燕国为质，秦武王死后潜回秦国，与弟魏冉一同平定“季君之乱”，助儿子登上王位。此后以太后身份在秦国摄政数十年之久，摄政期间秦国在对外战争中屡屡获胜，她本人还曾设计诱杀义渠王，并趁机灭其国。

◆秦昭王：名稷，年轻时曾在燕国为质，秦武王死后回国继位。执政初期，大权掌握在他母亲宣太后以及权臣魏冉手中，后期任用范雎夺回了君权。他是秦国在位时间最长的君王，在位期间使秦国对山东六国取得了压倒性的优势。

◆白起：秦昭王时期的名将。一生未尝一败，斩首数近百万，受封武安君。长平之战中，他利用地形将四十万赵军诱入包围圈，切断其粮道，使赵军在饥饿中丧失战斗力，最终不得不全部投降。为绝后患，白起将他们全部坑杀。此后不久，他自己也因不服从秦昭王的命令被赐死。

◆范雎：秦昭王时期的丞相。原是魏国人，遭中大夫须贾、丞相魏齐迫害，几乎致死，后在王稽、郑安平的救助下逃往秦国，得到重用。他帮秦昭王夺回权力，提出“远交近攻”的外交方略，并向须贾、魏齐复仇。但后来因王稽、郑安平有罪，他需负连带责任，最后在蔡泽的游说下辞去相位。

◆荀子：战国后期著名思想家。认为人性本恶，主张用礼制规范人的言行，这一学说被认为兼有儒法两家的观点。他曾在秦昭王时期游历秦国，给予了秦国很高的评价。李斯、韩非都是他的学生。

◆吕不韦：本是濮阳富商，因拥立秦公子异人（子楚）而步入秦国官廷，官至丞相，受封文信侯。在位期间他组织门客编纂了《吕氏春秋》，但因将嫪毐（lǎo ǎi）进献给太后赵姬而受牵连，被秦王政流放蜀地，饮鸩而死。

◆韩非：战国后期法家代表人物之一。出身韩国王族，先天口吃，曾师从荀子。著有《韩非子》，将法、术、势三派学说融为一体，对后世影响极为深远。他因受秦王政赏识而受邀入秦，后又因卷入间谍案而被下狱，饮鸩而死。

◆秦始皇：名政，中国历史上第一位皇帝。他在位期间灭六国，将郡县制、秦法推行全国，统一各国文字、货币、度量衡等，修建了长城、秦直道等一系列工程，南平百越、北击匈奴，这些都为后世王朝打下了基础。但他在位期间也有焚书坑儒、滥用民力等劣迹，统治后期造成了社会矛盾激化。

◆李斯：秦朝丞相。曾师从荀子，后入秦，以《谏逐客书》打动秦王政，得到重用，官至廷尉、丞相，曾在焚书事件中起到关键作用。秦始皇死后，他与赵高合谋篡改诏书，拥立胡亥继位，并纵容了一系列倒行逆施的政策，自己也被赵高诬陷，受五刑而死。

◆王翦：秦朝名将。与其子王贲共同领兵灭亡赵、燕、魏、楚、齐五国，是秦国统一天下的关键人物。灭楚之战是其代表战役，他领军六十万与楚军长期对峙，并抓住楚军东撤的战机突然出击，从而大破楚军。天下统一后，他受封武成侯，其子王贲、孙王离也被封侯。

◆蒙恬：秦朝名将。曾领大军北击匈奴，又修建长城，传说还改造了毛笔。后被二世下狱，饮鸩而死。

◆陈胜：秦末战争中的起义军领袖。在戍边途中与吴广在大泽乡揭竿而起，建立张楚政权，后被秦将章邯所败，遭车夫刺杀而死。

◆项羽：旧楚贵族后裔。秦朝末年与其叔父项梁一同在江东起兵反秦，曾在巨鹿之战中破釜沉舟，歼灭秦军主力，后又火烧咸阳，最终在楚汉战争中败于刘邦，自刎于乌江。

◆刘邦：西汉开国皇帝。曾为亭长，秦末起兵反秦，并率先攻入关中，灭亡秦朝；楚汉战争中击败项羽，建立汉朝，并全盘继承了秦朝创设的制度。

这次穿越，你可能经历这些事

前361年：秦孝公即位，卫鞅入秦。

前359年：卫鞅徙木立信，变法开始。

前350年：迁都咸阳，建冀阙。

前340年：河西之战，卫鞅虏魏公子卬，夺取河西之地，受封商邑，此后称商鞅。

前337年：惠文君继位，商鞅遭车裂。

前328年：张仪相秦。

前325年：惠文君称王。

前316年：司马错伐蜀。

前310年：惠文王卒，秦武王即位。

前307年：秦武王举鼎受伤，不治而死。

前306年：在燕国为质的公子稷回国继位，是为秦昭王，其母宣太后摄政。

前293年：伊阙之战，白起重创韩、魏联军。

前279年—前278年：白起攻陷楚国鄢城、郢都，烧楚王陵，受封武安君。

前260年：长平之战，赵军被困四十六日，被迫降秦，均被坑杀。

前259年：秦始皇出生；邯郸之战开始。

前257年：信陵君窃符救赵，邯郸之战秦军败战，白起被贬并赐死。

前256年：秦灭周，九鼎入秦。

前250年：秦昭王卒，秦孝文王即位，在位三天即卒，太子子楚即位，是为庄襄王，以吕不韦为相。

前246年：庄襄王卒，秦王政即位，即后来的秦始皇。

前239年：长安君成蛟反叛，兵败被杀；嫪毐受封长信侯，骄横无比。

前238年：秦王政加冠，嫪毐发动叛乱，被平定。

前237年：吕不韦被免职，秦王政下逐客令，后因李斯谏书而放弃。

前235年：吕不韦饮鸩自裁。

前233年：韩非使秦，因卷入间谍案被下狱，饮鸩自裁。

前230年：内史腾灭韩，置颍川郡。

前229年，秦军开始攻赵，李牧领军抵抗，因反间计遇害。

前228年，王翦攻克邯郸，俘虏赵王，赵国灭亡。

前227年，荆轲刺秦王，事败被杀；秦军攻燕。

前226年，秦军攻克蓟城，燕王喜逃往辽东。

前225年：王贲攻魏，水攻大梁城，魏王假降。

前224年：第一次攻楚之战，李信大败；秦王政亲请王翦出山，领军六十万再度攻楚，大破项燕，俘虏楚王。

前222年：王贲攻辽东，俘燕王喜；攻代，俘代王嘉。

前221年：王贲自燕向南攻齐，齐国不战而降，天下统一；秦王政改称“皇帝”，分天下三十六郡。

前218年：张良在博浪沙行刺始皇帝，失败。

前215年：蒙恬北击匈奴取得大胜。

前214年：征发大批民众前往岭南戍边。

前213年：焚书事件。

前212年：坑儒事件。

前210年：秦始皇最后一次巡狩，途中病故；李斯、赵高合谋篡改遗诏；扶苏自尽，蒙恬被下狱，胡亥继位为二世皇帝。

前209年：秦二世倒行逆施；陈胜吴广于大泽乡起义。

前208年：周文攻破函谷关，少府章邯领刑徒军将其击溃；李斯被诬谋反下狱，受五刑而死。

前207年：巨鹿之战，项羽破釜沉舟取得胜利，秦军主力被歼灭，章邯投降项羽；秦二世胡亥被赵高逼杀。

前206年：子婴杀赵高，成为最后一任秦王；刘邦入关，子婴请降；项羽火烧咸阳，秦朝灭亡。

本书涉及的计量单位换算

1秦尺≈23.1厘米

1秦升≈200毫升

1秦斤≈253克

要兑换多少秦半两，你才能在秦朝活下去？

秦朝的物价是个大问题，目前只有一些零散记载，且时间不同，价格波动也较大。

以米价为例，里耶秦简有“受米一石，赃值百卌”的记载，即140钱/石；岳麓秦简有两条数学题称，“米贾（价）石六十四钱”“米贾（价）石五十钱”，即分别为64钱/石、50钱/石；然而秦始皇三十一年（前216年），由于刺客事件的影响，关中米价又飞涨到1600钱/石。

这里姑且以岳麓秦简的记载为准，由于这是数学题，相对更有代表性一些。

林甘泉先生著的《中国经济通史·秦汉经济史》称，秦汉时期1石约合如今的27市斤，即13.5公斤，则岳麓秦简中的大米价格分别为：

64钱/石÷13.5公斤/石≈4.74钱/公斤

50钱/石÷13.5公斤/石≈3.7钱/公斤

取平均值，为4.22钱/公斤。

2015年，北京地区大米的平均价格约为5元/公斤，则人民币对秦半两的汇率约为0.844，即1元人民币可以兑换0.844钱。

附赠几条秦朝的物价信息：

睡虎地秦简记载：一名服役抵债者，每天工钱为8钱，每天口粮约值2钱；隶臣、城旦的劳改服，冬装的成本为110钱，夏装为55钱；

岳麓秦简记载：一副铠甲的工本约1344钱，一面盾牌约384钱；

里耶秦简记载：一名成年奴隶，卖4300钱；一名未成年奴隶，卖2500钱；一大一小两名奴隶，共卖6800钱。

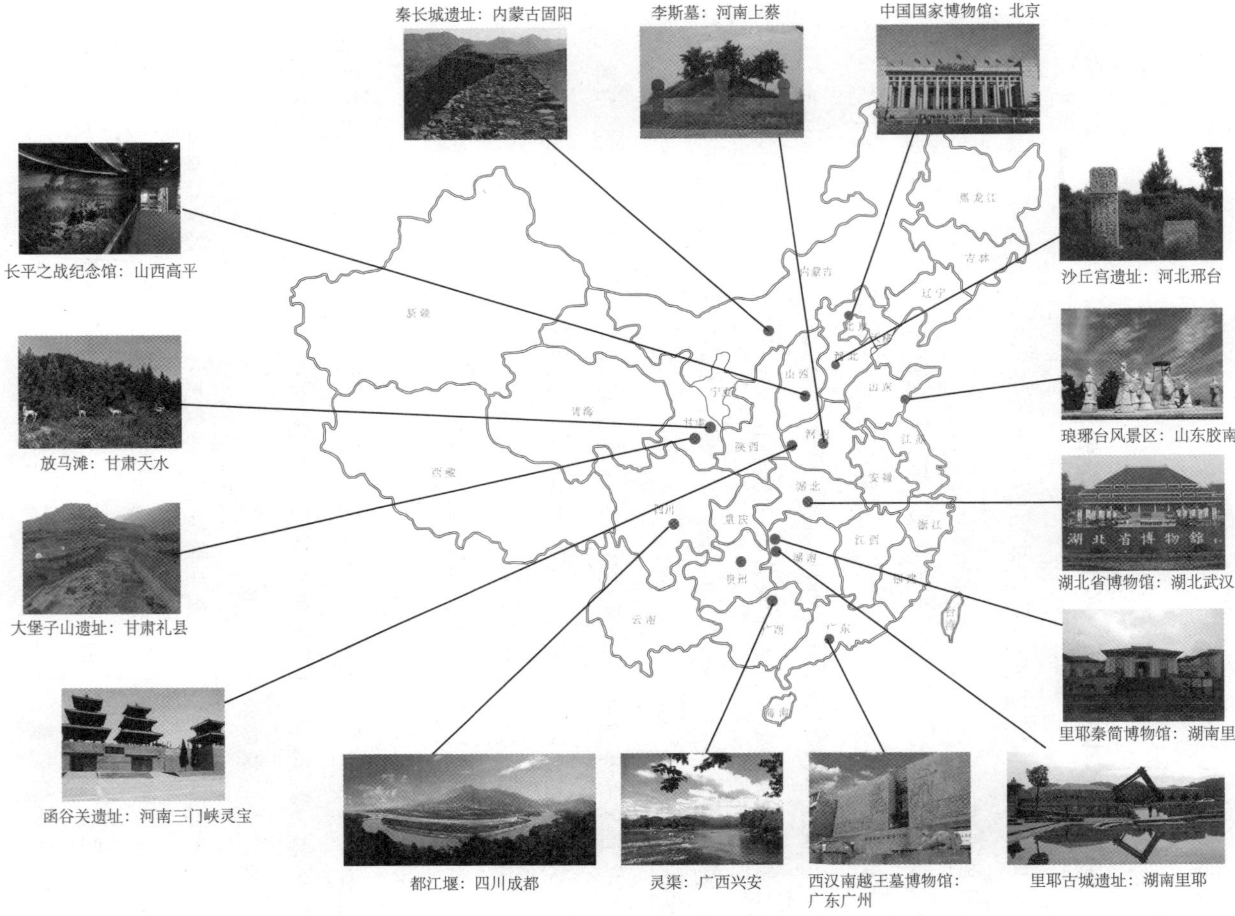

秦长城遗址：内蒙古固阳

李斯墓：河南上蔡

中国国家博物馆：北京

长平之战纪念馆：山西高平

沙丘宫遗址：河北邢台

放马滩：甘肃天水

琅琊台风景区：山东胶南

大堡子山遗址：甘肃礼县

湖北省博物馆：湖北武汉

函谷关遗址：河南三门峡灵宝

里耶秦简博物馆：湖南里耶

都江堰：四川成都

灵渠：广西兴安

西汉南越王墓博物馆：广东广州

里耶古城遗址：湖南里耶

穿越地推荐（全国）

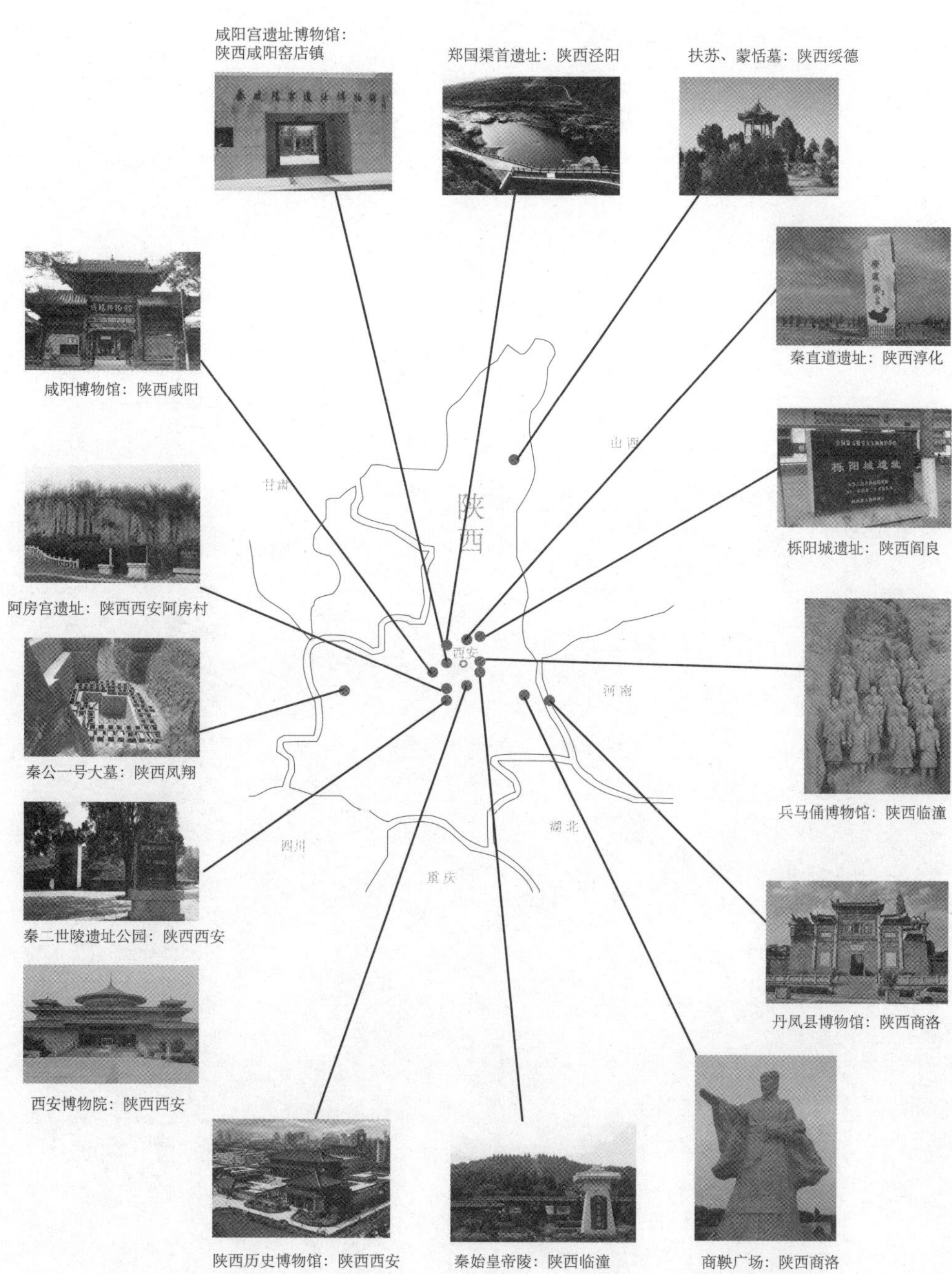

咸阳宫遗址博物馆：
陕西咸阳窑店镇
郑国渠首遗址：陕西泾阳
扶苏、蒙恬墓：陕西绥德
秦直道遗址：陕西淳化
咸阳博物馆：陕西咸阳
栎阳城遗址：陕西阎良
阿房宫遗址：陕西西安阿房村
兵马俑博物馆：陕西临潼
秦公一号大墓：陕西凤翔
秦二世陵遗址公园：陕西西安
丹凤县博物馆：陕西商洛
西安博物院：陕西西安
陕西历史博物馆：陕西西安
秦始皇帝陵：陕西临潼
商鞅广场：陕西商洛
甘肃
山西
陕西
西安
河南
湖北
四川
重庆

穿越地推荐（陕西）

第一章

黔首，你的暂住证？
——户籍

Pia的一声你跌落在地，过了好一会儿才像一具摔碎的兵马俑那样，收拾起自己的胳膊腿脚，一截一截爬起来，呻吟着想自己为什么是Pia而不是轰的一声，穿越小说不都是这样写吗？对不起，你是脸朝下着地的。

不要口出怨言啦，先擦一把你满脸的泥土和鼻血，然后站起来环顾一下周边，你不会看到想象中的宫宇和高墙，更没有什么侍女妃嫔之类环伺周围，只有一群看怪物一样围观你的黔首（秦朝民众的称谓），他们问你要“符”“传”（zhuǎn）“验”，还向你提出一系列哲学层面的终极问题：你是谁？你从哪里来？要到哪里去？……当你不出三言两语就被问得支支吾吾时，他们意味深长地面面相觑，一拥而上把你五花大绑，推搡着你去见官府了，政治觉悟堪比朝阳区人民群众。

是的，穿越到秦朝之后，你遇到的第一件事就是被抓，这简直是一定的。

在秦朝，穿越者完全就是“偷渡客”的同义词。商鞅变法时就要求，“使民无得擅徙”，禁止民众随意离开居住地，这样就可以使那些到处迁徙、扰乱农事的人失去混饭吃的地方，只好老老实实种地。[①] 想要旅行或者搬家，必须得开介绍信，出示身份证明。

---

①《商君书·垦令》：“乱农之民无所于食，而必农。”

第一页彩图中那枚出土自湖南湘西里耶的简牍，就是那时的证件“传”。上面写着：邯郸市韩审里的成年男子吴骚（真是个好名字），外貌特征为脸色发黄，脸型椭圆，身高7.3秦尺（约合1.68米，这个身高在当时应该属于偏高的了），行为端正、没有劣迹，不清楚其个人财产情况（在当时，衣服也是个人财产中很重要的一部分）。

这就是你出门在外、居家旅行、杀人灭口（划掉）之必备法宝。没有它，就算是项少龙穿越过来，也会分分钟被擒拿归案。当官府查询户籍，却没有发现关于你的档案，等待你的就很可能会是“将阳”（游荡罪）、“阑亡”（逃亡出关罪）、“邦亡”[①]（偷渡出境）等罪名，以及被罚为刑徒、接受劳动改造一类的命运。

也许你还不信，幻想着穿越过后遇上一位对暴政不满、对你这样的江湖豪客满怀同情的义士，自己可以在他那里先避避风头，没准人家还会好酒好肉招待你，再资助你点盘缠……《水浒传》里不都是这种套路吗？

对不起，烦请先照照镜子，看看浑身散发着流氓无产者气息的自己到底哪点像好汉。而且，当时的法律也不得不让你接受现实。《游士律》规定：游士（苏秦、张仪那样的说客）在某地定居逗留，却被查出没有带证件“符”，所在县的官吏要被罚一套皮甲；如果他居然能在当地安然无恙地住到一年以上，官吏更要受到斥责。[②]

张家山汉简里的《奏谳书》[③]还记了一个案子：汉朝初年的安陆县（今湖北省安陆市），一位狱史“平”藏匿了一名没有户籍的男子“种”，结果被他的上司——县丞“忠”举报了。当时法令规定，如果不向官府报户口，都要被判处刮胡子的“耐”刑，还要去劳动改造。[④]最后“平”果然受到了这样的刑罚。所以你自己想想，哪位义士甘愿付出这样的代价收留你？

---

① 秦统一六国后就不存在邦亡的说法了。

② “游士在，亡符，居县赀（zī，意为罚款）一甲；卒岁，责之。”

③ 汉朝大部分律法都承袭自秦朝，《奏谳书》同样对理解、研究秦制有借鉴作用。

④ “不自占书名数，皆耐为隶臣妾。”

即使你运气足够好，没有第一时间被抓，也哪儿都不能去，因为所有的关津要隘都要查证件“传”。“鸡鸣狗盗”的故事中，孟尝君就是直接“更封传、变名姓”（伪造证件），一路狂逃到函谷关前的。

关卡检验“传”的场景（里耶秦简博物馆供图）

《奏谳书》里还有另一个案子：汉初临淄一个叫“阑”的狱史和诸侯国齐国一位叫“南”的妹子谈恋爱，由于当时法律禁止不同国籍的男女通婚，所以“阑”让“南”假扮病人睡在车里，又偷了一位大夫“虞”的“传”企图蒙混过关，结果被截住了，“阑”被罚去当“城旦”（刑徒的一种，详见“刑徒”一节）。《法律答问》还规定，如果你在咸阳伪造了“传”而没有被发觉，过关津时被捕获，那么从咸阳关卡开始，这一路你途经的各县都要受“赀”的处罚。[①]

到了晚上，你也不会有住处可以落脚，秦朝所有的“逆旅”（旅馆）都不会收留一个来路不明的可疑人。这一规定是当年商鞅变法时推出的，他

---

① “今咸阳发伪传，弗知，即复封传它县，它县亦传其县次，到关而得，今当独咸阳坐以赀，且它县当尽赀？咸阳及它县发弗知者当皆赀。”

还以亲身经历证明了这项制度的牢不可破：有一次他夜晚投宿客栈，因出来得太匆忙而忘了带证件“验”，旅馆老板因此拒绝他住宿，声称“舍人无验者坐之”，从此留下了“作法自毙”的成语。

这些证件，都与当时民众的户籍记录相关，影响了中国两千年的户籍制度正是在秦朝定型的。假如你看过电影《王的盛宴》，肯定会对这段情节有印象：刘邦来到秦宫存放户籍的仓库，吏员喊了一声“沛县刘季”（这个叫法没错），只听一阵叮当乱响，各种机关开开阖阖，属于他的那卷档案就通过滑梯一样的凹槽传送到了眼前……

这一幕虽然过于奇幻，但秦朝政府对户籍的重视程度的确是空前的。一方面，它有助于社会稳定，当你游荡到异乡被抓时，官府第一时间要查的就是你的户籍所在。岳麓秦简有一桩“多小未能与谋”案：秦军进攻楚国的庐溪县，捕获了一名俘虏“多”，官府居然能从多年前的户籍档案中查出，他原本是秦国人，拥有“小走马”爵位，十二岁时，他跟着母亲“邦亡”到楚国，户籍档案甚至连他“小走马”爵位被秦国注销的事都记得一清二楚。

另一方面，户籍还为官府提供了统计数据。《商君书》提出了所谓“强国十三数”，也就是执政者必须清楚的十三大类数据——国家的粮仓、金库、壮年男子、成年妇女、老人、小孩、官吏、士子、说客、农夫、马、牛、刍藁（gǎo，喂牲畜的饲料）各自的数目，它们中的相当一部分数据都来自户籍。官府就是根据户籍记录的各地人口数量、年龄组别等数据，衡量国家的人力财力，量入为出地征收赋税、征发徭役兵役等。

有个例子可以体现出户籍档案的重要性。秦朝灭亡后，项羽等诸侯联军进入咸阳，无不四处搜刮财宝，只有萧何第一时间跑到丞相府、御史府，卷走了收藏在那里的法令、地图和户籍记录。这是因为萧何有着长期的基层工作经验，非常清楚这些资料对于治理国家有多重要。后来楚汉相争时，它们果然为刘邦的最终胜利起到了重大作用。

和现在一样，秦朝也是以“户”为基本统计单位。里耶秦简有一枚简记载，秦始皇三十二年（前215年），迁陵县三个乡的民户数达到了55,534户[①]，这是一个相当大的数字，须知离这里不远的汉朝长沙国足有十三个县，加起来也不过43,470户。当地另一份户籍档案则是这样的：

第一栏：南阳户人荆不更[②]蛮强

第二栏：妻曰嗛

第三栏：子小上造□

第四栏：子小女子驼

第五栏：臣曰聚　　伍长[③]

这份“户口本”记录的是一个四口之家外带“保姆”：第一行是“户人”（相当于户主）的信息，“南阳”是居住地，应该是“南阳里”，“荆不更”是户主的爵位，他叫“蛮强”，真是个霸气侧漏的好名字。

下面三栏都是“蛮强”的家属。第二栏是他的妻子，叫“嗛”（xián）；第三栏是他有着“上造”爵位的儿子，名字不清楚；第四栏是他的女儿，叫“驼”；最后一栏是备注，记录的是他家的“臣”（相当于佣人、长工等），叫“聚”，还额外注明，这位户主“蛮强”担任伍长。

你被乡亲们齐心协力扭送到“里典”（相当于村主任、居委会主任）面前，他问清你的底细，无奈叹息一声，又是个穿越来的，大家这才对你敌意稍减。在你信誓旦旦表达了自己想在这个时代定居，为建设新秦朝尽一点绵薄之力的意愿后，他暂时打消了把你遣返的念头，不大情愿地开始给你上户口了。

里典来到你面前，捏捏你的胳膊，捶捶你的胸口，掰开你的嘴看看牙

① “卅二年，迁陵积户五万五千五百卅四。”

② 目前学界对“荆不更”的含义有不同理解：一种看法是，“荆”单指这些移民原来的国籍楚国，“不更”是爵位；另一种观点则认为，“荆不更”是一种为移民设置的爵位，此处取后一种。

③ 当时简牍的字都是竖写的，从右往左排列，此处为了便于阅读进行了调整。后面出现的简牍文字同样如此，不再赘言。

口（误），确认你有劳动能力后，告诉你：你的户籍属于“大”这一类别，又属“编户齐民”之列。这是两种不同的户籍分类，当时官府会以不同标准对民众进行区分，并就此制定不同的税赋徭役标准，也充分体现出三六九等的社会阶层差别。

第一类是根据百姓们的自然状况进行分类：

“大”：一般的成年男子，是国家征收赋税、征发徭役的主要对象；

“小”：未成年人，根据能否承担较轻劳役，又可划分为“使”“未使”两类；

“老”：老人，年岁大的可以免除劳役；

“癃”（lóng）：残疾人，也可减免劳役。

第二类是按百姓的社会地位进行区分，比较有代表性的有这几种：

普通民户籍：即“编户齐民”之籍。百姓都被编为什伍，受连坐制的约束；

役籍：也叫“士伍籍”，相当于如今的军籍。每一位身高、年龄达到标准的秦人都会被编入士伍（没有爵位的士兵）役册，等待国家召唤从军，这一程序也叫“傅籍”；

徒籍：假如你犯了罪，被判去当刑徒，劳动改造期间户籍也随之改为这一类；

私奴籍：当时的刑徒分很多种，其中一种“隶臣妾”的工作范围十分广泛，也包括在秦人家庭中当私奴的，男奴叫“臣”，女奴叫“妾”，前面那份户籍简中就有一名“臣”；此外《商君书》里还有所谓“厮”“舆”“徒”“童”等仆役，张金光先生认为，当时这类人也有专门的户籍。

市籍：商人的户籍。当时官府对商业活动管制很多，因此这也是地位比较低的户籍，往往在优先征发劳役之列；

弟子籍：通俗讲就是当时的“公务员编制”。那些进学室学习、未来有可能当上法吏的“史子”们都属这一类户籍；

高爵者籍：属于上层社会的户籍。当你的爵位达到第五级“大夫”以上，就可以脱离一般的民户籍，这一点可参见《法律答问》的规定：“大夫寡，当伍及人不当？不当。”说的是“大夫”爵的人数少，是否应当与其他人合编为伍？不应当。

宗室籍：皇亲国戚们的户籍，朝廷专门有“宗正”这一职位来对宗室子弟们进行管理。商鞅变法时明确规定：宗室成员没有军功的，不得载入宗室籍，[①]为此这些嬴秦子弟们不得不投身战场立军功。

还有一类是按照你成为秦国百姓的时间先后来划分你的户籍：秦国本土（函谷关以西，秦国开始东扩前的领土）的民众、入秦时间久的民众，被称为“故秦人”“故秦民”；来自山东六国[②]、入秦时间比较晚的是“新民”。当然这只是一个相对概念，随着时间的推移，“新民”也会慢慢成为“故秦民”。

如果你穿越的时间点是在秦昭王时期，冒充韩、魏等国移民，当一名“新民”，还真是个性价比不错的选择。当时秦国地广人稀，国土很广阔，可耕作的田地却还不到十分之二；韩、赵、魏等国则刚好相反，土地狭小、人口众多、居民错杂聚居，所以秦国推出了“徕民”政策，吸引这些国家的百姓移民来秦国耕种，而且对他们十分照顾，规定入了秦国国籍后，祖孙三代的徭役赋税都可以免除。这样由“新民”种田，“故秦人”打仗，既保障国家后勤，又充实军队兵力，还削弱了别国的实力，可谓一举三得。

“故秦人”和“新民”之外，其他民族和“歪果仁”在秦朝也是存在的，他们属于“臣邦人”，“臣邦”是“臣属于秦的邦国”的意思。他们的下一代还可根据血统分为两类：父母都是“臣邦人”的，孩子属于“真”；父亲是其他民族，母亲是秦人，他们的“混血儿”属于“夏子”，即“华夏之子”（显然秦国是以华夏文明自居的）。历史上，宣太后曾和属于戎狄部

---

① 《史记·商君列传》：“宗室非有军功论，不得为属籍。”

② 这里的“山东”指的是崤山以东。战国七雄中，只有秦国位于崤山（今河南省洛宁县一带）以西，其他六国都在崤山东面，因此又合称“山东六国”。

族的义渠王生了两个儿子，他们就属于“夏子”。

在这些分类之外，里典还会把你的年龄单独记入另一份“年籍”。里耶秦简有一份简牍记载：“启陵乡”的官吏报告说，“渚里”“劾”等地十七户人家迁徙去“都乡”，都没有将关于“年籍”的文书移至新居所。都乡于是要求启陵乡查问这些移民的出生年月日，并把“年籍”文书移到自己这里，以便登记。可是查了才发现，启陵乡根本就没有这十七户人家的“年籍”，当地官吏也够不认真的。

有观点认为，“年籍”应该是从秦始皇十六年（前231年）开始记录的。《史记》记载，这一年“初令男子书年”，睡虎地秦简的《编年记》则称这一年是“自占”；岳麓秦简也记载，有个叫“爽”的人，十三岁时第一次“书年”，到秦始皇二十六年（前221年）是二十三岁，这样倒推起来，他十三岁那年刚好是秦始皇十六年，同样印证了这次人口普查活动。由于第二年秦国就灭掉了韩国，辛德勇先生认为，这次人口普查也是为了给灭六国做准备。

“年籍”与前面提到的“傅籍”程序有关，也就是国家将每一位年龄达到标准的秦人编入特殊的户籍，日后如果要征兵征壮丁，就从这些人中征发。具体年龄标准各不相同：“爽”是十三岁“书年”；长平之战时，秦昭王则发动了河内郡十五岁以上的男子全部赶赴前线[①]；睡虎地秦简的主人“喜”则生于秦昭王四十五年（前262年），在秦王政元年（前246年）“傅籍”，当时记年龄的习惯是出生当年就算一岁，比如《史记》记载，秦始皇出生在公元前259年正月，公元前247年五月他老爸秦庄襄王死时，“年十三”，按这种方式算，“喜”是从十七岁开始服役的。

另一个“傅籍”标准是身高，《法律答问》经常有“（身高）未盈六尺”可以酌情减轻处罚的记载，之所以将身高而不是年龄作为成年标志，是因为当时无论从军还是耕地都是体力劳动，不管你真正年龄如何，只要满

---

① 所以也有学者认为，那时就有“年籍”了。

足一定的身体条件，就可以视为能胜任这些工作。具体标准有六尺、六尺六寸、男六尺五寸／女六尺二寸等多种，换算成如今的身高，六尺六寸约合1.52米，考虑到当时生活水平普遍低下，这个平均标准未必不可能。

查验户籍的场景（里耶秦简博物馆供图）

为了保证“户籍”“年籍”的内容不至过期，以后你每年都要定期到里典、伍老（伍长）那里“自占”，也就是主动申报自己的个人情况，以便更新户籍记录。《仓律》记载，隶臣妾（刑徒的一种，详见“刑徒”节）每年八月要登记一次，每年九月则要统计“食者籍”（吃国家供应粮）的人口数，里典、伍老们则会将你申报的内容与你本人的真实情况进行确认与核实，这叫“案比”。不要幻想着能通过收买他们来虚报瞒报户籍，因为《傅律》规定，如果上户口时有各种虚假信息，里典、伍老们都要被罚，有的是被罚刮胡子，有的会被罚一副铠甲①。

不过如果两次“自占”之间出现生老病死等情况，你的户籍也会及时发生变更。里耶秦简的户籍在记录民众信息的同时，分栏还都留了一些空白，有观点认为，这就是为户籍发生变化时预备的，可以随时添加“籍

① 一副铠甲约合1344秦半两，具体购买力可参照“穿越须知”中的介绍。以下不再赘述。

注”，也就是对户籍内容的注释。

最可能变化的情况就是搬家。秦朝虽不许民众随意迁徙，但并不是绝对禁止人口流动，只是必须严格办理相关手续“更籍”，继承秦制的汉朝《户律》也规定：迁徙的民户需要把户籍、年籍、爵位记录等档案一起迁移到新居住地。[①]事实上从战国时期开始，秦国官府对民众的迁徙就相当频繁，天下统一后的短短十三年，大规模的迁徙就有七次之多，几乎每次都以“万家”为单位，更不用提为那些大工程征发的各种徭役了。刚才那份记载十七户人家从启陵乡迁徙到都乡的秦简就是证明。

另一项常见的变更就是“削籍”——家里有死者，自然就要销户了。《商君书》有“生者著，死者削”的说法。看看里耶秦简的另一份户口本：

第一栏：南阳户人荆不更宋午　　弟不更熊　　弟不更卫

第二栏：熊妻曰□□　　卫妻曰□

第三栏：子小上造传　　子小上造逐　　子小上造　　熊子小上造

第四栏：卫子小女子□

第五栏：臣曰䙶

这户人家显然比“蛮强”家的人口多。第一栏中，户主叫“宋午”，有着“荆不更”爵位；他还有两个弟弟“熊”和“卫”，是“不更”爵。后面还有一大家子人：“熊”和“卫”各自的媳妇、三兄弟各自的儿女，以及这家的佣人……你不觉得这家少了谁吗？

答案是，第二栏没有“宋午”的妻子，只有他的两位弟媳。《里耶发掘报告》对此的解释是，她本该在第二栏第一行的位置，但原有文字已被削去，最大的可能是，这位老夫人已经去世，因此被销户了。

里典聚精会神地把你的相关信息都记录进档案，写着写着忽然抬头：

---

① “有徙移者，辄移户及年籍爵细徙所。”

你的名字是什么？

你或许不愿说出真名，那就帮你起个化名吧，“奋”怎么样？取“奋斗”“勤奋”的意思……好，里典在竹简上记下了你的新名字——“奋”。

相信你也从前面的户籍中注意到了，秦朝人经常连爵位带名字一起称呼，但你目前并没有爵位，所以只是平头百姓“士伍”，和你新名字连起来，别人就该称呼你为士伍“奋”。

现在，士伍“奋”，准备迎接你在秦朝的新生活吧。

本节要点

◆没有“符”“传”“验”这些身份证件，你就等着被抓吧。

◆户籍档案是秦朝统治的基础，既有助于治安，也有助于征收赋税、征发兵役徭役等。

◆户籍会按自然状况、职业阶层、血统等标准分为许多类。

◆户籍、年籍是分开的。年籍既按年龄，也按身高记录。

◆出现生老病死等情况，户籍中可以随时添加“籍注”。

穿衣吃饭，待人接物，全得从头学！
——衣食住行

衣着：呃，你得习惯不穿内裤

士伍“奋”，如今你就算是在秦朝落户了，接下来的日子里，你要像一个真正的秦人那样生活和工作。不过在此之前还是得做点准备工作，比如，那个，请先低头看下，你会发现……自己是光着的。

一直没跟你说，从刚穿越过来时起，你始终是这样招摇过市的，大有终结者T800的风范。

~!@#$%^&……

好吧不要再骂了，是张不叁忘了这档子事儿……那你还是先了解一下当时人们的衣着吧。先看头顶：最显眼的就是“冠”，这是中国古代用于标志男子身份的饰物。戴它时，要把束在一起的头发盘绕在头顶处，形成一个髻，用一块叫纚（xǐ）的黑帛把头发包住，再戴上冠，最后用笄（jī，发簪）穿过头发固定。除了睡觉、洗澡等少数情况，男人们基本都要一直戴着它。

不过对你这样的普通民众来说，“冠”是没资格戴的，取而代之的是一块黑布，你要像陕北的农民大叔那样把它围到脑袋上，以后干活出了汗就拿它来擦，这就是“黔首”一词的由来，“黔”是黑的意思，“首”是头的意思，用唐代学者孔颖达的话说，“凡人以黑巾覆头，故谓之黔首”。这是秦朝统一天下后官府规定的称谓，目的是尽力消弭秦人与六国人之间的心理距离，相比元朝统一后将各民族划分为四等，这可是先进多了。

然后就是衣裳了，严格来说，“衣”和“裳”是不同的，上身穿的叫“衣”，下身穿的才是“裳”。上“衣”分很多种类别：长的叫“深衣”，是士子、贵族等地位较高的人穿的；短的叫“襦”，一般是平民、仆役等地位较低的人所穿，原因当然是为了干活更方便。不过平民倒也不是不能穿“深衣”，只是一般在重大场合作为礼服穿着。“裳”相对来说没那么多讲究，你也许会觉得它看起来很像裙子，其实……它就是裙子。①

说了半天，忘了你还光着呢。来，给你这件衣服，它被称为“褐衣”，是用麻布制成的，在秦朝是广大劳动人民的普遍衣着，也是刑徒们的劳改制服，出土秦简记载了专门向刑徒发放这种衣服的规定，它的另一种称呼叫裋（shù）褐。为了不被当作从三皇五帝时期反向穿越来的，你还是赶紧穿上它吧——对，两只胳膊伸进袖里，再像穿睡衣一样把两边的衣领“衽”交叠起来，然后系上腰带。记住一定要左领压右领，在别人眼中形成一个“y”，这叫“右衽”；一旦搞反穿成了游牧民族或死人下葬时才穿的“左衽”，你必定会遭到别人惨无人道的围观。

上身好了，该下身了。那时还没有现代意义上的内裤，和它最接近的也只是类似短裤的“裈”（kūn），也叫“犊鼻”（牛鼻子），越王勾践在吴国做俘虏时就穿着它，司马相如卖酒时也穿着它，显然是地位低下者的特有衣着。一般情况下，裙裳里面只有两条“绔”（kù），也叫“胫衣”，其实是两条套在膝盖以上的裤腿，不过三门峡上村岭的虢仲墓也出土过两件套穿在一起的合档麻裤。穿着这样的合档裤落座，尽管两腿分开时不至于走光，但仍然是一种很不礼貌的姿势，所以请一定时刻保持两腿闭拢跪坐。

你肯定听过“妻子如衣服，兄弟如手足”这句话，不过在秦朝，衣服

---

① 《说文》中“裳”“常”两个字通用，被解释为：“常，下裙也。裳，常或从衣。”《释名》也写道：“裙，下裳也。”

和手足的重要性也许是颠倒的：当时肉刑很普遍，不时可以看到秦律有对犯人砍脚的规定，反倒是衣服几乎堪称是与房屋、牲畜一样的不动产。《封诊式》就有一个衣服被盗的案例，足见失主对此有多重视。北大藏秦简还专门有一篇《制衣》，是一位叫“黄寄”的裁缝记录下来的各种服装的形制和制作方法。“下帬（裙）”依据尺寸不同分为三种，分别称为大袤（xié，即邪）、中袤、少袤；“上襦”也分为大衣、中衣、小衣这三种。

正如今天有什么样的收入才开什么样的车，当时人们的衣着也与自己的社会地位挂钩。身为底层民众，哪怕有钱，也不能随便穿着“上等人”才能穿的华丽衣服上街，这一点甚至律条中也有体现。《法律答问》中有一条记载：“……毋敢履锦履”，这句话主语不明，但明确限制某类人穿织锦做的华丽鞋子上街；汉高祖刘邦也曾禁止过在当时地位低下的商人穿丝绸衣服。

奇装异服更被官府所禁止。假如你穿着一身从某些粗制滥造的古装剧里直接cos过来的、完美体现了乡镇影楼式审美的“古装”，唱着《小苹果》或者《最炫民族风》，跳着广场舞招摇过市，觉得自己简直萌萌哒，等待你的没准是被路人扭送到官府，里典也许会让你看看《商君书·垦令》，里面规定：靡靡之音、奇怪及奢华服饰等都不许在各地流行。商鞅认为，没有了这些外来诱惑，你就会心思专一、精力不分散，一心扑到耕田上。[①]这就跟高考前家长不许你看电视、打游戏是一个道理。

礼节：单是称呼就能把你搞晕

穿戴停当告别了亚当造型之后，你自认为可以冒充秦人了，大摇大摆走到街上，见人就一脸虚情假意的微笑，打着招呼：“Hello！Hi！……大爷，大爷唉！去美国怎么走啊？”

打住，记住你是在秦朝，不是那么称呼人家的。如果真是“大爷”，就得叫“丈人”“老丈”，这不是称呼岳父，是对老年男性的统称，孔子

① “声服无通于百县，则民行作不顾，休居不听。休居不听，则气不淫。行作不顾，则意必壹。意壹而气不淫，则草必垦矣。”

就见过一位“荷蓧丈人”；如果是大妈，可以叫“母”，这也不是管她叫妈，而是指老年女性，韩信就蹭过一位“漂母”也就是洗衣大妈的饭。书生没什么变化，还是“先生”；武士是“壮士”，比如鸿门宴上项羽曾称赞樊哙“真壮士也”；向美女搭讪应该叫人家“淑女”“阿姊”“小妹”，更文雅一点可以叫“玉姝”，《陌上桑》里见到美女罗敷的那些男人就纷纷打听“问是谁家姝”；见到高富帅可以称他为“公子”“王孙”，战国以前，这类称呼只是专属王公贵族的特定称谓，但秦汉时期已经演变成普通上等士人的美称了；小孩子要叫“童”“孺子”，女孩或少女都叫“女子”；跟你岁数、阶层差不多的，就叫“大兄”。

对于家人的称呼也和现在差别很大。假设你穿越过来发现自己身处一个大家庭，眼前就是父母，你怎么称呼他们？“爸妈”肯定不行，“爹娘”也不对，正确叫法是：父亲还叫“父”，更亲切的称呼是“翁”。楚汉战争时，项羽威胁刘邦要煮了刘太公，心理素质巨好的刘邦却说，我和你曾结拜为兄弟，“吾翁即若翁”（我爸爸就是你爸爸），所以你煮吧，煮好别忘了分我一杯羹，相当于对“儿子打老子”理论的活学活用。母亲则叫“媪”，《韩非子》中有一句“媪也在中，请归与媪计之”。

旁边一阵咳嗽，你扭头一看，一对老头老太太，原来是你的爷爷奶奶，你应该叫他们“大父”“大母”。《蒙恬列传》里记载蒙恬的身世：“恬大父蒙骜，自齐事秦昭王……”爷爷蒙骜就是蒙恬的“大父”。

旁边又一阵咳嗽，你扭头一看，又是一对老头老太太，这回是你的姥爷和姥姥，你可以叫“外翁”“外婆”，也可以叫“外大父”“外大母”。

这时旁边又又一阵咳嗽，你扭头一看，还是一对老头老太太……好了好了，真就这最后一对了，他们是你的曾祖父和曾祖母，你要叫他们“高大父母”。《法律答问》中有一条规定：殴打“大父母”、殴打“高大父母”的，都要被脸上刺字，然后去劳改。[①]对此只能说一句：这是人干的事吗……

---

① “‘殴大父母，黥为城旦舂。’今殴高大父母，何论？比大父母。”

你背后一个女声开始叫“良人，良人！”过会又叫“君子，君子！”这是老婆在叫你。你大喜过望，没想到自己这单身狗刚穿越过来就混了个老婆，一扭头，却倒吸一口冷气：原来是……如花？

她挖着鼻孔，“啪啪”两个耳光把昏厥过去的你扇醒，嗔怪：“良人，你为什么不理妾身？”你爬起来，硬着头皮叫她“妻”。她的父母也挖着鼻孔来了，你得管老丈人和丈母娘叫“外舅”“外姑”；如花继续挖着鼻孔，管你父母也就是她的公婆叫“舅”“姑”。

你的家属还在陆陆续续地增加：你的“伯兄”（大哥）带着你的“丘嫂”（大嫂），领着你的“犹子”（侄子）、“犹女”（侄女）来了；你的“伯姊”（大姐）和“姊丈”（姐夫）带着你的“外甥”“外甥女”也来了；还有你的“阿弟”“女弟”（妹妹），你自己的儿子、在襁褓里哇哇大哭的“阿子”……屋里眼看就要装不下了。

被这一堆陌生称谓搞晕头了吧？其实接下来的各种礼节更会让你抓狂。这时所谓的“礼”绝不仅仅是“见人要主动微笑打招呼”“多说请和谢谢”那样简单。自从周公制定礼仪后，周礼就在很大程度上发挥着法律的效用，负责划分和巩固不同的社会阶层，因此极尽烦琐。

别的不说，单说走路这一最简单的举动，当时就分出“行”（正常走路）、“步”（慢慢走）、“趋”（小步快走）、“走”（跑起来）、“奔”（拼了命地跑）等好多种。一般情况下，你去与地位尊贵者见面或是避让他，必须要“趋”，以表示对对方的恭敬。①

再说“坐”这一基本动作，它和现在差别极大。必须明确的一点是，当时没有椅子、凳子等家具，它们要到南北朝时期才出现，所以假如你再在古董市场上见到诸如“汉朝玉凳”之类的东西，大胆砍价吧，要价2.2亿，砍完最多250元。

也正因为没有椅子板凳，那时中国人的坐姿就是“席地”而“坐”——

① 《礼记·曲礼上》：“遭先生于道，趋而进。”“先生与之言则对，不与之言则趋而退。”

在地上铺一块席子，两膝、两腿接近并拢，膝盖和脚背着席面，屁股落在脚跟上，双手扶住膝盖；如果准备起身了，就要将屁股抬起、上身挺直，这叫“长跪”，也叫“跽”（jì）。鸿门宴上，樊哙的突然闯入使项羽一惊，“按剑而跽”，这是他下意识准备起身自卫；不过“跽”一般是表示对别人尊敬，范雎第一次见秦昭王时，秦昭王虚心请教，也是“跽而请曰”。

怎么样，只“坐”一会就受不了了吧？这种“坐”姿的确累人，可即便如此，当着别人的面，你也千万不要为图轻松而屁股着地、两腿张开，这叫“箕踞”，也就是上身与腿形成了直角，看起来像“簸箕”那样坐着，前面说过，这样一坐下就什么都露出来了，相当不雅观。荆轲刺秦王失败后，曾“箕踞”着向秦王叫骂，他刻意表现出的与其说是粗鲁，不如说是对对方的轻蔑。

也正因为席地而坐，为避免弄脏席子和大家的衣服，你进屋前必须要脱鞋，就像现在进铺地毯的房间一样，这叫“屦（jù）[①]不上于堂”。史书经常可以见到功臣、权臣得以“剑履上殿”的记载，也就是皇帝对他们格外优待，允许他们佩着剑、穿着鞋上殿，这刚好证明，如果是一般的大臣，就必须脱了鞋面见皇帝。所以穿越过来的你一定记得要常洗脚洗袜子，不然脱鞋后的脚臭足以给你拉来仇恨。

住宅：居民小区全封闭

说了半天和住宅相关的风俗习惯，那时的住宅到底什么样？去你在秦朝的住处看看吧。当时的居民区叫“里巷”，是封闭式结构，里墙上有门，由“里监门”专门看管。魏国末年有两位名士张耳、陈余，秦灭魏之后，他们就都逃到陈城去当“里监门”，工作是每天早晨起来开门、晚上关门，日常还负责防火防盗，类似如今的小区保安。《法律答问》说，如果失火连带

---

① 古代的单便鞋，以麻、葛、皮等材料制成，特点是薄底，是仕宦日常在家的穿着，外出行走要穿屩（juē）。

烧毁了“里门”，罚一盾。[1]

《说文解字》管里门叫“闾”。司马贞、颜师古等学者认为，住在“闾”左面的人家就是“闾左”，他们都是“复除”（免除徭役）者。其中最著名的就是陈胜了，秦二世征发“闾左”的举措意味着连免除服役的人家都开始被强制征发，显然是要把百姓逼得没活路了。

“里巷”中的住宅是排成长条的，中间留有固定宽度的纵深通道，也就是“巷”，每家的住宅叫一“室”，每“里”的“室”数不等，里耶秦简曾提到，迁陵县启陵乡的“成里”有二十七户，如果按每户四五人来算，一个里估计有一百人。每“里”都有垣墙环绕，可能不会很高，因为《封诊式》的一起案件就记载：“垣高七尺”，大体与一名正常身高的男性（“七尺男儿”）平齐，一米六二左右。

你来到自家住宅前，掏出学名叫管籥（yuè）的钥匙，打开门，进去后发现这是一处小小的院落，里面分布着十株桑树，既用来遮挡视线，也用来养蚕，桑葚还可以吃。《孟子》有“五亩之宅，树之以桑”的说法，足见桑树的普遍。有一口自家用的水井，不同于井田制时期多户人家共用一口井，以小家庭为主的秦朝人多是各自打井。还有一处专门储存粮食的粮仓，一处用来祭祀的祠木，以及排泄污水的排水管。

前院有一处狗窝，一只大黄狗从窝中钻出来向你摇尾巴；后院传来阵阵臭气，你绕过去发现，一头大肥猪正在猪圈的污泥里快活地打滚。狗窝在前、猪圈在后也是当时民居的普遍格局，《管子》记载：“以前无狗、后无彘者为庸。”也就是说，如果你家前院养不起狗、后院养不起猪，那说明你穷得叮当响。

---

① “旞（suì）火延燔里门，当赀一盾。”

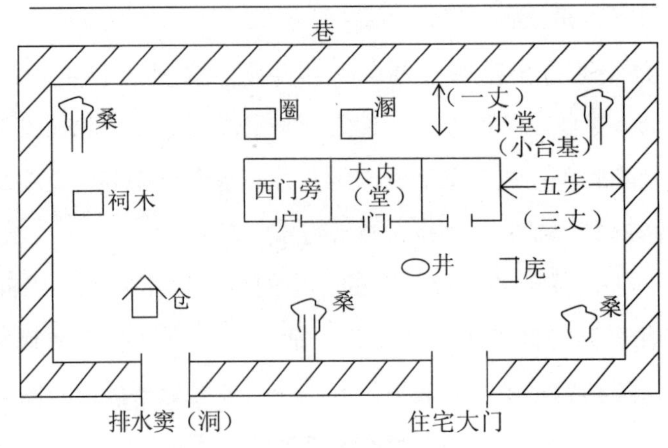

秦朝民居示意图（图片来源于《秦制研究》，张金光先生绘）

你的住房的墙壁是土筑的，上面架着檩椽，盖着瓦片。根据《封诊式》中“经死”“穴盗”等案件的调查笔录估算，墙约高一丈（约合2.31米）以上，南北长两丈多，东西长一丈多。

肉食：炙煎煮脍熬渍醢，总有一款不适合你

脱下鞋进了屋，你“坐”在席上，肚子不失时机地开始叫唤了，多年看古装剧的经验告诉你，大侠好汉们一下馆子必定是：“小二，给洒家切二斤牛肉！”当下你也四处张望，准备找点牛肉。

泼盆冷水——想吃牛肉的话，做好吃官司的准备吧。在中国，几乎整个古代，牛都是耕田的重要劳力，官府对它们的管理和保护十分严格，秦朝尤其如此，敢随便杀牛吃肉势必会触犯法律，对此后面会详细讲解。

一般百姓吃牛肉只有几种有限的途径。一是祭祀时，财力充裕的王室或富贵人家会将牛作为祭品之一，请鬼神和祖先们“品尝”。祭祀完毕，所有参与者会把这些“神灵享用过的”肉分食掉。里耶秦简的记录显示，官府主导祭祀后，会将吃剩的祭品公开进行售卖，有些隶臣妾、城旦等刑徒会来买，它们包括头、蹄子、肉汁、脯（干肉）等。

另一种途径是等耕牛死掉。方才提过，官府对耕牛的保护十分严格，

严格到连牛尸都要上缴，上缴后也不是说埋就埋，而是要来一场“庖丁解牛”——把牛尸分解成皮、肉、筋、角，分头卖钱，这种情况下你可以买到牛肉。不过鉴于这是病牛、死牛的肉，新鲜程度相当不乐观；即便真是老得走不动、最后自然死亡的牛……啧啧，你还是做好啃牛肉干的心理准备吧。

为数不多能吃新鲜牛肉的途径是从军。睡虎地秦简中有一份是抄录的魏国法令《魏户律》，里面规定不许给一些地位低下①的士兵吃牛肉，反过来则证明地位高的士兵是可以吃的；史料也记载，赵将李牧“日击数牛飨（xiǎng）士”，秦军伙食没理由比他们差，这或许也是大家从军积极性很高的一个原因。

从目前来看，如果家境不错，偶尔还可以吃羊肉。《汉书》记载，刘邦和老乡卢绾是同一天生日，他们出生后，同里的邻居们“持羊酒贺两家”，关系不错的两家人后来也“复贺羊酒”。猪肉、鸡肉也可以在餐桌上见到，孟子曾经曰过：“鸡豚狗彘之畜无失其时（繁殖的时机），七十者可以食肉矣。”豚是小猪，彘是大猪。他又曰：“五母鸡、二母彘，无失其时，老者足以无失肉矣。”由此可见，当时一般人家养鸡和猪的情况相当普遍。

你或许会问，孟子把狗和猪、鸡相提并论算怎么一回事？答案估计会让现在的爱狗人士一听就气炸：当时的人是吃狗肉的，别忘了那句著名的“狡兔死，走狗烹”，而且这一风气相当盛行，狗屠甚至还是个经常出猛人的热门职业，聂政、樊哙都是干这行的，那位和荆轲、高渐离一起喝酒唱歌的无名狗屠，在野史里也是深藏不露的高手。②

除了家养的禽畜外，你还可以通过打猎来尝鲜。秦朝一部占卜手册《日书》的不少记载验证了这点：“阳日：……可以田猎”“夬（guài）光日：利以登高、饮食、猎四方野外”“昴（mǎo），猎、贾市，吉”“毕，

---

① 做买卖的“贾门”，经营“逆旅”的店主，招赘于人家的“赘婿”，招赘给有儿子的寡妇的“后父”，这些在当时都属于贱籍。

② 参见清人曹宗璠的短篇小说《荆轲客》。

以猎置网及为门，吉”“柳，可田猎”……李斯没发达时也常带着两个儿子、牵着黄狗，出上蔡城的东门去打兔子。

从《日书》的记载来看，你能打到的猎物种类还真不少：虫（蛇）、环（猿）、鹿、雉、豸（野猪）、豹、熊……如果傻大胆到一定境界，还可以去挑战百兽之王——虎。《公车司马猎律》记载了官方组织捕虎的场景：射虎车两辆一组，用鲜肉当诱饵把老虎引出来，大家弓弩齐发；如果让老虎逃走，每车就得罚一甲。[①]里耶还出土了一枚记载了虎肉交易的“校券简”，也就是当时的交易凭证。

如果你爱吃鱼，更可以大大庆幸一番，因为当时普通百姓吃鱼的机会还是有的，既可以自己捕捞，也能在市场上买到。记得陈胜那个“丹书鱼腹”的故事吧？连这些穷苦戍卒都能从集市上买鱼来吃，足见鱼是谁都吃得起的。

不过有些肉食的做法你未必会习惯。基本没什么变化的是“炙”，从这个字的构成就能明白，是把肉放在火上烤；“煎”虽然有，但名同实异，是把肉酱浇到饭上，再加上膏（动物油）加热；“煮”也不同于现在的炖肉，不放任何调料，把大块的肉甚至整只猪羊用白水煮，用的器皿就是出现频率很高的鼎和镬。鼎一般是圆形的，下面有三只脚，可以在鼎下点火加热；镬没有脚，不过有两只提手一样的耳朵可以吊起来悬空烧。

其他几种做法现在看来就更加非主流了，尤其是，它们全是用生肉做的。经常和“炙”并称的是“脍”，即把生肉切成片蘸着调料吃，鱼脍正是日本生鱼片的前身。所以脍炙人口的字面意思可以理解为切细的烤肉人人都爱吃。还有几种做法，都是把生肉剔去血管筋络，切碎或捣烂，再加入各种调料腌制或拌着吃：“渍”是把肉放到酒里腌制浸泡；“熬”是把肉做成肉松；“醢”（hǎi）是做成肉酱；“脯”是把生肉切成条，腌好后风干，也叫“脩”

---

① “射虎车二乘为曹。虎未越泛藓，从之，虎环（还），赀一甲。虎佚（失），不得，车赀一甲。虎欲犯，徒出射之，弗得，赀一甲。”

（修），孔子收学生时，家长就得送他十条“脩”（束脩）当学费。

主食与蔬菜：小米配冬苋菜

至于主食，看看这黄澄澄的小米，它在当时叫稷，也叫粟，还叫谷，秦简中则称它为禾，单从这么多叫法就可以看出这种粮食的普遍。它的口感比起大米白面是差了些，但产量很高，因此得到广泛种植，数千年来一直是人们的主要口粮，很多细节都可以佐证这一点：农夫们的田里种的是它，交田租交的是它，粮仓里储存的是它，给士兵刑徒发口粮发的是它，给官员们发工资发的也是它……人们还将它和代表土地的“社”相提并论，当作一个国家最重要的两样事物，“社稷”就是这样来的。

嫌小米不好吃，想吃大米白面？这可有难度。大米在当时确实是有的，只不过主要在南方出产，楚国所在的江南地区就以“饭稻羹鱼”著称，北方地区不算常见，以至于没有被列入五谷；麦子也有，但当磨还没有出现，没法把麦粒碾成面粉；虽然有与“磨”相似的“舂”，但它主要被用于给谷物去壳，这活计的工作量大到专门有一类女性刑徒叫“舂”，一天到晚都要舂米。想把麦粒舂成面粉，简直是不可能完成的任务！

所以，大多数人还是只能吃整粒蒸熟的麦饭。晋景公就和这种食物结下了不解之缘，那真是个读来无比奇葩的故事：当时他得了重病，巫师预言他吃不上当年的新麦就得挂掉。老头儿很不忿，硬是撑到了麦熟时节。这天手下蒸好麦饭，他正要吃，突然觉得肚子胀，跑去上厕所，一不小心栽进了茅坑，大家慌忙掩着鼻子把他打捞上来……然后，就没有然后了——果然没吃上新麦子。

其他主食还有：黍（shǔ，糜子）、菽（shū，豆）、麻（除了茎皮可以用于纺织，籽也可以吃），它们和稷、麦凑在一起，就是秦朝的五谷。秦简中其他可见的粮食还有秫（shú，有人认为是高粱，也有人认为是一种黏稻，可用来酿酒）、荅（dá，小豆）、粲（精米）、糯（糯米）等。它们的做法基本和现在一样，要么煮成粥，要么蒸成饭。煮粥用的家什叫“鬲”，陶制的，和鼎有些类似，下面三条空心的、和肚子相通的短粗腿，这样的设计增加了受火面积，便于快速煮熟食物；蒸饭用的是“甑”（zèng），外形有点像盆，两边有手柄或者口向外边翻卷，可以握住，底是平的，有孔可以通气，作用类似于笼屉；把粮食放在甑里，甑再放到鬲上，鬲里放水，这就构成另一种炊具——甗（yǎn），下面点火就可以开蒸了。

蔬菜也让你感到很陌生。如今你常吃的大部分蔬菜当时都没有，有的那几种则味道普遍不怎么样。《日书》中出现频率最高的是葵菜，不是向日葵也不是秋葵，而是冬苋菜，由于它会分泌黏液，吃到嘴里会有黏滑的感觉。其次是藿菜，也就是大豆苗的嫩叶，基本是那时穷苦人家的主要蔬菜，张仪形容韩国穷，就说当地的百姓只能吃豆饭藿羹。接下来是薤（xiè），叶子如韭菜细，人们一般吃它那很像蒜的根部，现在叫藠（jiào）头。最后这两种菜你总算认识：一是韭菜，一是小葱，似乎主要是调味的，《传食律》记载，驿站供应出差者的工作餐，有粺（bài）米（精米）、酱、菜羹，最后才是韭和葱。

以上五种蔬菜被统称为“五菜”。《日书》中出现频率很高的还有“瓜”，这是一种笼统称呼，从诗经“七月食瓜”“瓜瓞（dié）绵绵”以及《左传》里齐襄公“瓜熟而代”的记录来看，它有可能是瓠（hù）瓜（菜瓜）或者香瓜。

野菜也是很多百姓（不得不）常吃的，看过《大秦帝国》小说和电视剧的读者肯定对苦菜非常熟悉，这并非凭空虚构，《诗经·采苓》中“采苦采苦，首阳之下”，说的就是它。它的另一个名字是“荼”，如今的名称是败酱草，已经只用作中药了，可以想见它有多苦。

至于炒菜嘛，那时候没有，“炒”这种烹调方式最早也要到宋代才会出现，当时人们一般是把这些菜用水和粮食、肉煮成粥、饘（zhān）（厚粥）、羹，或者腌成咸菜“菹”（zū），要么用水焯完切碎，拌上调料吃。只怕味道同样好不到哪去。

你不干了：这些肉也好，主食也好，菜也好，什么味道都没有，怎么下咽啊！别急着掀桌，调料肯定是有的，尽管和现在有区别。吃饭时永远都要有的盐就不用说了；想吃酸，有梅子酱也有醋，不过后者在那时叫“醯”（xī）；想吃辣，虽然没有辣椒，但有姜、花椒和茱萸；想吃甜，没有蔗糖，但有蜂蜜和麦芽熬成的“饴”。

喝酒：千杯不醉的秘诀是度数低

如果你还觉得不够，还想喝酒，那就是得寸进尺了。和肉一样，酒在那时也是奢侈品，平民一般只有祭祀才有酒喝，比如《日书》里有一篇祭祀马神的祝祷词《马禖（méi）》，祈祷马神保佑自家的马能耳聪目明、四足善行等，献上的祭品就是“肥豚清酒美白粱”——肥猪肉、清酒和上好的小米饭——膏粱子弟就是指能吃到肥肉和优质小米的公子哥。舍此之外就很难喝到酒了，再说秦朝官府还对此大加限制，《商君书》甚至主张把酒肉的价格提高十倍[①]，相当于如今对烟酒收重税。《田律》也禁止百姓随便喝酒，如果被查出来就有罪。[②]

退一步讲，这时的酒也不怎么好喝，度数远不像如今的白酒那么烈，而且往往带些甜味，充其量也就是啤酒那个级别，所以你才会看到古人动不动就“斗酒诗百篇”，《水浒传》“智取生辰纲”那节，杨志带领的军汉们甚至买酒来解渴。这种酒酿好后还常掺有杂质，需要过滤，这才有“浊酒”的说法。又由于它的杂质多，糖分也多，放的时间长了还会变酸，《韩非子·外储说》记载，有个人卖酒，盛酒的器皿擦得特别干净，酒幌子也竖得特别高，但因为家里养的狗太凶，没人敢来光顾，结果“酒酸不售”。

但不管怎么说，当时人们还是非常爱喝酒的，兵马俑们肚子都微微隆起，有观点认为，秦军将士们或许就是靠着喝酒来提振士气。北大藏秦简还有两首《劝酒诗》，其中一首是这么写的：

> 醉不醉，非江汉殹（yì，语气词，相当于“也”“兮”）。

---

① 《商君书·垦令》：“贵酒肉之价，重其租，令十倍其朴。”

② “百姓居田舍者毋敢酤酒，田啬夫、部佐谨禁御之，有不从令者有罪。”

醉不归，夜未半殴。

趣趣驾，鸡未鸣殴天未旦。

这批秦简还混有一枚行酒令用的骰子，共有六个三角面，分别写有“不饮”“自饮”“左饮”“右饮”“千秋”“百尝”，堪称最早的酒令。

链接

没有卫生纸，只能用木片刮，还是公用的

当时的厕所都搭建在猪圈上方，这叫溷（hùn）厕，如今农村的旱厕基本保持了数千年前的样貌。那时“矢”与“屎”相通，所以大便的行为叫“遗矢”，廉颇就曾被污蔑为“一饭三遗矢”，吃一顿饭跑三趟厕所的意思。

不过那时是没有卫生纸的，取而代之的是一把竹片，叫“厕筹”，你得拿它刮啊刮的，不过让人抓狂的是，它们是公用的。所以如果你受不了，下回记得摘片树叶，土坷垃也行。

计时：每个时辰都有一个诗意的名字

说了这么多，你看看天将正午，觉得吃午餐的时间到了，这就等着开饭了？抱歉，这会儿还没到饭点。秦人只有早晚两餐，分别称为“夙食”“暮食”。吃饭实行分餐制——每人都要跪坐在席子上面，食物摆在各自面前那张低矮的“案”上。贵族们吃肉也不能直接用筷子从鼎里夹，得用一把尖勺一样的“匕”插在肉上，将肉从鼎里取出，再像西方人那样把肉放在青铜砧板上，用小刀切开，再蘸调料吃……不过这些都和你无关，反正你也没多少吃肉的机会。

一顿饭别别扭扭吃完，天也快黑了，你摸黑进了寝室，开始找能照明的东西。不用说，电灯是别指望了，蜡烛一样没有。这时普遍的照明材料还是动物脂肪“膏”，由于纯度不高，烧起来往往有臭味，所以有条件的人家会给灯膏里加香料，这就是楚辞里说的“兰膏明烛”。膏盛在一种陶制的器皿“登”中，你需要掏出打火石“燧”，敲出火星把它点燃。

屋里亮起来了，你想知道现在几点了，是不是该睡觉了？看看角落里那个壶，里面盛着水——不，想到哪去了，那不是夜壶，而是当时的计时工具，叫“漏壶”或“漏刻”，是利用滴水来计时的仪器，都是家境不错的人家才有的。它外形大体是个壶，里面插入一根有刻度的标杆，标杆下面用一块小木片托着。人们将壶内灌满水，像花盆那样在壶的底部开个口，使水一滴滴流走；或是让它一滴滴地接水，直到整个壶都盛满。插在壶里的标杆会随着水位的升降上下浮动，不同位置的刻度就可以标示不同的时间。

秦朝已有十二时辰，名字都很好听，它们与你熟悉的十二地支以及如今24小时的对应关系如下：

鸡鸣	丑	01：00—02：59
平旦	寅	03：00—04：59
日出	卯	05：00—06：59
食时	辰	07：00—08：59
莫（暮）食	巳	09：00—10：59
日中	午	11：00—12：59
日失（昳）	未	13：00—14：59
下市	申	15：00—16：59
舂日	酉	17：00—18：59
牛羊入	戌	19：00—20：59
黄昏	亥	21：00—22：59
人定	子	23：00—00：59

另一种时辰名称来自天水放马滩《日书·生子》，不过这是十六个时段：平旦、日出、夙食、莫（暮）食、日中、日西中、昏则、日下则、日未入、日入、昏、夜莫（暮）、夜未中、夜中、夜过中、鸡鸣。

看看漏壶的刻度，已是“人定”，该睡觉了。你拿过枕头，摊开被称为“寝衣”的被子钻进去，躺在“席”上望着黑暗中的屋顶，回想这一天的经历，感觉怎样？明天继续教你在秦朝如何生活，晚安了，士伍“奋”！

本节要点

◆衣冠在当时人们心中有重要地位，士子日常必须戴“冠”而不能披头散发，衣服也绝不能穿成“左衽”。

◆各种称呼都和今天不同，父母要叫“翁”“媪”，祖父母要叫“大父”“大母”。

◆在当时，“走”是“跑”，“坐”类似于“跪”。

◆当时的居民区叫“里巷”，是封闭式结构，有专门的保安看门。

◆牛肉、酒都很难接触到，小米、葵菜等素食倒很普遍。

◆上厕所没有卫生纸，只能用竹片刮。

◆计时工具是漏壶。

在秦朝，你这一辈子
——家庭

前两节的肉身穿越，相信已经让你感叹穿越不易了，那么魂穿如何？直接降生在秦朝，再一点点成长为货真价实的秦人，你穿帮的可能性是不是就没有了？

没有是没有，只是风险也许更大，后面你就明白了。

不管怎么说，先讲讲秦朝一般家庭的情况好了。在你的印象里，古代家庭应该都像《红楼梦》那样动不动一大家子人，七大姑八大姨每天东家长西家短，上演各种伦理剧的戏码。秦朝的家庭结构却是个异类，反而比较接近现代家庭。这又是商鞅变法时奠定的基础，当时官府规定：一家如果有两个以上的成年男丁，却还不分家单过，那么这家人要交的赋税就得翻倍。[①]这项政策与户籍制、授田制、军功爵制等结合起来推行，最直接的好处是为国家增加了巨额税收，还迫使青年男女们自立门户，独立担负起家庭责任，从而培养了“戮力耕织”的良好社会风气。

从长远来看，这种小家庭形式影响更为深远。它有效遏制了宗族势力的膨胀，使官府的统治深入乡村基层。如果你看过电视剧《大秦帝国之裂变》，一定会对剧中眉县那几位老族长印象深刻，盘根错节的人脉使他们有了对抗官府的资本，以至于敢公然抗拒变法。《法律答问》管这种人叫“不

① 《史记·商君列传》：“民有二男以上不分异者，倍其赋。”

仁邑里者”，类似于横行乡里的村霸。商鞅正是通过“分户令”，拆散了那些大家族，有效瓦解了他们的力量。

强制分家的另一个好处是，提高了秦国的文明程度。贾谊曾描述秦国一儿媳抱着孩子喂奶，与公公一同伸开腿坐着，婆媳之间一不高兴，就“反唇而相稽”（“反唇相讥”的出处）；《商君书》也记载，变法前秦国“父子无别，同室而居”。这些落后的现象都因“令民父子、兄弟同室内息者为禁”的政策而改变。

来看这则名为《封守》的爰书（司法文书的统称），它记载了一户标准秦人家庭的成员构成与财产状况：

> 封有鞫者某里士伍甲家室、妻、子、臣妾、衣器、畜产。甲室、人：一宇二内，各有户，内室皆瓦盖，木大具，门桑十木。妻曰某，亡，不会封。子大女子某，未有夫。子小男子某，高六尺五寸。臣某，妾小女子某。牡犬一。……

从这则爰书可以看出，这是个四口之家，除了夫妻，还有一个未婚的女儿，一个刚成年的儿子（身高六尺五寸是成年标准），还有两位仆人——一名男性的“臣”、一名未婚的“妾”（不是小老婆，是女仆）。这一家子被称为“同居”，不仅是夫妻关系，其他如父子、兄弟、主仆等都可归为“同居”。

这一节中你的任务，就是投胎到这样一户人家，亲身体验一把真实的秦朝家庭生活。

轰的一声，你穿越了，这次是真的穿越了。

一片眩晕中，一个女声道：“良人，来看咱们孩子！”然后就是一个粗重的男声，激动得声音都在颤抖：“我有孩子了？我当阿翁了！”（好狗血的台词）

你本想挥着小手咿咿呀呀回应一下，不料一开口却成了“喵喵喵”，你心里正在纳闷，一张胡子拉碴的面孔就出现在你面前，目光还充满了震惊，“怎么可能？怎么可能？”紧接着声音就高了八度：“天哪，我上辈子造了什么孽啊，居然生了一只狸猫！”一只大手随即向你毛茸茸的脖子伸去……

婴儿“某”，卒（还没来得及有名字）。

被吓得小心肝扑扑乱跳了吧？在秦朝，如果你一不小心投胎成畸形或先天残疾，穿越旅途很可能就这么结束了。卡西莫多、小恶魔提里昂等残障人士在这时期的存活率，天生就比别人低上好多。

也不能全怪你父亲残忍。后面“禁忌”一节会提到，当时的占卜手册《日书》记载，某些日子出生的孩子不利父母，不能让他们活下来，足见这种行为的普遍；《法律答问》甚至在法律层面认可了这种行为：如果婴儿生下时身上长有异物或肢体不全，父母将其杀死不予治罪。[①]

从反面证实它的是《法律答问》中的另一条：新生儿如果身体完好，父母只是由于孩子太多养育不起而把他杀死，这才算杀子，父母应被刺面，当劳改犯。[②]两相对比，不难得出结论：秦朝禁止纯粹为了减轻家庭负担而杀婴，但默许杀死先天残疾的婴儿，这显然是一种优生手段，斯巴达人也是这么干的。

明白了这点，你赶紧多留个心眼，第二次总算穿越成一个健康、完好的新生儿了。在你的成长过程中父母对你无比娇宠，过分的溺爱使你从小品性顽劣，这天居然偷起你爸爸的钱来。他气急败坏之下把你一顿痛打，连胳膊都给打折了。你嗷嗷大哭，一溜小跑来到县府，想告自己的老子。

听着你声泪俱下地讲述案情，几位令史大眼瞪小眼，查了户籍说，不好意思，“奋”你活该被打残。《法律答问》规定：儿子偷父母的财物，父母揍你、对你动私刑是应该的，这属于“非公室告”，官府不受理。[③]

你正在傻眼，你爸爸就追了过来，一把将你按到地上，抡起拐杖继续打。令史在你震天的哭声中袖手旁观解释：咱们秦朝把诉讼分为“公室告”

① “其子新生而有怪物其身及不全而杀之，勿罪。”

② “直以多子故，不欲其生，即弗举而杀之，何论？为杀子。”

③ “子盗父母，父母擅杀、刑、髡子及奴妾，不为公室告。”

和“非公室告”两种。“贼杀伤、盗他人为公室”，也就是当事人双方没有血缘关系、人身隶属关系的一般案件，官府会公事公办；但如果是子女告父母、奴婢告主人，官府就认为这属于你们家庭的内部矛盾，不予受理。

你哼唧着问：“那父母告子女呢？”

这时你的秦朝爸爸也住手了，余怒未消地擦了把汗转向令史，宣称你“不孝”，要求把你“谒杀”。你对这个名词一头雾水，只听清了“杀”这个字，还在愣怔，牢隶臣（在官府从事勤杂工作的“隶臣”，类似于衙役）就把你拖了出去，没过一会就听外面“啊”的一声。

小男子“奋”，卒。

“谒杀”是秦朝婚姻家庭法中的一项特殊规定：家长、主人有权申请官府处死子女、奴婢，官府会批准并代为执行。最常见的理由就是你父亲控告你“不孝”了。如今“孝”只是一种美德，但在漫长的古代社会，“不孝”却是很严重的罪名。有一则爰书《告子》记载，某里的士伍甲控告自己的儿子——住在同一个里的士伍丙不孝，请求“谒杀”。后面没记载处理结果，不排除这位“忤逆”子真被处死的可能。

履行“谒杀”的手续也很简单，几乎是家长去告一句，官府就马上受理了。《法律答问》称：“谒杀”应不应该经过三次原谅？（这似乎表明，当时某些案件可以进行调解）回答是，不应原谅，要立即拘捕，不要让被告人逃走。①

《史记》里也有关于“谒杀”的例子，不过是主人要求杀仆人：秦末动乱，狄县的旧齐贵族田儋、田荣兄弟带着一群不良少年，把自家一个奴仆绑起来送到县廷，声称这个仆人犯了法，请求官府把他“谒杀”，县令正在审理这起案件，不良少年们却趁其不备，一拥而上把县令杀死，田氏兄弟由此占据了全县。显然在当时，“谒杀”是很寻常的事件，否则县令不会毫无提防。

---

①“谒杀，当三环之不？不当环，亟执勿失。”

甚至扶苏之死也可能与“谒杀”相关。如今人们读《史记》，看到扶苏面对伪诏居然问也不问就自裁，恐怕都会觉得匪夷所思，但仔细想想，李斯、赵高伪造诏书不会不考虑找一个冠冕堂皇的赐死理由，否则无法瞒过蒙恬，也无法服众。联系起秦朝“谒杀”的传统，扶苏那句“父而赐子死，尚安复请”中的绝望，也就多少说得通了。

没办法，“奋”，继续重来吧，这回一定要记住孝敬父母啊。

第三次穿越，你总算平安长大了，一眨眼变成十几岁的少年。旺盛的荷尔蒙伴随着你满脸的青春痘四处绽放，你的目光开始在那些同龄少女的身上停留，也是在这样的年纪，你遭遇了自己的初恋。

像每一对刚坠入情网的小情侣一样，你和这位姑娘好一番天雷地火，你叫她“凤儿”，她叫你“萍”，你们都相信自己找到了此生的唯一。不料见父母的时候，她的母亲“鲁妈妈”一见你就呆住了，热泪盈眶地喊作孽啊作孽，然后吐露出一个让你五雷轰顶的真相：她和你父亲有过一段孽缘，生下你之后就被赶出了家门，你和“凤儿”是同母异父的兄妹！

你被这狗血剧情雷得外焦里嫩，不甘心就此认命，还企图以大无畏的精神演绎出一场轰轰烈烈的不伦之恋，鲁妈妈却翻出《法律答问》让你看：同母异父的兄妹发生性关系怎么办？杀死后暴尸街头供围观。[①]最后，你对自己性命的爱惜还是占了上风，不得不和你的“凤儿”劳燕分飞，从此再也没有见过面。

秦朝严厉打击乱伦行为，早在周代就讲究“同姓不婚”，以此避免近亲结婚，促进优生优育；《大戴礼记》也规定有“五不娶”，其中一项就是“乱家子”（乱伦者）不娶。

又过了段日子，你又认识了一位风韵少妇，她千好万好，就有一点不好：有老公了。可这对于口味越来越重的你来说不在话下，在你这位秦朝西门大官人的不懈勾引下，“金莲”终于入彀，很快和你又是干柴烈火。不料

---

① “同母异父相与奸，何论？弃市。”

这天苟且时，你们被早有准备的邻居当场捉个正着，他把衣衫凌乱的你俩扭送至官府，报告说，他白天在某处发现你俩通奸，现将你们“校上”捕获并送到。[①]

对于婚外性行为，秦朝官府同样一贯严厉打击，为此甚至允许外人捉奸，这叫“捕奸者，必案之校上”（有学者认为其实是“交上”，请自行理解）。岳麓秦简还有一起“田与市和奸”案，散发着浓浓的地摊法制文学的气息：隶臣“田”、隶妾“市”是表兄妹，两人却发生了不伦之恋，曾多次通奸。一位狱史“相”听说后，趁着“田来与市卧上”（请自行理解）时，派一位隶臣“毋智”将他们“捕校上”。

秦始皇本人对“净化社会风气”也大加鼓励。他在巡狩中留下的《会稽刻石》就不乏与男女风俗有关的内容，比如有一句“夫为寄豭（jiā），杀之无罪”。“寄豭”是指寄放在别人家传种的公猪，按司马贞的解释，这是专门用来比喻那些奸夫，对这样的货色，将其杀死者不负法律责任。想想如果你真让那少妇的老公“大郎”逮到了，搞不好连小命都没了。

这档子风流事让你声名狼藉，从此好人家的姑娘都躲你躲得远远的。你找不到老婆，一度打算倒插门当“赘婿”——当时一些穷苦人家的男子往往会卖身给富户，由主人配给女奴为夫。但除非万不得已，你最好不要走上这条路。睡虎地秦简抄录了一份魏安釐王的命令，禁止授予“赘婿”“后父”（招赘给寡妇、给她儿子当后爸的男人）田地和宅基地；另一道命令还派赘婿去从军，要求将军不必怜惜你们，别的士兵能吃牛肉，赘婿只能吃三分之一斗的饭，没有肉，攻城时哪里需要就派你们去哪里填壕沟。秦始皇三十三年（前214年），为了进一步攻取百越，朝廷也曾“发诸尝逋亡人、赘婿、贾人略取陆梁地”。总之在秦朝，赘婿大抵逃不出炮灰的命运，但凡正经男人都不会干这个。

最后你晃荡到三十多岁，总算娶上了媳妇，“长得那个漂亮啊：大高

---

① “乙、丙相与奸，自昼见某所，捕校上来诣之。”

个，大脸盘子，浓眉大眼，粘上胡子跟张飞似的”，性格也跟长相一样火爆，江湖人送外号“母夜叉”。

你们婚后生活并不幸福，你的悍妻什么家务活都不干，天天叉着腰骂你没能耐。这天你被骂急了，狠打了她一顿，撕伤了她的耳朵，结果被官府判了个刮胡子的“耐刑”。你摸着光溜溜的下巴大感冤枉：不就是打打老婆吗，有必要上纲上线吗？你不知道，秦朝十分注重保护妇女权益，对家庭暴力的处罚和对私斗的处罚一样狠，这点甚至连如今的中国都没能做到。

胡子刮完了，你们两口子的感情也算完了。结婚这些年，夫妻俩头一次达成了共识：离婚！说离就离，你写下休书宣布不要她了，然后卷起铺盖到大街上睡去了（好像哪里不对）。第二天邻居们见你这样，再次报告官府，县丞一查档案，发现你们没来他这里做离婚登记，又宣布：由于你们的离婚是自行分居，没有去官府登记，不具备法律效力，所以罚你两副铠甲；被你休掉的老婆也别想摆脱干系，同样也要罚两副铠甲。[①]

这下把你们两口子都给吓坏了，一副甲合1344钱，里外里罚四副就是5000多钱，这可真不是个小数目，为离婚闹得倾家荡产太不值，还是凑合过吧，于是你们又悻悻地复婚了。

…………

来来回回折腾了好多年，你们两口子身心俱疲，都闹腾不动了，只得凑合着过下去，再说随着你的年事渐长，几个儿子长大，另一件重要大事摆在面前：你得立“后”，也就是确立继承人了。

在秦朝，立军功后能获得爵位，等你死后，爵位也可以由后代继承，这位继承者就是“后”“后子”，相当于皇帝的太子一样。有资格当“后”的人选包括你的儿子们，一般是长子，如果你没有儿子，就选同族的子侄辈。[②]

---

①《法律答问》：“弃妻不书，赀二甲。其弃妻亦当论不当？赀二甲。”

②《法律答问》：“士伍甲毋子，其弟子以为后。”

秦始皇二十二年（前225年）六月乙巳日，一位名为“武”、居住在洞庭郡迁陵县都乡高里的人立了这么一份“先令”（遗嘱），愿意将自己的仆人“幸”“甘多”，女仆“言”及其的儿子“益”，以及一匹母马，留给自己未成年的小儿子“产”。为了确保这份文书具有法律效力，还请来了里典“私”担任保人，都乡啬夫（相当于乡长）出具了文书，证明“产”就是“武”的“后”。里耶秦简中的这份继承文书或许表明，秦朝已经有了财产公证制度。

你按照上述程序立好了“后”，心里一块大石头落了地。这时你也垂垂老矣了，回首这辈子，只觉恍然如梦。临终时，已说不出话的你一个劲儿地举着两个手指头，呜呜咽咽老泪纵横，围在病榻前的“后”和其他家人们面面相觑不明所以，眼睁睁看着你撒手人寰，那个手势也成了他们心底永远的谜团。

其实，你真正想说的是：老子辛辛苦苦穿越过来这是干啥啊，老子要回21世纪！

士伍“奋”，卒。

本节要点

◆商鞅变法之后，秦朝流行小家庭，和现代家庭比较接近。

◆在秦朝，先天残疾的婴儿可能会被父母杀死。

◆家庭成员产生矛盾，法律明显偏向地位高的一方，这可以从“非公室告”与“谒杀”中看出。

◆非婚性行为会受到严厉惩罚。

◆家暴被法律严格禁止，结婚、离婚都要去官府登记。

◆秦朝时已有立遗嘱和确定继承人的法律程序了。

与其幻想着皇帝的恩宠，还不如当个独立自主的女汉子
——女性

旅途进行到现在，你一直作为男生在穿越，估计该有妹子不乐意了：凭什么女生就不能穿越？张不叁怎么就这么重男轻女？你个直男癌！~!@#$%……（以下略去3000字）

罪过啊！关于秦朝的文字记载本来就少，出土秦简更没多少妆容时尚、婚恋八卦之类妹子们天然喜欢的内容。不过为了照顾女性读者，张不叁还是硬着头皮当一回妇女之友吧。

织布是妇女生存的基本技能

你是一位平凡的秦朝女孩，出身“编户齐民”籍，有着虽普通却疼爱你的父母，你不算特别漂亮但很清秀，爱好是读《诗经》，还有着“善良”这项无往不利的技能，无论从哪个角度看都是小家碧玉一枚，标准的言情剧女主角形象，所以你自然憧憬着某位霸道总裁或风雅公子从天而降，和自己展开一段凄美玛丽苏的旷世恋情。这时你的“媪”（妈妈）却把你从幻想中叫醒，让你跟她去学织布。

很失落对吧，“傻白甜”同学，言情剧女主角活着就为了谈恋爱，你可不行。“三从四德”你应该听过，“四德”就是妇德、妇言、妇容、妇功，前三样都好理解，分别是品德、言辞、仪容，最后的“妇功”就是纺织缝纫等活计。别说你这样的普通女孩了，就连宫中那些后

妃们也要干这些活，《礼记·月令》规定：季春三月，周天子的妃子们要在斋戒后亲自前往都城的东郊采桑，之后还要把蚕丝逐一称重考核，为天子制作祭服。[①]

整个古代社会，纺织几乎和耕田一样重要，耕田收获的粟米是吃的，纺织出的布匹是穿的，所以“男耕女织”才会相提并论。商鞅变法时就鼓励耕织，规定多缴纳粮食布帛的隶农可以恢复自由身。[②]官府的赋税中往往也包含“布帛”这一项，货币不普及时，它们甚至会充当等价物。

到了后来，秦朝还专门设置了管理纺织业的官署，中央的“少府”下面就有“东织”“西织”，地方上还有“锦官”“服官”等。秦律对此也有反映，《工人程》规定：隶妾和一般女子会做针线活的，一名女工按一名男工计算；[③]会针线活的女工不能赎身[④]。

要学纺织，先要采桑养蚕。看看你家院子里的那几棵桑树，你需要搬梯子或者直接爬上树，把桑叶摘下来。不用顾及自己的淑女形象啦，当时的妹子们都是这样的。春秋时期，晋文公重耳流亡到齐国赖着不走，部下们因此聚在一棵桑树下密谋，准备把主公弄走，刚巧一位侍女躲在树上，全都听见了，她当时就在摘桑叶。

摘下来的桑叶要晾干，不能留有露水，《礼记》管这叫“风戾以食之”。然后你要把干桑叶带到蚕室，为了保障蚕的存活，这里一般会长期烧着火，保持室内的温暖干燥。后来太史公受过宫刑，由于怕风怕冷，也被安置在蚕室休养了很久。

在这里，你看到那些蚕宝宝趴在竹篾或苇子编成的“蚕箔”里，你把桑叶铺在蚕箔上，它们就蠕动着白嫩嫩的身子，沙沙吃起来。荀子在《蚕赋》中描述了蚕的习性：冬天蛰伏而夏天出游；吃的是桑叶，吐出的是蚕

① “后妃齐戒，亲东乡躬桑。……蚕事既登，分茧、称丝效功，以供郊庙之服。”

② 《史记·商君列传》：“戮力本业，耕织致粟帛多者，复其身。”

③ “隶妾及女子用针为缗绣它物，女子一人当男子一人。”

④ “女子操缗红及服者，不得赎。”

丝；“前乱而后治”（丝线起先纷乱，后来有条不紊，“先乱后治”的出处）；生在夏天却害怕酷暑，喜欢湿润却厌恶下雨（原文如此，似乎和前面蚕室要求干燥矛盾），多次睡眠多次醒来，这才长大。[①]“三俯三起”之后，蚕宝宝们吐出丝，结成了蚕茧。这时你要“缫（sāo）丝”，也就是把蚕茧水煮，将浮在水面上的丝绪捞起，几根丝合成一缕丝；再将它们用含草木灰的温水反复浸泡，白天曝晒晚上泡在井水里，使上面的胶质进一步脱落，让丝变得洁白柔软，这叫“湅（liàn）丝”；接下来，你还需要用纺车或纺坠，将它们几根几根地绞在一起，形成丝线，这一步骤就是“纺”。

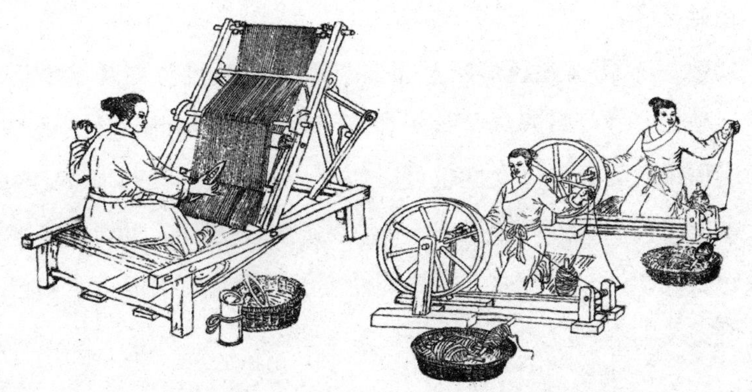

秦朝女性纺织场景的复原图（里耶秦简博物馆供图）

最后就是“织”了。学者推断战国时踏板斜织机已出现，江苏铜山洪楼村还出土过一块东汉时期的画像石，上面就绘有这种织机。它构造简单，就是用木架把所有竖着的“经线”逐一固定并绷紧，再把它们按奇偶数分成两组，你的两脚要各踩一块踏板，利用杠杆原理，通过它们使两组经线交替架起。再看这枚“梭”，它的外形两头小、中间大，有点像枣核，中间是空的，可以缠绕丝线，你需要左右手交替握着它，牵引“纬线”横穿过一条条交替架起的经线，这样随着梭子在左右手间的往返，经纬线就被织在一起了，这个场面就叫“穿梭”。

① “冬伏而夏游，食桑而吐丝，前乱而后治，夏生而恶暑，喜湿而恶雨。……三俯三起，事乃大已。”

先秦时期的不少名人轶事中，他们的母亲、妻子出场时都与这种织机相伴。孟子小时候放学回家，妈妈正在织布，听说他没好好学习，气得当场剪断了布，这就是“孟母断织”的故事；乐羊游学中途回来看妻子，她同样拿“断织”打比方，劝他不要半途而废；曾参的妈妈本来知道儿子品行优良，但在家织布时听到外面总有人喊“曾参杀人了”，害怕得把手中的梭子一丢，翻墙逃跑了（老太太真好身手），这就是“曾母投杼（zhù）”；吴起让某任妻子（应该不是被他杀死的那位）给自己织腰带，不想长度比要求的短了一些，让她去改也没改好，这位有着强迫症倾向的名将索性把她休了。

除了纺织，秦朝女性还广泛从事各种职业。吕雉和刘邦结婚后，刘邦在泗水亭当亭长，她就带着两个孩子在田间劳作。她那渣男丈夫还常在两位女老板的店里蹭酒喝，显然女性也可以从商。这其实是大环境决定的：沉重的生存压力迫使每位有劳动能力的秦人，无论男女老幼，都要参与各种生产活动。换句话说，当时的普通人家，即使妻子愿意让丈夫养着、自己什么都不干，只怕丈夫也不答应。

恋爱？大大方方地想谈就谈

日月如梭。单调的机杼声中，你一天天长大了，每月开始有了“月事”，这是当时对女性这种生理现象的称呼。那时没有棉花，所以你只能用布缝制成口袋，给里面填进吸水性好的草木灰，用过之后把灰倒掉再换新的。秦简中还有个奇葩医方：如果被剑、戈等兵器所伤，可以用月经布蘸上水，清洗伤口，有利于伤口愈合。

生理变化使你“女大十八变”，出落得更加楚楚动人，附近闾巷的几个男生经常用火热的目光悄悄注视着你，没事找事跟你搭讪献殷勤，其中一位还鼓起勇气，偶尔送你个木瓜什么的。

先秦时期虽然已有类似“男女授受不亲”的观念，比如《礼记》就要求“男女不杂坐”“叔嫂不通问”等，但这些主要是儒家在吆喝，民间社会从来就没有严格遵从。淳于髡就描绘过当时乡间聚会时的热闹景致：

青年男女混杂着坐在一起，互相敬着酒，玩着六博（类似军棋，双方各执一“枭”五“散”共六枚棋子，以吃掉对方大子“枭”者为胜）、投壶（轮流将箭杆丢入酒壶）等游戏，彼此握着手、互送秋波也不受指责，前有落下的耳环，后有丢掉的发簪。天快黑、酒快喝完时，大家把剩余的酒兑到一起，男女促膝同席而坐，鞋子木屐混杂着，席间一片“杯盘狼藉”（该成语的出处），此时堂屋里烛火熄灭，自己衣襟解开，空气中泛着微微的香味……[①]

再翻翻你每天都要默诵的《诗经》，里面记满了各种男女幽会的故事，桑间濮上，城阙郊野，每个角落都可能发生浪漫的邂逅与重逢。连《周礼》都专门将仲春时节（农历二月）定为相亲大会，男女嘉宾牵手完毕可以直接钻小树林。[②]

此外，看过《大秦帝国之裂变》的同学肯定会对这个情节印象深刻：商鞅为了体察民情深入秦地乡野，夜晚在一户人家投宿，里正让女儿陪他，最后商鞅拒绝了。这一段还真有原型，《汉书·地理志》记载了燕地一条劲爆民俗：假如有旅人借宿，男主人就会让家中的女性亲属陪他过夜。[③]这也太好客了。

《法律问答》中的一条也很有意思：男奴强奸主人，应如何论处？用如今眼光来看，这无疑是令人发指的重罪，何况还是以下犯上。然而官府却只规定：与殴打主人同样论处。[④]姑且不论处以何等刑罚，光这个类比就很神奇吧？

---

① 《史记·滑稽列传》：“州闾之会，男女杂坐，行酒稽留，六博投壶，相引为曹，握手无罚，目眙不禁。前有堕珥，后有遗簪，……日暮酒阑，合尊促坐，男女同席，履舄交错，杯盘狼藉，堂上烛灭……罗襦襟解，微闻芗泽。”

② “仲春二月，令会男女。于是时也，奔者不禁。”

③ “燕地宾客相过，以妇侍宿。”

④ “臣强与主奸，何论？比殴主。”

以上种种让人大开眼界的内容，与这时尚且淡漠的贞操观有关。你所熟悉的诸如一女不事二夫、夫死守节等所谓的“封建礼教”观念，是宋代理学兴盛后才开始成为主流的，当时就连再婚、丧偶的女性都不受社会的歧视与压迫。看看宣太后，摄政几十年闹出过多少风流事：先跟义渠王生了两个孩子，后来还把情夫骗到甘泉宫杀了；晚年又有了新欢魏丑夫，还想死后让他殉葬；更不用提那句“先王以其髀（大腿）加妾之身”的豪放名言。赵姬和吕不韦、嫪毐的那点破事儿更不用说了。

不过你既然如白莲花那样洁身自好，这些自然统统与你无缘。和每位沉浸在言情小说里的女生一样，你认为生活不是眼前的苟且，还有诗和远方。你在心底悄悄勾勒着自己的真命天子的完美形象：他文能提笔安天下，武能上马定乾坤，上炕认识娘们下炕认识鞋（划掉）。之所以还没出现，只因为他长年在外征战。不过你也很苦恼：这样的男人光芒万丈，自己却是一位灰姑娘，怎么配得上他？

幽怨了许久，你决定表白心迹——给他写一封情书。你给自己起了个玛丽苏式的笔名，叫“牵”，又称呼他为“公子”，你称自己“心中不乐，为此悲书”，还说：“牵”其实并不敢奢望必定能得到公子你的爱情，只是觉得公子你“不仁”；[1]公子就算不爱“牵”这个人，也不肯可怜可怜我吗？[2]由于担心他移情别恋，你还在信中叮嘱他，在军中不许拈花惹草，跟“嫠（lí）女”（寡妇）套近乎。[3]

你越写越心潮澎湃，索性大胆写下一句颇具暗示意味的情话：“牵”想把自己的一件贴身小裙送给公子做纪念。[4]这句刚写完，你脸颊就开始发烧，赶忙趁着爱意泛滥的当儿坚持写下去，又声称要送他五百钱做零花，并骄傲地自称：“吾富最天下，寿过彭祖。”

---

① “牵非敢必望公子之爱，牵直为公子不仁也。”

② “公子纵不爱牵之身，独不怀乎？”

③ “军中及舍人之所，嫠女弗欲也。”

④ “牵有赉公子亵小裙一。”

写着写着，平时读的《诗经》催动了你的灵感，一连串诗句从你笔下汩汩流出，字里行间透着一股文艺范儿：

南山有鸟，北山置罗。念思公子，毋奈远道何？
朝树梌樟，夕楬其英。不仁先死，仁者百尝。
有虫西蜚，翘摇其羽。一归西行，不知极所。
…………

这封情书后来流传了下来，考古学家给它起了个名字叫《公子从军》，属于北大藏秦简的一部分，研究者普遍认为它只是文学作品，并非真正的书信，也未必一定是秦统一中国后的作品。不过它足以证明：第一，一般人眼中粗犷糙砺，除了女汉子就是豪放女的秦朝，其实也有软妹子；第二，所谓官府禁《诗》《书》，并不像人们想象得那样彻底，否则无以解释你写下的那些颇有《诗经》味道的句子。

黄昏时才结婚 不穿红，要穿黑

等待中的戈多始终没出现。倒是送你木瓜的那个男生继续隔三岔五地跑来找你，面红耳赤结结巴巴背上两句也不知哪里学来的“窈窕淑女，寤寐求之”“汉有游女，不可求思”。你终于被这份坚持不懈所感动，幽幽叹了口气，决定接受他。他大为开心，这就开始向你——的父亲求婚。

不要误会，先秦时期妇女的婚姻基本都要遵从父亲安排，吕后嫁给刘邦就是个著名例子。她父亲吕公这天在家宴请宾客，从不肯放过占小便宜的刘邦也跑来蹭饭，还吹牛说带来了一万钱贺礼。吕公见此人面相不凡，居然当场决定将女儿嫁他。老婆吕媪对此大为光火，吕公还说，这不是你们女人家能懂的。结果吕雉之前连刘邦的面都没见到，就（被）嫁给了这个让她着急上火一辈子的男人。

好在，当时也有些女性拥有婚姻自主权，这方面的代表要数刘邦的老相识——魏国公子张耳的婚姻。他妻子是位标准的白富美，原先却嫁了个身为“庸奴”（佣工）的丈夫，后来她逃婚到父亲一位门客的家中寄宿。这位门客鼓动她考虑考虑张耳，她还真言听计从，嫁给了这位凤凰男。

在这个故事中，张耳妻不仅决定了自己的第二次婚姻，甚至第一次婚姻也很可能是心血来潮下自主选择的，因为很难想象她有钱的父亲会乐意女儿嫁给一个长工，毕竟不是每个人都有吕公那样的眼光。此后张耳妻还逃婚、“休夫”，又自主决定了第二次出嫁，颇有点新女性的作风了。

不过，她这种行为如果没有受到法律认可，肯定要受到惩罚。《法律答问》中，一名女子私自逃离前夫家，遇到另一位“阑亡”（逃亡出关，前边提过）的男子，她向对方隐瞒了婚史，直到两人结为夫妻、两年后有了孩子，才告知丈夫真相，尽管丈夫没有嫌弃她，官府却将两口子一同判为刑徒，男为城旦，女为舂。[①]

有鉴于此，那位男生必须和你一起去官府进行结婚登记，还得请媒人上门提亲，这就是“媒妁之言，父母之命”。按孟子的描述，如果你俩不管不顾就定下终身，一起翻墙私奔，结果就是“父母国人皆贱之”。[②]

这套“明媒正娶”的昏礼，也和你熟悉的古装剧差别极大。什么？你说“昏”字写错了？没写错，那时就是这个“昏”。它的本意当然不是男女一起发“昏”，而是指礼仪举行的时刻——黄昏，因为此时日月交替，有阴阳融汇的意思，既有内涵也颇具意境。

昏礼的主体程序是“六礼”，分别为：

纳采：男方遣媒人上你家求婚，你家同意后，再让媒人送上大雁作为见面礼，这是因为大雁对配偶十分忠诚，从一而终。

问名：当时女生的名字都不能轻易告诉外人，别人只能称呼她们的姓，这一步骤就是由媒人去询问你的名字、生辰等，为下一步做准备。

---

① “女子甲去夫亡，男子乙亦阑亡，相夫妻，甲弗告请（通情，实情），居二岁，生子，乃告请，乙即弗弃，而得，论何也？当黥城旦舂。”

② “不待父母之命，媒妁之言，钻穴隙相窥，逾墙相从，则父母国人皆贱之。”

纳吉：得知你的名字生辰后，男方就可以用龟甲来占卜这场婚姻的未来，有些像如今的星座匹配度检测。如果结果为吉，双方就算正式订婚。

纳征：相当于后来的送彩礼，不过其象征意义远大于经济价值，比如士大夫只需要送三匹玄帛、两匹纁帛，用彩丝束在一起，这正是“彩礼”的由来，有时还会加上一双鹿皮，那些天子、诸侯们也至多再加上一件“圭”或“璋”。

请期：男方决定成婚吉日，然后正式通知你家，征得你家的同意。

亲迎：未婚夫驾着车马去迎娶你。

亲迎是整个昏礼中最浪漫文艺的时刻，没有古装剧中吹吹打打的喧闹，这时讲究的是静谧安详：黄昏时分，红霞满天，四下里只能听到车马辚辚声。落日的余晖照着你未婚夫那身庄重肃穆的礼服“玄衣纁（xūn）裳”——上衣为微微发红的黑色，象征着天；下裳为偏黄的红色，象征着地，“天地玄黄”一词由此而来，直到隋唐以前，这种婚服都是主流。

你也在家做好了准备，你的衣着和他一样，而非古装剧里清一色的凤冠霞帔与红盖头。他来到你家时，车夫为你拉来一乘马车，新郎需要驾着它在原地转上三圈，再将车交还车夫、由你乘坐，他自己则驾驶另一辆马车，引领你踏上归途——没错，就是“归”途，当时女子出嫁叫“归”，因为人们认为，婆家是你真正的家，你嫁过去才是“回家”。

来到婆家，没有堵门要钱的孩子，也没有挑盖头和嘈杂的婚宴，更没有那些三俗的闹洞房，一切仪式显得简朴宁静，你们甚至不会“一拜天地二拜高堂”，那是宋代才开始有的礼仪，取而代之的是“同牢合卺（jǐn）”：“同牢”是新婚夫妇共吃一只祭祀的牲畜的肉，“合卺”是将一只匏（páo）瓜（葫芦）剖成两半，分别盛酒而饮。

后来“合卺”发展成夫妇交换酒杯而饮，一定注意，这仅仅是“交换酒杯”，而非你更熟悉的挽着胳膊喝的“交臂酒”。由于匏瓜是被一分为二，这一仪式也就象征着夫妇从此合二为一；又因为匏瓜是苦的，盛在里面的酒也会变苦，这也意味着夫妇需要从此同甘共苦。

接下来的入洞房就不现场直播了，不过第二天你们一定别忘了早起，因为你要正式见“舅”与“姑”（公婆），这是婚后礼的重要内容。

不要担心自己会像伦理剧女主角那样整天受气，在这个新家庭中，你有和丈夫抗衡的资本，这一切来源于你自己的独立财产，《法律答问》就有两条记载：丈夫有罪被妻子告发，她陪嫁的奴婢、衣物就不必被没收；[①]妻子有罪，她陪嫁的奴婢、衣物才给丈夫。[②]潜台词显然是，在一般的秦人家庭中，两口子的财产平时是各自独立的，一方犯法之后才会发生转移。

婚后的生活不算浪漫但也温馨，可是好景不长，战争爆发了，你的丈夫渴望着立功挣爵，决意从军。送他上战场前，你按当时的风俗激励他：“不得，无反!”又告诫他：“不守军纪、违抗军令，你会死，我也会死，不然乡里会治我们的罪，随军也无处逃，要搬家也没有地方去。”他则让你放心，说自己一定会立下战功、荣归故里。你望着他的身影消失在远方，自己用纤弱的双肩扛起了家里家外的所有活计，也包括本应由丈夫承担的农活。

战争还在继续，男人都征发完了，轮到女人了。你和其他不少女子都被派去运输粮草以支援前线，这就是所谓“男丁被甲，丁女转输”。战争激烈时你们甚至被要求到邻近的县城参与守城。壮年男子组成一支军队，负责作战；你们这些壮年女子也组成一支军队，负责修建工事、挖掘陷阱、拆掉房屋桥梁用作守城器具；老弱的男女组成第三支军队，负责喂养牲畜、准备饭食。这成了“三军”的另一种说法。沉重的劳役压得你快喘不过气来，战事的凶险更让你整日担惊受怕，担心孩子，更担心远方的丈夫。

总算度日如年地熬过了残酷的战争，噩耗却从远方传来：丈夫刚得了一级爵位，就在前线牺牲了。你悲痛欲绝，接下来就是各种《知音》式的苦情戏，你含辛茹苦拉扯着几个孩子，好在有官府的抚恤，日子还算过得去，

---

① “夫有罪，妻先告，不收。妻媵臣妾、衣器当收不当？不当收。”

② “妻有罪以收，妻媵臣妾、衣器当收，且畀夫？畀夫。”

只是觉得这辈子也就这样了。

大可不必这样想。

在当时，离婚、丧偶不是什么大不了的事，只要自己条件可以，再婚完全不是问题，前面的张耳妻记得吧，除了她，陈平的老婆也有着极为坎坷传奇的身世：她爷爷张负是阳武县户牖乡（今河南省兰考县东北）的富户，她本人居然连嫁了五次，而且五任丈夫都相继去世，从此没人再敢娶她。这时候张负看上了陈平，想让他成为孙女的新老公，女孩的父亲（张负的儿子）张仲还嫌陈平穷，心里老大不乐意。最后这第六次婚姻总算没出意外。

一年之后，你和另一位鳏夫组成了新家庭，有了新生活。回首前半生的遭遇，你唏嘘不已。相对宽松的社会气氛，总算是这个战争年代各种不幸中的万幸。

陪皇帝睡觉的各种讲究

以上都是你作为普通秦朝女性的生活。假如你是宫斗剧的深度中毒者，也许会憧憬着穿越成某个秦朝后妃，凭着清纯的外表、腹黑的心机获得君王的宠溺，等你的秦王老公驾崩，再以太后身份摄个政，没事再和这个公子那个王孙玩点暧昧什么的……

（叹气）非走这条路，张不叁也不拦你，只一句话：后果自负。

先说说怎么进宫的问题。假如穿越时间段选在秦始皇之前，你的运气再好点，能投胎成某个战国的王侯之女，那自然有望通过联姻方式嫁入秦国。这里格外推荐你成为楚国公主，因为有更高的概率成为王后。

北宋年间出土过三块石刻，经鉴定是秦惠文王祭祀祈神时分别埋下的。三块石刻除了祷告的神祇不同，内容大体一致：秦王先是回顾了春秋时期秦穆公与楚成王交好、两国王族代代通婚结盟的亲密关系；接下来话锋一转，声称如今的楚王“熊相”（真是个好名字，学者普遍认为应该是楚怀王熊槐）违背了两国“十八世之诅盟”，领兵来攻打秦国，他为此祈求神灵向楚国降下诅咒。

这篇文章就叫《诅楚文》，它透露出一个重要信息：秦楚两国曾持续了十八代的联姻。而从史料来看，即便两国关系恶化、彼此开始攻伐后，楚国也继续有王族女性嫁入秦国，其中首推你所熟悉的宣太后，秦孝文王的王后华阳夫人也是楚人。

如果你只是普通人家的女孩，就得动动脑筋了。你所熟悉的那种从民间海选宫女的制度，目前所见的最早记录来自东汉时期，先秦是什么情况还不清楚。不过你倒可以优先考虑两个穿越地点，可以提高自己入宫的概率：一是郑国、卫国那一带，也就是如今的河南新郑、濮阳附近。这两个国家以民风浪漫多情著称，当地的美女也因此很受各国君王的欢迎，李斯的《谏逐客书》就称“郑、卫之女不充后宫”（联系前后文，“不”在这里只是虚拟语气“假设没有”的意思）。二是赵国。李斯同样说过，“佳冶窈窕赵女不立于侧也”；《战国策》也称赵地“天下善为音，佳丽人之所出也”；《史记·货殖列传》还形容，赵国中山[①]一带的女子擅长弹着瑟、拖着木屐，到处游走，去向富贵人家献媚，也多被选入各国后宫。[②]战国后期更有孟姚、赵姬、悼倡后等几位著名的赵女。

总之，入宫想走纯情温柔路线，可以选择当郑、卫之女；想走性感风骚路线，可以选择当赵女。如果穿越时间点是在秦始皇灭六国时期，你更可以先穿越成六国的宫女，等秦军灭掉你的国家，你们就会被作为战利品，统统纳入始皇帝的后宫。

你如愿以偿地入了宫，第一天就被这里的大场面震撼到了。你看到远处无数星光在晶莹闪烁，这是宫中的妃嫔媵嫱们打开了梳妆镜；乌青的云朵纷纷扰扰，这是她们在梳理晨妆的发髻；脚下的渭水泛起层层油腻，这是她们把脂粉倒入了水中；头顶的烟雾氤氲腾起，这是她们焚起椒兰香料……眼前每一寸肌肤，每一种容颜，都美丽娇媚得无以复加。这样的景致让你心旌

① 春秋战国时曾有中山国，都城在今河北省石家庄市灵寿县，赵灭中山后属赵国。

② “女子则鼓鸣瑟，跕屣，游媚贵富，入后宫，遍诸侯。”

摇荡、目眩神迷，只觉得自己身处仙境，充满了不真实感。

尽管这只是杜牧在《阿房宫赋》中的脑补，不过秦始皇后宫的庞大规模应该是真实的。

评书里一提皇帝的后宫，就是“三宫六院七十二嫔妃”，这或许来源于先秦礼制。《礼记·昏义》记载的周天子后宫规模是：六宫、三夫人、九嫔、二十七世妇、八十一御妻。《周礼》的版本是“一百二十人”：一后、三夫人、九嫔、二十七世妇、八十一女御。不过实际肯定会远远超过这个数目，墨子曾说：“大国拘女累千，小国累百”，一个齐襄公就“九妃六嫔，陈妾数千”。好排场的秦始皇恐怕更会创下纪录，毕竟他每灭一国，就要把六国宫中女子充入自己的后宫。《说苑》中侯生曾劝谏过秦始皇，说他后宫“妇女倡优，数巨万人”；《三辅旧事》也称“后宫列女万余人，妇人之气上冲于天”，即便存在夸大的成分，或者是把所有侍女都算成了嫔妃，她们的总人数也绝不会少。直到后来刘邦进入关中，看到的秦宫妇女仍有上千人之多。

这些妇女被分成几等。据《七国考》记载，秦朝后妃的等级是在秦惠文王时期定下的，最高级别自然是王后，下面依次为夫人、美人、良人、八子、七子、长使、少使。宣太后之所以被称为“芈八子”，就因为她上位之前的等级是“八子”。这还仅仅是后妃，作为一名普通宫女的你，大概连个品级都没有。

宫中生活开始了，如同一滴水汇入大海一样，你的渺小身影被迅速湮灭在万千佳丽的身影中，日子虽衣食无忧却也单调乏味，你唯一的精神支柱只有历史上那些后妃们的传奇人生，以及宫中广泛流传的一位胡姬的故事：传说皇帝当年从荆轲的匕首下脱险后，当晚刚好由她侍寝，一曲《罗縠单衣》歌使皇帝怦然心动，那一夜过后就有了少子胡亥。[①]

可你没见过一次皇帝的真容。他的行踪是个秘密，咸阳周遭二百里

① 这个故事只见于《东周列国志》，当为虚构。

的所有宫殿都以封闭的复道甬道连接起来，谁敢泄露他的所在，都要被处死。与之相关的还有一个残酷故事：有一天，秦始皇在梁山宫见丞相李斯车驾的规模太大，很不高兴，后来李斯不知从哪里听到了风声，立刻知趣地收敛了全部仪仗。皇帝没查出是谁传的闲话，就把当时在场的所有内侍宫女全杀了。

退一步讲，即便你真能像北京车牌摇上号那样被选来侍寝，独沐皇恩的可能性也实在太小太小。按《周礼》记载，周天子有六座寝宫，一座是正寝，是天子料理朝政的地方，其余五座统称“燕寝”，分别坐落于东北、西北、西南、东南、中央五个方向，周天子要分别在春、冬、秋、夏、仲夏（五六月）这五个季节居住在这些寝宫里，由后妃们轮流侍寝。

侍寝的次序更是至关重要。如果你真穿越成后妃，想知道自己哪夜能陪皇帝，就得——看月亮，《周礼》规定：月相（月亮的阴晴圆缺）是每十五天一轮换，所以后妃们也每半个月轮一次。

地位最低的八十一名女御，只能在每个周期的前九天共同侍奉天子，具体什么顺序不清楚，也许是天子自己挑，也许是抽签，甚至也许是每晚九个人（这画面也忒壮观了）……地位高些的世妇，也要二十七人均分三个晚上；再高些的嫔是九个人分一晚；地位更高的三位夫人就可以三人分一晚；地位最高的王后才可以和周天子独享一夜。“只有”一百二十个老婆的周天子尚且这样麻烦，更别提始皇帝了。

皇帝本人其实也是受害者，夜夜当新郎的滋味乍听起来很爽，可这样的日子过长了，身体再好也吃不消，中国历史上许多皇帝寿命都很短，不能不说多少与纵欲过度有关。

宫中女人扎堆的另一个问题就是滋生出各种钩心斗角与争风吃醋，这点宫斗剧已演得淋漓尽致，不过始皇帝解决这一问题的手段倒显得别出心裁：既然你们这些女人都要为皇后的名分争个不停，那我索性不立皇后了，看你们还能争什么。

很多迹象都支持这一论断：一是史料中查不到他皇后的名字。要知道皇后的地位非常重要，何况还是秦始皇这样重要的帝王，史官们只要知道，肯定要记上一笔，不太会出现为了省笔墨而忽略她的可能。更重要的是，秦始皇的祖父母、父母都是夫妇合葬，秦孝文王与华阳太后、秦庄襄王与帝太后（赵姬）分别合葬在距始皇陵不远的秦东陵，偏偏始皇陵只埋葬了他一个人，这一点也很能说明问题。

再看看公子扶苏，他是始皇帝的长子，品德才干都很优秀，典型的“别人家的孩子”，无论看出身还是看能力，都是最完美的二世皇帝人选，可始皇帝迟迟没有立他为储君，他的称呼始终是“皇长子”而非太子。生母更是成谜，假设她是皇后，却没有信息留存下来；假设她只是普通嫔妃，更没有迹象显示其地位因儿子而得到任何提高。所以，“母以子贵”之类的念头你也不用再想了，就算始皇帝某一天大脑短路，突然看上了你，你甚至有幸（也许是不幸）为他生下了某位智商向胡亥看齐的皇子，也未必能改善自己的境遇。

燕子去了，有再来的时候；杨柳枯了，有再青的时候；桃花谢了，有再开的时候，你的青春却在无尽的等待中一点一滴流逝。你唯一能做的只有久久伫立着，眺望着宫墙外的那一角蓝天，等待皇帝那不知何时才能降到自己头上的宠幸。后宫中许多和你有着相同命运的宫女们，已经保持着这样的姿势，等待了许多年。“缦立远视，而望幸焉。有不得见者，三十六年。”杜牧这样写到。

无尽的等待使你各种空虚寂寞冷，你开始盼着有机会离开这里，重新成为一名普通的民间女子，可最终等到的却是皇帝驾崩的噩耗，以及一个晴天霹雳：二世胡亥准备为先皇操办一场浩大的葬礼，为此下令：没有生育过的后妃都要陪葬！一片巨大的恐慌笼罩了后宫，你却有种解脱般的释然：相比在这座富丽堂皇的集中营里继续行尸走肉般活着，死亡并不见得会更加痛苦。

你和其他许多殉葬的后妃一起被处死在始皇帝陵前。那些逃过一劫的后宫女人们也未必幸运多少，在忍受了胡亥长达两年的胡作非为之后，她们又遭受了开入咸阳的诸侯联军们的百般蹂躏，绝大部分人要么在那场咸阳大火中玉殒香消，要么就是被掳向关东的六国故地，继续过着牛马不如、生不如死的日子。

而在她们哭泣着远去的身影后面，那片囚禁她们的巍峨宫殿，早已在楚人一炬中变为焦土；无数穿越女的后宫梦，也在那冲天火光中化作阵阵青烟，滚滚而去。

本节要点

◆纺织是每位秦朝女性的基本生存技能。

◆《公子从军》表明，秦朝人也可以很文艺。

◆女性享有一定婚姻自主权。

◆昏礼不像现在这样吵闹，讲究宁静简朴。

◆女性在家庭中普遍经济独立，不必依附于丈夫。

◆秦始皇很可能没有立皇后。

◆想在后宫中脱颖而出，概率堪比中大奖。

不知道《日书》？你还怎么在秦朝混！
——禁忌

刚才两节的魂穿怎么样？不爽的话还是继续肉身穿越吧。张不叁这就把你的魂魄收回躯壳，你眼睛一闭，再一睁，天就大亮了。

以秦朝人的身份过完第一天，次日清晨你起床下地、洗漱完毕之后，先要做的是什么？

答案是，去翻书。

很奇怪是吗？既不明白为什么一日之计在于书，也觉得一般人家应该根本不允许有藏书？毕竟始皇帝下达过“焚书令”，秦朝普通人都应该是目不识丁的睁眼瞎呀。

这种想法只对了一半，“焚书令”确实禁止了民间藏书（哪怕只是名义上的），但别忘了朝廷曾特意申明，有些类别的书不在此列，可以光明正大地读。你要读的书正是其中之一。

翻开这卷“书”的《秦除》篇，正文是这样的：

	建	除	盈	平	定	执	破	危	成	收	开	闭
正月	寅	卯	辰	巳	午	未	申	酉	戌	亥	子	丑
二月	卯	辰	巳	午	未	申	酉	戌	亥	子	丑	寅
三月	辰	巳	午	未	申	酉	戌	亥	子	丑	寅	卯
四月	巳	午	未	申	酉	戌	亥	子	丑	寅	卯	辰
五月	午	未	申	酉	戌	亥	子	丑	寅	卯	辰	巳
六月	未	申	酉	戌	亥	子	丑	寅	卯	辰	巳	午
七月	申	酉	戌	亥	子	丑	寅	卯	辰	巳	午	未

续表

	建	除	盈	平	定	执	破	危	成	收	开	闭
八月	酉	戌	亥	子	丑	寅	卯	辰	巳	午	未	申
九月	戌	亥	子	丑	寅	卯	辰	巳	午	未	申	酉
十月	亥	子	丑	寅	卯	辰	巳	午	未	申	酉	戌
十一月	子	丑	寅	卯	辰	巳	午	未	申	酉	戌	亥
十二月	丑	寅	卯	辰	巳	午	未	申	酉	戌	亥	子

看傻了是吧，你也许会脱口而出“什么鬼？”先别急，继续往下看：

建日，良日也。可以为啬夫，可以祠。利早不利暮。可以入人、始冠、乘车。有为也，吉。

除日，臣妾亡，不得。有瘙病，不死。利市积、彻□□□除地、饮乐。攻盗，不可以执。

盈日，可以筑闲牢，可以产，可以筑宫室、为啬夫。有疾，难起。

平日，可以娶妻、入人、起事。

定日，可以藏，为官府、室祠。

……

瞧，满眼都是可以干什么，还有“吉”，有没有点眼熟？是不是很像……皇历？

猜对了，就是那时的皇历。

刚才说过，“焚书令”下达后，朝廷特意规定了一些享有豁免权的书籍类别：“所不去者，医药、卜筮（shì）、种树之书。”你手中的这卷竹简正属于“卜筮”书之列，里面都是算卦、风水、阴阳、相面等“封建迷信”内容。

这类书之所以能和医学、农业类的实用性书籍并列，还得到了官方保护，原因在于“秦代仍是一个鬼神数术的世界”（吕思勉先生语）。其实不止秦国，楚国也有《日书》，这些国家的民众几乎干什么事都要占卜问凶吉，以至于有一批专门从事这方面服务的“日者”，太史公司马迁还专为他们写了《日者列传》。

不过毕竟“日者”不常有，而占卜之事常有，凝聚了他们这方面知识结晶的占卜手册——《日书》，由此成了普通人家的必备物品。它屡屡出现在各地的考古发现中，从湖北的云梦睡虎地到甘肃的天水放马滩都有出土，内容也大同小异，堪称当时第一畅销书。日常生活你能想到的方方面面，它都会列出吉凶时日。

刚才你看到的，就是云梦睡虎地版《日书》的第二篇[①]，标题中的“除”其实是“建除十二神”，也就是前面那个表最上面的“建”“除”“满”“平”“定”“执”“破”“危”“成”“收”“开”“闭”那一溜，总共十二个，又称“建除十二直”，它们与下面子丑寅卯等地支十二辰组合起来，并赋予了人格化的神灵主宰力，指导人们在每日如何趋吉避凶。

当时的日期不是“一月一日”“二月三日”这种格式，而是以“月份”+“甲子”“乙丑”等地支的排列组合来表示日期，比如始皇帝就死于“七月丙寅”。与这些日期同一行的对应“建除”日，就表明对当日吉凶情况的评价。比如“建”日是好日子，这天可以当啬夫（吏员），可以祭祀，可以加冠，可以乘车出行等；“除”日就差多了，抓不到逃亡的奴仆，打强盗也不能取胜；“盈”日还行，可以修马厩、盖房子，可以生孩子；“破”日则什么事都不能做……

《秦除》只是“建除”中的一种，《日书》后面不同的篇章还有彼此独立的不同“建除”体系，与之相伴的则是各种令人大开眼界的禁忌，足见“魔鬼”藏在秦朝社会生活的每一个细节里。

比如说，作为农夫的你扛起耒要下地干活，一翻《日书》，看《禾忌日》那篇写到，小米忌“寅”日，“秫”（高粱）忌“丑”日，水稻忌“亥”日……这些日子不能播种和首次收获（有些作物是一年几熟的）对应的作物。你掐指一算，今天刚好是“寅”日，忌种小米，行了，别干活了，一把丢掉耒，回屋呼呼大睡去了（其实是给自己的偷懒找借口，因为那日忌

---

① 《日书》在许多地区都有出土，但内容略有出入，本节内容均来自睡虎地《日书》。

种小米但不忌其他作物）。

再比如，你家里养各种牲畜，就要遵循各种“良日”。比如“戊午”日不能宰杀牛；春三月“庚辰”日可以修羊圈，这样你以后就能有上千头羊；家有老婆孩子，不能在“己巳”日、“壬寅”日杀狗，否则会有灾祸……有些时日还属于“蚕良日”，可以在这些日子买入卖出蚕；甚至还有“金钱良日”（注意是金和钱，也就是金镒和钱币这两种货币），可以在这些日子买卖货物。

你是官吏，官运也与吉凶时日相关。《稷辰》篇规定：“秀”日有利于任命官吏、处理政务、调动官职；假如你此前被免官，也有望在这一天官复原职；“正阳”日也利于当啬夫，不过你会在“危阳”日三次调动官职。《吏》篇甚至规定了你哪天去见上司，会受到什么样待遇：

“子”日，早晨去见上司报告工作，他会认真听完，晚上见就不听了，黄昏去见他，他会让你再去见一次；

“丑”日，早晨去见他，他会对你大发脾气，晚上见他则会受到表扬；

“寅”日，白天去见他，他没空见你，你只能再跑一趟；

“卯”日，早晨去见他，他会很高兴而且会给你个惊喜，但晚上去见他，他情绪就很坏，要发怒；

…………

摊上这么个喜怒无常的上司，也真是人生的悲哀啊。

链接

祭祀也有专门的法律

《日书》也有种类繁多的鬼神祭祀，不过既没有隆重的仪式，也没多少贡品。《除室》甚至记载，在一些日子里用牛羊等大型牲畜为祭品为凶，用猪等小牲畜祭祀也凶，用一块腊肉祭祀才吉。[①]联系起当时的家庭普遍不富裕，真正的原因很可能是，大部分普通人都没有足够的财

① “大祠，以大牲，凶；小牲，凶；以腊肉，吉。”

力物力负担起太丰厚的祭品，所以“发明”出了这一说法，很有些吃不上肉就说吃素有益健康的感觉。

秦朝人对祭祀极为重视，官府有专门的《祠律》对类似行为进行规范，《法律答问》也有关于祠祭的内容，如严禁私人的非法祭祀活动，“擅兴奇祠，赀二甲”。《秦始皇本纪》也显示：“三十三年，禁不得祠。”

对“先农”神的祭祀是最重要的，里耶秦简记载，秦始皇三十二年（前215年）三月的一天，迁陵县举行了“祠先农”活动，祭品包括“盐四分升一”、“牂（zāng）一”（母羊一只）、“黍米四斗”，其他还包括酒、豚（小猪）、彘（公猪）。

祭祀完毕后，参与者将这些食物分吃，剩下的叫“余彻食”，由职务为“仓”的官吏“是”、职务为“佐”的官吏“狗”（好名字啊）卖给刑徒们。一枚简上就记载，两人将一个羊头、四只羊蹄卖给了城旦“赫”，收入四钱。[①]其他卖掉的祭品还包括：“余彻肉二斗”（剩下来的两斗肉）、“余肉汁二斗”、“余彻食七斗”（暂不清楚“食”是什么）、“余彻酒一斗半斗”、“余彻豚肉一斗半斗”。整个交易过程中，还有令史“尚”负责监督，因为好几枚类似内容的竹简都有“令史尚视平”的记载。

工作如此，生活更如此。衣食住行，婚丧嫁娶，生老病死，全都和吉凶时日相关。不信？挨个来看。

先说穿着。这天你准备做件新衣服，翻到《日书》的《衣》篇，看那上面规定：在“丁丑”“丁亥”“丁巳”等日子做衣服，会有很多好处，比如“媚人”（让人有好感）、“灵”（带来福气）、“安于身”（衣服合体，给穿衣者带来平安）、“多衣”（能有很多衣服，指代生活富足）、“终身衣丝”、“不卒岁必衣丝”（能穿丝绸做的衣服，相当于说你变得富

① “卅二年三月丁丑朔丙申，仓是、佐狗出祠先农余彻羊头一、足四卖于城旦赫，所取钱四。”

贵），甚至“矢兵不入于身，身不伤”（箭矢、兵器都无法伤到你，金钟罩铁布衫加身啊）……你照着做了，许多天后衣服做好穿上，再一翻书，后面还一句：不要在楚历九月[①]的“己未”日第一次穿新衣服，不然你就死定了。你掐指一算，这不刚好今天吗！赶紧又把衣服脱了。

再说食。《日书》相信，假如你怠慢了亲人的鬼魂，它们就会附着在一些食物里：红色的肉、黄色的干鱼、新鲜的白色鸡蛋、公鸡、狗肉、干肉、肉酱、酒……也不知这些鬼魂为什么和食物过不去。

住更不用提了，如今尚且要看风水，那时盖房自然更少不了做类似准备：一年当中，五、六、十一、十二这四个月不能兴土木，每个月也都有各自的动土忌日；不同的房门朝向也有吉凶之分，《直（置）室》篇把在不同位置开的房门按东南西北分成了二十二种，向南开的“寡门”“仓门”“南门”等六扇门都很吉利，向东、向西的各五个门次之，最糟的就是向北开的“食过门”“曲门”“徙门”等，如果不及时改建，日后你要么残废，要么被判割鼻子砍脚之类的肉刑，要么破财，要么家产被人兼并，总之基本没什么好下场。

你想要出行，也绝不能说走就走，得看看走那天是什么日子，尤其是要结合自己要去的方向。《玄戈》篇就告诉你：正月、五月、九月这几个月内，如果你往东走会死；往东南走，会与全家人失散；往南走会不祥；……往西北走会“辱”。[②]到底怎么个受辱法，《玄戈》篇有解释：“辱者，不孰而为□人矢□。”意思是，食物不熟，吃到了“人矢”[③]。

这受的辱也忒大了点。

旅途中，你出了家门回头留恋地张望叫“少楮（chǔ，站立）”，大转

---

① 这一说法来自云梦睡虎地出土的《日书》，被秦国占领之前属于楚国，楚历在当地同样有影响力。

② “正月、五月、九月，北徙大吉，东北少吉，若以是月也东徙，毄（qì），东南刺离，南精，西南室毁，西困，西北辱。”

③ 前面讲过，“矢”通“屎”，后面你还会见到这个用法。

身地回头看叫“大楮”，这些都不吉利；赶路时，沿着路中间或靠路的右边走吉利，但要是靠左走就不吉利。途中遇见大城市被拦住不能进，得先走三个“禹步”，后世道教典籍对这一走法的描述是，两脚交叉着走出一个“Z”字路线，相传当年大禹因为常年奔波治水，腿脚有毛病，没法正常走路，于是有了这种魔鬼的步伐。走完之后，还得再向前迈一步，喊出咒语：“嗷！斗胆敬告您：我旅行平安无事，请求先为大禹清除道路！”[①]再在地上画五次。据饶宗颐先生考证，画的应该是北斗；然后从地上画的图案的中心位置抓一把土放进怀里，这才能进城。

结婚也一样。《娶妻》篇规定了一连串禁忌日子，最特别的是“戊申”“己酉”这两天，这是牵牛宿迎娶织女宿的日子——不幸的是没能娶成，连续三次都只得放弃；[②]另一种解释是丈夫在这一天娶妻，会三次抛弃妻子，所以不适宜结婚。这个悲剧或许是牛郎织女故事的雏形，也不知如今喜欢选择在七夕结婚的新人们看了会怎么想……

《星》篇也提出，可以用星宿来预测你的婚姻状况。这种方式或许是和星座那样，将一年或一月均等划分，每个时间段对应一个星宿。你在不同时日娶进门的老婆，也将因此被赋予不同的特质：

“角宿”这天娶进门的老婆，“妻妒”，也就是说你那天娶了个醋坛子，天天死盯着你，唯恐你和别的女人多说句话；

“心宿”这天娶进门的老婆，“妻悍”，没事就把你打得鼻青脸肿；

“箕宿”这天娶老婆，“妻多舌”，天天跟你唠叨东家长、西家短，就好像整天有一堆苍蝇围着你；

“斗宿”这天结婚，你娶的是个女巫[③]，她左手一个火球、右手一个霹雳，动不动把你轰至渣，你只能哭着哀求：姑奶奶收了神通吧！

“虚宿”这天，你事先打听好了自己要娶的老婆上得厅堂下得厨房，

---

① 《盗者》：“皋！敢告曰：某行无咎！先为禹除道！”

② “牵牛以娶织女，不果，三弃。”

③ 严格来说，当时的“巫”是指祭祀时能与鬼神精神相通的女子，这里只是调侃的说法。

这才放下心来，结婚当天，她却不见了踪影——逃婚了。你翻开《星》篇，发现这天娶妻，“妻不到”；

“营室宿”这天，你娶进来的老婆生性不安分，“妻不宁”，到处给你惹是生非，愁得你结婚没多久就谢了顶；

“毕宿”这天，你总算苦尽甘来，因为这天“娶妻，必二妻”[①]，你正兴奋得流鼻血，忽然想起自己前面的一系列不幸婚姻，顿时觉得多娶几个老婆也未必是好事……

还真是这样，因为《日书》又规定，“凡且有……夫妻同衣，毋以正月上旬午……”后面是一大堆禁忌时日，这里不再尽数罗列。

不明白“夫妻同衣”什么意思？觉得是两口子同穿一件衣服？真是太纯洁，太naive了。这个词的解释有好几种，不过基本指向是没差别的。解释一，男女同穿一件内衣；解释二，“同被而眠”；解释三，根据古汉语同声相训原则，“衣”同“壹”，也就是说，其实应该是“夫妻同壹”。具体怎么回事，自己想去吧。

总之，这句话的意思是，就连你们两口子那啥，都得根据吉凶时日有所为有所不为。由于这些禁忌日每月都有一天，所以有观点认为，它们也许与女性的生理周期有关。

生孩子更与时日有密切联系。《生子》篇就列举了孩子出生日期与他未来的命运、性格的联系：

“甲戌”日出生的孩子，吃喝都很快；

“乙亥”日出生的孩子，心地善良、生活富足；

“丙子”日出生不吉利；

“丁丑”日出生能言善辩，不过有的孩子会眼睛有毛病；

“己卯”日出生，孩子以后会离开祖国；

“己丑”日生子，将来生活贫困、疾病缠身；

---

① “必二妻”有人解释为娶两个妻子，也可能是指两次婚姻，这里取前一种解释。

“庚寅”日出生，女孩可以经商，男孩会喜爱华丽衣着、过上富贵生活。这点还真在屈原大夫身上得到了验证，他在《离骚》中就自称“惟庚寅吾以降”，并且出了名地喜爱各种华丽衣饰；

“丁酉”日出生会嗜酒；

“丁未”日出生以后要失去母亲，还会蹲大牢；

“甲寅”日出生可当公务员；

…………

与之形成鲜明对比的是这样一条记载：“己巳”日出生的孩子不利父母，男孩会成为奴隶，女孩会成为女奴，所以“勿举”——不要哺育，说白了就是不要让他活下来，够惊悚吧？前面说过，《法律答问》也允许父母出于优生考虑，杀死先天残疾的婴儿。

更惊悚的是，《日书》还告诫你，在一些凶日不要轻易收留寄宿者，否则他们会夺取你的家产。“结日……以寄人，寄人必夺室”“毋以辛酉入寄者，入寄者必代居其室”“窞（dàn）罗之日……而遇人，人必夺其室”。还有，“己巳”日接纳他们，不出一年你自己也成了和他们一样的寄居者，也就是说自己的房子也没了。[①]这一警告还多次在《日书》中出现，或可证明这种现象在当时的普遍。

“寄居者”是什么人？李学勤先生认为可能是“庸客”，也就是陈胜那样的长工。张不叁个人的推测是，当时战争频仍，普通秦人的死亡率应该很高，孤儿、流离失所者、逃亡奴隶等人也应该不在少数，那时虽然没有福利院等机构，但不排除国家出台专门安置他们的政策，“寄居”也许就是这种政策的体现，当然造成这种“寄居者夺家产”的社会问题，就另当别论了。

---

① “己巳入寄者，不出岁亦寄焉。”

链接

巫还是医，傻傻分不清

在秦朝，巫术和医术是不分的。秦惠王有一次生病，就向华山之神祈祷，献上了圭、璧等玉器，还留下一篇祝祷文字，记录在《秦骃祷病玉版》上。

当时也出现了药方，北大藏秦简有一篇《医方》记载，你如果得了“肠澼”（类似痢疾），就要把稻米淘洗后磨碎、兑水、煮熟成米汤喝下去，不要吃其他食物。

但也有不少药方很奇葩。周家台秦简记载，想要预防“瘅”（dàn）病（一种湿热病），需要取正月时桃木中的蠹虫的屎，积攒到少半升，放到醇酒中温热了喝下；另一个方子是治疗“瘕”病（一种腹中结块的病），将剑或有方（矛、剑一类的锋刃器）的头端放在火上烧烤，像淬火那样浸入醇酒里，“女子二七，男子七以饮之”，病就会好了。

就连你的家人不幸去世，下葬的日子也有讲究，子、卯、巳、酉、戌这几天叫“男日”，午、未、申、丑、亥、辰这几天叫“女日”。死在“男日”“女日”的不能选在同属“男日”或“女日”的日子埋葬，否则家里还会死人；最不能在“丁丑”日下葬，要不然家里还会连着死三个人。

不过最奇葩的，还是用这“皇历”来抓小偷，这叫“相盗法”。《盗者》篇将十二地支对应的日期与十二种动物联系在一起，这应该是最早的十二生肖，和如今略有出入：

十二干支	今	古
子	鼠	鼠
丑	牛	牛
寅	虎	虎
卯	兔	兔
辰	龙	？（原文不明）
巳	蛇	虫（同样指蛇）

续表

十二干支	今	古
午	马	鹿
未	羊	马
申	猴	环（猿）
酉	鸡	水（雉，一说準）
戌	狗	老羊
亥	猪	豕（同样指猪）

《盗者》告诉你，出现在不同日子的盗贼，都有一些与对应当天的生肖动物相似的特征：

“子”日的贼，长相是尖嘴巴，胡须稀少，善于玩弄东西，手是黑色的，脸上长有黑痣，耳朵有点毛病，躲藏在围墙内中间位置粪草的下面。名字中有“鼠、鼷、孔、午、郢”这几个字；

“巳”日的贼，个子高，脸色黑，眼睛长得像蛇眼，是黄色的，脚上有毛病，隐藏在陶器下面，名字里有“西、茝（chǎi）、亥、旦”这几个字；

“午”日的贼，长脖子，短腿，身体有残缺，耳朵长得长，手拿草，肩膀有毛病，躲藏在草丛树木下面并位于险要的地方。名字中有“彻、达、禄、得、获、错”几个字；

…………

这是在拍样板戏吧，明摆着把“我是坏蛋”四个字贴脑门上啊。

看了这么多，是不是觉得这些多如牛毛的禁忌太可笑？其实也不能完全用“封建迷信”将其一棍子打死，它们都是当时社会现实的映射，生产力和生活水平的低下、长期战乱导致的民不聊生，才是人们信奉禁忌的根本原因：生个孩子，也许刚生下就死了；得一场大病，人就没救了；出个远门，就被抓了当壮丁；好端端在家待着，也可能祸从天降……曹操的“对酒当歌，人生几何，譬如朝露，去日苦多”绝不仅仅是文学性的修辞，也是对现实的写照。

秦朝的人们既不了解这其中的原因，也没法逃避这些天灾人祸，只能把一切苦难的根源算到超自然的神秘力量头上，在现实之外寻求一种另类的寄托。这种情况下，以抑制自身行为来求得内心安宁的“禁忌”，由此开始大行其道。说到底，终究是一种无可奈何的自欺欺人。

本节要点

◆《日书》是秦朝的“皇历”，规定了不同时日各种活动的吉凶，秦人对它极为迷信。

◆衣食住行、婚丧嫁娶，都要翻《日书》查吉凶，足见“魔鬼”藏在秦朝社会的每一个角落。

◆连抓小偷都能用上《日书》。

◆生产力和生活水平的低下、长期战乱导致的民不聊生，才是人们信奉禁忌的根本原因。

秦朝爆笑驱鬼手册
——鬼神

对秦朝那多如牛毛的各种禁忌望而生畏了吗？有没有想过它们背后的元凶是什么？《日书》对此的解释是：这是各种鬼怪在作祟。

要说这部占卜手册最吸引人的篇章，无疑是讲述当时人们如何驱邪捉鬼的《诘》篇了。由于这部秦朝驱鬼手册实在是过于精（cao）彩（dian）绝（man）伦（man），以至于必须专门写一个章节，才对得起它在《日书》中的地位。

不要担心这是恐怖故事集，里面记载的鬼怪基本没什么可怕的，反倒散发着浓郁的生活气息，你会觉得它们几乎是人们生活的一部分，至多会带来一些麻烦，远谈不上什么危害。有些与它们相关的内容甚至相当爆笑，是的，你没有看错，真的是很爆笑。

下面就由我——张天师张不叁，带领大家学习这篇极富，呃，感染力的，秦朝驱鬼手册。

《诘》的开篇还是很郑重其事的："诘咎，鬼害民妄行，为民不祥，告如诘之，召，导令民毋丽凶殃。"意思是说，禁忌凶灾，鬼危害百姓、恣意妄行，让百姓们生活不吉祥，现在将鬼怪害人的情况告知如下，并且加以禁忌，劝大家不要遭受凶灾。

但接下来对鬼的描述，就马上让人嗅出一股不同寻常的气息了："鬼之所恶，彼屈卧箕坐，连行踦立。"意思是，鬼的外形十分凶恶，他们睡觉时弯曲着身子，坐着时双腿张开，像簸箕那样，走路时连着脚步，一条腿站着。

喂，“箕坐”可是很不雅观的坐姿啊，当鬼也要有点教养好吧！“连着脚步走路”又是什么鬼造型啊，《植物大战僵尸》里的僵尸吗？还有“一条腿站着”是在模仿白鹭那高冷的气质吗？信不信我一竹竿把你捅倒，你就再也站不起来了？

显然，这时的鬼外形上怪则怪矣，却一点也没有想象中青面獠牙、血盆大口的感觉。[①]

除了这段描写，天水放马滩秦简中还有一篇鬼故事《墓主记》：某位秦王在任的第七年（具体哪位，学者们意见不一致），一个叫“丹”的人在“垣离里”刺伤了人，被官府在集市中处决，三天后葬在南门外。不料三年后他居然活过来了，还透露了很多关于鬼的生活习性：鬼不喜欢穿衣服；以白茅草多的为有钱人——有钱鬼；去祭祀这些鬼的时候不要哭，一哭就会把鬼吓走；祭祀时还必须要把坟头打扫干净；祭祀给鬼的食物还不要浇汤汁，不然鬼就不吃了。

北大藏秦简的鬼故事《泰原有死者》则透露，鬼的“财富”除了白茅草，还有“黄圈”和黍粟等粮食。“黄圈”其实就是晒干后的黄豆芽，据说鬼们把它当作黄金；黍粟当钱来使用；白茅草则可以抵偿徭役。换言之，在另一个世界，鬼们同样要纳税服徭役，也一样辛苦，谁说“做鬼也幸福”来着？

这些只是鬼的一些基本生活习性。从种类看，当时的鬼有很多种，而且类别千奇百怪：

不停地攻击、袭扰你的，是“刺鬼”；

无缘无故就造访你家的，是“丘鬼”；

---

① “鬼之所恶”一句，采用的是吴小强先生在《秦简日书集释》中的翻译。王子今先生将这一句翻译为“鬼所厌恶的”，整个句子的意思就变成了“鬼所厌恶的是屈卧、箕坐……”；他进一步认为，秦人的“屈肢葬”习俗也与辟鬼有关。

把你迷惑住了的，是“诱鬼”（狐狸精的前辈吗？）；

对你纠缠不休，使你脸色苍白没精打采有洁癖没食欲的，是“哀鬼”，它没有自己的家，经常找人做伴（百年孤独，好可怜）；

导致你全家都病倒的，是“棘鬼”；

导致你全家都病倒、在噩梦中死去的，是“孕鬼”（这名称和技能完全对不上呀）；

导致你家的炉灶莫名其妙不能烧火的，是“阳鬼”，它能偷走灶台的元气（真想看看怎么偷的）；

经常溜到你家来吓唬人的，是“故丘鬼”（这位老兄，你是前边那位“丘鬼”的本家吧，你俩无聊的程度有一拼）；

经常半夜敲你家门，边敲边唱歌或者哭的，是“凶鬼”（好像一点也不凶呀）；

你老婆生孩子，不幸胎死腹中，造成这悲剧的元凶是“不辜鬼”（喂，前边的“孕鬼”请过来，这里才是你的片场）；

你家的家具莫名其妙全损坏了，这是“露牙鬼”干的好事（用牙咬的？）；

…………

看吧，但凡生活中遇到点倒霉事，基本都是鬼怪们在捣蛋，堪比《哈利·波特》里霍格沃茨的那些幽灵。不过别担心，魔高一尺，道高一丈，虽然它们各种逗比让人防不胜防，但只要你能做到一点，就再也不怕它们了，那就是——

比它们还逗比。

真的，下面你就能领教张不叁为什么这么说了。

茅山道士要有木剑黄符纸，神父要有《圣经》十字架，想要降妖除魔，驱鬼的法器必不可少。这些法器，我张天师今天这就倾囊相授。放心，不是什么神器，你自己都可以DIY。

最常见也最好找的就是各种草木。比如你可以用熏烧牡棘[①]的办法去驱赶一种叫“幼龙”的奇幻生物；可以用桑木杖驱赶“诱鬼”；可以点燃莎草根、牡棘柄来驱赶妻妾朋友的鬼魂；其他常见的驱鬼草木还有苇草、白茅、茜草等。

这其中，驱鬼效果最好的首推桃木。《荆楚岁时记》记载，“桃者，五行之精，能厌服邪气，制御百鬼”；《战国策》也记载了苏秦讲的一个桃梗与土偶的故事；还有神荼、郁垒兄弟，他们是最早的捉鬼人，也是门神的鼻祖，据说就是在度朔山的桃树下开展工作的；里耶还出土过一枚桃木符，可见后世茅山道士们用桃木剑驱邪，并非全无道理。你驱鬼的方法也和茅山道士差不多，用桃木制成弓，用牡棘制成箭，再装上鸡毛做的箭羽，就组成了“桃弧棘矢”，等到“刺鬼”一出现，就可以用这玩意儿射它了。至于去哪里找鬼来射，你问我我也不知道呀！好多年前我教会了一个学“屠龙之技”的徒弟，他毕业后到现在还满世界找龙呢……

与法器搭配起来使用的就是咒语，对此你肯定不陌生，毕竟各种奇幻题材的影视动漫里总充斥着这些内容。秦朝驱鬼同样也有咒语，里耶秦简曾出土过这样一枚简：

> □□（书到）二人袭夷山，急急急急急急朔书

单纯从文字上看，这似乎是一份十万火急的军事命令，一连串的“急”字也让人不由得紧张，但其实它是驱鬼辟邪时的咒语，那些“急”字或许是“急急如律令”的前身。

而在《诘》的世界里，咒语看起来应该是大白话：

你在一间房屋内睡觉时做噩梦，就不能在这里住下去了，这是因为某种鬼住在这里（原简的字看不清）。你需要找来桃木杖，在房间四角捣击，用牡棘做的刀来砍房子的四壁，嘴里喊着：“复疾，趋出！今日不出，以牡

---

① 牡是“公”的意思，牡棘就是不开花的雄棘，由于呈阳性，所以驱鬼效果更强。

刀皮而衣！”——“快走哈！今天你不走，小心哥拿刀削你啊！”（东北话貌似效果更佳）

动漫中和咒语一样出现频率很高的还有“结界”，《诘》中同样有类似记载。比如对付“丘鬼”的法子：从旧土丘取来土，用泥土做成假人假狗放到墙上，每隔五步放一个假人、一只假狗，环绕房屋一周。等到鬼真的来了，就向它扬土灰，并敲打簸箕、大声呼喊，这样鬼就不敢再来了。（别走呀，我还没放大招呢……）

还有一些食物也被认为有驱鬼的功效，它们有的是谷类，有的是药材，感觉很像各种魔法药剂或丹药，似乎多与治愈心情相关，比如，你总是无缘无故地发怒，可以选择在“戊”日中午、太阳正中时，在道路上吃黍谷（小米的另一种称呼），就可以息怒了。

再比如，你总是莫名其妙地想很悲伤的事情，可以摘取一尺多长的桂树枝，从中间折断，在“望”日（农历十五）的早晨、太阳刚出来时吃下去，然后再吃早饭，就不再悲伤了（关键在于接下来的早饭吃什么吧）；也可以从土丘下挖点杂草，摘取完整的十四片杂草叶，面向东北方吃下去，然后躺下睡觉，就可以忘掉那些伤心事（还是去吃大餐比较管用吧）。

不过作为一个四体不勤、五谷不分的穿越者，你很可能认不清这些种类繁多的植物。没关系，本天师这里再推荐一样法宝，保证你们每个人都有，那就是……你的鞋子。

不骗你，连鞋子都有驱鬼的效果，起码《诘》是这么声称的。至于驱鬼的方式，看看下面几条记载：

凡是猛烈的旋风危害人，脱掉鞋向旋风扔过去，风就会停了。（这是山丘之王那可以打断持续性法术的风暴之鞋吗？）

风刮进你家，并刮走了你家的东西，你得用鞋投向风，这样可以在路中间取回来；如果找不到，就把鞋丢在道路中间，这样就不会有病了，否则不出一年，你的家人必定得病。（你的鞋受过圣光的加持吧！）

这条更劲爆：

凡是鬼经常手执淘米竹器进入你的房屋里，还说着“给我吃的”之类的话（不在前面加句“老爷行行好”吗？），那就是“饿鬼”（看来真的是啊）。用鞋丢它，它就不来了。（“穷叫花子，滚！”）

…………

觉得这种驱鬼方法很奇葩？还有更奇葩的。来，接过这坨臭烘烘、黏糊糊、热腾腾，颜色极为可疑的糊状物，记得要用双手接……知道你在想什么，告诉你，本天师没那么重口味，这才不是前边的“人矢”呢，对灯发誓，真的不是……

这是“狗矢”。

喂喂不要乱甩，更不要甩到本天师身上，先秦时期用“犬矢”来辟邪是有渊源的，据说舜帝就用过它。刘向在《列女传》里写到，舜的父亲、继母和异母弟弟总看他不顺眼，这天假意请他去喝酒，准备灌醉之后再害死他。但是舜的两位妻子娥皇、女英给了他一包药，让他跟“狗矢”掺在一起洗个澡。舜照办之后，第二天赴宴果然千杯不醉，从而逃过一劫。

相似的故事也在《韩非子》里有记载：一位燕国人李季的妻子与人私通，刚好丈夫回来，情急之下，那位情夫索性赤裸身体，旁若无人地从屋中走出。李季见了大吃一惊，他的妻子和早被买通的仆人却一口咬定：什么人也没有，是他自己见了鬼。吓得这位被戴绿帽的丈夫赶紧洗了个“狗矢浴”。

类似的法子，这篇以无节操著称的《诘》怎么会错过？看看这条：

“大神”（虽然叫神，但似乎也是鬼）所住的地方，人无法通过，因为它会害人。你需要把狗屎捏成圆球、攥在手里（恶……），走过“大神”的住所、见到它时丢出去，它就不会害人了。

再比如这条：你无缘无故在家好好待着，鬼却来你家偷窥你，赶也赶不走，这是“祖神”在巡游，用狗屎去丢它，它就不来了。（“祖神”是道路之神，荆轲易水送别时就曾“既祖，取道”，学者解释为祭祀路神，不过这路神也真变态啊！）

还有洗“狗矢浴”来辟邪：鬼经常纠缠你的女儿，还自称“我是天帝的儿子，到凡间来深入群众”。想赶走它，你的女儿得用狗屎来洗澡，还得在身上系上苇草，那鬼就死了。（槽点太多，无以置喙，那姑娘其实是花痴过度产生了幻觉吧。鬼，放开那姑娘，让我来！）

…………

为什么要用这种方式来驱鬼？有人怀疑可能是出于“以毒攻毒”的心理：狗屎极脏，鬼怪极邪，两种极脏极邪的东西碰到一起，估计就负负得正了。

已经产生不适感了？只怕你的不适感还得继续。因为《诘》中还记载了一类更雷人的除鬼方法，那就是——吃掉它们。

看看这几条记载：

你家一家人都没有气息、不能动弹，是“戕神”在你家作祟，你需要在屋子的地面往下挖泉水，会发现一只有马尾巴、狗头的红色的猪，把它宰杀再煮着吃了，你们就会呼吸畅快了。（……吃得下吗？）

狼经常在你家门外叫：“给我开门！”它不是鬼，把它杀掉再煮熟吃了，味道很好。（古有守株待兔，秦有守门待狼）

你经常丢儿子，这是因为淹死在水里的未成年人的鬼魂把孩子偷走了。你需要在房屋内铺上灰，把房门关紧，在房内悬挂茜草，就可以捉到鬼，用茜草削它，就可以杀死它，再把它煮熟吃了，它就不害人了。（一连串疑问：怎么把鬼削死再煮了？吃得下吗？到底几个孩子，经得起这么丢吗？最后，丢了孩子不去找，还想着把鬼给吃了，这样的父母得心多宽哪……）

由是观之，“四条腿的桌椅不吃，两条腿的爷娘不吃”这一悠久传统，早在秦朝的祖先那里就奠定了基础，连穷凶极恶的鬼怪都难逃悠悠众口，我大吃货国注定要无敌于天下啊……

重口味部分到此结束，还有一些驱鬼办法比较有趣，它们似乎只是因为当时的人们不了解科学原理脑补出来的，其实他们最该看的不是驱鬼手册，而是《走近科学》：

寒风刮进你家的房屋，这是寒风独自在作祟，没有其他作怪，只要在房间内撒上沙子，风就可以停了。（重点是要撒进门缝啊！亲！撒越多越管用！）

鬼经常告诉你："你必定会在某月某日死！"这是某种鬼（原简看不清）伪装成老鼠，钻进了你家的醋、酱油、淘米泔水、酒里，在这些地方找到老鼠再扔掉它，鬼就不闹事了。（根本就是老鼠干的好嘛！）

有女生不疯不傻，忽然用不熟练的忧伤的调子唱歌，这是因为"阳鬼"喜欢上她、附上了身。从北面的墙下采集来二七一十四个花瓣，烧掉后把灰烬放在食物上吃下去，鬼就会离开姑娘的身体。（"田野小河边安安~红莓花儿开，有一位唉唉~少年，真使我心爱……"这姑娘多半是有心上人了吧！）

你们全家人无缘无故地都在流口水，这是因为屋里有"爰母"，它像棒槌一样大，红白色，它待的地方有水时自动变干燥，干旱时自动变湿润。你需要在房屋正中挖地三尺，再焚烧猪粪，就不会再流口水了。（"无缘无故流口水"总有种莫名喜感）

你在一间房屋内睡觉，连人带席子一起陷下去，这是"地蠥（niè）"盘踞在这里造成的，你需要用白色的沸水灌注下陷的地方，再用黄土填实，鬼怪就不会害人了。（最后一步才是关键）

天火把你家房子烧了，你抵御不了，只有用白色沙子救火，火才能灭。（这法子真的很灵，除了白沙，能驱鬼的还包括水、湿棉被、蘸水的树枝、二氧化碳灭火器……具体请参见《消防指南》里的内容）

除此之外，其他一些内容相对比较零碎，但亮点依旧俯拾皆是：

凡是在城中建立的祭祀土地神的丛祠附近，鬼经常半夜呼叫高喊，这是"遽鬼"在抓人，用来替代自己做鬼（看来是那时的"伥"了）。你可以解开上衣露出胸膛，走进丛祠茂盛的树林里，与鬼搏斗，就能抓获它。（画面太美不敢看……）

你无缘无故从鬼那里得到东西，这是“夭鬼”在作祟，用水来浇鬼，它就不会再给你东西了。（这种鬼我觉得留着挺好）

鬼经常对你说：“把你女儿给我！”你可不能拒绝，因为这是天神下凡来娶老婆。你需要让女儿在身上系上苇草，那鬼就死了。否则，鬼来五次之后，死的就是你女儿了。（看来“河伯娶亲”的故事倒也不是巫婆凭空捏造，至少与这里呼应）

你遭了雷劈，用木棍去击雷，它就不再攻击你了。（实在很难想象这“与天斗”是怎样壮观的场景……）

你走在路上，看见有鬼站在路中间面对着你，你要解开头发披散着奋勇冲过去，鬼就消失了。（披头散发的你更像鬼吧？）

你家井里的水变成味道腥臭的血水，这是“地虫”在地下搏斗，血向上飙造成的。用沙子填埋这口血井，另外再挖一口井，连续三天吃蒸米饭、喝霜露，才能恢复正常生活。如果继续饮用原来的井水，三个月后就会有虫子附体，你们全家必定会变成骷髅。为了避免这样的情况，白天有太阳时，你需要从填埋那口血井的地方取几粒沙子，用白茅草包裹起来向远处跑，然后扔掉它，就好了。（这个确实有点恐怖，不过会有人主动去喝那腥臭的井水吗？还一喝就是三个月……）

…………

最后，秦朝的鬼怪为什么都这么奇葩？这或许是先秦时代鬼神观决定的。中世纪的欧洲人往往将妖魔鬼怪想象得恐怖凶残，这种心理该是源自他们对“异端”的痛恨；但在先秦时期的中国人看来，“鬼”其实只是到了另一个世界的同类而已。《礼记》有云：“人死曰鬼。”殷周时期上至君王下至民众，都对鬼神顶礼膜拜；诸子百家中最“接地气”的墨家也提出过“明鬼”的理念，认为“鬼”无处不在，“有天鬼，亦有山水鬼神者，亦有人死而为鬼者”。

于是我们可以看到，《诘》中的鬼，无不有着人的喜怒哀乐、人的生理和心理需求，一如希腊神话中的奥林匹斯山诸神那样充满了七情六欲，只不过思维和行为方式草根得多。它们也要吃要喝要住，也要有朋友，也有和异性交往的欲望，先民们完全是按照自己的形象塑造出了这些五花八门的鬼。

更值得注意的是，《诘》中很少记载人类怎样像钟馗、燕赤霞那样去主动出击、寻找和消灭鬼怪，绝大部分内容是针对鬼怪作祟的化解方法，这或许能再一次证明，中国先民们的鬼神观是何等宽容：他们并不追求将这些异类斩尽杀绝，只求与他们相安无事，“非我族类，其心必异”之类的想法，此时远不是主流。漫长的中国历史中，这种心理几乎一直延续了下来，蒲松龄在《聊斋志异》中加入许多人鬼情未了的爱情故事，毋宁说就是对这种中国式鬼神观的继承与发扬。

本节要点

◆秦朝鬼怪的外形千奇百怪，就是不像鬼。

◆桃木、鞋子甚至狗屎，都可以用来驱鬼。

◆有的鬼甚至可以吃。

◆学习驱鬼术不如去看《走近科学》。

◆在中国先民心中，“鬼”其实只是到了另一个世界的同类而已，中国先民们的鬼神观非常宽容。

第二章 基础篇

《今日说秦法》特别节目：《穿越者守法指南》——罪行

画外音：珍贵铜器流落街头，牵出怎样一起盗墓案？离异妇女何以险遭前夫奸污？花季少年因何走上敲诈道路？……这一切的背后，是人性的扭曲还是道德的沦丧？敬请关注今晚戌时DQTV《今日说秦法》年度巨献——《穿越者守法指南》！

各位黔首晚上好，欢迎收看本期《今日说秦法》栏目，我是主持人张不叁。最近，越来越多的穿越者来到了秦朝，给安定和谐的社会局面带来了诸多不稳定因素。为此我们推出了这期特别节目，希望穿越者看到后能避免违法行为。

我们首先来谈谈盗窃案，这是最近频发的一类案件，很多人穿越过来后，都变成了无常识、无技能、无节操的所谓“三无”人员，为了生存经常小偷小摸。但秦朝极其重视对个人财产和人身利益的保护，“不拿一针一线”真不是说着玩的。来看这几个案子：

案例一，甲日乙地，一个叫“奋”的穿越者偷了把价值还不到一钱的桑叶，县廷就判了他“赀徭”三旬[①]，也就是服徭役三十天；

案例二，丙日丁地，又是穿越者“奋”趁着祭祀，偷了一只价值不够

---

① “或盗采人桑叶，赃不盈一钱，何论？赀徭三旬。”

一钱的猪肾准备去做卤煮，被“耐为隶臣”（耐刑+隶臣）；[①]

案例三，戊日己地，还是穿越者“奋”偷了一只羊，牵着羊脖子上的绳索把它拉走，尽管绳索价值不过一钱，但仍在官府考量之内，因为“奋”要偷的是羊而不是绳子，“议不为过羊”（量刑时不应以超过盗羊的罪来论处他）。[②]

希望穿越者记住：在秦朝，不论标的物价值多少，盗窃罪名都会成立；甚至只要存在“抉钥”（溜门撬锁）的盗窃行为，无论是不是撬开门，无论是没撬开就跑路，还是没撬开就被抓，都会按盗窃罪处以黥刑。

下面让我们看一个关于盗窃行为的短片，特殊的是，这回盗的是——坟墓。

短片[③]一：《秦朝盗墓笔记》

秦王政二十一年（前226年）五月丁未日，南郡江陵县（今湖北省荆州市），两名犯罪嫌疑人被押解着来到县廷，罪名是“载铜”（非法运铜）。

经审理查明，这些铜器是犯罪嫌疑人从醴阳县一名男子手中买来的，企图转手卖钱。按照这一供述，官府顺藤摸瓜，成功抓获了非法贩卖铜器的男子“猩”，很快，该男子的同伙“达”也在另一座城市孱陵县（今湖北省公安县西）落网，一起惊天的盗墓案由此大白于天下。

“猩”“达”和几名社会闲散人员终日不务正业，在夷道（今湖北宜都市）一带寻衅滋事。这天，梦想着一夜暴富的他们忽然得知，夷道原属楚国，有很多楚王陵墓。一个罪恶的念头由此在他们脑海中浮现出来。

“达”：我们想，夷道这里既然坟墓多，里面肯定有很多宝贝，弄出一件就发了。可我知道“猩”太胆小，让他参与搞不好会坏事，所以我们三

---

① “祠固用心肾及它肢物，皆各为一具，一具之赃不盈一钱，盗之当耐。”

② “士伍甲盗一羊，羊颈有索，索值一钱，问何论？甲意所盗羊也，而索系羊，甲即牵羊去，议不为过羊。”

③ 短片一至四均出自岳麓秦简的《为狱等状四种》，这里经过了高度浓缩。

个商量盗墓时一直避开他，不让他知道，只让他管做饭。

“猩”：政府啊，他们真没告诉我要盗墓，我什么都不知道哇！直到得手后，“达”才私下分了我一笔盗墓得的钱。我好后悔掺和进来啊，我现在只想尽快把这些铜器上交给国家，呜呜呜……

盗墓活动进行了一年，将近尾声时，该团伙又迎来了一名新同伙——“敞”，他也于不久前在醴阳县落网。

“敞”：当我第一次要入伙的时候，其实“达”他们是，是拒绝的，他们跟我讲，他们拒绝，因为，其实，墓已经挖得差不多了……不过最后他们还是duang地分了我一成收入，他们自己两成，然后我就每天去卖铜器，卖了很多铜器……

江陵县政府最终判定：“达”等人的盗墓没有与“猩”“敞”事先合谋；“猩”“敞”所分得赃物，合计价值超过660钱（即660枚秦半两）；现判处“猩”“黥为城旦”，“敞”“黥为鬼薪”，主犯“达”另行论处。

看完了短片，我先要告诫广大穿越者们：盗墓是严重违法行为，就算不死在骊山陵的机关下，出来也要被判刑，你们一定不要盲目效法盗墓小说。

在这个案件中，“猩”和“敞”被判劳动改造是因为他们并未参与共谋，相比主犯“达”来说受刑已经很轻微了。需要提请大家注意的是，判决书中专门提了一句，两人获得赃物的价值超过660钱，这个数额很重要，是秦朝法律区分盗窃案严重程度和量刑标准的一条红线。

《法律答问》中的很多条款都出现了“660”钱这个数目，其中有一条规定：如果盗窃金额在220至660钱以内，就应被判处“黥为城旦”（黥刑+城旦）；超过660钱，判处“黥劓为城旦”（黥刑+劓刑+城旦）；220钱以下被判处“迁”（流放）。本案“猩”和“敞”的赃款总数超过了660钱，但两人各自获得的赃款数额都没有超出，因此才会分别被判“黥为城旦”、“黥为鬼薪”（黥刑+鬼薪）。

第二类比较常见的案件，就是各种打架斗殴事件了。观众朋友们也知道，咱们秦人民风彪悍，而且打架的花样也很多，多到让人哭笑不得。比如有一条《法律答问》规定："奋"斗殴时把对方耳朵撕裂，要被判耐刑；如果对方是个戴"珥"（耳坠）的姑娘，无论她耳朵的伤口是否在耳洞上，"奋"都要处相同刑罚；[①]如果"奋"打架时把对方绑起来，再恶趣味地拔光他的胡须和眉毛，事后要被罚去当"城旦"；[②]再比如"奋"突然苏亚雷斯附体，咬断了对方的鼻子或耳朵，也要被罚耐刑。[③]

下面我们来看第二个案例，这里的犯罪情节，可比打架斗殴要严重得多。

短片二：《秦朝奇案之强奸未遂》

为保护隐私，本案隐去了受害人的姓名。[④]

受害人是一位离异女性，不久前被丈夫"得之"抛弃，但这天傍晚，"得之"却来骚扰前妻。他眼见四下无人，心底燃起了邪恶的欲火，突然将受害人扑倒在地，撩起了她的裙子。受害人为了稳住他，只得假意说怕在外面被人看见，还是回自家的好。"得之"同意了她的要求，拉着受害人往住处走。走到家门口，受害人突然呼救起来。

受害人：来人哪！救命啊！（挣扎）……

（求救声引来了一位邻居甲）

邻居甲：那个臭流氓，快放手！……抓色狼啊！

（为保护证人，此处不公开邻居的真实姓名，面部声音均进行了处理）

由于邻居甲的出现，"得之"慌忙逃窜；此后在另一位邻居乙的鼓励下，受害人终于鼓足勇气，将前夫告上了法庭。"得之"因此受到了法律的严惩，被判为"隶臣"。

案件并未就此完结。秦王政元年（前246年）四月，"得之"要求重新

---

① "律曰：'斗决人耳，耐。'今决耳故不穿，所决非珥所入也，何论？律所谓，非必珥所入乃为决，决男若女耳，皆当耐。"

② "或与人斗，缚而尽拔其须眉，论何也？当完城旦。"

③ "或斗，啮断人鼻若耳若指若唇，论各何也？议皆当耐。"

④ 其实是因为秦简上的名字打不出来，这个字上面是个"六"，中间是"于"，下面是"乂"。

审理自己的案件，理由是自己和前妻是自愿躺在野地里休息，没有强奸举动。但经廷史“赐”重审，“得之”的理由完全不成立，因此判他再服“城旦”刑六年。

案件仍未就此完结。“得之”服刑期间竟然逃亡了，并且继续申诉，结果可想而知。最后负责再审案件的当阳县政府判定，“得之”再增加六年的劳役刑，连同前面总共十二年。

从这个案子不难看出，咱们秦朝在保护妇女权益方面做得还是很到位的，这里也呼吁广大女性，遇到类似情况，一定要勇于拿起法律武器来维护自身权益。

同时值得我们关注的，还有“得之”受的刑罚。秦朝法律有“累犯从重”原则，“得之”被罚为隶臣之后选择了逃亡，显然是罪上加罪，肯定要从重处罚。

这种情况《法律答问》中也有，比如士伍“奋”被官府判以初级刑罚“耐为候”（耐刑+候），他却诬告狱友想骗得减刑，案情查清后，官府就会按“奋”诬赖对方的罪来治他，罚他去当苦役中级“司寇”。如果“奋”坚持不懈地继续诬告，徒刑也会升级为苦役高级“隶臣”，甚至苦役宗师级“城旦”，以及在劳役刑的基础上受到肉刑处罚：黥刑、劓刑……很像《悲惨世界》里因不断越狱而被加刑到十九年苦役的冉阿让。

秦律关于这种行为还有个专门称呼——“州告”，也就是本来控告的就不实，还以其他事控告。所以我们也奉劝那些违法者，安心接受改造，不要再抱有任何侥幸心理。

和盗墓、强奸等案件相比，接下来这个案件显然属于智能型犯罪了。我想我们一般黔首是很难见到名人的，但当他们中的某一位真给你写信时，你会怎么办？来看短片。

短片三：《我爸是冯毋择》

秦王政二十一年，南阳郡胡阳县主管钱财的少内丞“矰”迎来了一位特殊的客人——一位十几岁的少年“癸”。

更特殊的是，这位少年还带来一封信，写信者的名字在秦朝可谓如雷贯耳——五大夫冯毋择。

没有知识基础的穿越者可能不清楚这个名字，冯毋择与当朝右丞相冯去疾、御史大夫冯劫是同族，都是长平大战时上党郡守冯亭的后代，天下统一后他本人受封武信侯，可谓位高权重。这样一位大人物，为什么要给一个基层县政府写信，又为什么要委托一位少年带来呢?

冯毋择在信中写到，自己听说南阳郡有着优质的土地，很适合创业，现在先让儿子“癸”和舍人“兴”一起来胡阳创办农场。但他们没带钱和种子，现向胡阳县贷款两万钱和一年的粮食，等庄稼收获了，自己会加倍偿还，请胡阳县不要拒绝。

读完这封信，“熷”吃惊不小，想了想后觉出一些疑点，当下将这位高干子弟羁押起来。这期间“癸”还向“熷”的上级、胡阳县令“固”写信辩解，称自己之前去过新野，已从那里借到钱粮，胡阳县凭什么扣押自己?

但在讯问之下，这位少年终究还是交代了真相：他根本不是冯毋择之子，也不叫“癸”，他的真名是“学”，是南阳郡新野县人；由于父亲在官府经常被打，回家后就把怨气撒在自己头上，痛苦不堪的他从此决定离家出走。他曾学过文书业务，又有一枚印章，于是就伪造了高干子弟的身份，想诈骗一笔钱财后逃亡到楚国去，不料一下就被识破了。

胡阳县就此对“学”做出了两条判决：一是判处他“耐为隶臣”，一是判处耐刑但允许出钱赎罪（赎耐），目前本案还在进一步审理中。

真是个让人很不是滋味的案子，假如这名少年能得到更多的家庭温暖，相信他也不会走上违法犯罪的道路。不过冒充高干子弟这种事更像是21世纪发生的，真可谓太阳底下无新鲜事。

现在县府还没有决定对“学”处以哪种刑罚，如果他还不到十五岁，有可能会从轻发落。因为秦朝会对未成年人适当减刑。《法律答问》有好几处出现了“小未盈六尺”的字样，这是在无法确认当事人年龄的情况下，通过量身高来确定他是否成年。有一个案件是，一位少年“奋”牧马的时候，马跑到了别人的田地里，吃了整整一石的粮食，但由于他本人身高不够六尺，因此不承担责任。[①]

如果确实是严重的罪行，未成年人也会受处罚。另一个案子是少年“奋”偷了一头牛，这相当于在21世纪偷一辆豪车。官府丈量后发现，他身高也不到六尺，不够判刑标准，但并没有就此把他无罪释放，而是将他“系”（羁押）了一年，一年后放出来再量，已经六尺七寸高了，最终给他判了个“城旦”。[②]

说到重罪，除了谋反之类，最严重的就是“群盗罪”，也就是团伙犯罪了，下面我们就来看一个关于“群盗”的案件。

短片四：*A Fistful Of Golds*

秦王政二十五年（前222年，灭楚之战那年），秦楚交界的南郡州陵县（今湖北省洪湖市）警方在求盗“尸”的带领下，一举粉碎了盘踞当地多日的一个犯罪团伙。

经审讯查明，该团伙共有十四人，分别由“治”为首的四名秦国人、“阆”为首的十名楚国人组成，前者原本从秦国“邦亡”（逃亡别国）到京州，这里原本是楚国领土，后来归于秦国。“治”“阆”等人在此一同约好，重新回秦国“归义”（归附正义，类似投诚的说法），但逃到州陵又中途反悔，在当地打家劫舍起来，还杀了一名“走马”爵的百姓“好”。

犯罪团伙被抓获归案后，对于他们的定罪，以及对求盗“尸”等人的奖金发放成了一个难题。秦律规定：如果是犯有杀人罪的犯罪嫌疑人，每抓捕一人，奖励7两金；如果是犯有群盗罪，每抓捕一人，奖励14两金[③]；但

---

① “甲小未盈六尺，有马一匹自牧之，今马为人败，食人稼一石，问当论不当？不当论及偿稼。”

② “甲盗牛，盗牛时高六尺，系一岁，复丈，高六尺七寸，问甲何论？当完城旦。”

③ 岳麓秦简里记载，一套铠甲约合1344钱，值二两一锤金；一铢金为24钱；据《汉书·律历志》记载：“二十四铢为两”，则一两=24铢×24钱=576钱，14两金合8064钱，对普通民众来说是个相当大的数目了。

如果抓捕的是“它邦人”（外国人），每抓一人奖2两金。现在问题来了，“治”“阆”等人应该算杀人罪还是算群盗罪？他们应该算秦人还是算楚人？对“尸”等人的奖金又应按哪个标准发放？

（短片暂停）

有兴趣的观众请参加我们的有奖问答：“尸”的赏金标准应该怎样算？

答案甲：“治”等人按14两金算，“阆”等人按2两金算。

答案乙：“治”等人按7两金算，“阆”等人按14两金算。

答案丙：“治”等人按7两金算，“阆”等人按2两金算。

答案丁：“治”等人按2两金算，“阆”等人按7两金算。

广告回来我们再公布答案。

广告一：司考必备神器：《为狱等状四种》！全部收录最新秦简——岳麓秦简的十五个案例，奇案、疑案一网打尽！想成为法吏的你，不容错过！

广告二：雄赳赳，气昂昂，跨过大湘江！东风吹，战鼓擂，北疆草原谁怕谁！加入秦军南北建设兵团，斩敌首、挣高爵，王翦大爷需要你！

广告三：学习修陵哪家强？函谷向西去咸阳！骊山工地诚招精壮劳力，欢迎广大穿越者踊跃报名！联系人：章先生。联系方式：×××。

欢迎回到节目当中。刚才观众答题非常踊跃，现在我们揭晓答案，看看南郡假守（代理郡守）“贾”对此的裁定原文：

> 治等审秦人殹，尸等当购金七两。阆等其荆人殹，尸等当购金二两。它有令。

答案是丙，你答对了吗？

为什么会这样裁决？请看大屏幕，我们有幸请到了法律专家、大秦廷尉李斯先生为我们讲解本案。

（李斯出现在画面上）

李：看到这个赏金标准，相信很多观众都会感到意外，没想到奖金数这么少，我这就给大家解释下。

本案有两个关键，一是对于“治”“阆”等人国籍的认定，尽管“治”“阆”等十四人的碾转逃亡，但他们始终没有去任何一地的官府变更户籍，所以对他们的身份认定仍依据他们的原始户籍：“治”等四人仍然是秦人，“阆”等十人也依旧是楚人。

明确他们各自的国籍后，我们可以讨论第二个关键——罪名的适用问题了。对于群盗罪的认定标准，《法律答问》规定：“五人盗，赃一钱以上，斩左趾，又黥以为城旦”；汉朝《二年律令》也载：“盗五人以上相与攻盗，为群盗。”（没错，我是穿越了，但有什么关系呢）换言之，犯罪团伙的人数是否满五人，是群盗罪能否成立的重要条件。

大家肯定会想，整个犯罪团伙人数多达十四人，怎么不能构成群盗罪呢？问题在于，群盗罪适用对象是秦国本国人。“阆”等十人既然已被认定为楚人，或者说“它邦人”（外国人），自然适用每人2两的赏金标准；剩下的“治”等四人又不够五人，无法满足群盗罪的成立条件，只能以杀人罪论处，奖金标准也适用每人7两金的标准，因此南郡才会做出这样的裁定。

感谢李斯先生的讲解。秦朝法律对群盗罪的处罚的确非常重，在睡虎地秦简中，犯罪嫌疑人“奋”偷了不到660枚秦半两，县廷以盗窃罪判处他“黥为城旦”；但如果他和另外四个同伙抢劫了一枚秦半两，他们每人就会被判处“斩左趾，又黥以为城旦”（黥刑+城旦+斩左趾）。

很不可思议对吧？五个人抢劫了一钱，就比一个人抢几百钱判刑更重。这正是因为，五个人已满足了群盗罪的标准，性质比单独犯罪更恶劣，处罚也会更重，这在秦律中被称为“加罪”；也由于构成了这种罪，所以官府已经不看抢劫的数额，只看犯罪性质了。

下面我们来看最后一个短片，这是一组案例集合，大家对案情也都十分熟悉了。

短片五：《说？还是不能说？》

画面一：秦始皇三十五年（前212年）正月，咸阳宫宴会上死一般的寂静，只有李斯肃杀的声音在回荡："臣请将秦史之外的其他史书全部烧掉。有敢'偶语'（相聚议论、窃窃私语）《诗》《书》的，判处弃市；以古非今的，族灭；官吏知道的不举报，与违法者同罪；诏令下达三十日后不烧书的，黥为城旦……"①

画面二：江东吴中，少年项羽盯住浩浩荡荡的巡狩车队，重瞳子中闪烁着羡慕嫉妒恨的光芒，愤愤一句："彼可取而代之！"身旁的叔父赶紧捂住他的嘴："不许'妄言'，不然咱全家都要被灭族！"

画面三：咸阳宫内，博士们七嘴八舌喊着"大泽乡暴动，天下大乱了"，胡亥越听越怒。博士叔孙通忽然开口："胡说八道！在陛下的正确领导下，全国形势一片大好，哪有什么乱军？"胡亥转怒为喜，当场下令把其他博士都带去审讯，罪名是"非所宜言"（说了不该说的话）。

（短片暂停）

相信各位观众都已心里有数了，以上就是秦朝的诸多言论罪：偶语《诗》《书》、以古非今、妄言、诽谤、非所宜言……对于习惯了网上喷人的键盘侠来说，穿越到秦朝后能否适应这种严峻的舆论环境，还真是个大问题。

不过看看下面，你也许会有不同感受。

画面四：商鞅变法初期，曾经的国都栎阳（今陕西省西安市阎良区武屯镇一带）。大批秦人高举"反对酷吏""还我穆公祖制""旧法好，新法坏""告别苛政，用爱强国"等各种标语，嘴里喊着同样的口号，群情激愤走上街头，汇成了一条长龙……

这个片段讲的是商君变法初期，许多秦人受不了新法的束缚，纷纷跑到栎阳说新法的不好，前后加起来人数多达上千，用穿越者熟悉的句式说就是："在极少数别有用心者的煽动下，大批不明真相的群众@#$%^&……"

---

①《史记·秦始皇本纪》："史官非秦记皆烧之。……有敢偶语诗书者弃市。以古非今者族。吏见知不举者与同罪。令下三十日不烧，黥为城旦。……"

（根据相关法律，此处对声音进行了处理）

可问题在于，秦国官府并没理会这些怨言。

画面五：还是在那次决定焚书的宴会上，博士淳于越慷慨激昂地发表着演说："事不师古而能长久者，非所闻也！"在座大臣们一片哗然，皇帝阴沉着脸，但始终没有吭声。

请看，尽管淳于越在这样重要场合发表反体制言论，却仍没受到惩罚。可见，秦朝并不是一直都有言论管制的，直到"焚书"事件后才开始收紧。

更重要的是，焚书的重点在于禁止"以古非今"，也就是不许以吹捧古代的形式来影射朝政。当时的政治形势已经很严峻了，各种谶语、民谣流行，始皇帝还遭遇了多次暗杀，这种情况下偏偏有人提出要改换政治体制，朝廷适时出台法律、收紧舆论尺度，不能不说是有其实际考量的。

再者，尽管丞相李斯建议出台一系列恐怖政策，但目前来看，这只是一种威慑性的政策，诸如偶语《诗》《书》者"弃市"、以古非今者"族"等惩罚，至少史书中还没发现因此而被处决的案例。

我们继续看短片。

画面六：商鞅变法数年后，还是在栎阳，还是先前那些抗议者，还是举着各种标语，上面写的却换成了"没有新秦法就没有新秦国" "新秦法就是好来就是好" "战无不胜的法家思想万岁" "商君您真赛过我亲爷爷"……人人兴高采烈走上街头。

（这时画面外响起了商鞅冷酷的声音："此皆乱化之民也，迁之于边城！"）

画面七：秦昭王病了，百姓们都在自发凑钱买牛来祭祀，家家为他祈祷。有大臣跑来报喜："大王，您太受百姓爱戴了！"秦昭王得知后却下令：这些百姓每人罚两甲！理由是：未经法律允许而擅自祈祷，虽然是爱戴我，但自己如果也用同样的心去爱他们，甚至为此改变法令，这样法就立不起来了，那就成了乱国亡身之道。

看到这里，观众们一定会吃惊不小——秦朝政府不仅不许批评，连表扬都不许。但平心而论，这样做看似不近人情，对官民关系却大有裨益。如果官吏们陶醉于民众的歌功颂德，可以想见必然会不踏实做事，整天热衷作秀，促成大批“影帝”“姿势分子”们大行其道；反过来，民众们对统治者的歌颂，也许一开始的确是出于真心，但唱赞歌的多了，不想拍马屁也得跟着拍了。

节目的最后，又到了答疑时间。很多穿越者提问：自己因为触犯秦法而逃亡，现在良心发现想要自首，能得到从宽处理吗？

我这里可以负责地说，肯定能。秦律的很多律条都规定自首可以减刑。有一个案例是，被判处司寇刑的犯罪嫌疑人偷了110钱，如果是被发现的，就应该被判“耐为司寇”，并罚做隶臣，但如果能自首，只罚两副铠甲就可以了。

所以，请这类穿越者不要犹豫，立即第一时间去自首，具体步骤请参见“徭戍”一节，一定能得到从宽处理。

今天的节目就到这里，观众朋友们，欢迎明天同一时间继续收看！

本节要点

◆在秦朝，不论标的物价值多少，盗窃罪名都会成立。

◆赃物价值是否超过660钱，是秦律区分盗窃案严重程度和量刑标准的红线。

◆秦法有“累犯从重”原则，如果被判刑后继续违法，罪行会不断加重。

◆未成年人可以得到适当减刑。

◆对于群盗罪的认定，秦律以犯罪团伙人数而不是抢劫盗窃金额为标准。

◆秦朝的言论管制直到“焚书”事件后才开始收紧，而且重点在于禁止“以古非今”。

◆秦朝政府不仅不许批评，连歌功颂德都不许。

◆自首可以减刑。

别人犯罪，你会躺枪
——连坐

看了电视节目，“奋”你是不是对秦朝的罪名有了初步了解？不过别以为只要自己明哲保身就不会犯罪，因为这个时代还有一项著名制度，假如你不知道它，即便什么事都没干，也有可能受到连累。

这就是传说中惨无人道、惨绝人寰、惨不忍睹的——连坐制。

你说这个中学课本上学过嘛，你清楚。但你所熟悉的连坐制，主要是在邻里之间实行。以户籍制度为基础，你要和邻居们一起被编入“什伍”：五家为一伍，设一位伍老；十伍为一什（并不是一般观点以为的“十家一什”），设一位什长。你们彼此之间都有义务互相监视，假如“什伍”中任何一人犯罪或者受到侵害，你却置之不理，就有承担相应法律责任的可能，这种情况叫“与盗同法”“与同罪”。遇上可疑人等（比如第一节刚穿越过来的你），你更要赶快报警，绝不能视而不见甚至窝藏他们，因为连坐制规定，“不告奸者腰斩，……匿奸者与降敌同罚”，反过来，“告奸者与斩敌首同赏”。按秦律的赏格，无论是抓捕逃亡城旦还是盗窃团伙，都能得二“金”，一“金”足以保证你十几年都吃喝不愁。

不过，这仅仅是连坐制的一小部分。还有你和家人、奴婢之间的连坐。根据《法律答问》的记载，假设你偷了200钱，你老婆替你藏了110钱，无论她是否知情，都会和你一起承担罪责，区别只在于量刑的轻重；又假设你为了打牙祭，晚上偷了110钱去买肉吃，你的老婆孩子知道这是赃款，但抵御不住肉味的诱惑，跟着你一起吃，那么恭喜，等案发之后，你们全家都可以在骊山陵或者长城的劳改工地上团聚了。[①]

这种情况下，如果你老婆不想陪着你一起吃官司，她可以选择跑到官府告发你，这叫“自告”。本来按罪行她要被收为官婢，告发之后可以免罪；本来应该没收的陪嫁奴婢、衣服、财产，也能免于没收。[②]于是她赶紧收拾财物，左手一只鸡右手一只鸭，身后背着胖娃娃，回娘家去了，只留下你哭哭啼啼地被当时的警察——“求盗”抓走，边走边喊“我再也不相信爱情了”。

这种状况，用《商君书·禁使》的话说：“故至治，夫妻交友不能相为弃恶盖非，而不害于亲，民人不能相为隐。”意思是说，好的政治是，夫妻、朋友都不能互相包庇罪恶，这不是不顾念亲情，而是民众不容他们隐瞒。

平民尚且如此，更遑论纪律森严的军队。军中同样以什伍为基本单元，从军后你首先要签署的就是一份保证书：如果伍内有一个人触犯禁令，其他四个人必须要及时揭发才能免罪；如果明知道而不揭发，那么全体都要受罚，这样可以防止互相隐瞒罪行。

战场上的连坐更是残酷。《商君书》规定，假如战斗中你所在的部队连一个敌人都没有杀、一颗首级都没有斩获，那么你们部队的军官（屯长、百将）都要被斩首，这样的军法是迫使你们奋勇杀敌。

如果你身为军官卫队——“短兵”的一员，则必须拼了命地保护长官的安全，因为军法规定，如果长官阵亡，你们整队“短兵”都要被处决。

临阵脱逃更没有活路。军迷都懂得，打仗时最容易阵亡的情况，不是两军激战时，而是一方溃散逃亡时。因为这时士兵们无心抵抗，几乎纯粹是待宰羔羊，有时就连撤退时没做好充分准备，都有可能引发全军溃败。

---

① “害盗，赃值百一十，其妻、子知，与食肉，当同罪。”

② 《法律答问》：“夫有罪，妻先告，不收。妻媵臣妾、衣器当收不当？不当收。”

比如淝水之战，前秦军虽然兵力强大，但各部缺乏统一指挥，被东晋军忽悠着撤军时就出现了混乱，再加上后面“秦军吃败仗啦”的起哄，整支大军就不战自乱了。所以军法对于逃兵绝对是严惩不贷，同伍只要有一人逃跑，其他四个人都要被处死，因此为了活命，你们士兵之间肯定是要互相监督。

军属也在连坐之列。在秦朝，父亲送儿子、兄长送弟弟、妻子送丈夫从军前，会告诫对方：“失法离令，若死我死，乡治之。”——如果你违反军法被处死，我也会被乡政府治罪，被处死。潜台词是，哪怕是为了我，你也一定要拼命啊。

…………

由此可见，连坐制如同一张细密入微的大网，将所有人都囊括了进来。

野蛮！残忍！侵犯人权！反人性！法西斯！……或许你会不假思索地冒出这一连串激烈评语，但不知你是否注意到，连坐制迫使你们告发的，全部都是违法犯罪行为，并不涉及百姓的日常生活，官府也不是秦朝的锦衣卫，不会强迫你们一天到晚吃饱了撑的听人家墙根，打探邻居们的隐私。

这其实是一种警民联动机制，为的是最大限度地将各种犯罪与暴恐行为扼杀在萌芽状态。从下面这个案子就可以看出连坐制的积极意义：这天你一个人在大街上走，远处突然传来“杀人啦”的喊声，一位满脸鲜血的受害人大喊着救命向你飞奔而来，身后是一个凶犯提着菜刀疯狂追赶，大喊：“谁敢来救，连他一起杀！”

这时你怎么办？也许你的第一反应是吓破了胆，“嗖”地藏到旁边一棵大树后面；其他人却一拥而上，齐心合力制服了歹徒，救了受害者一命。求盗们缉拿了凶犯、把受害者抢救过来后，发现你哆哆嗦嗦藏在旁边，告知你：你明知凶案发生却不去营救受害者，罚两副铠甲！

没想到吧？你多半会觉得，自己只能算不敢见义勇为，怎么还违法了？可《法律答问》就是这样规定的：有人在大道上杀伤人，距离百步以内的路人不加以救援，应罚二甲。[①]

对你来说，这样的规定要求真是太高了，毕竟面对那鲜血淋漓的场面，不是所有人都有勇气与歹徒进行斗争的，但当时没有110那样发达的通信条件，求盗往往无法及时赶到犯罪现场，由在场民众分担救助责任，有助于社会安定；再者，当时全民皆兵，每一个肢体健全的成年男人几乎都受过军事训练，也普遍有能力制止犯罪。所以在秦朝，见义勇为不是美德，而是百姓们应尽的义务。这项规定毋宁说也是连坐制的一种，以法律形式迫使民众分担起打击犯罪的责任。

也许你会担心，连坐制的实行可能会鼓励告密成风，毕竟后来的武则天时期和锦衣卫时期都是这样。这一担忧的确不无道理，既然如此，你就用亲身经历验证一下吧。

你被编入了什伍，由于生性八卦，最爱打探人家隐私。这天夜里你突然听到邻居家传来磨刀声，然后是有人在低语："缚而杀之，何如？"你大惊失色："是矣，今若不先下手，必遭擒获！"又说："宁许我负天下人，休叫天下人负我！"撒腿跑到官府去报告，又带领着求盗们来到邻居家，结果一看，对方一手握着菜刀，另一手提着一只咯咯叫的老母鸡，原来是要杀鸡。你们只好喊声"叨扰"，灰溜溜地离开了。事后你也少不得被训斥一通。

正如现代社会不能随便拨打报警电话一样，你向官府报案时也必须慎重。在这个案子中，你告发的案情不实，这叫"告不审"，官府不予受理。幸亏你不知情，属于"不端"（不是故意的），如果是"端为"（恶意举报），这就属于"诬告""诬人"，《法律答问》规定：对于刻意诬告者，官府不仅不受理，还要以你诬告的罪行所应受的惩罚来罚你。[②]你刚才举报的邻居的罪名是杀人，如果真是故意诬告，自己就会同样以杀人的罪名承担

① "有贼杀伤人冲术，偕旁人不援，百步中比野，当赀二甲。"

② "伍人相告，且以辟罪，不审，以所辟罪罪之。"

刑事责任，够你喝一壶了吧？

哪怕只是刻意夸大案情，你都要受惩罚。你的邻居偷了一只羊，你知道后跑去举报，由于跟他有仇，非要吹成他偷了一头牛（牛的价值可远胜羊），那你也得受罚；[①]邻居偷了100钱，你举报时故意私自加上了10钱，说他偷了110钱，你还是得受罚，缴纳两副铠甲，[②]这种故意夸大案情的情况，叫“告盗加赃”。

如果想靠着投匿名信来诬告，你更会为此付出代价。比如邻居日子过得比你好，你羡慕嫉妒恨，于是写了一封诬告他的匿名信，偷偷丢进官府，自己则爬到旁边的树上去偷窥。你看到官府的法吏很快就发现了匿名信，让你纳闷的是，他一看信上没写寄信人的姓名，马上点火把它一烧了之，然后没事人一样走了。

第一次失败了，你不肯放弃，雇了一帮小孩当“水军”，每人给了五个秦半两，带着他们到处投递匿名信，不料刚投到第二天，就被预先埋伏好的吏员抓个正着。闻讯赶来的县丞先奖励了抓你的吏员，又下令把你关起来。

“有投书，勿发，见辄燔（fán）之。”这就是秦朝对匿名信的应对。如果你在投匿名信时被抓，那好，抓获者将得到奖励，你则被带到官府受到审讯，一同被缴获的匿名信也就不烧了，留作给你判刑的证据。这足以证明，在秦朝，诬告者不可能得逞，反而会受到法律的严惩。

更重要的是，连坐制也不是不分青红皂白地开地图炮，进行无差别处罚，而是格外强调知情与否：

熟人偷钱之后来你家做客，你如果知道他的犯罪行为而不去举报，事后要被罚缴纳一面盾牌；但如果没有察觉，则不必论罪；[③]

熟人用偷来的钱买了一捆丝，寄放在你这里，你不知来历，同样不会

---

① “甲盗羊，乙知，即端告曰甲盗牛，问乙为诬人，且为告不审？当为告盗加赃。”

② “盗百，即端盗加十钱，问告者何论？……赀二甲。”

③ “甲盗不盈一钱，行乙室，乙弗觉，问乙论何也？毋论。其见知之而弗捕，当赀一盾。”

被连坐；[①]

再比如前面那个案子，你偷了钱，让自己老婆帮着藏，如果她知情而不去举报，那就算是你的同案犯，不知情，则只被收为奴婢，这样的处罚已经比盗窃罪轻了很多。[②]

再看这个案例：这天忽然有强盗高喊着“打……打打……打劫”冲入你家，要求你把IC、IP、IQ卡的密码通通告诉他。你高声呼救，却没一个邻居前来，只得眼睁睁看着他把你家洗劫一空。后来官府抓获了强盗，却没判邻居们连坐，这不是官府偏袒，是因为事后调查得知，案发时邻居们全都不在家，没法过来帮你抓强盗，自然也就不用承担责任。《秦律杂抄》也有一条类似记载：“吏从事于官府，当坐伍人不当？不当。”意思是身为公务员的人你可不用被连坐。这也很好理解：你一天到晚在官府里忙活，分身乏术，哪有能力同时盯着邻居家的犯罪行为？

不过在这个打劫案中，倒也不是没人被连坐。和你同伍的伍老，你住的那个“里”的里典，就都得被论罪，哪怕他们也和其他邻居一样不在家、不知情，这就是官吏们的职务连坐。其内在逻辑是：尽管在这一案件中，伍老和里典本身没有责任，但罪案能够发生，本身就证明他们平时工作不力。这种情况就好比如今某地出现生产事故或者建筑坍塌，尽管不是上级领导直接造成的，但极可能和领导本人平时玩忽职守、没有严格监督部下有关，他仍然要负责任。

《商君书·禁使》点明了官吏之间实行连坐的意义：官吏虽然人数众多，但利益一致，这就不可能互相监督，利害不同才是古代君主实行连坐的根据。[③]

其实，连坐制对官吏的约束的确比平民严格得多。秦律里有的是关于

---

① “甲盗钱以买丝，寄乙，乙受，弗知，乙论何也？毋论。”

② “夫盗千钱，妻所匿三百，何以论妻？妻知夫盗而匿之，当以三百论为盗；不知，为收。”

③ “吏虽众，同体一也。夫同体一者相不可。且夫利异而害不同者，先王所以为保也。”

官吏连坐的律条。《效律》规定，县尉的会计、县尉官府吏员如果犯罪，该县令、丞应承担罪责；[①]《史记·范雎蔡泽列传》也提到，秦国的法律，官员任用的下级出了问题，就按下级的罪名来惩罚官员。[②]

最著名的连坐案例，要数商鞅变法时期的太子犯案一事。看过电视剧《大秦帝国之裂变》的观众肯定会对这段情节印象深刻：秦国太子驷犯了法，但他年龄太小又是储君，不便对其直接处罚，结果太子的两位老师——太子傅公子虔、公孙贾就不幸躺枪，一个被割了鼻子，另一个被脸上刺了字。这看起来很冤，但原因就在于他们对太子承担监护责任，如果不是他们疏于管教，太子也不可能走上犯罪道路。

以上就是连坐制的现实意义，尽管如今看来十分残酷，在当时却对维稳、治安作用极大。《商君书·垦令》称：实施了连坐制，那些急躁的人就不敢吵架，凶狠的人就不敢斗殴，懒惰的人就不敢游荡，挥霍的人就不敢浪费，阿谀奉承、心怀叵测的就不敢欺诈。[③]《商君书·赏刑》也说：连坐使民众不敢尝试犯法，都不敢尝试了，就没有刑罚了。[④]《琅琊台石刻》里也有相似的内容："六亲相保，终无贼寇。"

更深层意义在于，连坐制使所有民众在日常生活中也保持严密的组织形式，这样一旦战事来临，不用费多大力气进行战争动员，每个人就能立刻成为战争机器上的一枚螺丝钉，保证其高效运转。长平大战时有一个细节：当白起成功断绝赵军粮道，秦赵战事进入最关键的时刻，秦昭王亲自赶赴作为后勤基地的河内郡，向当地民众各赐爵一级，征发所有十五岁以上的男丁前往长平增援，封堵赵国的救兵及粮食。战局的发展证明，这些临时组织起来的民众招之即来，来之即战，圆满完成了任务，如果没有长期的严密组

---

① "尉计及尉官吏即有劾，其令，丞坐之，如它官然。"

② "秦之法，任人而所任不善者，各以其罪罪之。"

③ "重刑而连其罪，则褊（biǎn）急之民不斗，很刚之民不讼，怠惰之民不游，费资之民不作，巧谀、恶心之民无变也。"

④ "重刑，连其罪，则民不敢试。民不敢试，故无刑也。"

织，做到这点是难以想象的。

本节要点

◆连坐在秦朝无处不在。

◆连坐是警民联动机制，为的是预防犯罪，不涉及日常生活。

◆连坐不等于可以随便诬告。

◆连坐制不是开地图炮，格外强调知情与否。

◆官吏之间实行连坐远比平民严厉。

NC—17级影片《暴秦十大酷刑》，内部流出，少儿不宜！
——刑罚

了解完秦朝的罪行，另一个让人闻风丧胆的问题就摆在你面前了：一旦在秦朝犯了法，你会被官府处以什么样的刑罚？

如果按《汉书·刑法志》的说法，秦朝那些蔚为大观的刑罚种类足够拍一部限制级影片《暴秦十大酷刑》，官吏们的智商似乎都投入在琢磨如何给受刑者以最大痛苦之上。“连相坐之法，造参（三）夷之诛，增加肉刑、大辟”，还有“凿颠”（敲开脑壳）、“抽胁”（抽掉肋骨）、“镬（huò）烹”（整个人给煮了）等刑。不少人还称秦朝的酷刑包括“囊扑”（把人塞进口袋摔死）、“矐”（huò，把眼睛弄瞎）、“体解”（肢解）等。如果脑洞继续开下去，估计什么炮烙、虿盆、凌迟、骑木驴、浸猪笼、犬决（？）、炮决（！）……都是秦朝发明的了，听起来整个人都不好了吧？

先冷静下。

必须要澄清的第一个问题是，后世说秦朝刑罚种类如何繁多、手法如何残酷，很大程度上都是把史料上所能见到的，甚至后来一些人口头描述的刑罚统统算在了秦朝的头上。其实不少内容的可信度都成疑，理由有三：

第一，很多所谓的酷刑其实只是单纯指杀人方式，譬如始皇帝年轻时对自己两个异母弟弟的“囊扑”，即便是真的，也不等同于它就被法律认可；

第二，有些酷刑即便存在，也是沿用了以前的刑罚，并非秦朝独创，最典型的就是镬烹。史书中其实可以找到很多例子：齐威王曾经煮过贪官阿城县令，蔺相如也说过“臣请就汤镬”，后来的楚汉战争时期，项羽还搞过几回。这类酷刑是文明程度还不够高的产物，有历史局限性，但不能说是秦朝独有；

第三，有的酷刑也很可能是以讹传讹。秦朝很快就灭亡了，各路反秦诸侯为了证明自己灭秦的正义性，往往会发明出各种耸人听闻的谣言，汉朝史书也很可能出于同样理由，有意无意地将它们统统采纳。比如《汉书·刑法志》说秦朝“囹圄成市”（监狱多得都成集市了）。但仔细想想，那时一天到晚都要打仗，不打仗也要修筑各种工程，任何时候都缺人手，哪可能允许那么多罪犯蹲在监狱里什么事都不干？更别提是否有那么多余粮喂他们了。

听到这里，你肯定会有疑问：难道那些说法全是骗人的？难道秦朝的刑罚一点都不残酷？

这么说吧：也残酷，也不残酷。

先请把你大张开的嘴巴闭上，也不要像听到了有史以来最拙劣的谎言那样跳脚。关于秦朝刑罚的残酷性，还真是个耐人寻味的话题，因为有些刑罚你会觉得很残酷，但对秦人来说不过如此，反过来，有些秦人不堪忍受的刑罚，你自己反倒未必会觉得多可怕。

这不是信口雌黄，即使从概率来看，秦朝死刑也不算多。睡虎地秦简总共记载了两百多起秦朝案件，真正判处死刑的只有五起，你熟悉的有期徒刑、无期徒刑更是几乎没有，因为这意味着你将白吃白住不干活，其他刑罚尽管种类繁多，也基本以不削弱罪犯的劳动能力为前提，张不叁这就分门别类逐一讲解。

耻辱刑：耐、完、髡（kūn）、钳、谇（sùi）

最轻的是耻辱刑，顾名思义，是以羞辱受刑者为惩罚目的，由于处罚比较轻，一般和肉刑或者劳役刑一起用。

前三种刑罚都在跟你的毛发较劲。第一种是你很熟悉的耐刑，也就是刮胡子；第二种完刑是剃去鬓毛，往往和城旦等劳役刑合用；第三种髡刑不仅是胡子，连头发也要剃掉。先秦时的男人都要留胡子，这是身份地位的象征，所以史料专门记载刘邦是“美须髯”，关公也是（“美髯公”的称号并非虚构），《孝经》更有“身体发肤受之父母，不合毁伤”的说法。毛发之所以如此重要是因为古人认为，头发、胡须、指甲都是“血气之余”，不能轻易剪掉，剪下来后也一定要小心保存。

髡刑有时还要和第四种耻辱刑“钳”并用，也就是在你脖子上安个铁项圈。楚汉时期的季布就受过“髡钳”，当时他为了逃避刘邦的悬赏捉拿，藏到一个叫周家的人的家里，为了帮他脱身，周家对他施以“髡钳”，当奴仆卖掉了。

这些刑罚的目的，并不是对你施加肉体痛苦，主要是让你颜面无光，受到大家的鄙视。假如你光着头、秃着下巴、戴着项圈走到闹市上，其他人肯定会像躲避埃博拉一样躲着你，脸皮再厚，你也受不了那么多人的歧视目光吧？好在等胡子头发重新长出来，也就没人知道你不光彩的过往了。

这几项之外，秦律里还有一项羞辱性的处罚措施，一般是针对公职人员的，这就是“谇”——在公众场合把你臭骂一顿。先秦的人极其重视尊严，往往只为一点微不足道的小事就去杀人或自杀，当众挨骂绝对受不了。再说即便你自己不觉得什么，这也肯定会影响上司、同事对你的看法，乃至影响你的仕途。

财产刑：赀

这类刑罚一般和罚钱、没收财产等相关，针对的都是不太严重的罪行——其实很多在如今看来都称不上罪行，至多算过错，比如称粮食的秤不准、伤了拉车的驾马、跟人打架伤了人、私自掩埋尸体等。

最主要也最常见的是“赀”，秦律经常能看到各种“赀一盾”“赀二甲”等记载，也就是罚违法者缴纳盾牌或铠甲，而非钱币。这也很好理解，毕竟是战争时期，盾牌甲胄都是消耗品，当然多多益善，比单纯罚钱实用多了。

不过也有观点认为，当时条件下，不大可能人人都会制作铠甲盾牌，因此也可能是缴纳与甲、盾等值的钱，要是出不起钱，就以劳役形式抵偿，里耶秦简就记载了一些“居赀赎债”的百姓。

身份刑：夺爵、废、收孥（nú）

身份刑和财产刑有点像，不同的是前者剥夺你的财产，后者则更多意味着剥夺你的社会地位，这是一种很有“秦朝特色”的刑罚，因为秦人对军功爵的重视远在财产之上。

身份刑也一般和其他刑罚并用，主要有三种，前两种都针对主犯本人。一是免去爵位的“夺爵”，一是免去职务的“废”，秦律里很多条文都有“废”的记载：听命书（上级的红头文件）时不下席站立的，官吏弄虚作假的；训练的军马在考核中被评为下等的，都要被“废”。不同于一般的罢官“免”，这种“废”可是一撤到底、永不叙用，《除吏律》里规定：如果任用了被“废”过的官吏，就得罚二甲。[①]

第三种身份刑是收孥，孥本身既有子女的意思，也通“奴”，就是罪犯的家人都要被没为官家的奴婢，比如“毛诬讲盗牛案”，“讲”的家人就被“收孥”了。

这种刑罚至少在春秋时期就已出现。《吕氏春秋·精通》有个故事：乐师钟子期（“高山流水”的那位）有一夜听见有人敲磬（估计类似打更），声音很悲伤，把那人叫过来一问，对方说自己父亲杀了人被处死，母亲（因此受连累）为公卿家酿酒，自己也为公卿家敲磬，成了公卿家的财产，想为她赎身都不行。显然，这名敲磬人和他母亲同样也是被“收孥”的。

流刑：迁、谪

顾名思义，流刑就是流放，将犯罪者发配到战区或偏远地区。《秦律

---

① “任废官者为吏，赀二甲。”

杂抄》规定：百姓不应免老，或已应免老而不加申报敢弄虚作假的，以及同伍的人帮着隐瞒的，每家罚一盾，都加以流放。[①]

在后世，这是仅次于死刑的重刑；在秦朝，这却是一种相对轻的刑罚。前面提过，商鞅曾把那些赞颂秦法的人流放；秦始皇扑灭嫪毐叛乱后，也曾将他的大批门客“迁”走，后来还将许多办案不公的官吏“谪”往北疆。从对象来看，“迁”应该适用普通平民的流放；“谪”适用的是官吏的流放。

流放地自然是荒凉偏僻地区，正如大英国偏爱澳大利亚、沙俄喜欢西伯利亚一样，秦朝政府也有几处官方认证的流放地。第一个就是房陵（今湖北省房县），吕不韦、嫪毐的遗族，末代赵王赵迁，刘邦的女婿张敖都曾被流放到这里；吕不韦本人曾被发配到蜀地；长安君成蛟反叛失败后，他的一些党羽被发配到陇西的临洮（今甘肃省定西市岷县，如今的甘肃省临洮县在当时应该是狄道），那里是对匈奴作战的一个主要战场。

六国尽灭后，“最火流放地”这一桂冠就转到了岭南的头上。两广的繁荣是很晚的事，在中国古代史的绝大部分时间里，那里都与神秘蛮荒联系在一起，风貌不比如今的亚马孙雨林好多少，直到宋代都被贬官们视为畏途。等你和其他被“迁”的难友们一起收拾好行李，参加这个岭南三十年游的豪华团后就会发现，自己有望体验的项目包括：与毒蛇猛兽零距离接触、被瘟疫瘴气折腾到死去活来的酸爽、蒸一蒸烈日暴雨两重天的桑拿、与当地原住民进行真人CS对抗等；此外由于后勤保障相当不利、军粮损耗极为严重，你此次旅行还可能在减肥上收获巨大成效。

劳役刑：候、司寇、隶臣妾、鬼薪、白粲、城旦、舂

（具体内容参见“刑徒”一节，此处不再赘述。）

肉刑：笞、黥、劓、斩趾

肉刑你肯定不陌生，它和劳役刑一同散落在秦简的每一个角落，也是

---

① “百姓不当老，至老时不用请，敢为诈伪者，……伍人，户一盾，皆迁之。”

出现频率相当高的刑罚。

最轻的肉刑是“笞”，也就是用竹条抽打。养牛养瘦了要被“笞”，在学室当“弟子”不好好学习要被“笞”，当刑徒毁坏了公物要被“笞”，干活考评最后一名要被“笞”……

不过说实话，被“笞”虽然痛苦，但打完了也就完了，相较黥、劓和斩趾，实在是轻得多。

黥刑是在脸上刺字。最知名的受刑者是汉初诸侯王英布，也因为他受过这种刑，别人索性管他叫黥布。黥刑后来一直被延续下来，《水浒传》里的林冲、宋江、武松等梁山好汉都受过这种刑罚，足见其普遍。

重一级的是劓刑，也就是割鼻子。秦史爱好者最熟悉的受刑者，自然是商鞅时期的太子傅——公子虔，不过这种刑罚古已有之。春秋时期秦国有位逃亡的羌人奴隶，名字很酷，叫“无弋爰剑”，他后来在荒郊野外遇上一位受过劓刑的女子，或许是因同病相怜擦出了爱情的火花，两人就此结为夫妇。这位“劓女”后来一直自惭形秽，经常披散着头发，努力遮住脸庞。两口子后来成为羌人的先祖，披发遮脸这个习俗也被他们的后代继承了下来。

斩左右趾可谓肉刑中最重的处罚，名义上虽然斩的是“趾”，但其实是脚，这种刑罚在春秋时期被称为“刖”，十分常见，以至于晏子形容当时“履贱踊贵”——因为被砍脚的人太多，结果没人买鞋，导致鞋价下跌；反倒是“踊”（穿着鞋的假脚）的价格节节攀升。

这些肉刑的确残酷，不过其真正残酷之处还不只是肉体上的痛苦，更是一种精神上的折磨——脸上的字、血肉模糊的鼻子、空荡荡的裤腿，这些终生相伴的耻辱标记永远在提醒着你曾有过的前科，也是对其他人一种最直观的警示。《商君书·赏刑》称，古代帝王制定这些肉刑，不是追求伤害民众，而是要用来禁止奸邪阻止犯罪。刑罚重就能吓阻民众以身试法，从而消灭犯罪行为。[①]

① “夫先王之禁，刺杀，断人之足，黥人之面，非求伤民也，以禁奸止过也。故禁奸止过，莫若重刑。刑重而必得，则民不敢试，故国无刑民。国无刑民，故曰：明刑不戮。”

最要命的一点在于，肉刑会阻止受刑者重新融入社会。《礼记》就讲“刑人不在君侧”——受过刑的人不能服侍君王；商鞅也主张“刑人无国位，戮人无官任”——受过刑的人在国家没有地位也不许再为官。他们只能在隐蔽地点的收容所——“隐官”里劳作一辈子，再也不能回归主流社会。赵高就出身“隐官”[①]，他日后性格的畸变，不知是否与这种出身有关。

死刑：斩、弃市、戮、枭首、坑杀、车裂、腰斩

最后，我们终于要谈谈死刑了。

刚才说过，后世对于秦朝酷刑的描述显然有很多夸大的地方，现在我们有一说一，不虚美不隐恶，刨去那些不太靠谱的刑罚，只根据可靠来源，列举一下秦朝已知的死刑种类：

最普通的就是“斩”，对于这一刑罚，史料中的记载多到不必列举了，只是强调一下，你经常在古装剧里看到的那一幕：壮得像大熊、满脸横肉的刽子手抡起鬼头刀，咔嚓一声手起刀落……这种场面在当时是不会出现的，因为那时决刑用的是斧头，“斩”这个字中的“斤”，其实就是“斧斤”的“斤”。行刑时间一般是在秋天，这是因为古人都认为秋天草木凋零，呈现肃杀之气，适合干这类活计。《左传》就记载：“赏以冬夏，刑以秋冬。”《礼记·月令》篇也说：“孟秋之月……戮有罪，严断刑，天地始肃，不可以赢。”

在“斩”的基础上，还延伸出弃市、戮、枭首、坑杀这几种死刑，其实都是“斩”的2.0、3.0等版本，唯一区别只是对于尸体的处置方式。

弃市是在集市上行刑，然后暴尸街头，任由人群围观，最终沦为蚊蝇和老鼠的美味，显然兼有耻辱刑的意味。

至于戮，有解释说“戮”通“辱”，它分为生戮、戮尸，生戮就是行刑前对你进行各种羞辱，戮尸是行刑后对你的尸体进行羞辱，譬如鞭尸或者挫骨扬灰之类。史书中的公子成蛟，以及秦始皇的那些皇子们，都被处

① 《史记》原文其实是“隐宫”，有观点认为它是“隐官”之误，从此说。

以戮刑。

枭首是把人头砍下之后悬挂在高竿上示众。这个名字也有来历，“枭”是传说中一种和猫头鹰很像的鸟，据称生下幼鸟之后，母鸟会衔住树枝，任由幼鸟把自己吃掉，最后只剩下脑袋。用它来命名这一刑罚，无疑很形象。这种刑罚多有行刑者进行炫耀、对围观者进行警示的意味，嫪毐叛乱被镇压后，他的党羽们就都被枭首示众。

坑杀可谓大名鼎鼎，至少三次重大历史事件都与该刑相关：长平坑杀、坑儒事件以及巨鹿之战后项羽坑杀秦军降卒。后来无数人拿它们说事，绘声绘色地描述秦军如何像日本鬼子那样，逼着一个个受刑者挖坑，挖好就直接把土推下去，把他们统统活埋，其实这都是想象力太过发达的产物。

杀人是有的，但不可能是活埋，这是很关键的一点。1995年，考古学家们对长平之战古战场——高平市西北的永录村周围进行考察，发现了十几处尸骨坑，其中一个坑有一百三十多具尸骨，每具都有箭痕、刃痕、砸痕，没有一具是完整的，显然都是被杀后乱埋的，而非活着投入坑中。

此外，《法律答问》中也有关于活埋的术语。在那条律文里，有人认为“定杀”的别名就是“生埋”，这条司法解释回答说：“或曰生埋，生埋之异事也。”意思是，“生埋”属于与“定杀”不同的另一种情况。显然其潜台词是：“生埋”和“定杀”是有相像之处的，否则不会有人把二者混淆。

否认坑杀是活埋的理由还有很多。设身处地想一想，长平、巨鹿两场大战的降卒，少说也有十几万人之多，是一个巨大的不稳定因素，无论对白起还是项羽而言，当时条件下最合理的选择是用最快速、最便捷的方法杀死降卒，以防夜长梦多。活埋这种虐杀方式，既与这一意图相抵触，实现起来难度也太大，降卒们哗变几乎是可以肯定会发生的。因此“坑杀”最可能的真相是：杀死之后就地掩埋。

是不是觉得很坑爹，闹了半天居然是这么没创意的死法，行刑者还好心替死者收尸？话不是这么说的。

先民都有“视死如生”的观念，认为死亡是生命的延续，换言之，在他们看来，尸体被破坏，就等同于死后继续受这些刑罚，自己的灵魂也将永远不得安宁。所以我们可以看到，哪怕是死囚被斩首后，家人都要设法把头颅和躯干缝合在一起，后来的皇帝赐死大臣时，也以绞刑来体现自己的“仁慈”。原因无他，人们确实害怕死亡，但更害怕不得好死，那些五花八门处理尸体的死刑，正是针对这一心理设置的，除了肉体的痛苦，更让受刑者在精神上承受痛苦。

只不过对你这样的现代人来说，人死了就死了，尸体再怎么处理，也不比一把火烧掉更让你害怕，因此这些死刑对你而言，反而算不上严酷。

话说回来，真正让犯人在受刑时也承受巨大肉体痛苦的酷刑，同样也是存在的。目前已知的至少就有两种，商鞅和李斯这两位著名丞相，都自己亲身经历了一把，这就是车裂和五刑。

车裂也叫轘（huàn），有观点认为秦简中出现的“磔”（zhé）也是这种刑罚，就是俗称的五马分尸。这种酷刑经常被用来针对谋反者：郑国的高渠弥，陈国的夏征舒，秦国的商鞅和嫪毐，燕国的苏秦，甚至有说法称赵高也被子婴车裂。他们的相通之处在于，都曾被指控犯有谋反罪行。但从史料的蛛丝马迹来看，这一刑罚也存在另一种可能：和前面提到的枭首、戮一样，它或许也是处死受刑者后才撕裂肢体。据《秦始皇本纪》记载，嫪毐作乱被镇压之后，他和党羽们“二十人皆枭首，车裂以徇”[①]——注意两个刑罚的顺序。如果赵高被车裂的说法是真的，在当时他已权势熏天的情况下，子婴恐怕没有能力对其进行公审、在大庭广众之下把他处死，更大可能还是刺杀赵高成功后，再将他的尸体车裂，这样仪式感更强。

最后，谈谈五刑吧，这是秦朝的终极酷刑，目前史料所能见到的唯一受刑者是李斯，他还有着一个终极身份——帝国丞相。受刑者与刑罚之间强

① 另一种解读是“二十人皆枭首。车裂以徇”。也就是这些人或是被枭首，或是被车裂。

烈的落差足以引起所有人的恻隐之心，尤其是，这还是一起著名冤案。

李斯基本是把当时最主要的肉刑都受了一遍：前四道分别是黥、劓、斩趾、笞杀，最后是前面提到的“枭首”——把头砍下来再挂起来示众，剩下的尸体则被剁成肉酱，这叫“菹”（zū）；如果行刑期间，受刑者高喊各种反动口号，还会被处以断舌。

但从《史记》的不同记载来看，最后一道刑罚应该是腰斩，顾名思义，这是把人按到砧板上，用斧头拦腰剁成两段。那个砧板就叫“锧”，这项刑罚也称“斧锧”，典籍中经常可以看到“伏斧锧”“就斧锧”的说法，说的就是主动要求被腰斩。

在受到这些酷刑之外，受刑者的所有亲属也都要被处死，通俗讲法是“死一户口本”。这又是连坐的体现，即所谓的“叁夷之诛”或“夷三族”，分别是父族（祖父母、叔叔姑姑等）、母族（外祖父母、舅、姨等）、妻族（妻子、丈人、丈母娘等），到了后来，范围又逐渐扩大到五族、七族、九族，人们熟悉的“株连九族”就是这样来的。

…………

对实行重刑的原因，《商君书·去强》的阐述是：用（重）刑罚杜绝犯罪，国家就能大治；用（轻）刑罚招致犯罪，国家会混乱。也就是说，加重刑于轻罪，刑罚就是不用也能将事情办成，这样国家才能强大；重罪重罚，轻罪轻罚，用刑轻重不一，即使用了刑罚，犯法的事情也会不断发生，国家也会因此被削弱。[①]

《商君书·说民》更从重刑主义推导出一系列结果：“刑生力，力生强，强生威，威生德，德生于刑。”《去强》与之类似，只是后面改成了：“威生惠，惠生于力。”换言之，《商君书》真正把刑罚视为国家强大的根本原因（之一）。

《韩非子》也持同样的观点，尽管它描述起来要形象得多。谁都知道

---

① “以刑去刑，国治；以刑致刑，国乱，故曰：行刑重轻，刑去事成，国强；重重而轻轻，刑至事生，国削。”

秦朝有“弃灰于道者黥”的法令，按《内储说》的记载，这一规定是殷商时期就有的，而且处罚得更狠——直接断手。子贡为此专门问过孔子，孔子的回答是：不弃灰，是人们很容易做到的事；断手，是人们所厌恶的事。这样规定是为了让人们做那些容易做到的事，从而避免遭到所厌恶的刑罚。①在接下来的第二个故事中，郑国丞相子产也说：火看起来严酷（大家见到火都害怕，会赶快躲开），所以很少有人被烧死；水看起来柔和（人们都大意了），被淹死的人就非常多。他还为此告诫继任者游吉：你一定要严厉执行刑法，不要让老百姓看到你的懦弱而犯法。②

在系统了解秦朝的刑罚之后，你纠结了起来。当天夜里做了梦，梦见自己不断揪着一朵花的片片花瓣：秦法残酷，不残酷，残酷，不残酷，残酷，不残酷……

本节要点

◆秦朝刑罚没有想象得那样残酷，很多都是被后人夸张了的。

◆秦简中出现频率最高的是财产刑、劳役刑和肉刑，死刑其实相当少。

◆死刑的确有，而且分很多种，但其实酷刑并不多。

◆“坑杀”不是活埋，只是杀死后就地掩埋。

◆最重的刑罚是车裂与五刑，都是用来对付谋反者的。

◆法家主张轻罪重罚的根本目的，是以此防止犯罪。

---

① “无弃灰，所易也；断手，所恶也。行所易，不关所恶，古人以为易，故行之。”

② “夫火形严，故人鲜灼；水形懦，故人多溺。子必严子之形，无令溺子之懦。”

骊山欢迎你，包吃包住，还发制服！
——刑徒

穿越到秦朝的亲，还在为自己的黑户身份担惊受怕吗？还在为没有收入而发愁吗？还在为迟迟无法实现人生价值而叹息吗？不要担心，这里接收一切穿越客！

在这里，你会为建设统一、富强、文明的新秦朝添砖加瓦；在这里，你有希望与皇帝陛下近距离接触；这里招人不分男女老幼，不要户籍、不要经验、不要学历，包吃包住包分配，三险一金管养老……骊山工地欢迎你！

聪明如你，其实早猜到这是要干什么了吧！一点不错。穿越到秦朝不是个好选择，吃得差，干得多，没户口会被抓，不小心会犯法，别人犯罪你躺枪……不幸中的万幸是，不管你穿越后混得有多背，至少还有刑徒这一职业恭候着你。好在对身为屌丝的你来说，这也不过是提早体验数年之后要干的工作而已。

想从事这一很有前途的职业相当简单，综合出土秦简来看，刑徒的来源不外乎以下几种：

最主要的来源就是罪犯。看看《法律答问》，里面动不动就是“其罪当刑为隶臣”“系城旦六岁”“当耐为司寇”，判刑理由也许是诬告，也许是偷盗，也许是悄悄拿了祭品，也许是故意伤人，等等。

假如你的父亲是刑徒，你本人也会成为刑徒，《史记》管这叫“奴产子”，《陈涉世家》记载，章邯“免骊山徒人、奴产子悉发以击楚军”。

秦律中也经常可见“小城旦”、“未能作者”（年龄太小还不能干活的少年刑徒）的说法，他们不太可能是因犯法而被罚为刑徒。前面讲过一个少年偷牛的案子，当时他身高只有六尺，不够判刑，拘留了一年后身高长到六尺七寸，才被“完为城旦”，这显然存在矛盾：一方面是偷牛的小孩不能被罚做刑徒；另一方面刑徒中又普遍存在小孩，怎么回事？合理的推断是，“小城旦”“未能作者”都因为父母是刑徒。

敌军的降兵、秦军的逃兵也是刑徒来源。《秦律杂抄》既规定“寇降，以为隶臣”，也规定“不死者归，以为隶臣”。

最后，官府还会通过购买私奴的方式获得刑徒。一则名为《告臣》的爰书记载：你是一位士伍甲的“臣”（私人奴隶），出于“反抗阶级压迫”的心理，既不给主人干农活也不听他使唤，士伍甲没办法，把你解送到官府，声称你太“骄悍”，请求把你卖给官府去当城旦，县丞最后以“市正价”（市场标准价格）将你买下。

…………

你也许要问了，自己又是被罚为“城旦”，又是被判为“隶臣”的，这些和刑徒都是什么关系？其实，“刑徒”只是个非常笼统的称呼，秦律根据从事的工种，对这一群体有相当细致的划分，分别为：

候：这是刑徒当中受罚最轻的。《说文解字》将“候”字解释为“伺望也”，也就是把犯人发配到战区充当侦察兵——“斥候”。秦简记载的案例里，被罚为“候”的有不少都是官吏，《内史杂》有一条规定，不要任用“候”来当官府的“佐”“史”等，这可以反推出“候”应该有一定的业务能力。《秦律杂抄》也记载，官吏如果伪造公文、对上级命令阳奉阴违，也要“耐为候”。①

司寇：被强制发配往边远地区戍边或服苦役。可以想见，北疆、岭南两支秦军中，这类被罚为“司寇”者肯定不在少数。不过相对而言，司寇还是比较幸福的，因为他们属于劳改犯中表现较好的那一类，“可将司他

① “伪听命书，废弗行，耐为候。”

徒”，有权指使其他刑徒们干活。

隶臣妾：男为“隶臣”，女为“隶妾”，这是工作种类最多的刑徒。里耶秦简有一枚“作徒簿简”详细记录了迁陵县隶臣妾们的情况：秦始皇三十四年（前213年）十二月，当地在册的隶臣妾已达到四千三百七十六人之多，他们的工种包括耕地、垦荒、放牧、筑城、修路、守田、运输等，真是蔚为大观。还有的“从事公”，即在官府服杂役；“牢隶臣”甚至还能参与办案，更可以从军；“隶妾”也可以做一些纺织女红之类的工作，堪称十项全能。

鬼薪白粲：同一等级的两种刑罚，都要做一些和宗庙祭祀相关的劳役。男为“鬼薪”，也就是被罚入山打柴以供祭祀鬼神，嫪毐叛乱失败后，他的门客们罪行轻的都被罚为“鬼薪”；女为“白粲”，《汉书·刑法志》称她们的工作是为祭祀而择米，但秦律有一句“白粲操土功”，意为“白粲”要做土木工作，可见实际工作范围也更大。

刑徒劳动场面（里耶秦简博物馆供图）

城旦舂：这是刑徒中劳役最重的。男为“城旦”，女为“舂”，顾名思义，男性刑徒需要通宵达旦地修城墙，女性刑徒需要舂米，也就是用类似捣药的方式，用棒槌把盛在桶里的谷子砸去谷壳。

这几类刑徒之外，还有一类特殊的劳动改造人员，属于“居赀赎债”者，也就是欠公家钱又无力偿还，只好服短期劳役。《司空律》对此的定义是：有罪应“赀赎”以及欠官府债务的，应依判决规定的日期加以讯问；如无力缴纳赔偿，即自规定日起使之以劳役抵偿债务。[①]

（一）“不识”（一“居赀赎债”者）有罚款尚未交完，正在某地服役。

（二）阳陵县司空不了解其劳绩情况，由“不识”所在之署统计其服役年限。

（三）阳陵县司空遣官吏至其家训责，其家贫困，不能交纳，所以移交其服役地追讨。

（四）阳陵司空办理了一份钱校券，上达洞庭郡尉。

（五）洞庭郡尉命令“不识”所在之县予以索取，然后交付给阳陵县司空。

里耶秦简中记载的一起追讨欠款案（里耶秦简博物馆供图）

① “有罪以赀赎及有债于公，以其令日问之，其弗能入及偿，以令日居之。”

他们各方面待遇比刑徒好得多：每干一天活算8钱，如果是吃官府的食堂，每天算6钱。[①]除了私人奴婢，其他大部分人都不用穿囚服、戴刑具，地位高者还不用受到监管。甚至如果你能找到顶替自己服劳役的人，只要你俩身体强壮程度差不多，也允许代服劳役；一家有两个以上“居赀赎债”的，还可以轮流服役……

里耶秦简有一组木牍，共十二块，就与这种“居赀赎债”制度有关。当时洞庭郡的阳陵县派出一批戍卒到郡中服役，这些人都因犯罪被阳陵官府判罚“赀钱”，但至今没有还上，阳陵县的司空“腾”因此向迁陵县府发来了这一批讨债文书，文书内容大同小异，比如有一封大概是这样写的：

“卅三年四月辛丑朔丙年，司空腾敢言之”（可能是给迁陵的县丞甚至县令写的，否则不会用下级向上级汇报的语气）：阳陵士伍“胜日”有“赀钱”（欠官府钱）1344钱，如今他在洞庭郡当戍卒，但不知是哪个县，现制作一份“钱校券”（似乎是欠款清单）上报给洞庭尉，让他服役的那个县把欠款情况告诉自己。

这组文书的另外十一封和这封大同小异，无非是人名和欠款数额不等：公卒“广”也欠了1344钱；士伍“毋死”还差8064钱没还；士伍“盐”欠钱最少，384钱；欠钱最多的叫“小欬（kài）”，11,211钱，按每天的工作量抵8钱来换算，他要干上三年零十一个月才能还清欠款；……

现在，随着骊山皇帝陵、阿房宫等浩大工程的相继开工，你们这些司寇、隶臣妾、城旦舂、“居赀赎债”者，都被集中到咸阳的各大工地来干活，你自然也成了这一人数号称高达七十万的群体中光荣的一员了。

低头看看，你会发现自己换上了刑徒的标准装束：脖子上戴着木枷，它叫“枸椟”或“桎”；身上捆着粗大的黑色绳索“缧绁”（léixiè）；脚被一个大铁钳夹住，这叫“釱”（dì）。这些械具都是为了防止你逃跑的，

① “有罪以赀赎及有债于公，以其令日问之，其弗能入及偿，以令日居之，日居八钱；公食者，日居六钱。”

不过倒也不是每个刑徒都要戴，否则太影响劳动效率了。

秦始皇陵出土的用来套在刑徒脚上的铁钳（秦始皇帝陵博物院供图）

旁边有个小池塘，水面倒映着你的尊容：秃头（被剃了光头，这是“髡”刑）；下巴光溜溜的（胡子也被剃了，“耐”刑）；鼻子也被削了（“劓”刑）；脸上还被刺了“囚”字（“黥”刑）；一抬腿，妈呀，少了一只脚，安的是木腿（“斩左趾”）；……秦朝法律经常把劳役刑和肉徒并用，受过肉刑的残障人士会被集中在一些隐蔽地点“隐官”去劳作终生，以免吓到正常人。

再看身上这套刑徒制服，它是赭红色的，类似你那时砖头的颜色。史书上说秦朝“赭衣塞路”，就是说你们这些穿赭衣的刑徒太多，把路都给堵上了。

从这套劳改服可以看出，官府对你们简直是精打细算到了极致。这样一套衣服甚至得你们自己掏钱买，《金布律》[①]记载：

隶臣、城旦领取衣服时，冬季每人缴110钱，夏季55钱；

隶臣、城旦的小孩，冬季缴77钱，夏季缴44钱；

舂，冬季缴55钱，夏季缴44钱；

舂的小孩，冬季缴44钱，夏季33钱；

…………

瞧，连冬装和夏装、童装和成人装、男装和女装的价位都不同，显然这是根据不同类别衣服所用布料的多少进行区分的。

---

① 本节引用的《金布律》均出自睡虎地秦简，张家山汉简中也有《金布律》。

好在对于真正穷得连衣服都买不起的赤贫者，官府总算也有照顾，不会让你光着，他们将发给你“舂”的衣服，“隶臣妾之老及小不能自衣者，如舂衣”，至于合不合身就另说了。

同样精打细算的还有你们的伙食。官府实行的是配给制，《仓律》对口粮标准同样有极为详尽的规定：

隶臣每月发小米二石，隶妾一石半；

小城旦或隶臣能干活的，每月发小米一石半；不能干活的，每月发小米一石；

小隶妾、隶妾或舂能干活的，每月发小米一石二斗半；不能干活的，每月发小米一石；

没有母亲的婴儿每人发粮半石（可能是给负责抚养婴儿者的补助）；有母亲并随其母为官府服役的，每月半石；

隶臣做农活的，从二月起每月发小米二石半，到九月底停发半石（二月到九月正好是庄稼从播种到收割的周期，增加口粮估计是因为这段时期工作量大）；

舂每月发一石半；

…………

战国经济学家李悝曾估算过当时普通人一个月的粮食消耗量，结论是“食，人月一石半”，这样看来刑徒每月的口粮还真不少，不过毕竟工作量在那里明摆着，饭量大也很正常。

每月的口粮定量，每顿饭同样定量。

城旦如果干的是筑城墙这样的重体力活，“旦半夕参”（早饭半斗，晚饭三分之一斗）；

如果是给官府站岗看门的“守署”等轻体力活，“参食之”（早晚都是三分之一斗）；

城旦、舂、司寇、白粲如果是干土木工程，早晚饭各三分之一斗，不做就“以律食之”（按法律规定给予口粮）；

更抠门的是，假如你因为干坏事等原因被关了禁闭，由于不用干活，每天给你的口粮还不到半斗；到了月底，就得把剩余的口粮统统储存起来，当作九月之后的口粮；舂、城旦如果服役不满月，也得扣除其相应的口粮……

熟悉情况之后，你的工头——司空喊你去搬砖了，快开工吧，你一年四季至少有三个季节都要干活，《工人程》有“冬作”的概念：隶臣、城旦等在冬季劳动时，可以放宽标准，冬季上缴三天的赋（被指代所有手工制品）可以抵夏季两天的量。[①]既然连最寒冷的冬季都要劳作，不难推断，你们在其他季节的劳动量只会更大。

除了工作量大，官府对你们的处罚也很严厉，最常见的惩罚手段就是扣口粮。你问什么情况下会被扣？这就告诉你。来，接过这个铜器，很贵的，小心拿稳了，看到不远处那条小河没有？听我口令：一，二，三，扔！——扑通！……对，现在就要扣你口粮了，因为《金布律》规定，如果身为隶臣的你丢失了官府的器物或牲畜，那么从丢的这天起，官府就会按月扣除你的衣食待遇，好在上限不会超过当月衣食（价值）的三分之一。[②]

还有，这个陶罐也递给你……手缩回去干啥，不想接了？瞧，掉地上摔碎了吧？现在工头闻声而至，举起竹条就抽你，抽一下数一个数：“一，二，三，四……十！”这才收了手。这是因为《司空律》规定，身为城旦的你如果毁坏了陶器、铜器、木器，制造大车时折断了轮圈，工头都可以用竹条抽你。毁坏的公物每值一钱，就笞打十下；值二十钱以上就“熟笞之”（放手打个够）。如果工头不马上打你，他自己就得掏腰包赔偿公物价值的一半。[③]

---

① “为矢程，赋之三日而当夏二日。”

② “隶臣妾有亡公器、畜生者，以其日月减其衣食，毋过三分取一，其所亡众，计之，终岁衣食不足以稍偿，令居之，其弗令居之，其人死亡，令其官啬夫及吏主者代偿之。”

③ “城旦舂毁折瓦器、铁器、木器，为大车折辋，辄笞之。值一钱，笞十；值廿钱以上，熟笞之，出其器。弗辄笞，吏主者负其半。”

你该问了，自己的刑徒生活这么凄惨，什么时候能到头呢？

来，扶住墙，深吸口气，挺住，一定要挺住，因为答案非常残酷：没有刑期，你们得终生服刑。

喂喂，城旦“奋”，怎么翻白眼了？快起来嘿！……还好，总算抢救过来了。

真的，那时刑徒的命运就这么残酷。张金光先生统计，睡虎地秦简的三百七十三条律条与司法文书中，有将近一半涉及刑徒的内容，却找不到任何关于他们刑期的规定，这恐怕不能以“出土秦简不是秦律全文”来解释。只有《法律答问》中有三条律文记载，一些案件本应被罚为鬼薪或者隶臣的，因为有诬告的行为，需要加刑——判处城旦六年。乍看上去这似乎证明城旦有刑期，但值得注意的是，城旦是刑徒中最辛苦的，因此完全可以理解为，这些被告人需要先当六年更辛苦的城旦，再转为活计稍轻松的鬼薪、隶臣。

另一个强有力的反证是，汉文帝时期发布过减刑诏令，规定出各种刑徒的年限：“罪人狱已决，完为城旦舂，满三岁，为鬼薪白粲。鬼薪白粲一岁，为隶臣妾。隶臣妾一岁，免为庶人……”这还是史料所见第一次规定各种刑徒的服刑年限，以至于被后世誉为德政，这也足够证明此前没有刑期。

可以想象，这样没日没夜干下去，无论对你们的生理还是心理健康都是极为不利的，你们这一群体的高死亡率也就在所难免。里耶秦简中一枚“刑徒管理简”就记载：“廿八年，迁陵隶臣妾及黔首居赀赎责作官府课，泰凡百八十九人死亡。”一年就死了189人；还有人估算，当地服劳役的每七人中就有一人死亡。

骊山陵的修建者们命运只可能更悲惨。1979年，考古队在秦始皇陵附近发现了一处秦朝工人墓地，有十几个名字分别刻在残板瓦和残筒瓦上，名字有“东武居赀上造庆忌”“东武东闲居赀不更瞗（睢）”“博昌去疾”“杨民居赀武德公士契必”“平阴居赀北游公士滕”“阑陵居赀便里不更牙”等，都遵循着“籍贯+爵位+姓名”的格式，显然是一份墓志。从

“居赀”以及死者的名字来看，他们应当是“居赀赎债”者，由于死者们的籍贯都属于原来的山东六国，因而有观点认为这可能是为了便利日后家人来辨认尸骨并将它们移回故乡，这或许是刑徒们为数不多能享受的福利了。

这样的生活势必会让你绝望，不过天无绝人之路，想要恢复自由，你总算还有两根救命稻草。

秦始皇陵出土的刻有刑徒名字的残瓦片（秦始皇帝陵博物院供图）

公元前250年的某一天，你和往常一样汗流浃背地干着苦力，忽然一位官吏匆匆带来了咸阳发布的命令：新王登基了！朝廷大赦了！你们都不用再当刑徒啦！这消息就像春雷一样在人群当中炸开，所有人喜极而泣、手舞足蹈，整个工地变成了一片欢乐的海洋……

大赦，一个多么令人欣喜若狂的字眼。这就是你的第一根救命稻草。

从史料记载来看，秦朝确实有大赦的传统。光是秦昭王时期就有四次，那段时期秦国领土急速扩大，朝廷因此赦免了不少刑徒，把他们变成移民去占领这些新土地：秦昭王二十一年（前286年），司马错进攻魏国河内，魏国献安邑，官府“赦罪人迁之”；二十六年（前281年），又“赦罪人迁之穰”；二十七年（前280年），司马错进攻楚国，同样“赦罪人迁之南阳”；二十八年（前279年），白起攻楚，取得了鄢、邓两城，又是“赦罪人迁之”。

秦昭王之后，几乎每位秦王刚即位都实行过大赦，很可能是形成了制度或惯例：孝文王元年（前250年），“赦罪人，修先王功臣”；庄襄王元年（前249年），也“大赦罪人，修先王功臣”；秦二世登基时，同样有“尽为解除流罪”的表态。岳麓秦简还有一起盗墓案，盗墓贼“猩”“敞”本被罚为刑徒，结果刚好赶上赦令，该案发生在秦王政二十一年（前226年），显然始皇帝也有过这一举动。

这个消息成了支撑你活下去的动力，你眼巴巴盼着秦王快死，就这样一晃熬到了公元前210年，终于迎来了改朝换代。在登基后的第一封诏书中，新秦王果然宣布要大赦：

> 天下失始皇帝，皆遽恐悲哀甚，朕奉遗诏，今宗庙吏及箸以明至治大功德者具矣，律令当除定者毕矣。元年与黔首更始，尽为解除流罪，今皆已下矣，朕将自抚天下。……

你本以为自己会很快恢复自由，不料一个又一个月过去了，朝廷仍没有动静，反倒是更多的刑徒被集中到骊山，活计也越来越重。最后，你们终于望穿秋水地等来了朝廷的特使——九卿之一的少府，他带来的却不是刑满释放的公文，而是要求你们走上战场的命令，原来天下大乱了。

但对你们来说，这却相当于捡到了第二根救命稻草，这就是人见人爱的军功爵制度。商鞅变法后创下的《军爵律》规定，假如你想要退还两级爵位，用来赎免现为隶臣妾的亲生父母中的一位，或者你身为隶臣而有斩首立功的表现并应授公士爵，现在则请求退还爵位，用来赎免现为隶妾的妻子，都可以被允许，这些被赎的亲人都可免为庶人。[①]

所以不难想象，这项制度刚被公布时，有多少终生服役者宛如重见天日一般，秦军之所以悍不畏死，多半要归功于《军爵律》的鼓舞。

事到如今，不干也得干了。你开始随着少府南征北战，每天在刀口上讨生活，剿灭了不知多少乱军。不曾想前面打仗节节胜利，背后的朝廷却越发昏聩，不仅不给你们授一次爵，连粮草都不再顺利供应，这也使你们私下

---

① “欲归爵二级以免亲父母为隶臣妾者一人，及隶臣斩首为公士，谒归公士而免故妻隶妾一人者，许之，免以为庶人。”

里怨声载道，不满的情绪在军中四处滋长。

这天你们在少府的带领下赶往河北巨鹿作战，和你们对战的敌军统帅项羽砸了自家吃饭的锅、凿了过漳水的船，以示再不后退，这一“破釜沉舟”的举动使他们士气大振、战斗力暴涨，你们却军心浮动、粮草匮乏，在楚军的穷追狠打下连战连败。内外交困中，少府只得率领你们投降了楚军，路过一个叫新安的地方时，你们又被项羽尽数坑杀，人数有二十多万。

——城旦“奋”，卒。

这就是秦末乱世中，章邯那支威名赫赫的刑徒军最终的结局。

本节要点

◆刑徒来源有罪犯、“奴产子”、降兵等多种。

◆秦律中经常可见的司寇、隶臣妾、鬼薪白粲、城旦舂等都属于刑徒。

◆“居赀赎债”是一项用劳役抵债的制度，比刑徒要宽松得多。

◆官府对刑徒的衣食精打细算到了极点；稍有不慎，刑徒就会受处罚。

◆刑徒没有刑期，得终生服刑，除非能遇上大赦，或者走上战场。

第三章
晋阶篇

当个好农民才是正经事
——农耕

熟悉了秦朝的一些基本常识，你很快就要面对在这个时代的生存问题了，还是趁早为自己谋划一份职业吧。

在秦朝，什么职业比较靠谱？你的第一反应或许是去当说客，靠着忽悠秦始皇来捞个国师待遇。可惜，纯脑力劳动者想在秦朝扎根并不容易，除非你真能混成张仪、公孙衍那种腕级人物，《商君书》多处表达了对“辩知者”（舌辩之士）、“游宦者”（游说求官）、“文学私名”（倡导儒家学说的人和私养门客）的厌恶，认为他们如果发达显贵了，那叫“淫道”，这种情况就像用狸猫当诱饵来抓老鼠一样危险。[①]

当方士呢？徐福、卢生等学（wu）术（liang）大（pian）师（zi）的确给你树立了榜样，不过你也一样听说过焚书坑儒对吧，怎么就那么肯定自己的命运会是前者而不是后者？当然如果你突然从嫪毐身上看到了自己的光辉未来，请出门左转去找《赵姬艳史》剧组，本次旅途恕不开放这类业务。

你说了，我这辈子就两件事不会：这也不会，那也不会。那你还能去干什么？没事，只要你四肢健全，当农夫总是可以的。

在秦朝，农夫相当受国府的重视，商鞅变法就确定了耕战立国的基本

---

① 《商君书·外内》：“奚谓淫道？为辩知者贵、游宦者任、文学私名显之谓也。……故开淫道以诱之，而以轻法战之，是谓设鼠而饵以狸也……”

国策。《商君书·农战》认为：会治理国家的君王，即便国中的粮仓都是满的，也不会忽视农耕；[①]国家靠着农耕与战争才安全，君王靠着农耕与战争而尊贵；[②]国家专心实行农战政策一年的，能保证强大十年；以此类推，十年农战保证百年强大，百年保证千年，千年强大者能称王于天下。[③]

《商君书》还大力主张降低非农人口的比例，认为理想中的非农人口和农业人口最好达到1∶100（“百人农，一人居者”），这样就可以称王；最差也别低于1∶10（“十人农，一人居者”），这样尚能保证国家强大；如果1∶1就麻烦了，因为“半农半居者，危”。所以对大部分百姓来说，靠谱的选择基本都是务农。

当农夫的第一个条件是得有田，这方面不用你担心，从商鞅变法起，秦国就实行“授田制”，官府会向百姓授予耕地。在人们的一贯印象中，变法改变了井田制的公有性质，实行起土地私有制，董仲舒就称：“（秦）用商鞅之法，改帝王之制，除井田，民得买卖。”但事实上，目前无论《商君书》还是出土秦简，都找不到允许田产随意买卖的法律或田契，关于授田的规定却无处不在，《商君书》不时可见“为国分田”“制土分民”等表述，《田律》也有“受田之数”的说法，《日书》里还记载了“受田宅”的“吉日”。不难想象，只有以土地国有为基础，授田制才能实行得下去。

既然同样是国有，授田制为什么就比井田制更进步？这是因为，井田制本质上是一种多级占有制，同一块土地的所有权，被天子、诸侯、卿、大夫、士等各级贵族层层占有，他们也相应地对田租进行层层盘剥。商鞅变法却打碎了这种多层的占有和盘剥，简化成“国府（君王）—民众”这两级结构：将田地收归国有，由官府任命的郡县官吏直接进行管理；从前被各级贵胄们分去的赋税，如今都入了国库，自然大大增加了国家税收。

---

① “善为国者，仓廪虽满，不偷于农。”“偷”是放松的意思。

② “国待农战而安，主待农战而尊”

③ “国作壹一岁者，十岁强；作壹十岁者，百岁强；作壹百岁者，千岁强；千岁强者王。”

同时，民众也看到了改善自身生活的希望。井田制下，你吃的是“大锅饭”，干多干少一个样，干好干坏一个样，肯定没有耕田的动力；变法后，你只要多缴纳粮食，就可以获得爵位，从而获得更多的田地，也就可以收获和缴纳更多的粮食，得到更高的爵位与更多的田地……就此形成了良性循环。

更绝的是，秦朝官府还通过一些手段，防止田地越来越向少数人手里集中：从第九级爵位“五大夫”开始，高爵者不再分到田地，而是将这些应增加的耕地数，换算成相应的赋税，也就是能收获的粮食产量，这叫“赐税邑”；另一手则是，人们分到手里的田地还不是永久产权，等你把田地传到儿孙那里后，就会因为产权到期而被收回一部分土地，你的后代们必须继续努力耕种，才能保住现有的土地。

有个小故事可以佐证这点：秦昭王时期的权臣甘茂逃亡到齐国为官，秦国倒也不追究。几十年后，他那位人小鬼大的孙子——十二岁的神童甘罗立了大功，被封为上卿，秦国还“复以始甘茂田宅赐之”。注意是“复赐”，即“重新赐予”，而不是“归还”。潜台词是，爷爷甘茂在秦国时，田宅就是被赐予的，他跑到齐国后就被秦国收回了；如今孙子甘罗立了功，秦国才重新赐予了他爷爷的老宅。

还有“王翦请田”的故事。当时老将王翦重新出山，为了平息各种非议，他曾多次请求秦王赐给自己田宅，作为子孙基业。这也完全可以用授田制来解释：首先，即使是老王这样立过汗马功劳的大功臣，也无法保证子孙世代拥有田产；其次，老王要求拥有田地永久产权的行为在秦国得不到法律支持。

说了这么多，来看看官府授给你的这片耕田吧。按《青川木牍》的记载，这片农田由一道道长条组成，每道为一“亩”，这才是“亩”的初始含义。每“亩”宽一步、每步长六尺，商鞅变法前每“亩”长100步，变法后改为长240步。每两“亩”之间都以一条小道“陌”隔开，以便你走进田中耕种浇水；“亩”的两端还各有一条小沟“畛”（zhěn）以便排出多余的水，“畛”也是田地的界限，它的另一个称呼是“畎”（quǎn）。你的这100亩田也叫一“顷”，与其他农夫的田地用另一种比“陌”要宽的小道隔开，这种道叫“阡”，规定宽度是3步，这就是“阡陌”一词的由来。分到田之后，你还要在田地的四角各堆起一个方方正正的土堆“封”，它的长、宽、高各为四尺（约合今天的92cm）；再用四条矮土墙“埒”（liè）把四个“封”连起来，这些墙的横截面为梯形，高一尺，底部厚二尺。[①]它们都是用来标识你田地的界限的，也是“封疆”一词的最早起源，《周礼》中专门有“封人”的官职，任务就是把各诸侯的封国、都邑用封土标识出来，封土之间再种上树，“为畿封而树之”。

别看“封”和“埒”只是几道土墙，它们可都有法律效力。如果把它们铲掉或私自推平重建，无论你是否故意，官府发现了都要算你“盗徙封”，也就是私自移动田亩的疆界，你会被判“赎耐”（刮胡子，但允许缴纳罚金赎罪）；假如你胆敢偷偷铲掉它们，再把自己的田向外扩充几步，那就算“盗田”；另外，你家牲口跑到官田里去啃庄稼，这叫“侵食稼”，你亲自去官田里偷粮食麦苗则叫“入稼”，按龙岗秦简记载，这两种行为也要被“赎耐”。

讲解完毕，下地干活吧。来，这是官府为你专门准备的农具——耒耜（lěisì），样子有点像小型簸箕，用法类似铲子，是用来翻土的。《吕氏春秋·任地》称，耜的柄长六尺，用来测田垄的宽窄，刃宽八寸，用来挖出标准的垄沟。[②]

发到你手里的耒耜是铁制的。你也许觉得这是废话，不是铁的难道还是金的？其实上古时代的农具基本都是木制、石制或者骨制的；商周时期是青铜的，既沉重又脆弱，很容易损毁；铁制农具则坚硬锋利又轻巧，可以大大提高你的耕种效率，铁在当时是最先进的材质，具有革命性的意义。

---

① 原文为：“田广一步，袤八则为畛。亩二畛，一陌道。百亩为顷，一阡道，道广三步。封高四尺，大称其高。埒高尺，下厚二尺。”

② “六尺之耜，所以成亩也；其博八寸，所以成甽也。”

你接过农具，大有关公得了青龙刀、孙大圣有了金箍棒般兴奋。小心别丢了，农具不是白给你的，官府需要登记备案，《厩苑律》规定：向官府借用的铁农具，如果有所毁损；交还原物写说明备案，不用赔偿。[①]对这些废弃的农具，官府首先会尝试对它们进行修理，如果已经坏到没法修理，则会在七月统一进行处理，将它们上面的标识磨掉，上缴大内作为金属原料，重新回炉冶炼。[②]从这里也可以看出，秦朝的铁器还比较珍贵，要尽量省着用。

你从官府领到的还有一头老黄牛。秦国时期，牛耕的普及程度就在各国间名列前茅，《战国策》记载了赵国大臣赵豹的评价，说秦国用牛来耕田，用水路运输粮食，优势很大，不能和他们开战。[③]正是耕牛的使用，使人们拓荒和耕作的能力都大大提高了。不过也正因此，官府对耕牛的管理和保护十分严格，朝廷有大厩、中厩、宫厩等官方养牛马部门，各县还要对耕牛的数量进行登记，用现在的眼光来看，耕牛已相当于汽车那样的不动产了。

看看《牛羊课》《厩苑律》对于喂养耕牛的规定：如果一个人负责喂养十头成年母牛，其中的六头都没生过小牛，养牛的啬夫、佐都要被罚缴纳一面盾牌；[④]耕牛一旦死亡，必须向所属县府汇报，县府会派人来验尸，牛尸还要上缴；[⑤]如果拖得太久不去汇报，导致牛尸腐败，养牛者得按没腐败时的价格赔偿；[⑥]如果因饲养不当，导致一年死三头牛以上，养牛人“牛长”“皂者”，主管牛的官吏，作为上级的县丞和县令，都要受

---

① “假铁器，销敝不胜而毁者，为用书，受勿责。”

② “县、都官以七月粪公器不可缮者，有久识者靡之。其金及铁器入以为铜。”

③ “且秦以牛田，水通粮，其死土皆列之于上地，令严政行，不可与战。”

④ “牛大牝十，其六毋（无）子，赀啬夫、佐各一盾。羊牝十，其四毋（无）子，赀啬夫、佐各一盾。”

⑤ “将牧公马牛，马牛死者，亟谒死所县，县亟诊而入之。”

⑥ “其入之其弗亟而令败者，令以其未败值偿之。”

到相应惩罚。[①]

最特殊的是，秦朝每年还要有好几场“秦川好耕牛”大赛——耕牛评比。《厩苑律》规定，每年的四月、七月、十月、正月都要各评比一次耕牛，根据评委们的打分，耕牛被评比为“最”（优秀）的，养牛的“皂者”可以“除一更”（免除一次徭役），“牛长”可以被“赐三旬”（记三十天“劳绩”，相当于工分），田啬夫更可以得到一壶酒、十条干肉的奖励；获得“殿”（差评）的，田啬夫要被批评，“罚皂者二月”（“皂者”被扣掉两个月的工分）；就连考核时发现你耕牛的腰围减了膘，你都要被笞打，腰围每减少一寸，你就得被竹片抽打十下。[②]

如果你不知道怎样耕种，那就读读《吕氏春秋》的几篇文章，这部号称千金难改一字的作品中归纳了一些经验：《任地》告诉你，耕地先要从质地刚硬的垆（lú）土开始，这种土水分少，干土层厚；松软好刨的土可以后耕。对于不同情况的土质，耕种方式也不同，基本都是反向操作：硬地要使它软，软土要让它变硬；好久不动的土地可以多播种，种得多了就要休耕；贫瘠的土地要使它肥沃，太肥沃的土地要使它贫瘠些；坚实的土地要使它疏松些，疏松的土地要使它坚实些；过湿的土地要使它干燥些，干燥的土地要使它湿润些……

耕地时还要注意，如果你把畦犁得太窄，垄沟又太宽，田畦看上去就像一条条被困在地上的青鱼，禾苗长出来会跟兽颈上的鬃毛一样杂乱，这种情况是“三盗”（三种错误耕种方式）之一的“地盗”，也就是土地把禾苗给侵占了。如果畦太高，水分就容易流失；畦的坡面太陡，就容易坍塌。庄稼种在这样的畦上，遇风会倒伏，培土过高会被连根拔出，天冷会凋零，天

---

① “卒岁，十牛以上而三分一死；不盈十牛以下，及受服牛者卒岁死牛三以上，吏主者、徒食牛者及令、丞皆有罪。内史课县，太仓课都官及受服者。”

② “以四月、七月、十月、正月肤田牛。卒岁，以正月大课之，最，赐田啬夫壶酒束脯，为皂者除一更，赐牛长日三旬；殿者，谇田啬夫，罚冗皂者二月。其以牛田，牛减絜，笞主者寸十。又里课之，最者，赐田典日旬；殿，笞卅。”

热会枯萎……

这样犁了不知多少天，你按照《吕氏春秋》“五耕五耨”的要求耕好地，就可以撒种子了。《仓律》对每亩地需要撒多少种子都有统一规定：如果是播种稻、麻，每亩得用2 × 2／3斗；谷子、麦子每亩1斗，黍子、小豆每亩2／3斗，大豆每亩半斗；如果是良田，或者田里已有作物，可以酌情减量。[①]

你盛好一斗粟，尽可能均匀地把种子播成长条，让行与行之间保持一定距离，注意要使纵横行列端正，这样可以使每株禾苗都能吹到风，互不妨碍、有助生长；如果乱撒的话，很可能会使长出的禾苗过于密集，以至它们之间互相争夺生存空间和水分肥料，这是“三盗”之一的“苗盗”，也是耕种的大忌。

播种完毕，需要把种子盖上土，这道工序叫耰（yōu），这个字也指用来盖土壤的农具，《过秦论》有个词叫“鉏耰棘矜”，“鉏”其实就是“锄”，和耰是同类。这是个技术活，《吕氏春秋》的要求是：盖种子的土要打得细碎，这样抽苗才长得快；还要撒得均匀，这样种庄稼扎根才牢。[②]

浇水施肥也是重要程序，你可以用桔槔（jiégāo）从井里打水，这是一种利用杠杆原理制成的机械，一边系上相当于秤砣的大石头，一边系上水桶或者汲水瓶并浸入井里，就可以把水打上来了，号称“一日浸百畦，用力甚寡而见功多”。粪肥的运用也相当普遍。《日书》规定，“庚辰、壬辰、癸未不可以燔粪”，换言之，其他时日是可以的。孟子也说过，当时农民遇到荒年，“粪其田而不足，则必取盈焉”；《荀子·富国》则说“掩地表亩，刺草殖谷，多粪肥田，是农夫众庶之事”。

多日的浇水施肥后，你果然看到一片嫩芽纷纷从地里冒出头来，不禁欢呼雀跃。可别高兴得太早，这里混杂着许多狼尾草、狗尾草之类的野草，学名是稂（láng）和莠，同时还会混杂一些秕（bǐ）子，它们都是后长出的

---

① “种：稻、麻亩用二斗大半斗，禾、麦亩一斗，黍、荅亩大半斗，菽亩半斗。利田畴，其有不尽此数者，可也。其有本者，称议种之。”

②《吕氏春秋•辩土》：“其耰也稹，稹者其生也必先。其施土也均，均者其生也必坚。”

弱苗，从外表看和普通禾苗没有差别，但结出的谷壳是空的。它们不仅不会给你增加产量，反而会和幼苗争夺水肥，这就是“三盗”中的最后一盗“草盗”，因此一定要把它们都锄掉。这项工作几乎和翻土一样重要，所以两项工作才相提并论——翻土叫耕，锄草叫耘。

随着庄稼逐渐成长，捉虫会也成为重要任务。当时主要有吃苗心的“螟”、食苗叶的“螣”（téng）、食苗根的“蟊”、食苗茎的“贼”以及被称作“蚼蠋（qúzhú）”的大青虫。不过破坏力最强的还是蝗虫，《史记》曾多次记载蝗灾，秦始皇四年（前243年）就有一次“蝗虫从东方来，蔽天”的记载，为此官府有时会专门组织大家一起去捉蝗虫，后面有一起“不知何人刺女子婢最里中案”，犯罪嫌疑人就是趁这一人少的时机，干了一起抢劫案。

由于这时的农耕生活基本属于靠天吃饭，秦朝官府极为重视保障农时。《司空律》规定：一家如果有两人以上“居赀赎债”，没法照顾家室的，可以放出一人，叫他们轮流服役；[①]这种“居赀赎债”的人，也可以在播种和照料禾苗的时节各回家干二十天农活。[②]《戍律》同样有“同居毋并行”的规定。

里耶秦简还有一份洞庭郡守下发给郡中各县的公文，由于当时郡中要运送器械到别处，需要征调人员，公文要求各县尽量先征发刑徒们，有紧急任务不能耽搁的才征发普通百姓，后面更明确说：“田时殹（也），不欲兴黔首。”

同时，秦朝还有很多出于保护自然的禁忌。这一点，《田律》与《吕氏春秋》“十二纪”中的一些规定很像：《田律》禁止“春二月”时进山伐木、壅塞水渠，“十二纪”也规定，“孟春之月”禁止伐木，“仲春之月”不要“竭川泽”；《田律》禁止“夏月”把草烧成灰，禁止采刚发芽的

---

① “一室二人以上居赀赎债而莫见其室者，出其一人，令相为兼居之。”

② “居赀赎债者归田农，种时、治苗时各二旬。”

植物，禁止以在水里下毒的方式捕捉鱼鳖，禁止设置陷阱、捕捉幼兽、掏鸟蛋，“十二纪”也规定，“孟夏之月”禁止大田猎，“仲夏之月”“毋烧灰”……有鉴于二者内容高度重合，可见这些禁忌在当时是普遍存在的，只不过《田律》是头一次以法规的形式将它们明确了下来，或可称得上是两千年前的森林保护法。

链接

《月令》，一部诗意盎然的流水账

与《吕氏春秋》“十二纪”相同，《礼记·月令》也将一年分为十二个月，并用孟、仲、季与四季一起组合排列，每月自然气候的变化、动植物的生长、官府主抓的工作，就连天子要穿的衣服、祭祀的神祇都不一样，旨在指导先民们按季节更替来进行生产生活。以下是《月令》中各月的一些自然物候以及人们的生产活动。

孟春：东风吹散寒意，冬眠的动物开始活动，鱼上游到冰面下，水獭捕鱼举行鱼祭，鸿雁从南方飞回来。天子也要率领着满朝大臣举行仪式，手持耒耜亲自躬耕，庶民们要修理封疆、田间沟洫。

仲春：春雨降下，桃花绽放，黄鹂婉转鸣叫，老鹰变为布谷鸟，燕子也飞回来，雷声惊醒了蛰伏的昆虫。庶民要修理门扇、窗户，天子的居室、庙堂都要整理完备，不要有大的举措。

季春：彩虹出现，桐树开花，池塘生出浮萍，田鼠变为鹌鹑，斑鸠振动起翅膀，戴胜降落在桑树上。官府要开仓赈济，修整堤防、疏导沟渠，要让牛马在牧场中自行交配。宫中的后妃们要亲自采桑养蚕，分配蚕茧，根据缫丝的数量来评比。全国举行傩祭，在各城门砍碎牲体以驱除邪恶之气，作为春季的结束。

孟夏：蝼蛄、蛤蟆鸣叫，蚯蚓出土，王瓜结果，苦菜开花。立夏这天，天子要亲率大臣们往南郊迎夏，命司徒（掌管土地的官员）巡视各县，敦促农夫们辛勤耕作。

仲夏：螳螂生长，伯劳鸣叫，反舌鸟（乌鸫）不作声。这个月，乐师们要调校乐器。夏至前后，鹿开始脱角，夏蝉鸣叫，半夏草生长，木堇开得最为茂盛。

季夏：风不再那么炎热，蟋蟀藏到了墙壁的缝隙中，雏鹰开始学习振翅飞翔，腐草化为萤火虫（腐草为萤的由来）。这个月，渔师要捕鼍捉鼋；泽人（看管湖泊的官吏）收割蒲草；“四监”从各地征集刍秣饲料；妇官（主管妇功的官吏）将礼服的彩绘染色；这个月还是树木长得最茂盛时，因此虞人（看管山林的官吏）要进山林巡查，以防盗采滥伐。这个月泥土湿润、天气酷热，经常会下大雨，庶民们需要割掉野草晒干，再让雨水浸泡，可以用作肥料。

孟秋：金风送爽，白露初降，寒蝉嘶鸣，老鹰会把捉到的鸟摆在面前慢慢吃掉，好像在祭天一样。天子要率大臣在西郊举行迎秋大典，选拔将士、审案断狱，修缮堤防，修补官室城郭。

仲秋：不再打雷，疾风刮起，鸿雁燕子都飞去南方了，鸟儿们都开始存储过冬的食物，虫子修整巢穴，水也开始干涸。这个月可以修筑城郭、修缮粮仓，庶民们也要注重储备粮食。

季秋：金色的菊花绽放，大地蒙上白霜，草木凋零黄落，鸿雁飞到南方，鸟雀入海化为蛤，百工都开始休工，天子举行田猎以训练军队。

孟冬：水面结冰，地面霜冻，雉鸡入水化为蜃，不再有彩虹。立冬这天，天子要与大臣去北郊迎接冬季，修筑城郭、守备边境，检视棺椁的薄厚、坟冢的高低。

仲冬：水面的冰结得越发厚，地面也被冻裂，但泉水依旧流动。芸草开始生长，荔草露出地表，鹖鸟瑟缩不鸣，老虎开始交配，蚯蚓蜷伏在土中，麋的角脱落。此时宫中要检查门闾，将房屋紧闭，大酋监督酿酒。

季冬：鸿雁飞向北方，喜鹊开始做巢，雉鸡鸣叫，家鸡抱蛋。渔师要去捕鱼，取冰收藏于窖中；天子要举办大傩祭礼，和大臣们共同商讨法典以及明年的大政，祭祀皇天上帝、社稷宗庙、山林大川。

农活干到八月底就差不多结束了，这时专门督促耕种的田典需要整理出来今年他记录的各项农业数据，准备报给上级。因为《田律》规定，如果谷物抽穗、生长期间有“澍”（shù，及时雨），各地都应及时向朝廷书面报告受雨、抽穗的土地面积，还有已开垦而还没有耕种的土地顷数。有时遇到旱灾、暴风雨、涝灾、蝗灾等自然灾害，更要及时向官府汇报受灾顷数。距离近的县，由走得快的人专送报告，距离远的县由驿站传送，在八月底以前送达。①

选在这个时候，是为及时了解各地农业生产受环境的影响，并给接下来的征税做准备。前面讲户籍时说过，每年各县都要调查户口和各户所有财物，并编制成户籍，这叫“案比”。基本沿袭了秦朝农业制度的汉朝，把“案比”时间定在每年“仲秋之月”（八月），各地将农业数据在此时送达官府，显然就是为了给“案比”提供参考。

上报受灾情况这点也许和你的印象不符，因为很多人都说秦国是不救灾的，证据无非是《韩非子·外储说》的那个故事：秦国有一年饥荒，范雎请求开放王室苑囿，允许饥民进去采摘果蔬，秦昭王竟然拒绝了，理由是秦法是让民众有功受赏、有罪受罚，如果允许民众采摘果蔬，那就是无论有功无功都受赏，是取乱之道。与其生乱，不如“死而治”。

听起来够没人性的，对吧？不过这故事真实性成疑，因为《秦本纪》就记载，孝文王元年（前251年）曾有过“弛苑囿”的举措；还有秦王政三年（前244年），秦国遭遇了蝗灾，朝廷给交粮一千石的百姓拜爵一级，显然也是鼓励百姓多纳粮，以供国家宏观调配、支援灾区。

更直接的证据来自里耶秦简，这里就有两枚简记载了下级向上级汇报灾害的情况：

第一枚简正面写的是：“廿九年九月壬辰朔辛亥，贰春乡守榧敢言

① “雨为澍及秀粟，辄以书言澍稼、秀粟及垦田畼（chàng）无稼者顷数。稼已生后而雨，亦辄言雨少多，所利顷数。旱及暴风雨、水潦、螽虫、群它物伤稼者，亦辄言其顷数。近县令轻足行其书；远县令邮行之，尽八月□□之。”

之：牒书水火败亡课一牒上，敢言之。”背面是：“九月辛亥旦，史邛以来。感手。邛手。”

第二枚简是：“廿九年九月壬辰朔辛亥，迁陵丞昌敢言之：令（令）史感上水火败亡者课一牒。有不定者，谒令感定。敢言之。”背面是：“九月辛亥水下九刻感行。感手。”

你可以看到，第一枚简写的是在“廿九年九月壬辰朔辛亥”这一天，贰春乡的乡长“椯”把乡里的遭灾记录“水火败亡者课”交送至上级的迁陵县，背面是迁陵县接收到的时间以及接收人令史“感”的接收记录。第二枚简则表明，迁陵县丞“昌”在接到下级递交的“水火败亡者课”之后，立即派令史“感”送出去，从“敢言之”这个句式来看，这显然是“昌”写给上级政府，也就是洞庭郡的公文。

除了上报数据外，按照《青川木牍》的规定，在这个月，你还要修整自己田地的“封”和“埒”，继续明确自己的土地范围，防止发生侵占田地的事件，还要整修好田间的道路和沟渠，割除阡陌上长出的野草；九月则要修整道路、险要山道等；十月的任务是维修桥梁堤防、疏通沟渎陂池。这些工作在《吕氏春秋》《礼记·月令》中也有类似记载，只是规定的月份不同。

当这些工作都结束后，你就要迎来收获的季节了，等着官府来收租吧，这是对你这一年辛劳的最终考评。

本节要点

◆秦朝极为重视农耕，大部分百姓都要务农。

◆秦朝土地国有，以授田制为基础，目前尚无记载显示土地可以买卖。

◆秦朝法律严格保护田亩的疆界，擅自扩大会被问罪。

◆官府可为农户无偿提供铁制农具、耕牛等生产工具。

◆《厩苑律》对耕牛进行严格保护。

◆《仓律》对每亩地需要撒多少种子都有统一规定。

◆官府重视保障农时，也重视对自然环境的保护。

租子是驴打滚的账？这不是《白毛女》！
——租赋

秋天大雁的歌声消失在远方，大地蒙上一片白霜，枯黄凋零的草木中，只有菊花绽放出了嫩黄。田间地头，随处可见忙碌的乡亲们，或是举起镰刀（战国时已有）割秸秆，或是挥舞着连枷（《墨子》有记载）打场脱谷，或是推着满载粮食的小车来去匆匆——这是收获的季节，收租的时节也跟着到了。

秦朝征收田租的时间暂无明确记载，但肯定要在夏历十月之前，因为当时实行颛顼（zhuānxū）历，以十月为岁首（一年的开始），这个月各地都要“上计”，汇报官府的收支情况等。有观点认为是九月收租，理由是据《管子》记载，春秋时齐国就是“租税九月而具”，北方各国应该都是相同的。

这些天来，你终日弯着腰在田里收割粮食，越是忙碌，心情也就越是沉重，你记起了史书中对于秦朝横征暴敛的诸多描述：“田租口赋盐铁之利二十倍于古”，“头会箕敛，以供军费”（按人头征税，税多得用簸箕撮都撮不完），“收泰半之赋”……总之，在你的印象里，秦朝黔首人人都是杨白劳，终日在官府的压迫下痛苦地呻吟。难道只有卖肾才有活路了吗？

先要搞清楚的，是租、赋、税这三样的区别。很多典籍都把它们混用了，但严格分析起来，它们仍有区别。

租：定期按土地征收的粮食和草料；

赋：临时摊派要征收的财物；

税：针对商品，如盐铁酒肉之类征收的钱，与身为农夫的你关系不大。

身为秦朝黔首，你主要交的是第一种——租，它又分两类，一类是粮食粟，前面说过，粟在当时用途非常普遍，既是士兵、徭役、刑徒等的口粮，也是发给官吏们的工资。

另一类是“刍稾”（干草和秸秆），粮食是人吃的，刍稾是牛马吃的。上节提过，秦朝对牲畜的管理非常严格细致，国家专门开辟牧场来饲养牛马，饲料自然也成了重要战略物资，以至于《商君书》把它的储备量当作执政者必须知晓的十三种数据之一。按《田律》的规定，缴纳刍稾的定额是每顷缴刍三石、稾二石。

这天，黄世仁家的穆仁智，哦不，“典田”（疑为“田典”）到你们这个里来了，他手里提着的不是灯笼，是盖有官印的文书，也不是来收租子，是传达中央精神——向你们宣读文件，公布你们今年的“租程”（租额，即要交多少租子）。这道程序叫“写律于租”，也就是官府在收租之前，先将本年度有关收租事宜的各种律令逐级下达，一直到“典田”那一级，由他们来传达给黔首们。

“租程”规定的应该是固定租额。来自21世纪的你可能已习惯了按百分比纳税，但在这个时代，无论秦还是齐楚燕赵韩魏等山东六国，都是规定一个明确数额，各家各户缴纳的粮食都要够数。

不要觉得这种收租的法子落后，官府规定的田租也不是简单的一刀切，而是通过“訾（zī，计算）粟而税”确定的，大体算法是：结合近年来的粮食产量算出一个平均值，按一定租率，校定出一个固定不变的数值，作为当年的纳租额，孟子管这叫“校数岁之中以为常”。

相对于单纯按比例征收的租制，这样做的好处是更切合各地实际。因为各处土地的丰瘠程度都不一样，《禹贡》就把天下的土壤分为黄壤、白壤、白坟、黑坟、赤埴坟、涂泥、青黎等不同级别；即便是质量相同的土地，往往也会因人因时而异，如果按一个固定比例向不同条件的农户收租，显然会造成实质上的不公，定额租制能在一定程度上避免这点。

“写律于租”和“訾粟而税”更主要的好处在于，有助于防止官员克扣田租、中饱私囊，保证税收。《韩非子·外储说》有个故事：赵简子有一次派官吏收税，官吏请示收税标准的高低。赵简子想得挺好，要不轻不重。因为税收重了，利就归于国家；轻了，利就归于民众。官吏从中捞不到私利，轻重就适中了。后来大臣薄疑对赵简子说，您的国家中间富足了。赵简子还挺高兴，以为这是指赵国的中产阶级蓬勃兴起。薄疑却说，上面府库空虚，下面平民饥饿，光是中间的奸吏富足了。足见当时通过税收中饱私囊的普遍。

“写律于租”无疑是通过政务公开来遏制这种现象。“訾粟而税”的关键则在于，上级规定的粮食都是定额的，一旦你“匿租”造成粮食减重，很容易就会露出马脚。这些措施都可以防止地方官员欺上瞒下，达到“上壹而民平”（国家政策统一，百姓信服）的效果，使得“官不敢为邪”。

“治吏”是一方面，“治民”是另一方面。规定了租额之后，官府还要按你所拥有的田地多少来收租，这也与授田制紧密相连，《仓律》规定：每顷田地应缴的刍稾，都要按授田的数量缴纳，不论垦种与否。[①]这样可以避免你有田不种、整天游手好闲，还可以打击逃租者。如果是按人头收租，作为黑户的你就可以像杨白劳那样，交租时“漫天风雪一片白，躲债七天回家来”；然而按田亩数来交租，你人能跑能藏，地却没法藏，还是得乖乖交租。

假如你试图瞒报田亩数来逃租，秦律也有办法。龙岗秦简管这种违法行为叫“匿田”或“匿税”，一旦查出，除了你逃掉的田租外，还要没收你所匿的田里的所有庄稼。[②]

自然，凡事有利皆有弊，一旦遭遇歉收甚至自然灾害，民众再缴纳同

---

① “入顷刍稾，以其受田之数，无垦不垦。”

② “坐其所匿税赃，与法没入其匿田之稼。”

样数目的粮食显然就不现实了，按常理，这种情况下官府是要减免租税的，出土的秦简没有直接记载这方面的条文，继承了秦朝制度的汉朝做法是：如果自然灾害造成了全年收入十分之一以内的损失，就照常纳租；损失在十分之二三，免一半租；损失在十分之四以上，就全年免租。

说了这么多，关键问题来了，“訾粟而税”的固定租额到底有多少？是按董仲舒说的那样“三十倍于古”，根本不顾人民的死活吗？

史书虽然没有记载，里耶秦简却提供了一个佐证：

> 迁陵卅五年垦田舆五十二顷九十五亩，税田四顷，户百五十二，租六百七十石。率之，亩一石五；户婴四石四斗五升，奇不率六斗。
>
> 启田九顷十亩，租九十七石六斗。
>
> 都田十七顷五十一亩，租二百卌一石。
>
> 贰田廿六顷卅四亩，租三百卅九石三。

这枚简记载了迁陵县在秦始皇三十五年（前212年）全县开垦的田数、户数和缴纳的租数。“启”“都”“贰”应该是迁陵县下辖的“启陵乡”“都乡”“贰春乡”，三个乡的田亩数加起来为5295亩（1顷为100亩）。注意这是“舆田”的亩数，于振波先生推测，这类田是官府直接经营管理的田地，民众不必交租，田租数加起来约为677石（10斗为1石），来自当地一百五十二户人家的400亩“税田”。

我们可以据此做一道简单的数学题，算一下平均每户要缴纳多少粮食：

租石数 ÷ 户数= 677 ÷ 152 = 4.45石 / 户

对，这就是这枚简牍后面记的：“户婴四石四斗五升”。

平均每亩收多少粮呢？原文已经写了：“率之，亩一石五”（平均每亩1.5石）。

巧合的是，战国初年，经济学家李悝也做过调查：以一家五口、每户100亩（周制）田来算，每亩一年能产出1.5石粮食。

两相对比，完全一致——秦始皇统治后期的田租数竟然和战国初年的魏国粮食亩产量相等！

乍看上去似乎是秦朝不顾百姓死活，但要注意的是，李悝测算时，田制是按周制来算的，也就是长100步为一亩，商鞅变法后却在“每户百亩”标准不变的前提下，改为一亩长240步。这样一来，每户实际分到的田地增加了两倍多，交的田租却保持不变。更不用提那么多年过去，铁器和牛耕也势必更加普及，粮食产量的增长是毫无疑问的。种种因素叠加起来，秦朝的田租虽然看起来很高，但并不离谱。

粮食打下来了，你跟着乡亲们把收割完毕的粮食装上小车[①]，排着队来到乡里的“租所”，这是专门收粮的机构，具体负责的官吏有田啬夫和部佐，龙岗秦简记为“租者”。他们手持权和斗桶，挨个称量你们要上缴的粮草数，有些人手里还拿着类似刮子一样的“槩”（gài），量粟时可以用它把多出来的粮食刮平。

不用担心他们量得不准，秦国从商鞅变法时期就统一了度量衡，《效律》规定，如果这些衡器有偏差，主管官吏要受处罚，龙岗秦简规定：收租时，量器“笄縈（qǐ）”[②]不平的长度达到一尺以上，负责人就要被罚一甲。[③]

在场的还有“监者”，任务是监督租者收粮、防止收租时存在舞弊行为。粮食收缴完毕之后，还有“刻（核）所”的人员负责验收，从量和质两方面对你们上缴的粮食进行考核，粮食数额不足叫“遗程”，质量太差则叫“败程”，你会受罚的。

粮草都称好，就要把它们运到粮仓中去。战国时代战火连绵，各国无不注重粮食储备，商鞅更认为，如果国家喜好赚钱，用粮食来换金镒，那么一旦发生战争，或者受到别国的经济制裁，就会钱粮两空，反过来，如

---

① 《田律》：“入刍稾，相输度。”

② 有观点认为“笄縈”就是上文的“槩”。

③ “租笄縈不平一尺以上，赀一甲。”

果用金镒尽可能多的换来粮食，那么由于保障了经济命脉，粮仓和国库都会充实。[①]

因此，秦朝的仓储制度是非常严格的。《仓律》对粮仓的安全问题空前重视，至少有“三防”——防霉、防盗、防老鼠。

秦始皇帝陵出土的明器——陶粮囷（摄于陕西历史博物馆）

先说防霉。管粮仓的吏员们得定期一同入仓，把粮食重新翻起来再堆一遍，避免它们长时间暴露在外而生虫腐烂。《效律》还规定，因为粮仓漏雨导致粮食腐败，应该对损失粮食数目进行评估，再根据所损耗的数目判令赔偿——不能吃的粮食数在100石以下，主管的官啬夫要被“谇”（suì，斥责）；100到1000石，官啬夫被罚一甲；1000石以上，官啬夫被罚二甲，还要和吏员一起赔偿败坏的粮食。有趣的是律条还规定，粮食虽然败坏但还可食用的，应加以估量，根据所损耗的石数判令赔偿。[②]看，不搞一刀切，还挺人性化的。

防盗也很重要，尽管偷粮行为在你看来也许有点无厘头，但《商君

① 《商君书·去强》：“金生而粟死，粟生而金死。”

② “仓漏朽禾粟，及积禾粟而败之，其不可食者不盈百石以下，谇官啬夫；百石以上到千石，赀官啬夫一甲；过千石以上，赀官啬夫二甲；令官啬夫、冗吏共偿败禾粟。禾粟虽败而尚可食也，程之，以其耗石数论负之。”

书》还真明确规定，“使军市[①]无得私输粮者”，“盗粮者无所售”。禁止在军市上私自运输粮食，从而既使偷盗粮食的人没地方去卖，也防止运粮食的人偷偷把粮食藏起来。

关于防鼠的规定就有点奇葩了，对管理人员进行考核的办法是——数鼠洞。假如粮仓中发现一到两个仓鼠洞，仓啬夫又得被“谇”；三个以上，罚一面盾；如果是鼷鼠（一种小型家鼠）的洞，三个算一个仓鼠洞。[②]如果粮食仓储的门闩或门扇关闭不紧，能伸得进手指或其他能用来撬门的工具，导致谷物能从里面漏出，管理人员就得罚一甲。[③]

至于更重要的防火问题，目前只见到《内史杂》中的一条规定：粮仓夜间应严加守卫，一旦着火，要保证开门就能灭掉附近的火；有违反法令导致粮食遗失，损坏或失火的，官吏被处以重罪，管理他的大啬夫、丞也必须承担罪责。[④]经合理推断，应该还有其他很多与防火相关的律条。

你和乡党们把粮食送进了粮仓，在仓啬夫的指挥下，各种不同粮食都要分开储藏、分开统计。比如算谷子的账，要把黄、白、青三种区别开来，“秫”（高粱）不要发放给禀人（掌管谷物的小吏）；要注明数量为多少石，各级主管人员是谁；还必须对原仓登记的数目进行定期点验核实，年终汇总上报，注明本年共入库、出库、结余多少粮食。

取粮食时也要仔细。如果不是原入仓人员来出仓，换成别人，就要把仓中的粮食都称量一下，称出的数目和入仓时一样才允许出仓；数目不够就得由保管者赔偿，如果有剩余（比如因为入仓时记错了数目），就得上缴；如果仓啬夫被免职离任，继任者还要对照账目进行核实，发现疑问就要向县

---

① 军市：战国时期军队驻地附近的市集，征收的市租由军队支配，士兵可以在军市上买到生活用品。

② “仓鼠穴几何而当论及谇？廷行事鼠穴三以上赀一盾，二以下谇。鼷穴三当一鼠穴。”

③ “实官户关不致，容指若抉，廷行事赀一甲。”

④ “善宿卫，闭门輒靡其旁火，慎守唯儆。有不从令者亡、有败、失火，官吏有重罪，大啬夫、丞任之。”

级官员报告，派人复查，针对账目和实际有出入的部分进行处置……总之都是为了明确划分责任，以防出现私吞粮食等情况。

这些储藏的粮食一般以万石为单位，每万石被称为一“积”；像秦国旧都栎阳这样的重要城市，是两万石一“积”；咸阳仓则是十万石一“积”，这叫太仓。最大的太仓是敖仓，位于广武，也就是后来“楚河汉界”——鸿沟的所在地。史料没有记载这座仓库储藏了多少粮食，但秦末战争中，它先是给秦军，后来又给刘邦的汉军提供粮草——能供数十万人次吃上四五年的粮食，自己去想象它到底存了多少粮吧。

数量够了一“积”，你们都退出粮仓，县丞、仓啬夫就用篱笆把这些粮食隔开，再在对应的仓壁位置上开出仓门，然后在木牍上登记：×仓贮存有谷物若干石，仓啬夫×、佐×、史×、禀人×。[①]再把仓门一同封闭。做完这些，租子算是交完了，你们可以回去了。

交完了田租，有没有点逃出生天之感？是不是想感叹，闹了半天，秦人的负担一点都不重啊。

也别高兴得太早，除了租，还有更重要的赋，这才是关键。史书上骂秦朝横征暴敛，其实主要集中在对赋的指控上。秦朝之后的历代王朝，赋也是最容易滥征的。

之所以如此，要从租与赋的区别说起，主要有三点：

一是用途不同。租用于国家的日常财政支出，赋用于军费。《汉书·食货志》记载，从商周时期开始，税用作皇室开销与官吏俸禄给付，以维持整个官僚体系的正常运转；[②]赋主要用在军费上[③]，此后又发展为一切临时性征收。秦孝公十四年（前348年）曾经“初为赋”，有观点认为这可能是说秦国就此制定了征收赋的政策。

二是缴纳的内容不同。租收的是粮食，赋收的是钱和布帛。史料上形

---

① “其廥禾若干石，仓啬夫某、佐某、史某、禀人某。”

② “税给宗庙郊社百神之事，天子奉养、百官禄食、庶事之费。”

③ “赋供车马、甲兵、士徒之役，充实府库赐予之用。”

容秦朝收上来的钱，多得要用簸箕来盛，这一说法固然夸张，倒也不是全无根据。按《金布律》里的规定，官府收钱的确是这样土豪范儿十足——他们以一千钱为一“畚”，用县令、县丞的印封缄；同时还征收布帛，每份的尺寸统一规定为长八尺、宽二尺五寸，这就叫一“布”。从这些规定可以看到官府既征收半两钱，也征收布帛，比租要灵活得多。里耶秦简还显示，茧和丝也属于赋，有一枚简就记载，秦始皇三十四年（前213年），启陵乡从二十八户中收取了十斤八两茧作为赋。[①]

正是因此，赋天然就具有“拉仇恨”的特性——粮食的产量是固定的，租子再想多收也收不上来；钱就不一样了，没钱是吧？去，回家把能卖的都卖了，卖牛卖马，卖房卖地，卖儿卖女，卖老婆卖身……你自己的死活不论，总能换来钱吧？

三是税和赋的征收频率不同。租是定期征收，赋是临时摊派。这也是前两点引申出来的：庄稼是按自然规律生长的，粮食收获的时间也是统一的，即便黄世仁也不可能寒冬腊月或春暖花开就挨家挨户勒索粮食。赋却不一样，国家要开战，哪可能因为你手头没钱就放过你？

想搞清楚秦朝怎么收赋，就得看你穿越到哪个年代了。如果是秦昭王之前，就是按户征收的户赋，因为商鞅明确要求一家有两个以上成年男子还不分家的，就得把赋加倍，[②]试想如果是按人头征，分不分家要交的钱都一样，就不必多此一举了；秦惠王吞并巴中之后，也要求当地民众按户缴纳布帛和鸡毛（用途待考），每户出的布要求八丈二尺，按《金布律》的一“布”八尺合11钱的算法，有学者换算后认为八丈二尺的布约合8.25布、90.75钱，再加上那三十“鍭”（hóu，相当于“束”）鸡毛，每户的户赋应该在100钱以上。

如果你穿越到了秦昭王之后，就得按人头交赋，这叫口赋，也叫算

---

① “卅四年，启陵乡见户当出户赋者志：见户廿八户，当出茧十斤八两。”

② “民有二男以上不分异者，倍其赋。”

赋。《晋书·李特载记》记载，秦国在秦昭王时设立黔中郡之后，“薄赋敛之”，按“口岁”出钱，每人40钱。无从知晓这是否是对少数民族的优待，也无从判断在人口相同的民户中，这个标准是否就一定低于户赋，但《汉书·高帝纪》记载了另一种“献费”，这是汉朝新出现的一种赋税，即每年由各郡国向自己管辖的民众征收，然后向中央上缴，它的标准是每人每年63钱，或许可以做参考。

最后，附赠一个你听了也许会大跌眼镜的事实：秦二世那败家玩意儿刚登基时，居然也表示过要实行善政，其中就有与赋税相关的内容。2013年，湖南省益阳市兔子山遗址出土了一份简牍，记录了他“奉诏登基”的文告，在表达了对“天下失始皇帝”的“遽恐悲哀”之后，胡亥表示要“自抚天下”，为此做出的许诺包括：“解除流罪”——大赦被判处流放的犯人；“毋以细物苛劾县吏”——对于县吏细节上的失误不再苛责；甚至还有“分县赋援黔首”——把各县征收上来的赋重新分给黔首。

终于见到回头钱了。假如当时你也是秦朝黔首中的一员，在痛悼始皇帝之余听到这个消息，也许会生出类似想法，可惜接下来的事实一步步证明，这些都是忽悠：刑徒们不仅没有被赦免，反而越来越多地向骊山陵集中；对县吏的管理没有宽松，反而“督责”得更加严苛；最后，当你和无数黔首眼巴巴盼着回头钱时，等来的却是越来越沉重的赋税。

一切不以履行为目的的承诺都是耍流氓！是可忍孰不可忍，叔可忍婶也不忍了！你加入了浩浩荡荡的起义大潮，投身于推翻“暴秦”的革命事业中。熊熊火光映照着你们大无畏的身影，伴随着你们纷乱脚步和震天呐喊的，是一句令人心悸的民谣：

渭水不洗，口赋起。

本节要点

◆定期按土地征收的粮食和草料是租，临时摊派的钱和物是赋，二者有很大区别。

◆写律于租、訾粟而税可防止官吏的贪腐以及民众逃租等行为。

◆里耶秦简表明，迁陵县当地的田租并不高于战国初年。

◆秦朝仓储制度极为严格，粮食发霉或出现鼠洞，主管官吏都要被处罚。

◆相比租，赋更容易滥征，秦朝末年的横征暴敛，主要是针对赋。

◆秦昭王之前，赋是按户征收的；秦昭王之后改为按人头征收。

手工DIY青铜器教程
——工匠

好歹在这个时代站稳了脚跟，可你总觉得还缺点什么，苦苦思索了许久，这天终于恍然大悟：原来是缺钱。

怎样在这个时代致富呢？不考虑方士这类高收益却也同样高危的职业，最靠谱的途径也就是从商了。随之而来的问题是，你得有货可卖啊，所以你就先去干工匠，学点手艺，给自己攒点原始积累吧。

先要注意，“工”和“匠”这两个字是有区别的，“匠”就是你熟悉的那些手工业者：铁匠、木匠、革匠、漆匠……“工”的范围更广，不仅包括“匠”，还包括医生甚至占星家、相面先生这些“脑力劳动者”，画师、乐师这些“文艺工作者”，他们分别被称为“医工”“星工”“相工”“画工”“乐工”——一言以蔽之，只要是具有某种专门技术的人，都会被归进“工”这一阶层。也正是由于“工”囊括的专业太多，才称他们为“百工”，言其种类之多。不过这节你主要体验的还是“匠”的生活。

想成为工匠，你最熟悉的途径当然是拜师学艺，不过当时更普遍的却是职业世袭，最明显的例子当属欧冶子一家，他本人就是铸剑名匠，女儿镆铘、女婿干将也携手打造了雌雄双剑。当时信息传播不发达，这些职业又分外强调专业技能与实践经验，工匠世家的天然优势就显出来了。《管子·小匡》就说，这些工匠整天从事自己的职业，后代从小习惯了接受他们的教育，都很踏实肯干，“不见异物而迁焉”（“见异思迁”的出处），所以长辈的教导即使不严厉也能教好，后代不用太劳苦也能学会。[①]

等到子承父业或者学成出师，你就可以自己开店铺当个体户了，这叫“工肆之人”，你会有独立的户籍，拥有自己的“肆”（店铺），通常是前店后坊，边生产边出售，《论语·子张》就说：“百工居肆以成其事。”

这些民间工匠享有不少人身自由。《吕氏春秋·召类》有个故事：宋国相国司城子罕和一位“鞔（mán）者”（鞋匠）做邻居，嫌邻居家的墙碍事，想让对方搬家，鞋匠的父亲就求子罕，说自己家靠做鞋谋生有三代了，现在一搬家，全国那些要买鞋的都找不到自己了，子罕也没再坚持。这个故事中，鞋匠有住宅（还和相国的豪宅毗邻，有可能是黄金地段），能自给自足，甚至有一定底气抗衡权贵的强拆要求，这说明他身份并不低。

不过，该承担的义务你们还是要承担的。除了可以预料到的纳税之外，你们每年还要定期去服徭役，后面出现的一起盗牛案中，主角乐师“讲”就有类似经历。好在你们服徭役的工种往往与专业相关，而不必像一般人一样进行重体力劳动，这点参见《均工律》：隶臣有技能可以做工匠的，就不要从事赶车、烹炊等劳役了。[②]

除了民营作坊之外，当时还有相当数量的官营作坊，对于既无经验也无人脉的你来说，去那里接受培训是最好的选择。

你化名“寅”，讪讪走进这处两千年前的“蓝翔技校”，迎接你的师傅们分两级：一级是“丞”，相当于车间主任；一级是“诏事”或者“工师”，相当于厂长。“工师”再往上就是县令、啬夫乃至朝廷了。

一位工师“图”接待了你，他除了给产品把关，还要给你们这些新手进行培训，直到你成为熟练工为止，而且他肯定会倾囊相授，不会像民间有些师傅那样藏着掖着。这倒不是“图”高风亮节，是因为《均工律》对培训有要求：工师必须好好培训，保证有工作经验的工匠一年学成，新工匠两年

① “旦夕从事于此，以此教其子弟，少而习焉，其心安焉，不见异物而迁焉。是故其父兄之教，不肃而成，其子弟之学，不劳而能。夫是，故工之子常为工。”

② “隶臣有巧可以为工者，勿以为人仆、养。”

学成。[1]如果学徒们能提前学成，学徒和师傅都会受到奖励，反之如果进度太慢，搞不好还要被处罚，因为《均工律》又规定：能提前学成的，向上级报告，上级将有所奖励。满期仍不能学成的，应记名再上报内史。[2]

你跟着“图”来到作坊，发现身边同事还有一些有着专业技能的刑徒，他们被称为“工隶臣”、“工鬼薪”等。有两件秦国兵器“上郡戈”的铭文上就分别记载有“工隶臣积”“工鬼薪□”（名字不详），另一件“衡器”“高奴禾石权”上的铭文也刻有“工隶臣牟”。

他们比你们这些户籍为工匠的人地位要低，但比普通刑徒地位高。比如《工人程》规定：隶妾和一般女子会做针线活的，一名女工按一名男工计算。[3]当时女工的报酬比男工低，这项规定相当于提高了她们的待遇。不过他们也有一个“甜蜜的烦恼”：官府对技术人才的需求很迫切，以至于一般的刑徒可以赎身，但会针线活的女工不行，工隶臣即便赎身也得继续当工匠，身体有残疾的就在隐官当工匠。[4]

你面临的首要问题是选学一门手艺。想全学是不可能的，那时各工种划分得极细，《周礼·考工记》列出了当时一些工种，每一大类下面都分好多小类，颇有点类似于大学里的专业划分，先分系别再分专业方向。

比如，木匠专业就分N多个方向：

“轮人”：造车轮、伞盖；

“舆人”：造车辕、车厢；

“弓人”：造弓；

“庐人”：造兵器手柄；

“匠人”：造都城、宫室、沟洫等；

---

① “工师善教之，故工一岁而成，新工二岁而成。”

② “能先期成学者谒上，上且有以赏之。盈期不成学者，籍书而上内史。”

③ “隶妾及女子用针为缗它物，女子一人当男子一人。”

④ “女子操缗红及服者不得赎”，“工隶臣斩首及人为斩首以免者，皆令为工；其不完者，以为隐官工”。

“车人”：造农具“耒”、牛车等；

“辀（zhōu）人”：造车辕；

“梓人”：造乐器支架、饮酒器皿、箭靶等。

金匠（这里指青铜冶铸）专业有：

“筑氏”：做刻简的书刀；

“冶氏”：做“杀矢”（一种专用于田猎的箭矢）、戈、戟等；

“桃氏”：做剑；

“凫氏”：做钟；

“栗氏”[①]：做量器；

“段氏”：做农具。

革匠专业分为：

“函人”：做铠甲；

“鲍人”：制生革；

“韗（yùn）人”：造皮革鼓木；

“韦人”：鞣制熟皮；

“裘人”：制裘衣。

除了这些，还有“设色之工”（画工等）、“刮摩之工”（玉工等）、“搏埴（zhí）之工”（陶工等）……

你准备选哪个行业？

嗯，铁匠。你还真会选，这可是当时最时髦的行业，铁是重要战略物资，历代官府都对冶铁业实行垄断，秦国也不例外。秦惠王曾在成都“置盐、铁、市官并长丞”；太史公的四世祖司马昌还在秦始皇时期“为秦主铁官”，睡虎地秦简也有“采山”“右采铁”“左采铁”等官名。

你摩拳擦掌准备开工了，想打造什么？……红衣大炮？马克沁机枪？T34坦克？谢谢你没说要造高达……佩服你那工业党的雄心壮志，不过当

---

① 《考工记》里还有“堨氏”做量器的说法。

时条件下，你别想着像穿越小说那样，把当时的科技水平揠苗助长到工业社会。

首要原因是制度上的：既然你当上官营工匠了，那就不可能想造什么就造什么，必须得受官府监督，领到生产许可证——“命书”，没有这玩意儿就不能干活，否则你的上司——工师和丞都要各罚二甲。[①]想想看，谁会允许你私自开工？

更重要的是，秦朝的冶铁业远算不上先进。

从考古发现看，兵马俑坑里出土了近四万件青铜兵器，却只发现了一件铁矛、一件铁镞、两件铁铤（箭镞后面的管状部分，可以插入箭杆）铜镞。铁兵器之所以这么少，主要还是打造起来太过费时费力，对于追求效率的秦人来说，还真不如用青铜兵器划算，所以秦朝铁兵器终究是少数。钟少异先生的观点更是新颖，他认为到了战国中后期，秦军不断打胜仗，从六国缴获了大量铁制兵器，也就不必费时费力再去专门打造了，就这么霸气。

不过，当时铁制农具和工具倒不少。西安半坡战国秦墓出土过铁锄和铁凿，秦始皇陵园也出土过一大批铁制工具，包括30件铁锸、5件铁铲、20个铁锛头、20件铁斧、10个铁锤……不过，“农耕”那节也提过，秦律显示，铁制农具在当时虽然普遍使用，但还是很珍贵。

 链接

秦人是怎样打造铁器的

当时主要是用“块炼铁”，也就是把铁矿砂与木炭末一层夹一层地放进石头和泥砌的冶铁炉，再拉起牛皮制成的“橐”（tuó，风箱）把风吹进炉中，直到炉内温度达到熔点，铁料就被烧成一坨看起来有些像海绵的固体，这就是熟铁，也叫块炼铁矿或者海绵铁。

接下来你要把这团“海绵”放到铁砧上，抡起锤子反复锻打，直到

① 《秦律杂抄》：“非岁功及无命书，敢为它器，工师及丞赀各二甲。”

打成薄片，再像折纸一样把它对折起来继续打，其间还要不断地回炉去烧，这是为了继续去除铁矿中含有的杂质。

将铁打造成你需要的兵器的形状后，将它浸入水里“淬火”，这是为了使兵器的表面碳化，提高硬度。待一阵“吱吱”声响起、水中腾起的大量水蒸气散尽，兵器就打造好了。它的材质就是“块炼渗碳钢”，是这个时代所能打造出的最好材质，也因为反复加热锻打的次数太多，所以后来被称为“百炼钢”。

刑徒采矿冶铁的复原图（里耶秦简博物馆供图）

所以，与其当铁匠，你不如去学青铜铸造，虽然看起来落伍，但用处仍然很大。

你跟着“图”来到一处作坊，他把你交给一位丞“蕺”（jí）。“蕺”先给你讲青铜这种物质：它是铜与锡的合金。虽然叫“青”铜，其实是金灿灿的，只是埋在土里后受氧化，才产生那些青色的铜锈，所以绝大部分古装剧里那些绿油油的青铜器——全！是！错！的！

青铜的熔点很低，最低只有800℃（注意，前面炼铁时，炉中温度可达1100℃左右），以几千年前人类的冶炼水平也能熔化，所以它成了各大早期文明不约而同最先掌握的合金，以至于学界习惯性地将青铜、城市和文字这三大要素的出现，视为人类文明形成的标志。

想把青铜做成各种器物，最基础的方法就是“范铸”，你来亲身体验下吧。

Stepl：把陶土捏成要铸造的物件的模具，然后放进窑里烧制成“范”，这正是“模范”一词的最早含义。由于你要铸造的是兵器，那时候兵器上都有纹饰和铭文，所以制作“范”时，要预先在模具的内壁刻出形状与“阴阳”（篆刻用语，器物表面字体突出的叫阳文，凹下的叫阴文）相反的纹路。如果是礼器，更要先针对各个部件制造“范”，然后分头浇铸，再焊接到一起。

Step2：根据你想要造的物件，选择铜和锡的合适配比。铜本身很软，加入锡后会变硬，锡越多也就越硬，《吕氏春秋·别类》就说“金柔锡柔，合两柔则为刚”。不过如果锡的比例过高，铸造出的物件就会非常脆，容易折断，所以必须根据你想要制作的东西，掌握好比例。《考工记》对这一比例的规定见下表[①]：

用途	铜锡比例	百分比
制作钟鼎	5：1	83.3%：16.7%
制作斧钺	4：1	80%：20%
制作戈戟	3：1	75%：25%
制作“大刃”（剑）	2：1	66.6%：33.3%
制作刻刀、箭矢	3：2	60%：40%
制作镜子、阳燧	1：1	50%：50%

不过根据现代冶金知识，想要保证青铜器的实用性，最高含锡量不能超过20%，如果真按这份表格提供的比例，铸造出的物品恐怕都没法用；考古学家们对周代青铜器实物的检测也发现，它们的实际含锡量远低于《考工记》的比例。钟少异先生认为，这可能是因为书中将另一种物质——铅的含

① 《考工记》的原文是“金有六齐（剂）：六分其金，而锡居其一，谓之钟、鼎之齐；五分其金，而锡居一，谓斧斤之齐；四分其金，而锡居一，谓之戈戟之齐；三分其金，而锡居一，谓之大刃之齐；五分其金，而居二，谓之削杀矢之齐；金锡半，谓之鉴燧之齐。”对这段文字如何理解，学界观点不一，这里采用的是明代学者陈仁锡等人的看法。

量也纳入了锡的比例中。

Step3：将这些物质放入坩埚熔炼，既是为了将铜和锡熔为一体，也是为了进一步去除原料中的杂质，比如木炭、氧化物、硫化物等，这一步的关键是观察烟的颜色，以此判断火候：最先冒出的是黑烟，这是木炭、树枝等碳氢化合物燃烧产生的；接下来是黄白色的烟，这是熔点高一些的锡熔化后产生的；再然后是青白色的烟，这标志着铜开始熔化；当炉中冒出青烟时，你的冶炼就成功了。

Step4：将熔炼好的青铜水浇入“范”，等它冷却凝固后，你要制造的物件就成型了。

Step5：打碎“范”，取出新铸的铜器。你会发现它的表面很粗糙，为此要进行一系列加工，比如把表面打磨得平整光滑，给兵器开刃，高级的礼器有的还需要镶嵌绿松石或者嵌错金银丝等。[①]

为了便于你记住这套流程，附赠一首荀子编的歌谣：“型范正，金锡美，工冶巧，火齐得，剖型而镆铘（镆铘剑，这里指代宝剑）已。……”

至此，一件青铜兵器就大功告成了。来看看你在“蕺”指导下铸成的这件戈，它的外形像一个“T”，“T”的那道横杠全长27.6厘米，伸向一侧、略长的那一边像一把横向的匕首，这叫“援”；短的那一边叫“内”；“T”的竖杠叫“胡”，长16.8厘米；“内”和“胡”上各有一个小孔，叫“穿”，到时候其他工匠会通过“穿”将戈固定在木柄上。

身为一名秦朝工匠，你还要额外注意的是，必须根据固定标准来铸造青铜兵器，《工律》早对产品的规格做了要求：“为器同物者，其小大、短长，广狭必等。”别的律条也对其他产品原料的用量做出规定，《司空律》规定：每修理一辆大车，用胶一两、脂三分之二两。[②]《金布律》则

---

① 制造精密的青铜器一般采用“失蜡法”。也就是用蜡做成铸件的模型，再用其他耐火材料填充泥芯，敷成外范。加热后，蜡模熔化，整个铸件模型就变成了空壳，再向里浇注铜液，就能铸成复杂的青铜器了。

② “一脂、攻间大车一辆，用胶一两、脂二锤。”

规定：做一条幪（méng）布（用来遮盖物品的布，类似外罩），用三斤枲（xǐ，粗麻）；制作刑徒穿的褐衣，大号衣服用十八斤枲，中号十四斤，小号十一斤。[①]

兵马俑出土的青铜兵器也验证了这一点。那些弩机大小基本一致，悬刀（类似扳机）、望山（用于瞄准的装置）等部件的厚度差别只有1.76 ~ 1.92毫米，基本可以互换通用；同类同型号箭镞三个棱边的误差最大0.55毫米，最小0.02毫米，长度几乎相等。

不过兵马俑考古队长许卫红女士也指出，还不能因此认定秦朝兵器制造实现了"标准化"。检测报告显示，不同箭镞的含锡量在4.1%~11.3%之间，铅含量也有不小的差异，这样看来，《工律》的要求主要是规定兵器外形必须一致，但对于成分和制作工艺倒并不强求。

兵器造出来了，质量怎样呢？这就得接受质量检测了。仔细看看你手中这件戈，上面有一行小字：

> 五年，相邦吕不韦造。诏事图、丞蕺、工寅。

"五年"是指铸造时间，即秦王政五年（前242年），"相邦吕不韦"不用多说了，诏事"图"、丞"蕺"就是指导你的两位师傅，工"寅"是你本人的名字。这件戈，就是著名的"相邦吕不韦戈"。

再看看其他几件出土文物上的铭文，基本也是这样的格式：

> 十四年，相邦冉造，乐工师币，工禹。
>
> 二十二年，临汾守曋，库系工与造。
>
> 二十六年，蜀守武造，东工师宦，丞业，工癸。
>
> ……

这些铭文体现出的就是"物勒工名"制度，也就是把制造者的名字刻

① "为幪布一，用枲三斤。为褐以禀衣：大褐一，用枲十八斤，……中褐一，用枲十四斤，……小褐一，用枲十一斤，……"

在器物上面，层层负责，责任到人。《吕氏春秋·十月纪》称：器物要刻上工匠的名字，以此考察他们是否精诚。如果有瑕疵，就要给予处罚，来追究他们的诈巧之情。[①]《工律》也有类似规定：官有武器都要刻上官府的名称，不能刻记的用丹砂或漆书写。[②]这一点除了保证质量外，还有确保公物归还的作用。不过"物勒工名"倒也不是吕不韦的发明，从春秋时期就已出现，只是秦朝最知名而已。

对你们的要求还有很多。《均工律》规定，你作为新工匠参加工作，第一年要达到规定产额的一半，第二年所收产品数额应与熟练的工人相等。[③]

各地官府还会不定期地对手工业进行评比，比如《秦律杂抄》规定：各县工新上交的产品被评为下等，负责的啬夫就得被罚一甲，县啬夫、丞、吏和曹长各罚一盾；所造的大车被评为下等，主管官员司空啬夫也得被罚一盾，造车的工人被笞打五十下。[④]

更重要的是，身为工匠的你，每年正月都要被上级部门上一"课"，这不是你在学校上的课，是秦朝对"绩效考核"的专门称呼。你应该能记得当农夫时的耕牛评比——"最"为优秀，你可以得到奖励；"殿"是差评，你要受罚。这就是"课"的最主要内容。

不过官府明显对监督你的吏员管理得更严格。假如身为矿工的你挖矿时连续两次被评为下等，负责管理你的啬夫就要被罚一甲、一盾；如果你实在不争气，连续三年都蝉联"殿"，管你的啬夫不仅要被罚两甲，他自己也要被"废"，即撤职查办、永不叙用。[⑤]但是，却没有规定对你如何

---

① "物勒工名，以考其诚；工有不当，必行其罪，以穷其情。"

② "公甲兵各以其官名刻久之，其不可刻久者，以丹若髹书之。"

③ "新工初工事，一岁半功，其后岁赋功与故等。"

④ "县工新献，殿，赀啬夫一甲，县啬夫、丞、吏、曹长各一盾。……大车殿，赀司空啬夫一盾，徒笞五十。"

⑤ "采山重殿，赀啬夫一甲，佐一盾；三岁比殿，赀啬夫二甲而废。"

进行处罚。

漆园评比也是如此。如果你的漆园被评为下等，管漆园的啬夫也得被罚一套皮甲，上头负责的县令、县丞也得负连带责任，各缴纳一面盾牌，作为工人的你则要被罚“络组”（编织铠甲的绳子）二十根；如果连续三年遭遇差评，啬夫同样要遭遇“赀二甲而废”的命运。[①]

顺便说一句，历史上最有名的漆园吏应该就是庄子大师，从他那天马行空的个性里不难推断，他老人家管理漆园，估计跟孙大圣管蟠桃园一样，真要参评恐怕得年年垫底。谁知他是不是因为年年遭遇差评，最后才退隐山林、曳尾涂中的。

漆园与漆园吏（里耶秦简博物馆供图）

在官营作坊里学了一段时间，你算是基本出师了，离自己挣大钱的梦想又进了一步，现在告别你的师傅们，开始经商吧。

本节要点

◆当时只要是具有某种专门技术的人，都会被归纳进“工”这一职业。

◆民间工匠多为职业世袭，享有一定人身自由。

◆官办作坊架构为金字塔形，分工匠、丞、工师三级。

---

① “漆园殿，赀啬夫一甲，令、丞及佐各一盾，徒络组各廿给。漆园三岁比殿，赀啬夫二甲而废，令、丞各一甲。”

◆秦朝有铁兵器，主要是用块炼铁技术打造的，但只占很小比例。

◆青铜器才是秦朝的主流，铜和锡的比例决定了器物的坚硬程度。

◆“物勒工名”制度是最早的质量追查体系。

◆官府定期会对手工产品进行评比。

走过路过不要错过，一律两钱！一律两钱！
——商贾

继续你的发财梦。

货物备齐了，你激动不已，满心幻想着等自己有钱了，每天吃饭都要煮两鼎肉，吃一鼎，摆一鼎；喝酒也要来两壶，喝一壶，倒一壶；出门再把十几辆马车串成一串，开小火车一样排成S形……

想得美，要在秦朝从商，怕是没那么简单。

首先，即便你想从商，也不是手中有货就能开张了的。秦朝工匠有工匠籍，商人也有专门的“市籍”，而且社会地位比工匠还低，士农工商嘛。从春秋时期起，商人这个阶层就被认为不能直接创造价值，只会囤积居奇、扰乱社会秩序，于是各朝代都实行重农抑商政策，秦朝也不例外。商鞅变法时规定，经商破产的，要被收为官奴；[①]《商君书·垦令》也要求对商贾大加限制，认为如果没有丰厚的利润可赚，商人就不愿经商，只好去务农了；[②]而且，商人一少，没好东西可卖，百姓们没什么享受，也可以避免粮食浪费。[③]

这种情况下，拥有“市籍”的商人往往受到各种歧视性待遇：刘邦曾“令贾人不得衣丝乘车，重租税以困辱之”；《魏户律》规定，“贾门”

---

① “事末利及怠而贫者，举以为收孥。”

② “无裕利，则商怯；商怯，则欲农。”

③ “商贾少，农不能喜酣奭（shì），……则上不费粟。”

不准独立为户、不能获得授田；秦朝还规定了“七科谪”（徭役的七种优先征发对象），其中有四类都和“市籍”有关——商人本身、曾拥有“市籍”者、父母有“市籍”者、祖父母有“市籍”者；秦始皇三十三年（前214年），秦朝还征发了三十万“尝逋亡人、赘婿、贾人”，将他们派往岭南的崇山峻岭中。

韩信年轻时的经历也可以从侧面验证这点。那时他家里穷，当不上官吏，又“不能治生商贾”，只好每天背着把剑四处穷逛，这种状态很容易让人觉得他游手好闲。工作不分高低贵贱，当不了公务员，就不能做点小买卖吗？其实关键原因在于，当商人就得入“贱籍”，也难怪他不愿意。

再说交易的场所。在当时，你不太可能见到《清明上河图》那样的景致，好在也同样不会遇到“清明上河图之城管来了”的情况，因为当时所有经营活动都要在“市”中进行。“市”有很多分类，私营商贩为主的自由市场叫“贾市”，与之对应的还有官府开办、属于国营经济的“官府市”，为满足将士日常生活需要的“军市”……它们都有一个相同点——封闭性。1985年，考古人员在今陕西省宝鸡市，也就是当时秦国的旧都雍城北部发现了一处“市”的遗址，张不叁这就带你去亲眼见识一下那里两千年前的样子。

这天一大早，你摸黑起床出了家门，想找人打听“贾市”怎么走，其实用不着打听，看到远处那根高高竖起的旗杆没？当时所有的“市”都有这样一个标识，好让远近来赶集的人都能很容易地找到这里。你就朝着那里走吧。

来到近前，你发现这片区域位于雍城宗庙和朝寝以北1000米的地方，几乎贴近北城墙，符合《周礼·考工记》“前朝后市”的记载；它占地面积34,030平方米，被一圈夯土墙围绕，南墙长230.4米，西墙长166.5米，四面各有一座大门，和现在的菜市场很像。准备来交易的百姓拥挤在紧闭的大门前，人人翘首盯着旗杆，仿佛等待升旗仪式一样。

旗杆下面是“旗亭”，也叫“市亭”，是一栋建在夯土台基上的小楼，在这里可以居高临下鸟瞰整座市场，有利于及时发现各种情况，相当于市场管理处或者工商行政执法部门，管事的是“基层派出所所长”，在那时叫亭长。

天色已亮，亭长下令举行升旗仪式，这叫“举旌当市”，汉朝则改为击鼓以宣布开市。随着旌旗升起，市吏们打开市场的几座大门，逐一检查川流涌入的商贩们的证件和货物，检验证件的程序叫“布吏”，即“诣符传于吏”。货物检查合格后，市吏们会在上面加盖印记，睡虎地秦墓中出土的陶器上就有不少打有“安陆市亭”的印文，咸阳遗址一带出土的陶文也有类似的印文。核对无误后，市吏放商贩们进去，一天的交易就开始了。

你在人群中四处张望，观察这个市场。这片露天广场林立着各色商铺，被称为“列肆”，蜀郡守张若就曾在成都“修整里，市张列肆，与咸阳同制”。每家“肆”的铺面大小由货物的贵重程度决定，卖的货物越贵重，铺面就越小，银雀山汉简的《市法》称：卖贵重物品的，店铺的宽度不能超过××尺（原文看不清）；卖一般货物的（原文看不清，这里只是推断），宽度不能超过七尺；卖便宜货物的，不能超过十尺，[①]估计是出于薄利多销的原因。

“肆”背后是存放货物的库房，叫“廛”（chán）[②]。市场还有东西、南北两条大道在正中位置十字交叉，四条大道叫“四隧”，人们在大道上或是往来行走，或是席地而坐，或是相对交谈，好不热闹。

那些“肆”中，店主们带着帮工忙着招呼客人，尽管《商君书》禁止雇用帮工（“无得取庸”），但这一要求并未得到彻底执行，荆轲刺秦失败后，他的好友高渐离就隐姓埋名在宋子城当酒保，显然这一职业颇为普遍，否则高渐离也不会这样大隐隐于市。

最让你觉得新奇的是，这些店主当中还有好几位是老板娘。那位著名的女企业家寡妇“清”并不是特例，《日书》明确记载：“庚寅生子，女为贾。”刘邦没发达时还曾去王媪、武负的店里喝霸王酒，王媪并不是人名，

---

① “市货□贵者，授肆毋过……毋过七尺。下货贱者授肆毋过十尺。”

② 《礼记·王制》郑玄注：“廛，市物邸舍，税其舍不税其物。”

而是“姓王的女性”；还有观点认为“武负”其实是“武妇”，也就是“姓武的女性”[①]，可见女性从商的普遍。

逛着逛着，一只大手突然按住你的肩膀。你扭头一看，是位称为“列伍长”的市场管理人员，负责协助市吏们保障市场的治安。因为当时市场是个鱼龙混杂的地方，除了你能想到的商贩以次充好、强买强卖等行为外，还很有可能发生小偷小摸。秦简中好几个案子都是在市场发生的，有一起案件是一个叫“毛”的人牵着牛到市场上去卖，亭长“庆”怀疑他的牛是偷来的，后来一查果然如此；另一起案件是社会闲散人员“孔”经常在集市中闲逛，伺机作案，后来果然抢了一大笔钱。汉朝曹参甚至把市场和监狱并提，主张不要对这两个地方管得太严，因为它们都是藏污纳垢之处，管得太严，那些恶人没有容身之处，就该闹事了。[②]

出于同样原因，这位列伍长一见你在人群中贼眉鼠眼地四处张望，立刻警觉地过来盘问你，你指天画地保证自己只是没见过世面，他见你证件俱全，才打消了扭送你去见亭长的想法。

虚惊一场，继续逛吧。你看到，这些店铺的商品种类其实不少，日常必需品基本都有。最先映入眼帘的就是各类粮食，认为秦朝禁止粮食买卖的，请看《法律答问》中的内容：发给豆、麦，应发的没有发，而发谷子来顶替，豆、麦价贱而谷子价贵，应如何论处？应罚一甲。[③]这里明确记载了“价贱价贵”的说法。里耶秦简也有当地粮食价格的记录：一石米价格140钱，将近十五石的小豆价格314钱。[④]《史记》还记载，秦始皇三十一年（前216年），始皇帝在兰池一带遇上了刺客，这事闹得人心惶惶，关中米价因此飞涨到一石1600钱。试想，如果秦朝不允许粮食交易，怎么可能会有“米

---

① 《说文通训定声·颐部》：“负，假借为妇。”

② 《史记·曹相国世家》：“夫狱市者，所以并容也，今君扰之，奸人安所容也？”

③ “有禀菽、麦，当出未出，即出禾以当菽、麦，菽、麦价贱禾贵，其论何也？当赀一甲。”

④ “□嘉出佣，价三百。受米一石，赃值百卌，得。”“事荅不备，分负各十五石少半斗，值钱三百一十四。”

价”这种东西，又怎么会“飞涨”？

卖粮食的摊位旁是各种纺织品及原材料，既有白花花的蚕茧，也有生丝、纺好的布帛甚至现成的衣衫。《日书》中有“蚕良日”，这些日子有利于蚕的交易；《法律答问》也有“甲盗钱以买丝”“今盗盗甲衣，卖，以卖布而得”的记载；睡虎地秦墓中发现了一对叫“黑夫”“惊”的兄弟写的信，他们在信中向家里要钱买布做衣服；岳麓秦简还记载了一起凶杀案，凶手买来一件城旦穿的红衣服，丢弃在作案现场当掩护。

再往前走是各种手工制品，铜器、铁器、瓦器、车辆等。《金布律》记载，官府要将自己那些已经损坏不能再用的铁器、铜器变卖；《司空律》则记载，刑徒如果不小心损坏瓦器、铁器、木器等公物，都要按价赔偿，还要求“官有金钱者自为买（用于车辆的）脂、胶”。最奇葩的是，当时甚至还有卖棺材的，后面会提到。

前方一阵喧闹，鸡、猪、牛、马等禽畜的叫声响成一片。你走近那队“不来梅的音乐家”，发现是在卖牲畜。《日书》有多处记载了“出入货及牲”“入马牛”“入畜牲”等内容；《仓律》也记载，小猪、小鸡不需用的应卖掉，单独记账；[①]《厩苑律》则称，属于官府的牛马死后，应由当地官府把肉全部卖掉，然后把卖得的钱与筋、皮、角上缴。[②]这些都是当时有牲畜和肉类交易的证明。

这时你注意到，牛马圈旁边还簇拥着一大群人，也不知卖的是什么，看起来很受欢迎的样子，赶紧加快脚步继续往前走，扒开人群后发现，那里卖的是……人。

就是在卖人。

一排赤着膊的大活人并排站在那些牲畜旁边，供买主们挑挑拣拣，这就是所谓的“置奴婢之市，与牛马同栏”。中国历史上的奴隶交易其实从未绝迹，商鞅变法也没有改变这点。这些男女奴隶正是“刑徒”那节讲过的隶

---

① “猪、鸡之息子不用者，卖之，别计其钱。”

② “其乘服公马牛亡马者而死县，县诊而杂卖其肉，即入其筋、革、角，及索入其价。”

臣妾，《日书》经常将人口买卖与牛马贸易相提并论。[①]

奴隶买卖现场的复原图（里耶秦简博物馆供图）

里耶秦简中还有一份人口买卖的契约：“卅三年十月甲辰朔乙巳贰春乡守福爰书：东成夫（大）夫年自言以小女处予子同里小上造辨典朝日，福手。”它记录的是迁陵县贰春乡一位大夫“年”将自己的女儿卖给同里的邻居小上造“辨”，记录者为乡长“福”。

另一枚里耶秦简记载了隶臣妾们的价格：成年男女奴隶，卖4300钱；未成年男女奴隶，卖2500钱；一大一小两名奴隶，共卖6800钱。[②]

值得注意的是，秦朝的隶臣妾终究与古罗马的奴隶有很大区别：第一，隶臣妾们是刑徒中的一种，主要来源是触犯法律的犯人；第二，隶臣妾们有生命权，法律禁止官府或主人随意处死他们；第三，一部分隶臣妾被允许有自己的家庭甚至独立的经济，《法律答问》中有一则记载，某隶臣逃亡

① 如：“离日，……不可入人民、畜牲”“收日，可以入人民、马牛”“阴，利居室，入货，人民、畜牲”……

② “大奴一人值钱四千三百。小奴一人值钱二千五百。凡值钱六千八百。”

后被抓回来，将被罚为城旦，他的老婆孩子也被收为官奴，反过来则可证明，这位隶臣之前是有自己的家庭的。

集市的盛景使你看得蠢蠢欲动，当下也准备从这里起步，打造自己的商业帝国。为此你需要向市场管理处（市亭）申请承包摊位，岳麓秦简有个“芮盗卖公列地”的案子，这还是目前可见的第一起合伙经商的案例：公卒“芮”、士伍“朵”两人一起在南郡江陵县承租了一家棺材摊位（瞅这做的什么生意），后来又觊觎旁边一家空摊位，想承租下来，为此使尽浑身解数进行诈骗（具体过程略，太复杂），最后被判“黥为城旦”。

诚信经商的你自然不会重蹈覆辙，店铺很快开张了，你手舞足蹈把货物摆好，正准备用字正腔圆的喇叭腔吆喝“买啥都两钱”“只要九九八”，市吏就上门了。

他在你的摊位前转了转，张嘴就要求你停业整顿，你不明所以，他指了指别的摊位，你才发现，那些商品全是明码标价的，因为《金布律》规定：有买卖行为的，应分别系木签标明价格，只有不值钱的小物件才允许不标价格。[①]得知这点，你只得乖乖地把货物都标上价格。

不想市吏仍然不走，又要检查你的秤、尺子等“衡器”，你懂的，这是为了防止不法奸商卖东西时缺斤短两。早在商鞅变法时，官府就曾“平权衡，正度量，调轻重”，有出土的文物“商鞅铜方升”证明这点；秦始皇统一天下那年，又在方升底部加刻了一道诏书，延续了商鞅规定的容积标准——“爰积十六尊（寸）五分尊（寸）壹为升”，即以16×1/5立方寸的容积定为一升。

《工律》还要求，各县和工室至少每年校正一次这些权、斗桶和升。[②]如果它们被查出存在误差，监督制造这些工具的啬夫就得被罚铠甲或盾牌，具体处罚标准大致如下[③]：

---

① “有卖及买也，各婴其价。小物不能各一钱者，勿婴。”

② “县及工室，听官为正，衡石累、斗、桶、升，毋过岁壹。”

③ 以下两表出自卢嘉锡主编，丘光明等著《中国科学技术史：度量衡卷》，表中斤、两、斗、升等均为秦制。

秦权误差范围概览

权（重）	实测约合今（克）	误差范围	允差比率（%）	折合（克）	惩罚内容
石（120斤）	30360	16两以上	0.8	253以上	一甲
		8两至16以下	0.4～0.8	127～253以下	一盾
半石（60斤）	15180	8两以上	0.8	127	一盾
钧（30斤）	7590	4两以上	0.8	63.5	一盾
斤	253	3株以上	0.8	2	一盾
黄金衡		半株以上	0.13	0.33	一盾

秦量误差范围概览

量（容积）	实测约合今（毫升）	误差范围	允差比率（%）	折合（克）	惩罚内容
桶（斛）	20000	2升以上	2	400以上	一甲
		1升以上至2升以下	1～2	200～400以下	一盾
斗（10升）	2000	半升以上	5	100	一甲
		半升以下～1/3升以上	5～3.3	100～66.66	一盾
半斗	1000	1/3升以上	6.66	66.66	一盾
1/3升	666.6	1/6升以上	5	33.33	一盾
升	200	1/20升以上	5	10	一盾

市吏检查完，又向你征“市租”，也就是营业税。秦朝的征税比例不明，《食货志》记载了西汉时政府征收的营业税：“除其本，计其利，十一分之，而以其一为贡。”也就是10%的税率，刘邦“重租税以困辱之”。但秦朝或许会比这要高，因为商鞅要求“市利之租必重”。你乖乖交了钱，好歹把市吏送走了。

他前脚刚走，后脚就来了第一位顾客，这位似乎是个卖布的，因为肩上扛着好几匹布。你俩三言两语就成了交，交完货你伸手要钱，他却给了你一匹布。你大为意外：不给钱是几个意思？哥又不是卖炭翁，“半匹红绡一丈绫，系向牛头充炭直”很好玩是吗？

嘘！这种话千万别出口，会有麻烦的。

在当时，布帛是和钱币一样的等价物。专门规定货币相关内容的《金布律》为什么起这个名字？还不是因为当时“金”和“布”都通用。按这部法律的规定，“钱十一当一布”，即钱与布的兑换比例为11∶1。更关键的是，法律禁止你们这些商人和官府吏员们对钱和布挑挑拣拣，如果真有这种情况，负责监督的列伍长不告发，市吏又检察不严，那么连你带他们就都有罪。①所以啊，还是老老实实的，人家给什么你就拿什么吧。

如果你就是不习惯要布匹，非想要钱，也不是没办法，可以检验一下眼前这布匹，因为《金布律》专门规定了用于交易的布匹的尺寸：布匹要求长八尺、宽二尺五寸；布的质量不好、长宽不合标准的，都不得流通。②所以如果他的布匹尺寸不合适，或者质量有问题，你都有权拒收。

充分发扬了处女座那吹毛求疵的精神后，你果然发现他的布上有一个用放大镜才能看清的虫眼，他没办法，只得另掏出一把钱币来。这回你眼前一亮：没错，看那圆圆的轮廓，里面方方的孔洞，还有上面那“半两”的篆字，正是人见人爱的孔方兄——大名鼎鼎的秦半两。

秦国货币出现得比较晚，直到惠文王时期才“初行钱”，但发展速度很快，在社会生活中的应用也相当普遍。据粗略估算，睡虎地秦简中有400余条律法、案例等，涉及货币的有60余条，还有《金布律》等关于货币的法律等。当时甚至有人偷偷造假币，《封诊式》就记载了一个案子：两个求盗抓了两个造假币的，证据就是110枚新钱以及两盒“镕”（铸钱时用的模子）。足见货币在秦朝日常生活中运用的普遍。

你喜滋滋接过钱，挨个数着，突然发现其中几枚有残缺，想让对方换一下，对不起，这也为秦朝法律禁止，因为《金布律》规定，你们这些百姓

---

① “贾市居列者及官府之吏，毋敢择行钱、布；择行钱、布者，列伍长弗告，吏循之不谨，皆有罪。”

② “布袤八尺，幅广二尺五寸，布恶，其广袤不如式者，不行。”

在交易时使用钱币，无论质量好坏都要一起混用，不准挑挑拣拣。[①]你只能忍气吞声，把钱都收了起来。

除了布匹和秦半两，当时另一种等价物就是黄金，秦统一中国后将黄金命名为“镒”，也写作“溢”。[②]栎阳遗址还曾出土过几枚秦朝金饼，质地为赤金，含金量99%，直径6厘米，重250克，上面刻着篆书“四两半”，不知是否是“镒”的变种。它主要在上层社会之间用于赏赐、馈赠和大宗交易支付，不在市面上流通，平时你想见也见不到。

这种黄金的单位是斤，有时索性直接写成“金”，但这往往只是一个计值单位，“××斤的金”更多时候只意味着“价值××斤金镒的财物”。西汉后期“金”与钱的比价是1∶10000，《汉书·王莽传》就记载“聘皇后黄金二万斤，为钱二万万”，意思是说这笔彩礼价值两万万枚钱，而不是真有两万斤黄金，毕竟黄金很珍贵，不可能动不动就几斤几斤的赏赐。

你接过钱，揣进怀里，作为个体户来说这没有任何问题，但假如你是“官府市”的国营售货员，这一举动就又会让你受罚了：你卖的货是国家的，得来的钱当然也是国家的，私自揣兜里想干什么？中饱私囊？罚一甲！

规范的操作是什么？看到手边那个陶制的存钱罐没有？这叫“缿”（xiàng），顾客给你的钱，你都得当着他的面丢进这里。[③]等到一天的营业结束后，吏员们会像银行柜员那样进行清点，再很豪放地把这些钱倒进一个个畚箕，每一千钱装满一个畚箕，再用县令或县丞的印封缄起来。[④]

交易结束了，买家却还不肯走，眼巴巴瞅着你。你不明白怎么回事，和他大眼瞪小眼。互相瞪了一会儿，他可能是觉得眼睛没你大，这才打破了沉默，问你：“券”呢？

---

① “百姓市用钱，美恶杂之，勿敢异。”

② 《汉书》：“秦并天下，币为二等。黄金以镒为名，上币。”

③ 《金布律》：“为作务及官府市，受钱必辄入其钱缿中，令市者见其入，不从令者赀一甲。”

④ 《金布律》：“官府受钱者，千钱一畚，以丞、令印印。不盈千者，亦封印之。”

又不懂了吧，如今你在超市买完东西，超市会给你一张购物小票，作为消费的凭证，这时担任同样功能的就是“券”。它类似竹简，边缘有许多锯齿，不同大小形状的锯齿标志着不同信息。财货两清之后，商家要在券上写下这次交易的契约，买卖双方各持一半，万一钱数不对或质量有问题，可以拿它当凭证来退换货物甚至打官司，所谓“别契券者，所以为信也”。如果丢了券就麻烦了，官府管丢了券叫“亡券而害”，可以想见是要受处罚的。

在当时，“券”的应用十分广泛，不只是商品的买卖。在“狡兔三窟”的故事中，门客冯谖替孟尝君去薛邑收欠款，为了收买人心，把那些欠钱者给孟尝君立的借据“券”一把火都烧了；刘邦当亭长时，经常在王媪、武负的酒店里赊酒，每次打白条也是留下一枚枚“券”，后来店主还“折券弃债”，也就是把这些券撅折、免去他的酒债。

接下来的一整天顾客寥寥。眼看天色已晚，你暗自叫苦：市场马上就要关门了，难道开张头一天就这样以失败告终？看看左右的同行们，一个个倒是淡定得很，眼见天完全黑下来了，他们居然还点上灯继续营业，四下里一片灯火通明，依旧是人声鼎沸，这让穿越过来后习惯了“宵禁”的你很是惊讶。

其实从《日书》来看，当时的确可能有夜市存在，书中记载“辛亥”“辛巳”等日子，“莫市以行，有九喜”，“莫”其实就是“暮”，“莫市”显然就是夜市，《日书》甚至认为在这些日子去夜市，会有很多好事发生。

夜市已经开始了，商贾“奋”，抓紧机会大促销吧！来，继续吆喝：“本店所有商品，随便挑，随便选，全部都两钱！……”

本节要点

◆在秦朝，商人社会地位相对低下，甚至是徭役的优先征发对象。

◆交易活动都在“市”中进行，受市亭的管理，商贩的身份、货物、定价、衡器等都要受到检查。

◆市场中交易的商品种类很多，足够满足日常生活需要。

◆连奴隶交易都在市场上进行。

◆布帛与货币具有同等价值。

◆交易结束后，买卖双方都需要留下“券”作为交易凭证。

万喜良死了会被埋进长城吗？
——徭戍

公元前209年夏，二世元年七月。

雨下了半个月，天仿佛再也不会晴了。

亭舍外的世界仿佛鸿蒙初开之时。雨流从浓重云层间瓢泼而下，吞噬了世间的所有希望，也淹没了你们的一切出路。想到这里，你痛苦地将黝黑瘦削的脸庞埋在粗糙的双掌里。

你没有料到，这次穿越竟会变成自己人生的最后一段旅途。

许多天前，身为一位普通农户的你还在像往常一样用耒翻着田地里的泥土，偶尔直起腰喘口气，在田垄上摆着Pose眺望着夕阳，嘴里还吟着“燕雀安知鸿鹄之志”等名人名言。这时里典找上门来，他目光炯炯地盯着你，满怀深情地一字一顿道：祖国需要你。

里典带给你的任务是“更役”，也就是服徭役。秦朝实行的是普遍征兵制，第一节“户籍”讲过，所有满足身高年龄等条件的壮年男子都要“傅籍”，被官府专门记录在案，等国家有战争或需要建设大工程时，乡一级的部吏、里一级的里典就会对照这些名籍，把你们这些“当徭”的百姓在役籍上排好序号，这叫“为役先后”，然后征发你们去服役，这叫“践更”，时间有“岁更”“月更”之分。“农耕”那节，耕牛评比大赛的奖励之一，就是养牛的“皂者”可以“除一更”，也就是免除一次更役。理论上你们应该是按次序轮流服徭役，这叫“直更”，如今就轮到你“直更”了。

你心里一万个不想去，自然冒出这样的疑问：什么样的人不用被征发？

目前看来，“老”（老人）、“小”（孩童）、“癃”（残疾人）等情况可免于被征发，不过你不要幻想伪装成他们来逃避徭役。这叫“酢（诈）伪”，秦律规定：“匿敖童[①]”、“弗傅”（逃避傅籍）、“占癃不审”（虚报残疾）的，里典、伍老都要被罚赎耐刑；提前“免老”（达到免除服役年龄）的，要罚二甲；里典、伍老如果知情却不举报，同样各罚一甲；和你同伍的其他人，每家各罚一盾；更要命的是，你们所有人——你自己，你们伍的其他四个户，还有伍老、里典——都要被流放。[②]显而易见，不会有人讲义气到甘愿冒着被重罚的风险替你瞒报，让你逃过徭役。

其他不用服徭役的情况倒还有几种：爵位达到“不更”的，可以不受征发，这是二十级军功爵的第四级，“不更”的原意就是“不用服更”；学室“弟子”，也就是吏员的预备役，也可免除徭役。有时官府还会因为一些特殊原因允许“复”（免去徭役），始皇帝巡狩那些年，曾分别迁徙一批百姓到琅琊台、丽邑、云阳，或许是出于补偿或优待，允许这些移民“复”、“复不事”十年以上。

如果是戍役，《戍律》里还有一项“同居毋并行”的规定，即为了保障农耕，要求兄弟、父子、叔侄等一家人不要同时戍边，如果同时征发了，负责征发的县啬夫（县令）、县尉和士吏都要被罚二甲。

…………

你不属于以上任何一种情况，只得乖乖地被里典带到县城——沛县（今江苏省徐州市沛县），由一位亭长接管。此公有一副很气派的大胡子，头上戴一顶竹皮冠，满脸痞气，他自称姓刘，家中排行老三，你们可以叫他刘季。

---

① 黄留珠先生认为敖童是一种具有特殊身份的“豪奴”，享有国家授田，为国家出赋役，可以担任官府的“少吏”。

② “匿敖童，及占癃不审，典、老赎耐，百姓不当老，至老时不用请，敢为酢（诈）伪者，赀二甲；典、老弗告，赀各一甲；伍人，户一盾，皆迁之。”

刘季亭长先检阅了你们，然后开始给你们上思想政治课，虽然看样子连他自己也不信。他说秦朝徭役分为三个等级：

规格最高的被称为“御中发征”，是朝廷分派下来的徭役；

各县自行征发的各种土木工程和传输等需要劳力的任务叫“恒事”，种类五花八门，有的是给王室禁苑、国家的公用牧场修缮围墙和篱笆，有的是给各县修城墙、堤防，有的是修筑王室宫室，有的是给县府扩建；

各地方县府还有需要临时兴建的工程，这一类叫“潚”（niè），必须得到上级政府批准才能立项，因为理论上政府是不提倡随便征发徭役的，《为吏之道》就有一句“兴事不时，缓令急征”。

亭长继续慷慨陈词：眼下你们要去服的徭役就属于“御中发征”，看看“徭所”（服徭役的地点）就知道了——那可是骊山，多么光荣的任务！走运的话还能见到皇帝的车驾，他自己之前就遇上过一回，看得羡慕不已，当场发出了“大丈夫当如是也”的感叹。

演说完毕，他要求你们马上动身，不得延误。你满心不乐意地问，不先歇一天吗？他搬出律条让你闭嘴：朝廷征发徭役，如果因为疲劳而不走，他本人就得被罚两套甲胄。[①]所以征发的人数够了之后，众人就应尽快被带到服役地点。[②]

这一路你们走得人心涣散，不断有人逃亡，这让刘亭长大为光火。秦朝逃避徭役有两种罪名，一种叫“逋（bū）事”，也就是拒绝去服徭役地点报到，官府对此的惩罚是，抓住逃亡者后“笞”五十下。眼下这些人犯罪情节更加严重，属于第二种罪行“乏徭”，是在“已阅”（已接受了上级的面试），和其他更卒们一起坐上了车、吃了口粮，甚至赶到服徭役地点之后的逃亡，官府抓到后会笞打更甚。

对于这些逃亡者，刘亭长必须写成报告交给上级，里耶秦简就有一枚

---

① “御中发征，乏弗行，赀二甲。”

② “其得也，及诣。”

“亡人简”：秦始皇二十五年（前222年）九月己丑日，一名叫“缭可”的士伍去服徭役，走到零阳县（今湖南省张家界市慈利县）的廡豯桥时逃亡，校长（亭长的另一个称呼）“周”写了则爰书报告此事，还记下了“缭可”的体貌特征：约二十五岁，身高约六尺八寸，脸色发红，头发很多，没长胡子，穿一件络袍、一件络单胡衣，带着两只弩、四根弩弦、二百支箭、一把钜剑，还担着一石米。[①]不难想象，接下来当地官府肯定会根据这些特征展开缉捕。

不过刘亭长最发愁的还是自己的仕途，他必须亲自将这些逃亡者一一缉拿归案，或者至少由亲友代为缉捕，才能免去罪责。[②]可问题在于，他哪有本事把这些“乏徭”者全抓回来？思来想去，路过一片大泽时，他索性召集你们喝了顿酒，然后宣布：大家都跑路吧，我也准备亡命天涯了！……

猜到他是谁了吧。按太史公后来的描述，刘邦的传奇人生从这一刻才正式开始，但以秦朝法律论，此时他已不折不扣构成了“将阳”；如果他们这个团伙还在芒砀山一带流窜作案，那就是更严重的“群盗罪”，这也直接导致了他的老婆吕雉后来被抓。

刘邦跑了，你怎么办？靠谱的选择是去自首，《封诊式》里就有一个人去向某地一位里典自首，供称：自己是士伍，住在某里，于本年二月不知日期的一天逃亡，没有其他前科，“今来自出”（现来自首）。经讯问后得知：他曾于二月丙子日游荡逃亡，三月份逃避修筑宫室劳役二十天；四年三月丁未日傅籍记有他曾逃亡一次，共五个月零十天。里典了解这些后就把他扭送县府，令史会根据他具体的犯罪情节论罪，不过鉴于有自首情节，应该会酌情减轻罪行。

可你却选择了跟着刘邦一起落草，还被他派去在前面探路。你壮着胆子，摸黑在沼泽地里走了一会，突然发现前面盘踞着一条大蛇，吓得忙跑回

---

① “缭可年可廿五岁，长可六尺八寸，赤色，多发，未产须，衣络袍一、络单胡衣一，操具弩二、丝弦四，矢二百，钜剑一，米一石。”

②《法律答问》：“将司人而亡，能自捕及亲所知为捕，除无罪。”

来报告："前有大蛇当径，愿还！"慌不择路中没注意脚下是个水坑，扑通一声被绊倒，后面的话也被泥水淹没。

…………

你又穿越了。

重新醒来时，耳畔是沙沙雨声，你一睁眼，面前是一张写满了焦急和关切的淳朴面孔，他称呼你为"涉"，很快你就从他那里搞清了自己目前的处境。

你身处一支前往北疆渔阳郡（今北京市密云县西南）的戍卒队伍中，他们总共九百人，你和面前这位叫吴广的兄弟是领队，还有两位监工分别是阳城县尉和阳夏县尉。他们反复强调：只要迟到一天，你们就都要被杀头。在这一威逼下，你们不得不拼了老命赶路。这天夜里，路上突然下起大雨，你们慌忙躲进最近的乡亭，亭父告诉你们，这里叫大泽乡（今安徽省宿州市大泽乡镇）……

后面的故事，不用说你也知道了。

众所周知，"失期当斩"的规定，是陈胜吴广决定发动起义的直接诱因，但恰恰是这条规定让人争论不休，乃至有观点认为，这是太史公编造出来的。

翻翻《徭律》，上面白简黑字写着："失期三日到五日，谇；六日到旬，赀一盾；过旬，赀一甲。"——如果你们赴徭役迟到三到五天，县尉会受到上级口头批评（如果认为这些迟到者每个人都被"谇"则解释不通，因为骂不过来）；迟到六到十天，他要被罚一盾；超过十天，罚他一甲。显然，这里根本没有"失期，法皆斩"的规定，罚也是先罚负责的县尉，没提对你们这些人怎么处理；更重要的是，"水雨，除兴"，即如果遇到下雨，就可以免除本次征发。

所以，陈胜吴广的遭遇存在着多种可能。

可能性一："失期当斩"是二世时修改法律的结果。史书记载，胡亥继位之后，他的"好老师"赵高曾"更为法律"，秦法很可能是从那时开始深文周纳，变得暴虐无比的。

可能性二：“失期当斩”的是统领他们的两位县尉，也可能包括陈胜吴广两位屯长，史料中的确有一些将领“失期”的例子：《张骞列传》里，在征讨匈奴的一次战役中，张骞和公孙敖都迷了路，“失期，当斩”，只能靠着侯爵爵位来抵赎刑罚，被降为“庶人”；《后汉书·庞参传》里，庞参率军征讨西羌遭到伏击，他估计难以赶到前线，“既已失期”，就“称病”回军，被捕下狱。

但关键在于，这一处罚与普通士兵无关，太史公给记成“失期，法皆斩”，或许是笔误，或许是听到了以讹传讹的传闻，甚至真不排除是陈胜吴广偷换概念，把官府对自己的处罚扩大到了全体戍卒头上。

可能性三：陈胜吴广服的不是徭役，而是戍役，已不能用徭役的标准来衡量。别忘了，刚才你的身份是“更卒”，眼下却是“戍卒”，也就是负责“戍守”的边防军，驻守长城和岭南的两支秦军是这一群体的主体，即所谓“长城之役”“五岭之戍”。他们的日常工作除了作战、巡逻等军事行动，还包括兴建各种土木工程等，事实上已包含了徭役。

既然戍役的重要性远高于徭役，秦律对它的规定也势必与徭役不同，以至于专门分成《徭律》和《戍律》两部分，对于戍卒的管理也很可能是参照军法，要知道，军队里上级享有不经过司法审判就直接下令诛杀下级的权力，“失期，法皆斩”不是完全不可能。

可以验证徭役和戍役种类不同的，是《奏谳书》一个逃避戍役的案子：

西汉初年，一名少数民族男子“毋忧”被南郡郡尉“窯”（yáo，通“窑”）征发去戍边，半路上逃跑，一名“发弩卒”（弓箭手）“九”捉住了他，送到了南郡夷道的官府。“毋忧”理直气壮地引用《蛮夷律》的规定，辩称自己只要每年交纳56钱的徭赋，就可以不去守边服役，因此才逃跑。

对于“毋忧”的辩解，负责初审的令史有点拿不准主意，他据此拟定了两种处理意见，一是判“毋忧”无罪，二是判他腰斩（这反差还敢更大不），上报给廷尉，廷尉最终选择了第二条，这位不懂法的倒霉鬼被处以了极刑。

廷尉之所以这样判定，原因很可能是，按照法律规定，蛮夷成年男子交纳赍（cóng）钱免除的是徭赋，没有说可以不再服兵役，再说眼下已经征发你去守屯（戍边）了，你就是守屯的士卒，得接受军法的管理，违反军法没说的，自然要严惩。

…………

尽管你对戍役了解了这么多，可这并不能改变你的未来。你抱着脑袋，对“好头颅谁当斫之”这个问题苦苦思索了N久也没能想出答案，百般纠结下一头冲进屋外的雨幕，望着黑暗的苍穹，像八点档女主角那样鬼哭狼嚎地控诉着：老天呀，为什么这样残酷地折磨我呀？你干脆落个雷劈死我吧！

轰隆一声，一个霹雳打了下来，把你轰成了一团黑炭。

…………

你再次穿越了。

朦胧中，一个倩影在你眼前晃动，她反复叫你“夫君”，还说自己会在家等你一辈子，你一定要回来。这深情告白使你感动不已，正要叫出她的名字，却被吸入气管的灰尘呛出一阵咳嗽。

工头“司空”的喊声在耳畔响起：9527，起来搬砖！你又一次睁开眼，惴惴跟着他来到一片黄土漫天的工地，无数和你一样的更卒如同万千蚂蚁般穿梭其间来去匆匆，一道夯土长龙朝着天边延伸得无边无际，那就是万里长城了。

链接

秦长城是土做的

你所熟悉的、如今还耸立在京郊的砖石长城是明长城，秦长城是夯土筑成的，现在只剩一些残骸了。

夯土的时候，你和同袍们要在选好的位置，把一块块木板拼起来，每两块木板外面插一根叫作“桢”（zhēn）的立柱，这些立柱之间也系着绳索，就像夹棍一样把那些木板固定住，使它们不至倒塌，从而竖成四面“木墙”，组成一个狭长的方框，你们给里面盛满土之后，就抡起夯杵，照着土堆一顿猛砸。

等这些黄土被夯得硬邦邦了，这段城墙就算完工了。那些木板叫“版”，夯杵叫“筑”，这一工序就叫“版筑”。孟子说“傅说举于版筑之间”，意思是商王武丁的那位大臣傅说，一开始干的是抡大杵、砸夯土的工作。

你一定怀疑夯土城墙的质量，其实这是多虑，它的寿命或许不如砖石墙，但防御力却是相当不错的——夯土墙不会渗水，也经受得住石块的轰砸。魏国大梁城的城墙同样是夯土制成的，秦军灭魏时掘开鸿沟的水来淹城，浸泡了三个月才使城墙垮塌。

服徭役的每一天都是煎熬，“司空”对你们的工程质量要求极严，因为他本人就承担着重大责任。《徭律》规定，如果开工前他对工程所需劳动力估算有误，造成施工时间超期两天以上，他就得因为“不察”而受处罚。[①]

徭役结束后，官府还要对你们的工程进行验收，譬如那些为苑囿牧场修围墙篱笆的工作，修好就上交苑吏，[②]由他们加以巡视。你也仍然要对自己修建的这段城墙的质量承担责任，保修期至少一年，这叫“兴徒以为邑中之功者，令嫴（gū）堵卒岁”。期间如果城墙出现问题，司空和你就都有罪，[③]你也要被抓回来重新维修，保修期还不算你服徭役的时间。[④]

在这样的要求下，你们修建的工程质量极高，由于夯土夯得实在太结实，秦直道残存的路段至今都长不出草来，灵渠用了两千年，直到现在还

---

① “赢员及减员自二日以上，为不察。”

② “辄以效苑吏，苑吏循之。”

③ “未卒堵坏，司空将功及君子主堵者有罪。”

④ “令其徒复垣之，勿计为徭。”

基本保留着原貌。

此刻的你并没有“我为祖国修长城”的自豪，繁重的体力劳动和工头凶狠的皮鞭使你生不如死，唯一的精神支柱就是对远在故乡的妻子的思念。这天你终于像一匹精疲力竭的老马那样倒下，惨无人道的工头下令把你埋进长城。失去意识前，你用尽此生所有的气力，喃喃道出一个名字：孟姜女……

醒醒吧万喜良同学，这也不过是你自己毫无根据的想象。

不谈你是否在历史上真实存在的问题①，聊聊你被埋进城墙这回事吧。这种做法当时的确是有的，考古专家曾在里耶古城遗址（今湖南省龙山县）的南城墙拐角处发现了一具男性尸骨，他胸口嵌入一枚铜箭镞，两只脚骨都没了，显然受过“斩趾”的刑罚。专家推测死者应该是囚犯刑徒一类人，被处决后以祭品的身份埋在这里，以祈求神灵保佑城墙坚固。

但是，这并不能证明万喜良那样的万千普通筑城者也会受到类似待遇。秦律对于死亡事件非常重视，《法律答问》规定：有人自杀，家人或邻居不向官府报告就擅自埋葬死者，罚一甲。②显然是为了便利官府确认死因，以免另有隐情。

如果你觉得这只适用于普通民众，自己这些更卒不在法律保护范围内，不妨看看地位更低的城旦等劳改犯的境遇。还记得“刑徒”那节你毁坏公物后受的惩罚吗？如果毁坏的公物价值20钱以上，工头就对你“熟笞之”（放手打个够）。但请注意，规定“可以打”恰恰反过来证明不能“随便打”。《法律答问》中，一个“大夫”爵的工头无故鞭打了一名劳改犯“鬼薪”，导致对方逃亡，工头必须因此受罚在官府服役，直至逃亡者被捕获。可见，秦律对劳改犯们的人身权尚有保障，更别提对你们这些普通的服徭役者了。

---

① 孟姜女的故事原型出自《左传》，她的丈夫范杞梁是齐国一位将军；刘向在《列女传》中又添加了她哭倒长城的情节，不过那是齐国长城；隋唐时期，这个故事才被移花接木到了秦始皇头上。

② “或自杀，其室人弗言吏，即葬埋之，问死者有妻、子当收，弗言而葬，当赀一甲。”

为了预防工头们滥用职权、随便使唤你们，《秦律杂抄》甚至还规定，修上了城墙的人就不用干其他工作了，如果工头敢支使你干别的，就得罚二甲。[①]假如你真的遇上这样的黑心工头，记住要向监御史举报，他一定会保障你的合法权益。

不知劳作了多少天，你终于熬到了工期结束。官府对你服徭役期间的表现进行了评定，将其记录并存入你的户籍档案，并为你开具了文书，以证明此次服役期满，这叫“致”。“致”会被提前送到你的户籍所在地，这样当你回乡后才不会出问题，你自己声称服役归来，是不算数的。《秦律杂抄》针对这种情况有说明：应募的军士回乡，声称自己服役期限已满，但是证明其服役期满的“致”未到，[②]这种情况就是“不如辞”（与本人所说不符），你会被“赀日四月居边”（被罚居边服役四个月）——接着去边疆劳动吧。

回味这次服徭役的经历，你只觉仿佛在鬼门关走了一遭。好在生活很快恢复了原样，你继续每天用耒翻着田地里的泥土，偶尔直起腰喘口气，在田垄上摆着Pose眺望着夕阳，感叹着：要不是秦二世、赵高那杀千刀的把秦法改得一塌糊涂，服徭役的日子也还算过得去啊。

本节要点

◆服徭役是每位秦朝成年黔首应尽的义务。

◆“老”“小”“癃”可免于被征发。

◆作伪以逃避徭役的，会受到严惩。

◆“逋事”“乏徭”等逃避徭役兵役者也会受罚。

◆戍役远比徭役更加严格。

◆服徭役者的人身安全其实是有保障的。

---

① “敢令为它事，使者赀二甲。”

② “冗募归，辞曰日已备，致未来。”

秦军的二十一条军规
——军规

你肯定见过他们。

他们出现在大秦帝国的每一个角落。北疆的连绵长城伫立着他们凝固的剪影，岭南的莽苍密林留下他们深浅不一的足迹。往事越千年，他们的灵魂又附着在那些泥土烧成的躯壳上，淡定承受着一道道来自全新世界的讶异目光。

…………

抒情完毕，你应该明白了这次穿越的内容。没错，在本节中，你将成为那支复活的军团中的一员，亲身体验一把战场上的豪情，经历秦国统一天下的历程。

不过在此之前，你必须先考虑一下自己存活下来的概率，千万不要因为燃烧着对战争的狂热而冲动行事，否则不要说在战场上，甚至在军队中你稍不小心都会付出代价，不信走着瞧。

长话短说。入伍之后，你遇到的第一件事是什么？发兵器？穿军装？分宿舍？立刻展开训练？学习三大纪律八项注意？那位回答“先吃饭”的同袍，信不信先让你绕着校军场跑十圈开开胃？……

应该先确定编制，也就是军、师、旅、团这样的等级。相信你也可以理解：打仗时成千上万人扎堆到一起，必须要有一个等级森严、严谨完整的组织架构，才能使命令得以一级级向下传达，把这些人马有效组织起来。

秦军编制分为平时与战时两套，前者是后者的基础。日常编制就是你很熟悉的“什伍制”，《商君书》里共分六级，大略如下：

第一级“伍”，是类似“队”的基层作战单位，共有五人，“队伍”就是这么来的，“队长”叫伍长；

第二级“什”，由两“伍”共十人组成，设一名什长；

第三级“屯”，五“什”共五十人组成，设一名屯长，陈胜吴广就干过屯长；

第四级“百”，有两“屯”共一百人，设一名百将，和古罗马军队中的百夫长类似；

第五级名称不明，但共有五个“百”，设一名“五百主”，从这一级往上，开始配有亲兵卫队“短兵”了，每位“五百主”有五十名短兵；

第六级同样名称不明，但共有一千人，设一名“二五百主”（注意！可不是“二百五主”），也叫“千人”，类似古罗马的千夫长，算是中级军官，配有一百名短兵，这也大体是各地常备军的标准兵力。

《尉缭子》的编制则与之有出入：五人一“伍”、十人一“什”、百人一“闾”、千人一“司马”、万人一“将”。

战时编制则是以“什伍制”为基础的“部曲制”。准备打仗时，朝廷需要根据作战对象等各方面情况，确定本次战役的总兵力，各地的常备军要向预定战场集中。数千人组成一“曲”，各由一名军侯统领；几“曲”组成一“部”，各由一名校尉或都尉统领；这几名尉则由裨将军管辖，裨将军之上，就是全军最高统帅——上将军。

你们的日常训练也要以这些编制为单位。据《尉缭子》记载，上级首先要对你们进行“经卒”，把你们分成三队，分别发给你们青、白、黄这三色的旗帜和羽毛，旗子是排头兵打的，羽毛插在头盔上。左军打青旗，士兵戴青羽；右军打白旗（不是要投降）、戴白羽；中军当然是黄旗黄羽，这就是所谓的“三军”。

每队的士兵还会根据位置分到青、白、红、黑、黄这五色“徽章”，它并不是你熟悉的那种别在胸口上的小牌牌，而是用来缠在身上的布帛，这是区分各队伍行列的标识，它的佩戴颜色、位置也非常复杂：第一行头戴青章（有点倒霉哦），第二行戴红章，第三行黄章，第四行白章，第五行黑章；接下来的六到十行，同样是按青红黄白黑的次序佩章，只是都要佩到颈上；再往下的五行，按这个次序佩在胸前；第四个五行佩到腹部；第五个五行佩到腰间……

训练时，你们同伍的五个人排成一队，伍长站在排头，手里举着根竹竿，什长手里拿着木板和瓦片站在一旁，一声声地敲着木板，你们就按着这声音的节奏前进；节奏换成两声一拍时，伍长就把手里的竹竿放低，所有人开始跑步；竹竿向左挥，就向左跑；向右挥就往右跑；什长再换成瓦片敲，你们就面向“敌人”的方向，有秩序地后退。当木板和瓦片声同时响起，你们就一起坐下——注意也不是一屁股坐地上，而是两腿并拢跪下，两只小腿着地，屁股落在后脚跟上。

练得差不多了，所有士兵就都聚到一起集中训练。这时指挥你们的就不再是木板和瓦片，而是真正的“金”（钲）和鼓。你们需要每一步都踩在鼓点上，“咚”一声走一步。排头兵同样一手举着各种颜色的旗帜，指的方向决定你们前进的方向；另一只手像道士赶尸一样摇着铃，铃声保持着和鼓声同样的节奏，它是用来传递命令的。

前方有三根粗大的标杆并排竖立，彼此间隔一百来步。你们踩着鼓点走到第一根标杆前，演练各种格斗术；然后走向第二根标杆，这时鼓声节奏变成每拍“咚咚”两声，排头兵们手里的铜铃也按相同节奏在响，你们也加快脚步，变为急行军；到达第二根标杆后，鼓声铃声突然又变得急促而绵延不绝，你们就随着这节奏，向第三根标杆跑步急进……

这就是你们日常训练的主要内容。你也许会大呼：老子打仗不是踢着正步冲锋的！训练为什么不从格斗射箭开始练起？这种队列训练到底有什么意义？

问得好，相信这也是大部分新兵们的普遍疑惑。这里先举个例子，谁都知道金庸小说里的大侠一个个武力超群，那你想过没有，为什么当契丹、蒙古的大军打过来时，从不见他们组团去和敌军正面对抗？

想不通没关系，咱们实地演练一下。

想象一下这样的场景：你们是一群身手很牛却毫无纪律的武林高手，就这样乱糟糟地上了战场，准备靠着降龙十八掌、独孤九剑和乾坤大挪移来打仗。这时武林前辈下达了冲锋的命令，可你们要么拖拖拉拉，要么各自为战，只有少数人在打仗，大部分都打了酱油：站在第一排的冲得太靠前，被敌军的箭雨射了个透心凉；站在后面的想冲锋，被前面原地立定的人挡住了路；即便有不少人傻大胆地闷头猛冲，也很快被训练有素的敌军分割开来，一个人面对着几十个敌人，再能打也被剁成了肉酱；最可气的是你，躲在后面跟其他人推推搡搡："兄弟，你们先冲上去送死吧，等你们死了，'汝妻子吾养之'……"话没说完就被敌军骑兵踏扁了。

大侠"奋"，卒。

…………

对于你们的表现，只能借新《三国》的台词说一句：你们是来打仗的，还是来调情的？

"（群雄）才知行军打仗，和单打独斗的比武确是大不相同，千千万万一拥而上，势如潮水，如周芷若这等武功高强之极的人物，在人潮中也是无所施其技。四面八方都是刀枪剑戟，乱砍乱杀，平时所学的甚么见招拆招，内劲外功，全都用不着。"（金庸《倚天屠龙记》）

现在明白了吧，在正规军面前，即便人数大体相等，武林高手们也不比那些战略游戏里的农民强多少，良好的组织纪律性正是杀人机器与乌合之众之间最关键的差距。百万之军如果不能贯彻执行命令，还抵不上一万人齐心协力去战斗。用万人进行战斗，如果不贯彻执行命令，还抵不上百人齐心战斗。①

---

①《尉缭子》："百万之众不用命，不如万人之斗也。万人之斗不用命，不如百人之奋也。"

所谓“兵贵精而不在多”，绝不仅仅是指你们单兵作战能力强，更是在夸你们有着严密的组织纪律性，这正是靠着看似乏味的队列训练打下的基础。当上级发出任何一道命令时，你们几百人、几千人都能条件反射一般齐刷刷做出相应动作；当你们能像吴起讲的那样，训练到坐卧都有规矩，行军时军容威严，进退时都有秩序，左右偏师都能服从指挥，各自为阵也能继续独立作战……那么恭喜，你们成了“投之所往，天下莫当”的“父子之兵”，吴起就是在魏国训练出了这样的精锐之师，又率领着他们横扫天下，与天下诸侯大战七十六场，全胜六十四场，取得了惊人的胜率。

为了从制度上确保这种组织纪律性，古代所有军队都制定了复杂而严酷的军规，这也与法家的重刑理论深深契合，《商君书》就称“兵未起则错法”，意思是军队出征前，就要用法律进行规范化管理。

秦朝军规没有完整记载，但结合秦简与《尉缭子》，可以想见也是个庞大体系，以下只是部分内容：

训练中，士吏发弩射不中目标，负责的县尉要被罚二甲；

发弩啬夫射不中目标，罚二甲，免职；

戍守边疆，如果在军官之后才动身，也算有罪；

戍守边疆，如果不等接替者前来就擅自离开，按逃兵论罪；

士兵不到岗执勤，他的上级也不报告，各罚一盾；

站岗时擅自下岗，罚二甲；

发现同伍士兵违反军规却不第一时间揭发，全伍都要被处死；

战斗中，士兵擅自脱离军官、军官擅自抛弃士兵逃跑，都应被处死；

队伍中有一个人不拼命进攻，队长就算有罪；

队伍中有一个人战死，其他人不继续拼命杀敌（为他报仇）的，队长就算有罪；

战斗结束，如果同伍的同袍不替死者收尸，就算立了功也要受连坐处罚；

…………

更多的例子则显示，一旦你违反了将军的军令，结果往往只有一个——你会死。

这样的表述毫不夸张，在军队里，士兵们的生死完全取决于将军的一念之间，不仅是在战场上，也是在平时的任何时刻。不信可以看看《尉缭子》里的规定：

什长有权处死手下的士兵；

百长有权处死什长；

千人将有权处死百长；

万人将有权处死千人将；

左右将军有权处死万人将；

大将军有权处死全军任何人。

史料中也有不少这方面记载。孙武为吴王操练女兵时，就因宫女们不听（听不懂）号令，斩杀了作为队长的两位吴王宠姬；田穰苴也斩杀过迟到的监军庄贾；就连秦末的水贼头目彭越都“按军法”斩杀了最后一个迟到的水贼，足以证明这样严酷的军法并非秦军独有，而是在各国都普遍存在。

单是遵守军规还不够，按秦军军法，你甚至仅仅因入伍后没有立战功，都要受处罚，请比照《尉缭子》的这条规定：“军无功者，戍三岁。”——在战斗中没有立功的，罚戍守边疆三年。有没有坑爹的感觉？

更坑爹的还在后面：你知道秦军是斩首记功的，你也知道打完仗后是要数人头的，但你未必知道，要数的人头不光有斩获的敌人的首级，还有你们这些生还士卒的人头。假如你们这个伍的斩首数目低于生还者的数目，那完了，长官就会以“作战不力”的理由下令把你们这些生还者处死。这种情况下，你只能号啕着“我为帝国立过战功！我在长平负过伤！我在邯郸流过血！”被拖了出去，不一会儿就听大帐外“啊”了一声。

士伍“奋”，卒。

想在这种形势下捡回一条命来，你们就必须在战场上继续拼命去杀更多的敌人，直到杀敌数多于自身生还者数才算够本；另一个选择是去杀敌军的BOSS，也就是那些什长百长等军官，杀掉一个就能顶好几个普通士兵，不过肯定是地狱级难度了。

如果你身处精锐部队，军规会更加严酷。比如对于将军卫队“短兵”的规定：如果你们护卫的将军率先战死，你们就算没有死在沙场上，战争结束后也一律都要被处斩，就连从吏在五百人以上的中级军官，没有与敌军死战的也要被斩首。

更狠的是，正如商鞅主张的“有功于前，有败于后，不为损刑”，假如你已经被判定为违反军规，即使另有隐情，也别指望能逃过一劫。接下来你这次穿越就能验证这点。

嗖的一声，你出现在一支正在行进的大军中，从身边同袍们零星的交谈中，你得知现在是秦王政二十三年（前224年），这支军队准备前往的地点叫平舆（今河南省驻马店市平舆县），即将交战的对手是楚军，敌军将领是项燕，你们的将军看着很年轻，他的名字是……

猜到李信了对吧？没错，这场战役正是他统领的第一次攻楚之战。当时秦王政准备灭楚，召集他和老将王翦来商量，李信估算灭楚用二十万兵力足矣，王翦却坚持要用举国之兵六十万。秦王政最后采纳了李信的意见，结果秦军惨败，七名都尉战死（相当于损失了七万左右的兵力）。所以身处这支大军中，你也有很大概率马革裹尸……

不想死？那你准备怎么办呢？啊，一丝神秘笑容浮上了你的脸庞：作为一名穿越男猪脚，全天下唯一事先就清楚这次战争结果的人，你认为自己有义务更有办法拯救秦军，马上大着嗓门喊起来了：“大家听我说，咱们这一战必败无疑！”

话一出口，四周就安静下来，同袍们望向你的目光中满是惊讶，你这辈子都没这么被关注过，于是更来劲了：“楚军兵力太多啦，咱们兵力太少啦！等咱们打到平舆、寝城时，就会吃败仗的！@#￥%&！……”

这段预言被伍长塞进你嘴里的抹布堵住了。你被扭送到负责军法的御史面前，他引用了一句《法律答问》中的内容作为处理依据：“誉敌以恐众心者，戮。”——有吹捧敌军、打击士气的，先活着刑辱示众，然后斩首。

得，你还没哭出声来，就在众目睽睽之下被绑上了木头桩子，同袍们愤慨你长敌军士气、灭自己威风的行径，纷纷用烂菜叶、臭鸡蛋丢向你，然后刽子手举起了大斧。

士伍“奋”，卒。

觉得冤吗？其实和下面这次穿越相比，还真不算太冤。

一道金光闪过，这回你身处两军阵前，眼前旌旗猎猎，耳畔鼓声隆隆，低头一看，你发现自己穿越成了身高八尺、腰围也是八尺的大力士，反衬得同袍和敌军都成了一群战斗力只有五的渣渣。你大喜过望，不等下令进攻的鼓声响起，就单枪匹马闯入敌阵，转眼提着一串敌军首级，大摇大摆回到了己方阵营，还像健美先生那样秀着肱二头肌说：自己的勇气还没用完，谁需要可以来买！……

这就是成语“余勇可贾”的出处，它的真正主角是春秋时期的齐国上卿高固。

不幸的是你不是他本人，眼下也不是春秋时期。

眼见军中出了猛人，同袍们雀跃跑去报告，不一会儿将军就过来了，上下打量了你一番，你正想象着他如何像电视剧中的首长们那样拍着你的肩膀，皮笑肉不笑地说“小鬼，呵呵”时，将军却扭头下令：“把他斩首！”

你的震惊不必多言，其他同袍也替你求情：“此材士也，不可斩！”将军却黑着脸回答：“材士则是也，非吾令也。”——精兵的确是精兵，但是不听我将令，还留他干吗？手一挥，两旁的武士又把你拖出去，转眼间一颗血淋淋的人头又被端上来了。

材士“奋”，卒。

这个故事被记载在《尉缭子》里，那位砍你头的将军是吴起，杀你的原因还是前边提到过的，不听军令就擅自行动，即便有功也照杀不误。

你郁闷不已，又穿越了一次，这次总算在指挥下立了战功，将军的黑脸这才绽放出笑容，下令奖赏你。你偏偏怄起气来，公然拒绝领赏，还宣称，谁稀罕那几个臭钱。将军脸一下沉下来了，旁边的御史又引用了一句《尉缭子》："诸罚而请不罚者死，诸赏而请不赏者死。"——该受罚却请求宽恕的，要处死；该受赏而请求不要赏赐的，也要处死。所以这回将军也不废话，一挥手，两旁武士又把你拖下去咔嚓了。

士伍"奋"，卒。

又吃了一惊对吧？那时的军规就这么夸张。你也许觉得拒绝赏赐是有个性，是高风亮节，但本质上这还是不服从上级命令，如果放任不管，这种风气就会继续蔓延，最终导致士兵们离心离德，将军们指挥不动军队，所以必须把这种状况扼杀在萌芽状态。

短短一天下来，你就因违反军规"卒"了几十次之多。就连将军都记住你这个总能复活的奇葩士卒了。一整天的训练结束后，他把你专门叫到自己的"莫府"（即"幕府"，中军大帐），给你做思想工作。

他递给你一卷竹简，你翻开后发现这是《尉缭子》，上面规定："百人"以上的军官，如果有打了败仗、守城时降敌、抛下阵地和士兵自己逃亡的情况，都是严重失职，会被判为"军贼"；"千人"以上的军官如果敢这样，就会被判为"国贼"，战后清算，本人被处死不用说，全家都要被连坐，户籍也要被销户，连坟墓都要被刨开，尸骨暴露于市集上供大家观瞻，家人也要被罚做官府的劳役……[①]

将军还告诉你，正因为这样残酷的规定，他们这些将军有的打了败仗后宁可在战场上自杀，也不愿活着回去遭罪，这就叫"覆军杀将"。所以你不要以为军法只是约束你们这些普通士兵，对将军的约束反而更加严苛。这一切的目的，都是为了实现吴起所说的"进有重赏，退有重刑，行之以信"，或者《尉缭子》提到的"赏如日月，信如四时，令如斧钺，利如干将"；惩罚不是目的，更要使全军达到"什伍如亲戚，卒伯如朋友，止如堵

① "夫将自千人以上，有战而北，守而降，离地逃众，命曰'国贼'。身戮家残，去其籍，发其坟墓，暴其骨于市，男女公于官。自百人以上，有战而北，守而降，离地逃众，命曰'军贼'。身死家残，男女公于官。"

墙，动如风雨，车不结辙，士不旋踵”的理想状况。

听到这里，你才似懂非懂地点了点头。

枯燥单调的训练重复了好几个月，这天你们终于接到了赶赴前线的指令，于是在一个风和日丽草长莺飞的下午开拔了。既然是成千上万人一起去打仗，为了避免乱成一锅粥，你们的“行军”同样要严格遵守军规：开拔之前，将军会规划好全军的行军计划——哪天动身？走哪条路线？每天预计走到哪里？部队动身的前后次序如何？……将军会把这些写在“檄书”上，分别传达给军官们，各部再循令出发。

最先动身的先锋部队叫“兴军”，与大部队保持两百里的距离，他们负责打前站，按约定时间到达会战地点，要携带六天的军粮，“兴军”抵达战场后，要先做好战斗准备，同时派出“分卒”（一部分兵力），占领附近军事要地；第二批先头部队叫“踵军”，与大部队保持一百里的距离，要携带三天的干粮；之后才是大部队。如果是在本国境内，他们沿途经过的地区都要“分塞”（戒严），除了持有符节、负责传达命令的“顺职之吏”，一般民众一概不许通行；到了敌国境内，就要一路夺取和据守各处要害、关卡、桥梁，以免敌军盘踞、对己方不利。

链接

不能闷头傻走，记得看地图！

天水放马滩出土过一幅战国地图，是用七块木板拼成的，上面用墨线绘制了上邽（今甘肃省天水市）地区的河流、山川、居民点、城邑，甚至还特别注上了各地之间的相距里程，与如今的距离基本相符。据说如今的渭水支流和当地的很多峡谷仍然可以在地图上找到，第五幅图甚至还出现了闭合曲线绘制山峰的方法，有点像如今的等高线，足见秦国已有初步的地图绘制技术。

许多天后，你们平安抵达了预定地点。你发现这片连绵的营地前，两辆战车被竖起来，相对摆成了正门，车上系马的两条辕杆分别充当两边的门框，这就叫辕门；辕门外还立着一根木杆，阳光照到它上面，在地上投射出一道长长的影子，这根木杆叫“表”，其实就是个大号简易版的日晷。根据它在太阳下影子的方向和长短，可以推断出当时是什么时辰，将军会以此判断你们是否迟到，如果真迟到，你们这支部队会受罚的。

眼看你们准时到达，军帐中走出一位身材高大、须发雪白的老将军，各位军官簇拥着他前往一座最为宽阔的帐篷。身边的同袍小声告诉你，这就是上将军王翦，那座帐篷就是上将军的“莫府”，他们这是去商讨怎样对付楚军。你这才恍然大悟，原来自己第一次上战场，就遇上了灭楚之战，那可是一场酣畅淋漓的大胜仗！想到这里，浑身来劲了。

先别美，离真正的开战还有的是时间，趁这个机会快去努力训练吧，平时多流汗，战时少流血，下一节就要真正上战场了，你不希望再遇到“士伍奋，卒”的情况了吧？

虽然那是肯定会有的。

本节要点

◆秦军编制分为“什伍制”“部曲制”两套，前者是后者的基础。

◆日常军事训练的关键在于培养组织纪律性，这才是军队战斗力的真正所在。

◆任何违反军规的结果，几乎都是被当场斩首。

◆军规对军官的约束比士兵更加严酷。

在战场上，单枪匹马会死人的
——作战

铠甲是皮制的，头盔是必须的

大秦内史电视台，大秦内史电视台，各位秦国新旧黔首，我是大秦内史电视台的解说张不叁，现在是秦始皇二十三年，公元前223年，十月岁首刚过，给电梯前的您拜个晚年。 我们现在是在西起平舆、东至寝城（今安徽省临泉县）的淮北战场，为您现场直播灭国大战的第五轮，由秦军客场挑战楚军，这是两军第二回合的较量。

众所周知，在这次持续十年的灭国大战中，秦军势如破竹，先后灭掉韩、赵、燕、魏四国，但在一年前与楚军的战斗中意外落败，秦王陛下痛定思痛，亲往频阳（今陕西省富平县东北）力邀已经退役的金牌教头王翦老将军出山，并将全国兵力尽数派到了秦楚交界的平舆—寝城一线，可以说是志在必得；同样，楚国也集中了全国兵力与秦军对峙，由名将项燕统领。我们有理由期待，两位超级名将的巅峰对决，必将使这场大战成为火星撞地球般的世纪德比！

大家请看，秦国大军已屯集在郊野，漫长的战线上集结了六十万人之多。刚穿越过来的观众可能会有疑问：如此大规模的正规军，后勤保障得需要多少人？这里解释下，秦国还没出现职业军人制，几乎所有壮年男子都要服兵役，日常也都要接受军事训练，即便是负责后勤的民工们也具备一定战斗力，有必要的话完全可以随时投入战斗，如果将他们加上，全军总人数完全可以达到几十万。

我们可以看到，这些士兵的战袍五彩缤纷，红的像火，粉的像霞，白的像雪，还有绿蓝紫黄褐黑橘等各种颜色，以穿越前的眼光来看甚至有些艳俗。各位穿越的观众可能会问，为什么出土后的兵马俑就没颜色了？这是因为俑身上的颜料遇到空气后全部氧化了。

各位观众可能知道，秦国士兵的装束和发型是有差别的，这是他们区分爵位的标志。譬如最普通的“公士”爵只穿战袍，不穿铠甲，这是因为他们都是弓弩手，不用面对面的厮杀，行动起来也可以更灵活，他们头上统一留着偏向右上方的发髻，这是为了不阻挡身后同袍的视线，避免妨碍射箭；第三级的“簪袅”爵往往是驾驶战车的御手，他们就要披挂甲胄；爵位更高的将军装束更加华丽，都是头戴鹖冠、身穿战袍、外披铠甲，肩膀领口都绾有各种花结（相当于现代军队中的领章肩章），腰佩长剑。

大家还可以看到，将士们都戴着头盔，这点和各位的习惯认知很不相同。毕竟它在实战中的重要性实在是太大了，不戴它就能安然无恙冲到敌军阵前厮杀的概率，基本等同于中彩票……

啊，楚军正在向秦军射出箭雨进行威慑，那边有个秦军兵团好像出了点状况，请导播把镜头切近一点……原来是一个不戴头盔的士兵脑袋中箭，出师未捷身先死了。我们来查一下大名单……原来他叫“奋”，是穿越过来的，看来穿越者真的给秦军带来了很大困扰，廷尉府有必要通过一部《穿越管理律》了……

先不去管他，反正他还能原地满血复活。我们接着说铠甲的问题。来，这是一件铠甲实物，请这位观众摸一摸……你很惊讶，因为它是皮革的，而不是古装剧里经常出现的铁甲。没错，当时最普及的就是皮革铠甲，最常见的原料是熟牛皮，好一些的是兕（母犀牛）皮，最好的是犀牛皮。做铠甲时先要把整张皮革鞣制坚硬，刮去里层那些筋络、肌肉、油脂等杂物，再将它切割成一块块小方块，挨个在上面钻眼，为了美观一般还要“髹（xiū）漆”（刷漆）、彩绘，再用一根根丝绳穿起来，这叫“组甲”。

铁甲这时也有，它被称为“铁幕”。观众朋友们穿越过来之前，可能听说过，燕下都遗址（今河北省易县）曾出土过铁胄，但毕竟当时冶铁技术水平有限，打造盔甲所消耗的铁料又远多于兵器，最多也就是精锐士兵才会穿，所以皮甲才是秦军主流。各位观众肯定有印象，秦律里动不动就“罚一甲”“罚二甲”，试想如果是普通平民，可能私藏铁料、打造铁甲吗？

离大战还有一段时间，我们看到有两位士兵正在抓紧时间写信，我来采访一下他们。[①]

张=张不叁　黑=黑夫　惊=惊

张：这位同袍你好，请问你怎么称呼？

黑：我叫“黑夫”，这是我的弟弟“惊”。

惊：我们都是南郡安陆县（今湖北省安陆市）人氏，南郡郡守是“腾”，就是灭掉韩国的那位主将。

张：你们在干什么？写家信？我可以给大家读读吗？……非常感谢！“二月辛巳，黑夫、惊敢再拜问衷，母毋恙也？黑夫、惊毋恙也。前日黑夫与惊别，今复会矣。黑夫寄益就书曰：遗黑夫钱，母操夏衣来。”……对不起，请照顾一下我和观众们并不深厚的文言文素养，能否翻译下？

黑：你这当主持的临场应变能力也太差了，唉，好吧！这封家信一开头是我和阿弟“惊”一起向阿兄“衷”问好，并且表明我俩都很好。我和惊在前段日子分开了，这两天才重新凑到一起，现在写这封信，是想请家里给我们寄钱，现在天越来越热，我们却还没有单薄凉快的衣服，所以想请母亲为我们寄来夏衣……

惊：我的这封信是这样写的，“……钱衣，愿母幸遣钱五、六百，
綪布

---

① 此次采访根据“黑夫”与“惊”的家信改编。这两封信均出土于云梦睡虎地秦墓，是中国目前已发现的最早的两封家信，有兴趣的读者可自行搜索原文。

谨善者毋下二丈五尺”。意思是说，请母亲为我们寄来五六百钱、两丈五尺布做军服。

张：听起来很像现代社会钱用光了的大学生的口气啊。既然你们的衣服都是自己做的，外表五花八门，那怎么区分敌我两军甚至己方不同的部队呢？

黑：前边训练时，我们不都是按队列身佩不同颜色的“徽章”，头插五色羽毛，还要举着各色旗帜吗？打仗时看这些标识就能区分了。

张：哦哦，我不懂，抱歉。这些旗帜什么模样？

惊：这不重要，直播时间有限，先让我们把信读完吧，我欠了同袍“垣柏”好多钱，他威胁说再不还就有我好看，“用垣柏钱矣，室弗遗，即死矣。急，急，急……”请家里早点寄钱给我们！

黑：还有我！“母视安陆丝布贱，可以为禅裙襦者，母必为之，令与钱偕来。其丝布贵，以钱来，黑夫自以布此。”——请母亲在安陆看看有没有便宜的丝布，买些做成襦裙送来；如果安陆的布太贵，只寄钱来也可以，我自己找人去做。

惊：还有！“多问新妇、㛪皆得毋恙也？”——请阿兄“衷”替我们哥俩多问候他的新媳妇，还有我的老婆“㛪”（yuàn）……

黑：“为黑夫、惊多问姑姊、康乐孝须。”——请替我们问候姑姊和住在“康乐”的“孝须”姑娘，我很想她！“为黑夫、惊多问东室季须苟得毋恙也？”——请替我们问候住在“东室”的“季须”姑娘，我也很想她！

张：“黑夫”你到底想着几个姑娘啊？又是孝须又是季须的。

黑：“为黑夫、惊多问婴记季事何如？……为黑夫、惊多问夕阳吕婴、匽里阎诤丈人得毋恙……惊多问新妇、㛪得毋恙也？”——请替我们问候“婴记季”，事情办得怎样了？请替我们问候住在“夕阳”的“吕婴”，问候住在“匽里”的“阎诤”大爷；还有新嫂子和弟妹“㛪”……

张：“黑夫”同学真是博爱啊，那么接下来……

惊：还有一点很重要！“新地入盗，衷唯毋方行新地。急！急！”——

新地有很多盗匪，“衷”一定不要去那里！重要的事情说三遍，这是很紧急的事情！很紧急的！很紧急的！……

张：麻烦把话筒还给我……相信亲友也听到了你们的问候和叮嘱，那么请二位先去备战，不要再抢镜头了——真没见过这么能说的受访者（汗）。我们回到战场，刚才说到哪了？对，旗帜。

打旗帜不是为了好看，是用来指挥

相信各位观众已经从无数古装剧中的战争场面里见识到旗帜了，但您未必对它的功用有所了解，这就给大家解释下。各位看见远处那根最高的旗杆了吗？那就是全军的军旗，叫纛（dào），请镜头切近一点，我们可以看到那上面挂着的是一根……毛茸茸的兽尾。

其实那时的旗子就是这样，武王伐纣时就是左手举着黄钺（斧），右手举着一条牦牛的白尾巴来指挥，这叫旄（máo）。各位眼前的这根纛，就是主将的旗帜、全军的象征，哪怕形势不利、吃了败仗，只要纛还立着，就表明主将乃至全军都还健在，这支军队还可以继续作战，甚至不用管主将是否真的战死；一旦纛倒下，也就标志着全军溃败，这对于士气的打击甚至比主将阵亡还要沉重。

试想一下，由于没有即时通信手段，普通士兵在战场上杀得昏天黑地，根本不可能知道整个战局进展得怎样了，也不可能知道身后的指挥部、自己的将军究竟是什么情况，这时一旦发现己方的纛消失了，第一反应肯定都是：坏了，敌军攻破幕府、杀死主将，自己输定了！而战场上只要稍有点分心、拼杀得稍有点懈怠，马上就得完蛋。

退一步讲，即便士兵们没有立即慌乱，失去了纛，也就意味着不会再有军令发出，因为一般情况下，敌军都是先破坏金鼓再夺取纛的。这样一来，相当于人人都成了瞎子聋子，即便能暂时各自为战抵抗一时，可接下来应该怎么办？是进攻还是后退？进攻往哪攻？后退往哪退？都是两眼一抹黑嘛。

正如象棋中双方都要保护自己的老将、逼死对方的老将一样，作战时，士兵们都要聚集在纛下面作战，为保证它不倒下而奋战到最后，同时还要拼命夺取对方的纛，真可谓旗在人在，旗亡人亡。

大家可以看到，纛竖立在一座醒目的高台上，有时也是一座瞭望塔，这次战斗的秦军主将王翦就在这里，由于地势很高，他可以在此俯瞰整个战局，并根据局势变化来发号施令。有观众问，王老爹为什么不跨上马提起枪、亲自上阵杀敌？这位观众一定是《三国演义》看多了。要知道，古装剧里常见的那种场面：武将骑着马、挥舞着兵器在前面单挑，士兵们杂乱无章地蜂拥前冲……虽然看起来很拉风，却不是当时的真相。

怎么回事？为什么那边的兵团又出现了状况，突然杀出一位素袍银甲、白马银枪的小将？……啊，真可惜，对面的楚军军团射出一阵箭雨，第一时间就把他连人带马射成了筛子。

我来看下，又是那个士伍“奋”，他复活之后想cosplay赵云，结果就遇到了这种状况。大家看，这就是评书听多了的后果。

言归正传，在真正的古代战争中，将军们并不亲自上阵，而是站在司令台或瞭望塔上，以便看清战局，并用不同颜色的旗帜，不同声响和频率的鼓声发出号令，指挥全军作战，这才是他们的真正职责所在。

现在我们可以看到，司令台上悬挂起了一面巨大旗帜，上面绣着一条狗，这是一面令旗。不同颜色、图案的令旗传递着不同命令。比如白天行军，就打日章（绘有太阳的旗子），晚上行军打月章；渡河举龙章，过丛林举虎章；调集敢死队就打鹰旗，增兵挂双兔旗；需要战马举鸟旗，需要食物就扬菌旗（绘有蘑菇的旗帜，不知怎么画的，搞得跟超级玛丽一样）……[①]大家看到的这面狗旗，就是命令弓弩手出击的信号。

我们可以看到，另一面一模一样的狗旗从前方部队中升起，这一举动叫“应旗”，意思是部队告诉司令部，自己收到命令了。

---

① 这些旗帜的含义分别来自《管子》《墨子》，这里是把两个体系合到了一起。

大家应该能明白为什么这样指挥。这时就算是“通信基本靠吼”，可一处战场少说也有方圆十几里几十里，战场上又是杀声震天，嗓门再亮也传不了多远，所以用不同旗帜来发出命令、区别不同部队，也就成了行之有效的手段。

不过相信大家也想到了，用旗帜来指挥，作战时终究很不方便：战场上人人都在舍命拼杀，哪有工夫时不时扭头看身后的旗子？这种情况下，用眼睛看不如用耳朵听，所以另一种用来指挥的重要道具——鼓，就这样登场了。

我们可以看到，司令台上一名军吏来到一面竖放在鼓架上的大鼓前，双手挥动着被称为“枹”（bāo）或“桴”（fú）的鼓槌敲击起来，震耳欲聋的鼓声从幕府一级一级传递到直面敌军的方阵中。这些鼓的声调各不相同：幕府发出的鼓声是商音（五线谱里的Re）；中级军官“帅”（和如今的元帅不同，比将的职位要低）的用鼓发出了角音（五线谱里的Mi）；下级军官“伯”用的鼙（pí）鼓发音更细小。但它们的节奏都是相同的，三者同时响起，就意味着将、帅、伯发出了一致的命令——战斗开始了！

阵法其实是作战队形

大秦内史电视台，大秦内史电视台，现在秦楚之战第二回合正式打响！大家请看，伴随着鼓声，战阵最外围的弩兵们踩着鼓点率先行动了，他们的武器相当于一种原始的半自动步枪，只要一拉扳机“悬刀”就能发射出弩矢，这也是弩强于弓的地方：张弓时你既要用力拉弦，又要用眼睛瞄准，特别强调手、眼的协调，如果臂力不够，很容易因手的抖动而失去准头；弩则用机械的力量取代了人力，克服了这一弱点，而且比弓箭射得更远、杀伤力也更强，尤其是掌握要领极为简单，不需要像弓箭那样需要经过漫长训练才能上手。

不过和弓相比，弩的上弦就十分麻烦了。弩的上弦方式分为两种：大家比较熟悉的一种弩是用臂力上弦，叫擘（bò）张弩；第二种弩是用一只脚踏住弩身上弦，叫蹶张弩。电影《英雄》里那种上弦方式：弩兵身体平坐地上，弓弩放平，双脚蹬弓干，用腰上挂钩钩弦，靠腰、手、足三种合力拉弦，叫“腰引”，一般认为是东汉时期出现的，但也有观点认为秦军已经使用这种腰引弩了。

弩兵们开始射击了！密集的箭雨一时间遮天蔽日，天色都暗了下来，不过它主要是为了威慑敌军，防止对方趁机突袭并打乱自己的阵形，这就是评书里常说的所谓“射住阵脚”。

与此同时，老将军王翦所在的司令台开始频频举起多面令旗：有指挥戟兵的旌旗，有指挥剑盾步兵的羽旗，有指挥战车的龙旗，有指挥骑兵的鸟旗。随着各部纷纷应旗，各种鼓声也错落响起：有命令旗帜变换的“鼓旌旗”，有命令步兵前进的“鼓徒”，有下令改变行军速度的“鼓足”。

在这众多军令的催促下，秦军开始了阵形变化：步卒方阵拉开了空档，从紧密变得稀疏；军阵前沿的弩兵们转身插入这些空档，没入了战阵；步卒们也开始由齐整的方阵改为三角阵，踏着急促的鼓声，保持着阵形开始冲锋。

镜头拉近一些，我们可以看到秦军与楚军正式交手了。他们的主要兵器有矛、戈、戟等长兵器，也有剑等短兵器，大都是青铜的，上面都镌刻或用丹砂、漆写着官府的名称，它们平时贮藏在官府的武库，出征时才会分发给士兵们，战斗结束、士兵返乡后还要还回来。

士兵们另一手拿的是盾牌，也叫“橹”，“流血漂橹”这个成语就是说战况很惨烈，流的血足以使盾牌漂起；另一个称呼是“干”（gàn），“干戈”“刑天舞干戚”等也是说它。它们往往是木头做的，外面蒙上皮革，有条件的还在上面画上色彩斑斓的猛兽鬼神等图案，从而给敌军造成心理威慑。

正在战斗的秦军将士们在齐声呐喊着什么？是“风，大风”吗？也许吧。我们看到长矛刺穿了身躯，戈援啄开了皮肉，箭镞从眼前一闪而逝掠过，雪亮剑锋瞬间浸染了鲜血……啊！对对对，杀得好！对对对，插他！用剑插他！讨厌，躲过去了！李信！杀得好！王贲！哎哟，漂亮！蒙恬，这一箭浪得很好！哎呀，对方压上来了！喔！好险！……

刚接了封投诉信，对不起观众朋友们我太紧张太激动了，请让我喝口水冷静一下…… 让我们再来关注那位士伍“奋”，啊，他已经是第1001世了，之前他或是被楚军杀死，或是因违反军令被斩首，死了足有1000次，真是惨不忍睹。

相信各位观众现在对“阵”这个概念有了初步感受了，真正的阵法就是大家眼前秦军排列出的这些作战队形，类似足球赛中的“442”“433”等，根本没有评书演义里吹的那样神乎其神。

有观众问为什么打仗要讲究阵法，答案在两个词：一是配合；二是兵种相克。

先说配合。冷兵器战争是人海战术，拼的都是人数，而在两军人数大体相等时，硬碰硬即使赢了，我方往往也损失惨重。那么问题来了，怎样才能以尽量小的伤亡杀死更多的敌人？想想足球赛，最容易进球的情况，不都是在对方球门前打出“三打二”“二过一”甚至“单刀球”的配合吗？打仗是一样的道理。最合理的策略，就是设法在战场上形成局部兵力优势，这就需要根据实际情况进行阵法的变换。

当时最常见的是《孙膑兵法》记载的所谓“八阵”，其中最有代表性的又有三种：方阵、锥形阵、圆阵。

大家最熟悉的就是方阵，孙膑认为方阵应该“薄中厚方”，即中央的兵力稀疏，四周的兵力厚密。中间兵力少，可虚张声势；四周兵力多，可防御敌人进攻。它也是一切阵形变换的基础。

用于进攻的是锥形阵，也就是刚才的三角阵，通常是把精兵排在三角形的顶端和两腰，排头兵负责确定进攻方向，最快找出敌军的薄弱环节，身旁身后的其他人跟着向前冲锋，尤其是骑兵采用这种阵形时，发挥出的威力是相当大的。

镜头切回战场，大家请看，这时场上的火药味浓到了无以复加，两军士兵在场上你争我抢，两位将军也在场下“争风吃醋”——楚军主将项燕开始变阵了！他们原本同样是锥形阵，现在却变成了一个个大小不一的圆圈：持戟、矛等长兵器的士兵在外围，持剑的士兵在里圈，最里面一圈是弓弩手。这就是第三种阵形——圆阵，古罗马军团很形象地管它叫刺猬阵。

这样做是为了把楚军防御线缩到最小。这里蕴含着一个几何原理：面积相等的情况下，圆形的周长要比方形短。此外它没有突出的尖角，比较稳定，不容易被撕开，两军因此陷入了胶着状态。不过这一阵形的缺点在于一旦摆好，就没法保持阵形移动，只能原地固守。显然楚军败局已定，留给他们的时间不多了！

链接

“八阵”都有这些

除了方阵、锥形阵和圆阵，“八阵”中的其他五种分别是：

疏阵：一种队列稀疏的阵形，士兵们行列间的距离都很大，旗帜也竖得多，无论战车、步卒都缓步前进。一般在兵力少的时候用来虚张声势。

数阵：与疏阵刚好相反，行列距离缩小，兵器密集，要求阵势严密得无隙可乘，以便前后能互相支援。如果敌人撤退，不要出阵追击；敌人进攻，也不要出阵阻击。是一种用来固守的阵形，可以步步为营。

雁形阵：顾名思义，呈“V”形或者“＜”形的阵形，开口的那一面对着敌人，适合迂回包抄。

钩形阵：正面是方阵，两翼向后弯曲成钩形，保护侧翼安全，防止敌人迂回攻击后方指挥所。

玄襄阵：用于迷惑敌人的假阵，多设旌旗，士卒、战车的行进以及鼓声都故意显得混乱，让敌人搞不清楚我方的兵力到底多少。

除了这八种阵法，还有专门用于水攻的水阵、用于火攻的火阵，专门用于射箭的乌云之阵，用于奇袭的阖燧阵，用于骚扰的皮傅阵，以及八阵的其他变形如箕阵、鱼丽阵、曲尺阵等。

战车依旧是主流，但骑兵已经出现了

怎么回事，秦军阵营忽然响起了欢呼？……原来在他们的持续进攻下，那些圆阵终于被击溃了几座，楚军开始四散逃跑；不少秦军士卒杀得兴起，索性脱掉铠甲、打着赤膊进行追杀。[①]这时秦军司令台又打出了两面令旗：一面绣着龙，一面绣着鸟，这是要求战车和骑兵出动的命令。战鼓随即发出了“鼓车”“鼓马”的命令，先前一直布置在两翼按兵不动的战车、骑兵纷纷杀出了！

他们的阵形很特殊，每支部队都是战车和骑兵混编在一起：第一排三“乘”战车；第二排三组骑兵，每组四骑；第三排又是三“乘”战车；第四至十一排同样是每排三组骑兵，每组四骑。兵马俑二号坑的车骑就是这样排列的。车兵、步兵与骑兵混编的部队叫“阙车兵”，也就是用于“补阙”的士兵，这是对机动部队的称呼。

他们的战法是这样的：两军相持阶段，战车排成密集的防御“堡垒”以保护军队两翼，骑兵则随时增援军队薄弱环节；秦军取得优势并转入进攻时，骑兵则从战车外侧杀出，对敌进行包抄、夹攻、追击等，这就是《孙子兵法》所谓的“轻车先出居侧，陈也”[②]。

战车是先秦时期的特色兵种，战车数量往往被当作衡量一国军事力量的标准，一辆战车叫一“乘”，史书上经常有某国“车千乘”之类的描述。它们都是独辕两轮的马车，以二马或四马拉动前进，车轴两端的顶部往往还安上锋刃，与敌军战车交错时有机会把对方掀翻或划伤，这就叫“车错毂（gǔ）”，还可以把敌军步兵划得血肉横飞。

车上一般配置三人。“车左”是车长，手持弓箭射击，也负责指挥战车；中间的“御者”是司机，负责赶马；“车右”也叫“骖乘”，负责近

---

① 《战国策·韩策一》：“秦人捐甲徒裎以趋敌”；《史记·张仪列传》：“捐甲徒裼（xī）以趋敌”。

② 先派出战车并布置到队伍两侧，这就是要列阵。

战，一手握盾牌，另一手持矛或戈、戟等长兵器。交战时由于敌我战车往往间隔很远，自然是手中兵器越长越容易够到敌人，所谓“一寸长，一寸强”是也，像戈、戟还带有伸向一旁的尖刃，这是为了在战车交错的一瞬间把敌军钩住并拉下战车。这样的一次交手就叫“合”；交手结束后，双方战车都回各自阵营，这就是“回”，“回合”就是这么来的。

骑士们同样引人注目。骑兵们头戴圆形小帽皮弁（biàn），战袍的袖口紧窄，长绔的绔口也被扎紧，都是为了行动方便。他们的战马都有统一标准，要求高五尺八寸（合今1.33米）以上，“奔挚如令”（听到命令可以随时奔跑、停下），还号称“探前跌后，蹄间三寻”（马奔走时，前后蹄间的距离要有三寻，七秦尺为一寻，约合如今一米多）。他们的兵器有短剑、骑弩，但不使用长矛等长兵器，这是因为马上很颠簸，长兵器容易失去准头。

有观众质疑：秦军真的有骑兵吗？先秦的出土文物不是没出现过马镫吗？骑士双手作战的同时怎么保持身体的平衡呢？这位观众，你观察得真是太细致了，但别忘了，戎狄、匈奴等游牧民族缺少马镫同样能在马上挥舞兵器，只要经过长期训练，总能胖揍他们的秦军完全达到这一水平。

对有经验的骑手来说，骑马时要以双膝内侧为支点，整个大腿和小腿夹紧，并不是只有靠马镫才能坐稳。好的骑手甚至可以不借助马镫，直接飞身跃上身材低矮的蒙古马。马镫的主要作用其实是提高马上的灵活性以及骑兵的拼杀武力值。兵书《六韬》还专门有一整个章节讲述当时骑兵的种种用法；如果不信，大家还可以看看洛阳金村出土的周代文物——骑士刺虎铜镜，那上面就有骑士用短剑与猛虎搏斗。

不过这时骑兵的战斗力毕竟比不上后来，即使在同时代的战车前也相形见绌，他们在战争中主要以机动灵活性见长，因此往往被用来偷袭、迂回、追击等，眼下他们就排成一个个锥形阵，跟在那些仓皇逃窜的楚军后面追击，很快就把敌军杀得七零八落。

链接

兵种相克：剪刀石头布

战车适合在开阔地带作战，正面冲杀威力强大（可以想一下象棋里的“车”），然而它受地形限制太大，丛林、山地根本跑不起来；骑兵极为灵活，但攻击力相对不足，面对戒备森严的城池、营垒，也必定会失去冲击力；步兵面对战车、骑兵往往变成渣渣，但轻步兵在山地、丛林作战时，重步兵在城池攻防战时，绝对是铁打的主力。

正因为各兵种都尺有所短，寸有所长，如果能用自己的优势兵种去“克”敌人的劣势兵种，就可以事半功倍；而根据战局不同随时更换优势兵种，也正是靠着娴熟的阵法变换实现的。

这时前方传来消息，秦军骑兵在蕲县（今安徽省蕲县）一带追上了溃散的楚军，楚军主将项燕眼看无法再逃，遵循“覆军杀将”的习俗选择了自裁。秦军阵营中的鼓声也随之停止了，取而代之的是另一种连绵不断的清脆声响，也就是“金声”。

各位观众不要以为这是“黄金发出的声音”，这里的“金”又叫“钲”，看起来像带着手柄的钟。鼓用来命令进军和作战，“金”则是用来命令停止和撤退，敲一声是停止行动，敲两声就要撤退，“鸣金收兵”就是这个意思。

连绵不绝清脆的“金声”中，秦军将士们都在欢呼。各位观众，击败楚军主力，标志着灭楚之战取得了决定性的胜利，天下统一的大业已接近尾声，胜利属于秦王，属于王翦将军，属于秦军将士，属于那位已经牺牲了1334次的士伍“奋”！

同时，也让我们送别战国时代的最后一位名将项燕，他是战场上的老子、庄子、屈原、宋玉，他可以用吴钩写下《楚辞》，用战鼓奏出《招魂》，但是此刻他无法拯救楚国，我们只能向他说再见。再见，项燕！再见，楚国！各位观众，本次直播就到这里，再见！

本节要点

◆兵马俑身上本来绘有各种鲜艳颜色，出土氧化后才变为灰蒙蒙一片。

◆秦军都要戴头盔，皮制铠甲是主流。

◆旌旗的真正作用是用来作为军队标识和发出命令。

◆阵法其实是作战队形，根据战场形势的需要，摆出方阵、圆阵、锥形阵等。

◆当时已经有骑兵了，尽管战斗力还不如后来的强。

数人头、换爵位：世界上最早的军衔制
——军功爵

战斗结束后的次日清晨，你像往常一样穿戴齐整，和同袍们一起来到营地前。你们意外地发现，这里已经成了一片“瓜地”——本来空旷的操场上，密密麻麻摆满了无数圆滚滚的东西，与之相伴的则是浓郁的尸臭和血腥。

人头，全是人头。

它们都是你们昨天歼灭的敌军的人头，眼下把它们一溜排开，为的是论功行赏，《商君书》管这道程序叫“暴（pù）首”或者“验首”：停战之后，得把这些敌人首级公开示众三天并加以核实，核实无误，再按你们的功劳进行奖赏。[①]可以想见的是，这道程序必然会给所有参与者带来强烈不适感，尤其是大夏天太阳一晒，那个味道，啧啧……

尽管如此，那些负责检查首级的法吏们还是得捏着鼻子，兢兢业业地检查，每查完一颗人头，就把结果记录在册。对你斩获的那颗首级，他们的记录是：检查首级，右额角有一处伤，长五寸，深到骨，像是剑刺的痕迹，被割断的颈部短而不整齐。[②]

经过验证，法吏确认这是你斩的首，这就意味着你获得了第一级爵

---

① “以战故，暴首三，乃校三日，将军以不疑致士大夫劳爵。”

② 《封诊式》：“诊首□鬃发，其右角痏一所，袤五寸，深到骨，类剑迹；其头所不齐戋戋然。”原文有缺字。

位——公士。官府下一步的工作是，将这些斩首记录送到你们籍贯所在的县，由县政府论爵。这项工作务必须在三天之内落实，一旦超过期限，负责这项工作的县尉就会被撤去职位。

如果不明白为什么战争结束后要核对首级，不妨看看以下两个案例。

第一个案件发生在公元前266年，也就是秦昭王四十一年，秦国夺取了魏国的邢丘。战役结束后，你随部队返回“戏”地，刚好看到同袍丙腰间挂着一个首级，很是眼红，看看旁边没有第三人在场，丙又是个小瘦子，肯定打不过自己，邪念顿起的你突然拔剑砍伤了他，并试图抢首级，你俩就这样打了起来。

这时，远处一位高大强壮的士伍甲目睹了整个经过，瞬间正义感爆棚，当然也可能是因为《法律答问》“百步以内发生凶案，所有人都有义务制止”的规定，于是跳出来助拳，一出手就把你打翻，又像拎小鸡一样把你捆到了上级那里。负责审理案件的法吏检验了首级，并检查了丙受伤的情况，最后把这个案子写在爰书上，向有关部门报告。

另一个案子也发生在邢丘之战，两名士伍一起送来一个首级，各自报告说，他们也是互相争夺这颗人头，请求裁定这是谁斩获的。法吏同样检验首级，还写了一份法医鉴定报告，又发布公告来号召大家对人头进行辨认。刚才对你那颗人头的描述，就是这份法医鉴定报告里记录的。

秦军之所以对这些血淋淋、臭烘烘、一般人躲都躲不及的死人头趋之若鹜，甚至不惜大打出手，原因就在于，这些都是用来兑换爵位的“硬通货”，而爵位更是秦人生活中最重要的东西。你看秦朝所有的司法文书，凡是与案件有关的人，不管是罪犯、受害者还是证人，都要注明有没有爵位、什么爵位。

“爵位”这个词你已经在之前的穿越旅途中见过多次了，但它到底是什么？简单来说，就是世界上最早的军衔。再打个比方，就相当于你在游戏中的等级。

军功爵制度是商鞅变法时推出的，商鞅规定：通过爵位等级明确尊卑，根据地位不同分配田宅、仆人等，从而使立功者显贵荣耀，没有功劳者即便富裕也无法得到这种荣耀。[①]换言之，这是“贵”与“富”，或曰贵族与土豪的差别。

这二十级爵位可以按实际地位和待遇，由低到高大体分为“士—比大夫—卿—侯”这四大等级，这里挨个介绍一下。

士

公士：最低等级的爵位。兵马俑中那些不穿铠甲、只着布衣的弩兵都是这一爵位，你刚获得的也是“公士”爵，这一级可以同时分得一顷田（100亩）、一“宅”（30步见方的土地为一“宅”）的宅基地，还有一名庶子帮你干农活。[②]

上造：“造，成也，言有成命于上也。”兵马俑中身穿铠甲、戴着红色或黑色麻布头巾的步兵就是“上造”。

簪袅：《奏谳书》里叫“走马”。“袅”有马具的意思（以组带马），簪袅就是给马戴上马具[③]。显然这是和车骑相关的兵种所获得的爵位，兵马俑里驾车的御手就被认为拥有这个爵位，他们头戴单板长冠，身穿的铠甲也更厚实严密。这一等级算是军士长，可以得三顷田、三“宅”的宅基地。出土秦简中还有“谋人”“走马”等爵位，也被认为等同于这一级爵位。

不更：意思是“不必服更”，从这一级开始就可以免除更役了。曹魏学者刘劭在《爵制》中称，这一级一般担任“车右”，也就是战车上三人中负责手持长兵器作战的那位。

---

① 《史记·商君列传》：“明尊卑、爵秩、等级，各以差次名田宅，臣妾衣服以家次。有功者荣显，无功者虽富无所芬华。”

② 士兵获得的田宅数，秦简中没有记载，本文参照了汉代《二年律令》。

③ 《汉书·百官公卿表》颜师古注：“言饰此马也。”

比大夫

大（dà）夫：这一级一般担任“车左”，也就是战车车长，手持弓箭射击的那位。

官大夫：可得七顷田、七“宅”的宅基地。

公大夫：从这级往上开始算作高爵，社会地位也提高了，见了县令、县令秘书（县丞）可以只行揖礼，不用拜倒。

公乘：出入可以乘公车（是公家的配车，不是公交车），所以叫“公乘”，不是在战时也可以乘车。[①]东汉时期有规定，民爵最高不得超过公乘，换句话说，你如果还想继续往上升级晋爵，就必须通过当官实现了。

卿

五大夫：从这级往上，开始享受“卿”级待遇，能有三百家以上的纳税收入，拥有这一爵位的通常都是将军。邯郸之战中，秦军一开始的统帅王陵就是五大夫爵；秦始皇第二次巡狩，在泰山上遇到了暴雨，躲到了一棵松树下（还好没遭雷劈），雨停之后觉得这松树立了功，就封它“五大夫松”。

“五大夫”堪称爵位的分水岭，“五大夫”及其以下爵位挂钩的待遇都不算高，最多也就是得几亩田、不用磕个头之类，至少对身为穿越者的你来说没什么吸引力，但从“五大夫”往上，各种待遇就明显增长了。

左庶长、右庶长：庶长是“众庶之长”，也就是“百姓们的长官”的意思，它一开始是官职，商鞅刚开始变法时就是这一官职，后来则渐渐变成纯粹的爵位名称。

左更、中更、右更：“更”有“管理更卒”的意思，秦国名将白起第一次出现在史料中时，就是“左更”的爵位[②]。

少上造、大上造：也就是可以统领“上造”爵的士兵，只不过一个管的

---

① 《汉书·百官公卿表》颜师古注：“虽非临战，得公卒车”。

② 按：这里采取的是《秦本纪》的记载，但在《史记·白起王翦列传》中，白起这一年担任的是左庶长。

少，一个管的多（大）。有观点认为，商鞅曾担任的大良造就是大上造，如果是这样，那大上造很可能也和左庶长一样，最初是官职，后来被改为爵位。

驷车庶长：是“乘坐驷马之车，当众庶之长”的意思。

大庶长：卿级待遇里等级最高的。

侯

关内侯、彻侯：最高的两级。之所以叫“关内侯”，学者刘劭解释为秦国位于崤山以西，以关内（关中）地区为王畿，由此得名。二者最主要的区别是，前者有“侯”的称号，但没有实质上的封地，平时住在帝都；后者则是实至名归的“侯”，有自己的封地，比如商鞅的封地就是商邑，武成侯王翦、通武侯王贲、武成侯王离这祖孙三代的封地是频阳。需要注意的是，他们只有征收封地赋税的权力，不能对封地进行实际治理，这点和“战国四君子”等六国贵族们把自己的封地建立成独立王国，是完全不一样的。

和这二十级爵位各自挂钩的就是不同待遇差别。这其中最直观的区别就是衣着了。兵马俑不同爵位之间的装束前面早已介绍过，都是爵位越高穿得越好。伙食也有差别，按《传食律》的规定，出差时，无爵的使者每顿饭的标准是精米半斗、酱四分之一升，还有一份菜羹，并配给韭菜和小葱①，但第四级“不更”爵就可以每顿吃一斗精米、半升酱、一份菜羹，连给牛马吃的干草和秸秆都是各半石，②这一待遇刚好比无爵使者的标准高一倍。

拥有爵位的人死后还可以享有“哀荣”。《商君书》规定，不能参战的勤杂人员“小夫”死后，可以在墓上栽一棵树。从这级再往上，直到大夫，每高一级就可以多栽一棵树，这是延续了春秋时期贵族们的葬礼待遇，对平民来说格外荣耀。只是不知战功赫赫的武安君白起那位于咸阳杜邮的陵墓，会不会让前来瞻仰的凭吊者们发出“终于见识了武安君陵森林公园”的

① “御史卒人使者，食粺米半斗，酱四分升一，菜羹，给之韭葱。其有爵者，自官士大夫以上，爵食之。使者之从者，食粝米半斗；仆，少半斗。”

② “不更以下到谋人，粺米一斗，酱半升，菜羹，刍稾各半石。”

感慨。

有爵者还可以在仕途上获得更多提升机会。《内史杂》规定：政府任用官佐，必须要用壮年以上的人，不能任用刚入户籍、没有爵位的士伍；[①]有爵位的人还可以支使没爵位的人，高爵位的人也可以支使低爵位的人，看看那些给有爵位者跑腿帮工的“庶子”们就知道了。

拥有爵位甚至可以在法律上得到相对优待。《商君书·境内》规定，司法审判时，爵位高的人审判爵位低的人；假如有爵位的人犯了法，爵位也会被降级或剥夺。[②]

从秦律来看，有爵位者违法之后，量刑上也会宽松一些，《汉旧仪》明确记载，秦制“男子赐爵一级以上，有罪以减”。《秦律杂抄》记载，假如替“故秦人”逃亡或删掉户籍，“上造以上为鬼薪，公士以下刑为城旦”。《游士律》则规定，你帮秦人逃亡国外被抓，如果是上造爵以上，就要被罚当鬼薪，公士爵以下就是城旦，[③]显然判刑更重。

《法律答问》还有一个相当雷人的案例：你拥有第五级大夫爵位，有一次因为鞭打了一名鬼薪导致他逃亡，而被罚在官府服役。结果你很是不忿，服役期间自己也跑了，一个月后被抓回来，受罚一面盾牌；你还是不忿，又策划了第二次越狱，再度被抓了回来，最后却只被处以耐刑。

这个案子中，你几次逃亡却只不痛不痒受了罚，很可能是仗着那个大夫爵。如果你只是一个士伍，很难想象惩罚会这样轻，秦朝那五花八门的刑罚可不是闹着玩的。

以现在的眼光看，你也许会觉得这种手段强化了社会阶层间的不平等，时刻提醒着上位者的优越感和底层民众的自卑，但值得注意的是，“强化”绝非“固化”，刚好相反，爵位恰恰是促使当时社会阶层之间保持顺畅

① “除佐必当壮以上，毋除士伍新傅。”

② “其狱法，高爵訾下爵级。”“爵自二级以上，有刑罪则贬；爵自一级以下，有刑罪则已。”

③ “有为故秦人出，削籍，上造以上为鬼薪，公士以下刑为城旦。”

流通的最重要渠道。

《军爵律》中就有一条规定：你的父母是隶臣妾，你自己从军后奋勇杀敌，挣得了两级爵位，这时想起自己还在给人当牛做马的爹娘，不由得心如刀绞，大义凛然地表示，愿意退回这两级爵位，为他们两个人中的一位赎身为庶人，这是可以的，当然如果想为另一位也赎身，你还得继续努力作战挣爵。这一方式同样适用于你的老婆，不过她只要一级公士的爵位就可以被赎身。①

如果你是负责打造兵器、做铠甲等技术含量比较高的工作的“工隶臣”，你自己能斩获敌首，或者有亲人斩首后愿意用爵位来赎免你，就可以成为正式的工匠。②

这就是拥有爵位的最后一项妙用：可以替自己和亲人赎身。

所以可以想象到，商鞅公布了这一“赎身”制度时，必然是“曾经阔过的要复古，正在阔的要保持现状，未曾阔过的要革命”。那些在变法中失了势的贵族就是第一种人，还没失势的是第二种人，万千庶民和隶臣就是第三种人。军功爵为他们怀揣的不同“秦国梦”提供了相同渠道：上阵——杀敌——立功——挣爵——恢复自由（或出人头地）。这足以使整个国家都沸腾起来，可以说战场上秦军那恐怖的战斗力，相当大程度上都是靠着军功爵提供给将士们“改变自身命运”的愿望支撑的。《商君书》称，“民闻战而相贺也，起居饮食所歌谣者，战也”，“民之见战也，如饿狼之见肉”，可能就是当时的实情。

怎样才能尽快升级呢？你也许会不假思索地回答：自己既然杀了一个敌人，就能得一级爵位；这样算来，只要杀二十个敌人，肯定就能得二十级爵位了！……

你当官府都是傻子吗？

---

① “欲归爵二级以免亲父母为隶臣妾者一人，及隶臣斩首为公士，谒归公士而免故妻隶妾一人者，许之，免以为庶人。”

② “工隶臣斩首及人为斩首以免者，皆令为工。”

哪有那么好挣到手的爵位，真要是那样，肯定就得“侯爵满街走，庶长多如狗”了。不信你可以翻翻秦国历史，商鞅变法之后的一百五十年里，真正被封过侯的不过寥寥十数人而已。老将军王翦就抱怨过，在秦国当将军，就算有战功也不能封侯，虽说当时有摆姿态的嫌疑，但单看这话也没说错。

目前还无从知晓秦朝军功爵制的全部内容，即便是最著名的首功制也伴随着无数疑问。士兵们是怎样做到在生死关头停下厮杀、当场从尸体上割人头的？会不会有人像前面两个案子那样冒领人头？对此只能推测，战场上士兵们都是以什伍为单位结阵而战，也许是在一个人割头的时候，其他人为他掩护；军中实行的连坐制，也会保证如果有人冒功，其他同袍们会一起揭发。

可以确定的是，这种制度的确存在，而且在各国军中普遍实行。为了让你真切体验一把挣爵位的成就感，张不叁这就为你安排一次真正狂霸酷炫拽的打怪升级经历，在这次旅途中，你能体会到的只有一个字：爽！

轰的一声，你又穿越成了一位猛士，黑熊般一身粗肉，铁牛状遍体顽皮。你大喜过望，哇呀呀一阵怪叫，手握神器“屠狗刀”杀入敌阵，砍瓜切菜一般排头儿砍将去，战斗结束后一数，整整十五颗人头。你一下就从普通士兵变成了“国大夫”爵，也就是秦朝的第六级“官大夫”爵；

第二战是攻城战，你不顾敌军城池高厚，第一个冲上城头，又是一番血肉横飞，斩获首级共计二十三颗，同袍们也在你的带动下一鼓作气攻下城池。你被赐爵“列大夫”，即第七级“公大夫”；

接下来又是攻城战，你再度率先登城，斩首级十六颗，被赐“上间”爵，相当于第八级“公乘”，你后来才知道，自己打败的是秦朝丞相的长子、三川郡守的部队；

第四战，你围困某地的郡守、郡尉，还击退了援军，斩首级十四颗，更生擒了十一人，赐爵第九级“五大夫”；

第五战，你又率先登城，以德州电锯狂人的凶悍一口气砍了六十八颗人头，生擒二十七人，赐“卿”爵；

第六战，又是率先登城，你有点烦这相同套路了，所以只杀了八个人，却生擒四十四人，获封“贤成君”；

…………

总之，类似的一幕不断上演，你为新王朝的开辟立下了汗马功劳，天下复定之后，你因此被授予“列侯”爵——舞阳侯，在舞阳（今河南省舞阳县）享有五千四百户的税收。

你的封侯还有个小插曲。表彰大会上以你为代表的大将们满心以为自己会率先受封，不料主公第一个封的却是一直在搞后勤的丞相，你们大为不满，主公却说，打猎时追兔子的都是猎狗，指挥它们追兔子的是猎人，你们就都是猎狗，丞相才是猎人！你们只好闷闷不乐地默认了这一决定。

不管怎样，后来你凭着自己世所罕见的勇猛与忠诚，以及主公的那个天才比喻，获得了“沛县之猎狗”的称号，与另一位“江东之魔山”项羽一时瑜亮，并称这部《楚与汉之歌》中最令人闻风丧胆的两大屠夫。不过对你来说“屠夫”并不是侮辱性的称呼，它恰恰是你的老本行，想当年芒砀山起事前你就是狗屠嘛。这样想着你心情舒畅了不少，切了个生肘子大啃起来……

正在吃生肉的你应该明白了，这次穿越，你演绎的就是西汉开国大将樊哙的功勋之路。尽管《史记》没有明确记载有哪位秦朝大将是一步步升级晋爵并奋斗到后来的地位的，但军功爵制度却被刘邦全盘继承并运用到自己的军队中，他麾下的那帮大将也身体力行，上演了一幕幕逆袭的传奇。

只是论功行赏时，刘邦那个“功人功狗”的比喻是不是让你很受伤？这话虽然粗，但确实有道理，斩首论功并不是军功爵的全部，这也很好理解，如果光靠砍人头就能得爵位，真要打起仗来，士兵们首先在意的肯定是自己能不能抢到人头，而不是自己的部队打胜仗，这样的情况下，就算吃了败仗也能得到爵位，那些将军、都尉岂不也都会放弃指挥战斗、直接冲上去抢人头？再说，就算步卒可以抢到人头，其他兵种呢？难道射士放完弩，还得跑到敌阵前去查自己射死了谁？骑兵和车士还得下马下车，赶过去现割脑袋？

秦朝政府当然不会那么笨，“首功”仅仅是获得爵位的多种途径中的一种，其中最重要的一项规定就是，军官和士兵战功的计算方法是不同的。士兵肯定按个人功劳记，有时如果战斗很凶险，还会把记功条件放宽一些，比如攻打城邑时的“陷队之士”（敢死队），他们每队十八人，只要斩杀敌方五人，十八个人就都有一级爵的赏赐；如果有人战死，爵位也可以由死难者的家属继承。《秦律杂抄》还有一条规定：战死者的爵位可以由他的“后”继承；但如果发现死者其实没死，就得除去“后”的爵位，同伍的人也要（因为隐瞒真相）受惩治，生还者还要被罚为隶臣。[①]这两条显然都是为了激励士兵们奋勇杀敌。

军官的功劳则要按集体功劳来记：只有自己的部队斩首达到三十人以上，该队的百将、屯长才能记功；攻城战中斩首八千人以上、野战中斩首两千以上，指挥的将军才能记功，从军吏到将领都可以得到赏赐；没有爵位的就能得到“公士”爵，有爵位的士兵可以各自晋一级爵位，大将、战车上的御手和骖乘甚至能每人赐爵三级。这样规定显然是为了强调集体的胜利远比个人的收获重要，也可最大限度地发挥军官们的指挥才能，为此《秦律杂抄》甚至明确禁止军官们亲自上阵：“其战，百将、屯长不得斩首”[②]；“故大夫斩首者，迁”，从而防止军官们“不务正业”，和士兵们抢功劳。

当然，获得爵位的途径也不只有从军这一项，假如你在其他领域对国家做出了实在贡献，同样也会受到表彰。

如果你是粮食生产大户，缴纳过1000石粮食，就可以得一级爵位，这项政策在秦始皇四年（前243年）实行过一次；又如果你是大商人，向国府资助了许多财物，也可以得到表彰，甚至能因此受封君侯，比如秦始皇时期

① “战死事不出，论其后。又后察不死，夺后爵，除伍人；不死者归，以为隶臣。”

② 该句还有另一种断句方式：“其战，百将、屯长不得，斩首。”意思是百将、屯长在战斗中如果不能得到敌人首级，则战后被会被斩首。

的几位大商人乌氏“倮”、寡妇“清”就都是这样，秦始皇还专门为后者修了怀清台以示表彰。

还有一些情况，是官府为了鼓励民众参与生产建设而放开了授爵限制。比如长平之战时，秦昭王为了确保这场大决战的后勤，曾经亲自赶赴河内，给当地百姓每人赐了一级爵位，然后征发所有年龄在十五岁以上的男子赶赴前线当壮丁。秦始皇统一天下后，也多次给移民们授予爵位。

最后一种情况就不适用平民了，它是秦朝为了拉拢人才，直接赐给对方高爵。这方面最明显的例子是秦始皇统一天下后，他把孔子的后人孔鲋封为文通君，不过这位爷很不给面子，焚书坑儒时逃跑了。和他情况类似的还有白起的后代白仲（被封于太原）、崔杼的后裔崔意如（东莱侯）、五马侯令狐范、东陵侯召平等不少人。

还有，不要再念念不忘嫪毐了，就连他那个长信侯的爵位，也未必只是因为赵姬的脑抽和心血来潮。据李开元先生推测，这厮有可能是参与平定成蛟叛乱，立下一定军功后才得到了侯爵，虽然这事背后涉及秦国宫廷与赵韩两国外戚的派系斗争，他也很可能只是当挂名统帅，直接伸手摘桃，但毕竟这是对天下人的一个交代，满朝大臣就是反对也说不出什么。再说还有车裂的下场等待着他呢。所以，还是老老实实走正道吧。

授爵典礼结束了，你们稍事休整又踏上了征途，向着楚军残余势力盘踞的江南地区进发。雄壮的卒伍在原野上流淌着，响彻天际的是万千士卒唱起的那首《无衣》：

> 岂曰无衣？与子同袍。
> 王于兴师，修我戈矛。
> 与子同仇！……

伫立在战车上的上将军王翦唱得格外投入。凭借灭楚的战功，他和儿子王贲分别受封武成侯、通武侯，达到了二十级爵位的顶端，成为当之无愧的人生赢家；数年之后，他的孙子王离也承袭了武成侯爵位，并和父亲王贲一同被记录到《琅琊台石刻》上，王氏一族由此成为秦朝唯一一门三侯的家族。

早晚有一天，我也会像他那样的。望着上将军的勃勃英姿，卒伍之中的你暗自下了决心。

本节要点

◆首级是用来兑换爵位的凭证，每次战斗结束后，秦军都会专门对斩获的首级进行核对。

◆爵位分二十级，由低到高又可分为“士—比大夫—卿—侯”四大级。

◆爵位可区分衣食等方面待遇，可用来减免刑罚，还可为家属赎身。

◆军官和士兵战功的计算方法是不同的，士兵可以计个人功劳，军官都要按集体功来算。

◆如果能在其他领域有贡献，也可以得到爵位。

第四章

说秦朝愚民？人家只是太重视实用技能
——学室

尽管从军无比荣耀，但征战多年，你还是对这种刀口舔血的日子产生了心理阴影，想过过安稳日子了。既然如此，听张不叁的安排，去上学吧。

很惊讶是吗，是不是觉得秦朝一直野蛮愚昧，即便有教育手段，实行的也是愚民政策？这也可以理解。《商君书》毫不掩饰地表现出对儒家教育内容的排斥，直接把礼法、音乐、《诗经》等称为“六虱”；还声称一千个只知道种地打仗的百姓中，只要有一个精通《诗》《书》的人，（就能导致）这一千个人不好好种地打仗了。[①]这也使商鞅招来了历朝历代很多知识分子的口诛笔伐。

只不过，这里存在一个重大误解，不许接受儒家教育不等于不许接受教育。

如果你认为秦朝的黔首都是文盲，可以回想下“黑夫”和“惊”那兄弟俩，他们都是秦朝的普通人，却也能像模像样地写信，文化水平并不差吧？所以正确理解是，秦朝所谓的“愚民”，只是禁止黔首接受儒家诗书礼乐这些特定的教育。因为在当时急于一统天下的形势下，这些内容对于农业、军事、司法等各领域的实际业务没有任何帮助，反而很容易在国内造成思想混乱，甚至诱使民众们不务正业。

---

① “农战之民千人，而有《诗》《书》辩慧者一人焉，千人者皆怠于农战矣。”

《韩非子·外储说》有个段子：中牟县令王登向赵襄子推荐说当地两位名士中章、胥己品行很好，学识也渊博，赵襄子慕名亲切接见了他们，还授予他们田宅。中牟百姓眼见这两位不用干活就能轻松得到赏赐，一个个眼红得紧，也都不肯耕田，把自己的房子和地全都卖了，纷纷去追随那些搞私学的，足有半座城的人都这样。

段子或许是编的，描述的现象却堪称亘古不变，看看如今那么多孩子痴迷于各种选秀综艺活动就明白了，当社会上出现一些不用太费力也能名利双收的捷径时，民众肯定都会抢破头地去选择它，无他，人性的趋利避害使然。也正为防止这一现象出现，秦朝官府才会打击儒家、纵横家等人物，而将法家学说树立为指导思想，用商鞅的话说就是“壹教”（统一教化），它和“壹赏”“壹刑”并列为商鞅变法后的基本国策。

关于受教育的内容，用李斯、韩非这两位法家大师的话讲就是“以法为教，以吏为师”（两人都这样说过）。这种教育是通过那些设立于各郡县、专门培养法律人才的“学室”完成的，你可以去秦朝的某个平行世界亲自体验一下，保证和你现在的大学有着很多的相同以及不同。

太阳当空照，花儿对你笑，小鸟在说早早早，你背起书包，哦不，是箧（qiè），也就是书箱，蹦蹦跳跳走进学室，参加新生的开学典礼。

教你们的老师在秦律中的称呼是“史”或者“令史”，也有观点认为，“狱吏”“狱史”其实和“令史”都是一回事；你们这些学生则叫“史子”“弟子”，是国家未来的储备干部，只有你们才有资格在这里就读，因为《内史杂》规定，“非史子也，毋敢学学室”。

一位令史带你们去办理入学手续——改户籍，也就是从农村户口改为弟子籍，这类似当时的公务员编制。成为史子、弟子足以令一般人羡慕，因为整个学习期间你都可免服役。《秦律杂抄》规定，学习驾车如果学了四年还没学会，教官要被罚一面盾牌，学徒也要被除名，还要抵偿服四年的徭役戍役。[①]

---

① “驾驺除四岁，不能驾驭，赀教者一盾；免，偿四岁徭戍。”

由此可以反推出，在学室学习是可以免役的。

另外两条规定也可以验证这一点。一条是，如果敢于包庇现役士兵冒充弟子，县尉就要罚两二甲并免职，县令也要罚二甲；[①]另一条是，你毕业之后本应除去弟子籍，却迟迟没有这样做，那么就要罚你“耐为候”。[②]

我们可以从中倒推，如果没有好处，士兵何必要冒充弟子？你又何必迟迟不肯办理离校手续？不要说什么“出于对母校的眷恋”，最大的可能是，冒充弟子或者延迟毕业，都有助于你逃避徭役戍役。

在这种学室毕业后，你会和如今那些公务员一样有着光明的前途，凡是高级职位，都是留给你们这些科班出身的知识精英们的。那些不经过这一阶段学习的人，即便有文化也没法被提拔到同等地位。《内史杂律》规定，候、司寇和低级官吏不许在官府里担任佐、史等工作，也不能负责禁苑的治安保卫工作。[③]所以你还是好好珍惜这来之不易的机会吧。

你坐进了教室，身旁是一群同学，很有种既熟悉又陌生的时空错乱感；再看案上的文具，最显眼的就是一卷竹简，秦朝时还没发明纸张，字一般都写在这些竹片上面；旁边是笔，不少人说毛笔是蒙恬发明的，但长沙左家公山楚墓就已出土过战国时的毛笔，蒙恬更可能是改进了它；墨也不是后来你熟悉的那种蘸水就能化掉的墨，而是有着相当硬度的天然矿物颜料，需要用研石把它放在蚌壳、瓦片或石块做的“砚板”上研磨捣碎；最后一样文具就是小刀，它叫“削刀”或“书刀”，写错字时可以用它刮掉错字，其重要性不亚于毛笔，所以文职吏员一直有“刀笔吏”的说法。

把这些文具收拾好吧，我们开始正式上课了。

 链接

竹简DIY流程

step1：用小刻刀将竹片、木片削好；

---

① “县毋敢包卒为弟子，尉赀二甲，免；令，二甲。”

② “当除弟子籍不得，……皆耐为候。”

③ “候、司寇及群下吏毋敢为官府佐、史及禁苑宪盗。”

step2：在火上烤干里面的水分，以免招来蛀虫，更利于保存，这道工序就叫“杀青”或“汗青”；

step3：把竹木片上下两头打上小孔；

step4：用绳子或熟牛皮绳穿起来。牛皮绳叫“韦”，成语“韦编三绝”就是说孔子看书很勤奋，把竹简翻得连“韦”都断了好多次，相当于把书翻烂了的说法。

由于竹木所占体积比较大，所以一卷书其实没多少字，有人统计，睡虎地秦简的一枚竹简，通常只有30字左右，以此推断，一篇5000字的文章大约需要166枚竹简，足以构成一卷书。成语“学富五车”是形容名家大师惠子的藏书多到能装满五辆车，但如果按这个标准来衡量，这些竹简的总字数也算不上惊人。

另外，恐怕你不会想到，有些竹简的最后归宿是——当厕纸。那时上完厕所是用外表平滑的“厕筹”来刮啊刮的，所以就让有些不用的竹简木牍，就像如今过期的废报纸一样，担任了这一任务。

第一课　语文

上课了，老师先教你们一个字：

灋

这就是秦朝“法”字的写法，你可以看到，这个字由“氵”、“廌”（zhì）、“去”这三部分组成。一般认为，“氵”有“法平如水”的意思；① “廌”是上古神话中能分辨善恶的独角神兽獬（xiè）豸，传说它如果发现人有罪，就会用自己的独角去戳他。这三个部首组成了最早的“法”字。老师之所以先教这个字，正是要让你们深刻体会法律的神圣与庄严。

看看竹简上的这些字，这就是小篆，秦国统一后将其推行天下，后来

① 法学家朱苏力先生提供了另一种观点：水自上而下流动，因此“水”意味着法是由上向下颁布的。

运用最广泛的宋体字也是在它的基础上演变而来的，你们首先要练习书写这种字体。里耶曾出土过两百多枚“习字简”，上面的文字都毫无意义，比如有一枚写的是“律闲闲帚帚”，另一枚写的是“隶妾窅先蘉先蘉蘉蘉蘉蘉□”，还有“受受受”，另有不少官府文书里的常用字，包括官名、地名、文书习惯用语等。专家认为它们可能是起草公文前打的草稿，也可能是实习生练字练笔的废“纸”。

再看课本，你觉得学校会教你们什么？“人之初，性本善；性相近，习相远”？别逗了，《三字经》是宋代才有的，秦朝人不可能读到，这一幕只能出现在现代某部以楚汉为背景的古装雷剧里；更重要的是，即使那时真有《三字经》，学室也是不教的，因为它讲的都是儒家的内容，被秦朝官方排斥。按张金光先生的观点，你们开始要学的其实是户籍档案，那上面密密麻麻记录着人名。

你多半会觉得很不屑：难道识字就为了记人名？这时另一位同学已经替你表示抗议了：“书，足以记名姓而已……不足学！”他是个身高八尺、肌肉发达，浑身散发着中二气息的大块头少年，不屑地撂下这句话之后，他“咚咚咚”跑出了学室，找狐朋狗友调皮捣蛋去了。

不想学认人名，那你想学什么？想多学几首《诗经》，以后用来写情书？很遗憾，且不说这本书在焚书事件后被官方禁止，即使允许流通，学室也不会教这种充满了文艺小清新气质的读物，这是治学理念不同使然。

在你的印象里，“国学”都是很高大上的课程，譬如儒家教你诗歌、音乐、礼仪，道家教你哲学，名家教你逻辑、口才等。不过很可惜，这些诸子百家都是“私学”，更侧重学术理论研究；秦朝学室是官办，所以具有鲜明的实用性和功利性，学术研究和艺术素养确实很好，只可惜官府不大需要，他们更重视实用型人才。

所以你可以理解为什么先学认人名了，它的用处可比诗歌大得多。你毕业后将有很大概率在基层政府上班，日常工作几乎无不围绕户籍展开，无论是上户口、收租子、拉壮丁、录口供，都要接触无数人名。认识各种奇奇怪怪的名字是最重要的基本功，千万不要轻视这门功课。

除了户口簿，秦始皇时期的南郡守“腾”还在郡内下发过《语书》《为吏之道》等教材，里面列出了秦朝官吏应当具有的道德素养，堪称那时的思想品德教材。张金光先生拿它们与汉朝的《急就章》对比，认为这两本教材也兼有识字课本的功用。比如文中有很多日常事物：“城郭官府”“门户关龠（钥）”“千（阡）佰（陌）津桥”“囷屋蘠（墙）垣”“沟渠水道”“犀角象齿”“皮革橐（蠹）突”“仓库禾粟”“兵甲工用”“楼椑矢阅”“金钱羽旄”“苑囿园池”“朱珠丹青”……

如果你身处统一六国之后，教材还有可能包括《仓颉篇》《博学篇》《爰历篇》这几种启蒙读物，北京大学收藏的西汉竹简中就有《仓颉篇》，保存了1200多个完整的文字。这是秦始皇为了将小篆推广到全国，命丞相李斯、太史令胡毋敬、中车府令赵高（别小看这厮，他其实学问很好的）分别写成的教材，三篇文章尽可能囊括了大部分常用字，你可以照着它们誊写练习。

学会多少字算合格，目前还不清楚，只有两则史料仅供参考。一是《说文解字》的记载：“尉律：学僮十七已上始试，讽籀书九千字，乃得为吏。”不过这里的“籀”（zhòu）是统一前的大篆；另一则来自汉朝《二年律令》的《史律》：“试史学童以十五篇，能讽书五千字以上，乃得为史。”

第二课　写作

你一脸愁苦地望着面前这卷竹简，它最后一枚简的背面[①]写着“封诊式”三个字，里面全是案例汇编，记载了许多官司的诉讼程序，这些都是真实发生过的案例，里面涉及的人名都用“某甲”“某乙”等代替，相当于如今活跃在各种数学题、作文中的“小明”“小红”等。老师自豪地告诉你，

① 那时书的题目都写在这个位置，这样竹简卷起来后标题会露在外面，不信可以自己试验一下。

这些都是他多年来办案经验的总结，每天晚上他都要枕着这些竹简睡觉，还准备把这些思想结晶一直带到坟墓里……他越说越兴奋，你却听得脊背发凉，感觉整个人都不好了。

除了案例，《封诊式》还包括许多司法文书的书写格式，比如原告被告的身份记录、法医验尸报告、现场勘查记录等（具体怎么写，后面会逐一讲解），你的任务就是按照它们的格式进行书写练习。

第一次写作，你写得颠三倒四，被老师狠批了一通，他又念了一篇优秀范文来进行对比，读完后问是谁写的，一个叫“何”的同学举起手。老师表扬他“文无害”，意思是他行文逻辑严谨，不会出现瑕疵，“无所枉害”，并告诫你们：这些司法文书主要与案件审判有关，内容上万一出现纰漏，就会导致判决不公，这是大忌，所以你们都要以“何”为榜样，努力做到“文无害”。

下课后你主动去向“何”套瓷，想以后写作文时能借他的来抄，闲聊中他告诉你，他是沛县人，姓“萧”……在试图抱他的大腿未果后，你只能带着对他的无限崇拜回到了座位。

第三课　体育

说是体育课，严格来说是军事训练课。

那时的吏员分为文武两大类。文吏不用多说，武吏包括县尉、游徼、亭长、求盗等，主要负责治安，肯定需要习武，何况那时举国皆兵，只要不是身体障碍人士，成年男子几乎都服过兵役，那些犯罪分子也很可能身手不凡，所以学室的军事训练不会太差，否则你根本摆不平满大街的“民兵”。

你们学的内容有可能和郡卒、县卒一样，包括发弩、骑马和驾车。秦律在这方面有不少记载：考核时你发弩射不中目标，管理你的发弩啬夫就得罚二甲；[①]学了四年都不能驾车，你要被免职并补服四年役，教练也被罚一

① 除士吏、“发弩啬夫不如律，及发弩射不中，尉赀二甲。”

盾；[1]平时养的马如果不听指挥，县司马得罚二甲；[2]等等。

你和对手挥舞木剑“乒乒乓乓”对打了十几个回合，每次都毫无招架之力，被打到长跪不起。他把你扶起来，自我介绍说，他和“何”是同乡和好朋友，叫“参”。假如你知道若干年后他做到了出将入相，武功和文治一样强到逆天，肯定会感激他没把你当场打个半残。

这时那位不肯学识字的中二少年又不干了，一把丢下木剑：“剑，一人敌，不足学，学万人敌！”这就办理了退学手续，号称回老家下相，去找他季父（叔父）学那“万人敌”的兵法去了。

第四课　数学

很意外吗？秦朝也是有数学的。儒家都把“数”列为“六艺”之一，更别提讲求实用的秦朝官府了。

许多出土简牍都表明了数学在秦朝运用的普遍。北大藏秦简记载了名为“鲁久次”“陈起”的两人的对话，鲁久次问：日常当官为政，哪类数目最紧急？陈起回答：没有不急的。[3]他随后列举和“数”有关的许多事项：“米粟髹漆”“甲兵筋革”“锻铁铸金”“锦绣文章”“核功度事”……岳麓秦简专门有一批简叫《数书》，里面记载了很多数学应用题，基本都是求粮食数；里耶秦简也有很多简牍列举了诸多数字，当地还出土过九九乘法表，号称里耶秦简博物馆的三大镇馆之宝之一，不过它是从“九九八十一”开始倒数。负责整理里耶秦简的张春龙先生认为，这有可能是当时官府颁发的数学材料。

数学课上，你还在低头吭哧吭哧算数，班里已经有一位同学全部做完而且满分，这位长得高大白胖、活像个瓠瓜的秦朝数学神童自我介绍说他叫“苍”。

---

① “驾驺除四岁，不能驾驭，赀教者一盾。”

② “蓦马五尺八寸以上，不胜任，奔縶不如令，县司马赀二甲，令、丞各一甲。”

③ “临官莅，立度政兴事，何数为急？”“数无不急者。”

…………

一天的课程下来，这个充斥着学霸的班级让你感到绝望。你并不知道，若干年后，这些接受秦朝教育的同学们大都成了西汉王朝的顶尖人才。

精通律法的“何”成了大汉开国丞相，没错，他就是萧何，还在沛县时就以业务能力突出而著名，汉朝建立后更在秦律的基础上制定了九章律；

“参”以法吏出身，却在楚汉战争中战功卓著，萧何去世后他继任了第二任丞相，一切政策都遵循着萧何时期的规定运转，从而留下了“萧规曹随”的成语，他就是曹参；

精通数学的“苍”在秦朝担任过柱下史，负责财政收入统计，西汉开国后又担任过计相（相当于财政部长）和御史大夫（他的律法也很出色），增补修订过《九章算术》，也担任过丞相，不过那已是汉文帝时期了。他足足活了一百多岁，他就是张苍。

至于那位学习比你还差的中二少年，不用说你也知道是项羽了吧，这位青史留名的超级差生学的读书和击剑，正是文吏、武吏这两类职业需要接受的基础教育。张金光先生推断，秦朝对私学的限制乃至禁止，杜绝了他像以前的楚国贵族那样学习诗书礼乐的可能，因此只能隐瞒自己的敏感身份，混在平民中去接受职业教育。他学业的半途而废，也不排除是对秦朝教育存在逆反心理。

最后，是不是对你的老师很感兴趣？想知道他的身世，看下一节吧。

本节要点

◆秦朝只是排斥儒家教育，但并非禁止黔首接受教育，更谈不上“愚民”政策。

◆学室的课程以实用性为主，既教授官吏应具备的职业技能，也提供锻炼实习的机会。

◆在学室就读，户籍也会改为弟子籍，并享受免服徭役等优待。

◆弟子们要先学会认识户籍上的各种人名，因为日后的工作几乎无不围绕户籍展开。

◆司法文书写作、数学等实用性课程，都在学室教授的范围内。

◆刘邦集团的许多骨干很可能都受过秦朝学室的教育。

“法官”大人，忘记律条你就死定了
——普法

我叫“喜”，秦昭王四十五年（前262年）十二月甲午日的“鸡鸣”时分，我出生在秦国南郡的安陆县，这一年，秦军开始攻打韩国的野王。两年后，你所熟知的长平之战正式打响，我的阿弟“敢”就在那一年出生，接下来的几年，家中又相继增添了“速”“获”两位成员。

或许你没听说过我的名字，不过没关系，我本来就是万千普通秦人中的一员。在这一节，我将给你讲讲关于我，关于秦律的一些故事。

我的生平和绝大多数黔首那样按部就班。公元前246年，也就是始皇帝陛下刚即位为秦王的那年，我十七岁，按当时的规定“傅籍”；两年后，秦王政三年（前244年）八月，我当上了吏员；次年十一月，我成为安陆县的一名史；秦王政六年（前241年）四月，我升任安陆县的令史；七年正月“甲寅”日，我调任鄢城，仍然是令史；十二年（前235年）四月“癸丑”日，我在鄢城负责“治狱”，也就是审理案件。这些经历都被我记在一卷竹简上，后人管它叫《编年纪》。

这段职业生涯里，我曾在学室教过许许多多的“史子”，当他们完成学室的初步课程后，我会带着他们去接触一些实际政务。为了让他们严肃对待这件事，法律允许我在他们出现工作失误时进行体罚，比如一个叫“奋”的史子就没少挨我的竹条，我从没见过像他这么笨的弟子。

不过我对他们的笞打只是适可而止。因为《除弟子律》规定，支使弟子超出了法律规定范围并进行体罚，令史应罚一甲；打破了皮要罚二甲。[①]另外它也限制了老师们的权力，为了避免杨过遇上赵志敬那样的坑爹经历——“奋”经常拿这两人比喻我俩的关系，不过我不知道他俩是谁——史子完全有权去向监御史投诉我；如果他们日后工作上出了问题，按照秦朝官员连坐的法则，我也要负连带责任，被“耐为候”。[②]

我的教学目标是把史子培养成“法官”，这也是我的本职工作。是的，我知道你在想什么，之前我已向无数穿越者解释过不知多少次了，秦朝的法官和你们时代的法官不同：真正负责审理案件的，在地方上是乡啬夫、令史或者县丞，朝廷里是廷尉；而法官的工作与你们的司法局作用类似，担负着向民众普法的任务。

秦朝的法官体系是这样的：咸阳朝廷设三名法官，朝堂、御史府、丞相府各一名；各地郡县也各设一名法官、法吏。他们的主要任务是保管与核对法令，以及提供法律咨询。

不要小看法令的保管，这点非常重要。战国时期，各国都在积极变法，为了使新法能在民众中得到支持，公布法令、让民众们知法懂法是应有之义。但官府没有任何现代化传播手段，只能人工传抄律条，偏偏这些律条用语又极为简洁，有时只要抄错或抄漏了一个字，意思就会大不相同。

为了避免这种情况，秦朝对保管法令的要求十分严格，规定这些律条要在专门的“禁室”存放，平时大门紧锁，严禁任何人随意出入，只有用专门的“铤钥”（钥匙）才能打开。如山的简牍被分门别类地堆积在整座庞大、阴暗且结构复杂的建筑的每一个角落，所有竹简都被封存起来。假如有人胆敢偷看法令甚至对其擅自删改，将会以死罪论处，用《商君书》的话说：“封以禁印，有擅发禁室印，及入禁室视禁法令，及禁剟（duō）一字以上，罪皆死不赦。”

---

① “使其弟子赢律，及笞之，赀一甲；决革，二甲。”

② “任用保举弟子不当者，均耐为候。”

禁室每年只开启一次，届时管理者（有可能是御史）会把这些法令发给官吏们，以便他们学习中央精神，同时我也会去咸阳接受政策培训，既是对这些法令进行核对校准，也是及时了解新出台了哪些法令，又有哪些法令被修改、废止，因为按照《尉杂》的规定，地方法官每年都要到御史府去核对法律条文，[①]那里正是秦朝的国家档案馆。“奋”告诉我，后来有一个叫萧何的人曾在丞相府、御史府里得到了很多资料，我相信他收集的除了户籍、地图之外，最多的就是各种律条法令了。

法令的核对与保管毕竟每年只有一次，我更主要的日常工作是为来访群众提供法律咨询，事实上接下来的两千年，再没有一个朝代能像秦朝那样重视向民众普法，这又是“奋”告诉我的。和所有的穿越者一样，他在学习律条方面是个无可救药的笨蛋，不过有时也能说出一些让人吃惊的事。

他给我讲过一次穿越的经历：睁开眼后，他发现自己站在闹市的人群中，身旁的百姓们颈项都伸得很长，仿佛许多鸭，被无形的手捏住了的，向上提着。人们的目光都集中在远处一根三丈高的木头上，一个看着很像大官的人正在宣布：谁能把这根木头从南市搬到北市，就赏赐十枚金镒……

百姓们窃窃私语却没人敢上前，小声议论：官府说话从来不算，翻脸不认人是常事，谁知这葫芦里卖的什么药？也许像齐国苏秦那个“二百五”[②]的故事呢？

大官看没人来，举着小锤喊：10金一次，10金两次……“砰”一敲，又宣布赏金提升到50金。大家更吃惊了，却还是不敢上前。

这时就该英明神武的“奋”登场了，他是这么自称的。他一个鹞子翻

---

① “岁雠（chóu）辟律于御史。”

② 有一种说法是，苏秦在齐国为相，后遭刺杀。为了引出刺客，齐王发布公告称：苏秦其实是齐国内奸，杀他者有功，可赏千金。于是有四个人站出来，承认自己是凶手，每人应分250金的赏金。齐王因此宣布，把这四个“二百五”处决。不过这个故事不见史料，更可能是民间传说，时间上的bug（苏秦生于商鞅之后，那时的百姓不可能知道他的事迹）也请无视好了。

身，打擂一样跳上台来，扛起木头一眨眼就来到了北门，大官二话不说，当场数给了他五十枚金镒。所有围观群众都沸腾起来，谁都不敢相信自己的眼睛，唯一相信的是，官府真的说话算数了！捧着晃瞎了眼的一堆金镒，“奋”也惊喜得以为自己是在做梦……

没错，就是做梦。我们后来都问“奋”，那50金哪去了？他哭着说，原来穿越是带不走身外之物的。

这个梦让我觉得很蹊跷，它分明是商君变法之初的“徙木立信”，那是秦国历史上第一次广义上的普法，尽管普及的并非法律条文，但其中蕴含的法律精神更加重要，它能使民众深刻体会到官府的威信、秦律的威严。

后来秦国迁都咸阳，营建新都城时，商君还专门在宫殿外建造了“冀阙”，我去咸阳的时候见过，那是一对类似塔楼的建筑，分别列在宫门外。有人解释说，“冀，记也。出列教令，当记于此门阙”①。换言之，国府每次出台新法令，都会事先张贴悬挂在冀阙上公开，让民众了解，这相当于又一次重大普法活动。

官府重视普法也很好理解。商君在他的著作中认为“民不尽知”“民不尽贤”，所以“圣人为法，必使之明白易知”，从而“令万民无陷于险危”“万民皆知所避就”——如果完全不懂法，民众肯定会稍不小心就要被法办了，所以肯定有了解法律的迫切需求。

民众知法也可以使民众和官吏之间互相监督。商君认为：“吏明知民知法令也，故吏不敢以非法遇民，民不敢犯法以干法官也。遇民不修法，则问法官，法官即以法之罪告之，民即以法官之言正告之吏。吏知其如此，故吏不敢以非法遇民，民又不敢犯法……”

对不起，忘了你们看不懂了，我来把这段绕口令简单翻译一下：民众从法官那里了解了法律，就不怕官吏的欺压了，也不敢随便犯法了；官吏知

① 司马贞《史记·索隐》。

道民众懂法，就更不敢任意欺压他们了。所以向民众普法，相当于给民众和官吏各自打了预防针。

《商君书》还为此打过一个比方：如果让养马的人彼此互相监督，由于他们之间利益一致，未必能把马养好；但如果马会说话，用马来监督养马的人，那么养马者就不敢再有丝毫的马虎。

在我当法官的日子里，每天都要接待形形色色的来访者。他们最常问的是各种律条里的规定：现在能不能进山砍树打猎？我的田地每顷要缴多少石刍稾？放牧的公家牛马死掉了怎么办？怎样才能给当隶臣的家人赎身？……遇到这些问题，我往往可以张口就答，整部秦律我都已牢记在心、倒背如流。

有时来访者会问我一些法律名词，这也使问题显得五花八门。比如有一天，一位百姓惴惴不安地带来一双鞋子，问我这算不算"锦履"，因为秦朝禁止一般人穿着华丽衣物上街。我告诉他，鞋上有花纹才算锦履，只是用锦做鞋帮就可以不算。

另一位百姓问什么叫"同居"，我的笨蛋弟子"奋"竟解释成"一对男女不结婚就住在一起"，我赶紧打断他，告诉咨询者，在咱们大秦，"同居"是个法律用语，指的是"同户"，包括和自己住在一起的家人、仆人等。

还有人指着律条上一句"以梃贼伤人"问我什么叫"梃"，我告诉他"木可以伐者"（可以打人的木棍）叫"梃"；又有人问我什么叫"羊驱"，我告诉他那是一种可以吃的草籽；另有人送来一块玉，问我这是不是"琼"，我说"琼"其实是"检"（有观点认为检是装玉的盒子），如果玉丢失了或被人替换了，看"检"可以知道玉的大小；更有人好奇地问我，为什么其他国家有使节来访，我们要用火把他车上的衡轭好好熏一遍？我告诉他这是因为牛马身上如果有寄生虫，多半也会附着在那里，为了避免外来物种入侵，必须要对此进行卫生防疫……这些解释都被我记录在一部叫《法律答问》的司法解释里。

我是这个时代的《十万个为什么》，是这个时代的人肉搜索引擎，“奋”总是这样吹捧我。

不过专业含量最高的，还是那些需要打官司或者吃上官司的百姓提出的问题，案情同样包罗万象。

盗窃案是最多的。有人问过我：别人家的一个隶臣唆使一位婢女偷自己的牛并卖掉，又一起带着卖牛的钱私奔，结果出边塞时被拿获，两人应该如何论处？我告诉他们，应按城旦的样子施以黥刑，然后分别交还主人。

也有人问我，他的一个亲戚去某处盗窃时遇上了同行，两人聊了几句十分投机，于是一同作案，各自盗窃的赃物各值400钱，撤离时一起落网。他俩会不会被一起论罪？我告诉咨询者，案子的关键在于两人是不是预谋，如果是，那他们的赃款就会被合并到一起论处；不是，各自按所盗的赃款数论罪。

还有人问过我一个很奇葩的问题：他发现爸爸偷自己的东西，自己能不能去告他？我告诉他，秦律规定，父亲偷儿子不算偷，不过如果他的爸爸是“假父”，也就是继父，就算盗窃罪。

人身伤害的案件也很多见。有人就问我，他的一位朋友是被求盗追捕的罪犯，在搏斗过程中杀死求盗，这应该算哪种杀人？

你可能不知道，秦律对杀人罪分得很细，性质不同，分类也不同。打架斗殴中闹出人命，叫“斗杀人”；故意杀人叫“贼杀人”，要被判处弃市；一个家庭中，地位高的人杀地位低的人，比如父杀子、主杀奴，叫“擅杀”，处罚轻一些，判处“黥为城旦舂”。从咨询者的描述来看，这名犯罪嫌疑人的行为既符合“贼杀人”——他知道被求盗抓住就是死，所以肯定要拼命杀死对方；也符合“斗杀人”——是在搏斗过程中杀死了求盗。那么到底应该算哪种？

我告诉他，这种行为本身是“斗杀人”，但应该按“贼杀人”判刑。因为“斗杀人”中存在过失杀人的可能（本来没想打死对方，结果无意中下手重了），“贼杀人”则是蓄意置对方于死地，惩罚应较前者更重。

…………

你问我怎么知道这么多律条的？答案很简单，背的啊。这时候没有网络，也没有纸质书籍，律条平时还都藏在“禁室”里，就算能取出来，一卷竹简也就几千字，大家要咨询的问题却五花八门，难道每次我都得拉着堆积如山的竹简出来提供咨询？只能用背的。

你也许会怀疑：一旦我记错或有意说错法令，会造成很严重的后果。这一担心很有道理。我无意在此标榜自己的操守，因为秦朝向来都是靠制度而不是道德来约束人们的，还是拿事实说话吧。

看看这只木柙（xiá），里面装满了写好字的竹简木牍，它们的长度统一为秦制的一尺六寸，中间被特殊的纹线分开，这叫“符”，和商人们用的契券很像。每次我提供完法律解答，都会在那条纹线的左右两面分别写好咨询的年、月、日、时，咨询者的姓名，以及提出的问题、自己的解答，再把这条“符”给咨询者看。

等对方确认内容无误，我就会按中间那条纹线把它剖成左右两“券”，左券给咨询者带走作为凭据，右券放到木柙里。等到木柙装满了这些“券”，我们也会把它搬进一间库房封存起来。上级或咨询者要是发现有问题，可以重新找出“券”来，将两“券”的刻齿拼在一起核对，如果真的是我们法官故意曲解，马上就可以找我来问罪。

最狠的是，秦朝对于法官错解法令的惩罚也相当别出心裁。“奋”刚开始跟着我学律条时，我就反复告诫他，一定要先把那些对重罪的处罚背下来，千万不能忘掉或背错。因为《商君书》规定，假如你真的忘了律条的规定，就用你忘记的那条来处罚你自己。①

是不是不太明白？“奋”一开始同样不明白，后来一件事让他彻底明白了。

现在回想起来，那个案子还让我和他后怕不已：一个身高不满六尺的

---

① “敢忘行主法令之所谓之名，各以其所忘之法令名罪之。”

未成年人抢劫杀人，事后查明是被人教唆，教唆者自己分到了十个秦半两。“奋”居然认为教唆者本人反正也没有参与杀人，就不用承担刑事责任了。听到这个回答，我差点喷出一口老血，第一时间就捂住了他的嘴，不让他继续说。

教唆未成年人犯罪，在秦朝性质极为恶劣，社会危害也更大，尤其是被告人既抢劫又杀人，已经属于秦朝杀人罪中性质最恶劣的“盗杀人”，官府向来会对教唆者处以最重的刑罚，“奋”要是真的答错了，这一刑罚就会原封不动地转到他的头上。

教唆者被肢解了。

你多半会觉得这是一个严酷到奇葩的规定。但无论如何，它终究能敦促法官们拼命提高自己的业务水平，即使真的因忘记律条而受到处罚，也绝对有助于我们牢记法律。现在回想起来，制定这条规定的商君真可谓用心良苦。

为吏的大部分时间，我都是在读、背和传抄律条中度过的。我从过三次军，但都是小规模的战事；十年统一战争我也没有参加，身为一个视军功高于生命的秦人，这不能不说是个巨大遗憾。好在我还有这些律条，有空我就梳理它们。

它们当中最主要的就是秦律了，这都是当年商君变法时制定的。目前已知的秦律有三十余种，基本相当于你们现代的行政法规：譬如你务农，要遵循《田律》撒种子、交税、保护山林，要遵循《厩苑律》饲养牲畜，要遵循《仓律》来储存粮食；从军要遵循《军爵律》；管理经商的有《金布律》《关市律》；做工匠有《工律》《工人程》；身为吏员，要受《置吏律》《除吏律》管理；等等。

第二类是朝廷针对一些特定事件临时发布的命令，说通俗点就是“圣旨”。比如商鞅变法时急需开垦大量农田，就公布过“垦草令”“为田开阡陌令”；焚书坑儒时，始皇帝也发布了“焚书令”；秦简里还有“兴徭令”；等。它们一般只在一段时间内适用，不过有些也会以律条形式固定下来，这类文件分为“命”“令”两种：“命”具有指导性作用，大意是告诉各地“可以做某事”，统一天下后也叫“制”，皇帝一般的批复是“制曰：可”；“令”也叫“诏”，具有强制性，大意是要求“必须做某事”，皇帝的批复也就成了“诏曰：行”。“奋”曾问我开头怎么没有那句“奉天承运，皇帝诏曰”，后来他才明白，那其实是明代的官方用语。

第三类叫“式”，它规定了各种案件的审判原则，还有调查、勘验、审讯、查封等方面的规定，有点像你们现代的诉讼法，还包括一些法律文书的格式，诸如《封诊式》，以及规定了讯狱要求、爰书格式的《治狱程式》。

第四类是法律解释，也就是前面所说的《法律答问》，以问答形式对相关内容进行规定和说明，方才我对来访者的回答，都来自那里。

第五类叫法律文告，是地方性法规，也就是各级地方官在自己管理的郡县内发布的文告。我所在的南郡，郡守是灭过韩国的将军“腾”，他曾发布过一篇文告，就属于这种性质。

接下来还有“课”“程”这两种生产领域的标准。课是考核的意思，程是规格的意思，比如规定工匠干活的数量与质量的《工人程》、规定牧人饲养牛羊标准的《牛羊课》。

最后一种就是“廷行事”了，“廷”指郡县各级的官府，“行事”是已经确定并实施的案例判决，所以“廷行事”其实是以前的判例，可以作为后来断案的参考。

正是这些完备的法律，使秦朝在各个方面都有法可依，基本实现了“治道运行，诸产得宜，皆有法式”，这是多年之后始皇帝在《泰山刻石》上说的；《琅琊台刻石》上也写着“端平法度，万物之纪”“欢欣奉教，尽知法式”；《芝罘刻石》写的是“普施明法，经纬天下，永为仪则”；还有《会稽刻石》的“秦圣临国，始定刑名，显陈旧章”；等等。

这些律条随着秦军一天天胜利的步伐被传播各地，我却一天天老去，统一后的第四年，始皇帝三十年（前217年），四十六岁的我终于一病不起。临终前，仅存的气力支撑着我在每年都要记的《编年纪》上写下“卅年”这两个字，然后向家人和“奋”说出了最后的心愿：希望把这些毕生收藏的秦律简牍作为陪葬，让它们跟着我去另一个世界。

下葬的那天，我的灵魂看到他们在棺椁中铺满了这些秦简，又将我的身体小心翼翼放入棺中，我头枕着竹简，头两边也是竹简，身上是竹简，手下按着竹简，脚底下还是竹简。身为一个读书人，这样的长眠真是再幸福不过。

我的灵魂后来才知道，正是这些我带入自己坟墓的竹简，在1975年重新出土，使秦两千年后的世人得以管窥秦法的一斑，甚至“奋”的穿越之旅的相当一部分遭遇，都记载在这些律条和案例中。我还听说，考古学家们以我长眠的那片土地为这批秦简命了名。他们叫它：云梦睡虎地秦简。

本节要点

◆秦朝设有专门负责向民众普法的“法官”。

◆法官需要保管并定期核对律条，以保证其内容无误。

◆法官更重要的工作是为民众提供法律咨询，这些问答都记在《法律答问》里。

◆每次提供完咨询，法官都会将解答记录到“券”上做备案。

◆一旦忘记律法的规定，法官就会按这条律法规定的罪名受到相应处罚。

◆秦律体系由“律”“令”“式”“课”“廷行事”等组成。

两千年前的抢劫案，怎么破
——勘验

始皇帝六年（前241年）六月癸卯日，雨。

阴郁的天穹洒下细密的雨丝，一个丁香般的姑娘撑着伞，走进这条悠长，悠长，又寂寥的雨巷。

她从不远处的集市走来，走得很慢，手中那个沉甸甸的包袱滞涩着她的步伐，那里面塞满了秦半两，因铜板的撞击不时发出清脆的声响。

窈窕的身影没入雨巷时，抒情诗变成了罪案剧。

一个尾行多时的黑影猛地跟上，从姑娘身后捂住她的嘴，搏斗声、呜咽声混杂在一起，打破了雨巷的沉寂。片刻挣扎后，姑娘软倒在湿漉漉的雨地，一片血红在身下的水洼中迅速扩大；那个身影则扛起包袱，消失在雨幕中……

痛苦的呻吟，焦急的求救，杂乱的脚步，水花四溅的微小响动，沙沙的雨声……一片混乱中，一个身影在案发地点几次徘徊，终于停了下来，躬身从泥泞中捡起了一样东西。

雨水将上面的泥渍清洗干净，这是一枚荆木制成的券。

…………

（沉郁的背景音乐中，画面上浮现出一大一小两行字）

荆券的研究[①]

作者：不叁・可难道尔・张

听罢案情，几位狱史面面相觑，一旁的你也觉得小心肝扑扑乱跳。

结束了学室的学习，你进入了“试为吏”（实习吏员）阶段，可以跟着狱史去跑案了，这叫“往诊”，不是出急诊，而是约等于现代警方的侦查。许多刑事案件都有这方面记载，岳麓秦简的“魏盗杀安、宜等”一案，当地居民发现几名死者遇害后报案，官府派出狱史“彭沮”“衷”前往现场；在“喜盗杀人”一案中，一位叫“毋忧”的女性被勒死在自己的田舍里，一位女性“婴”发现后报案，官府同样派出狱史前往现场。

不过这项工作在秦朝并不独立，往往由负责审案的狱史（和令史一回事）来兼职，后来你所熟知的狄仁杰、包公、寇准等“青天”们也都是这样。

报案的里典“赢”补充说：犯罪嫌疑人逃亡之后，受害者女子“婢”过了一会才站起身呼救，这时另一个叫“龀”（chèn）的女子闻讯赶来，发现“婢”背后插着一把笄刀，正在往外飚血。好在受害人被及时抢救过来了，目前没有生命危险，但那个大包袱里装的1200钱被抢走了。

这可是一笔巨款，你和几位同事——狱史“顺”“去疢（chèn）”“忠”都暗自心惊，商量了一下之后，你们准备先去现场调查。

秦朝已经有了现场调查的概念。比如出现凶杀案时，令史会来检查尸身的外表，不过他本人不会接触尸体，而是由一同前来的牢隶臣帮着翻弄。这是由于古人极为忌讳触碰尸体，认为这是一件伤阴德的事，更别提像如今这样开膛破肚地验尸了，这也直接导致中国古代的法医学很不发达，至多只能对体表进行鉴定。

即便如此，睡虎地秦简的《封诊式》中那些勘验调查笔录也极其详尽，读来让人有历历在目之感，比如《贼死》这份爰书，翻译过来大致是这

① 本案根据张家山汉简“不知何人刺女子婢最里中”一案改编。

样的：

一男性尸体位于某一房屋的南面，仰面躺卧。头上左额角有刃伤一处，背部有刃伤两处，都是纵向的，各长四寸，宽一寸，互相沾渍，伤口都是中间陷下，像斧砍的痕迹。脑部、额角和眼眶下都出血，污染了头部、背部和地面。没有别的伤口了。死者身穿单布短衣（布禅）、裙、短袄各一件，短衣袄背部有两处被利刃砍破，与伤口位置符合，短衣背部和衣襟染有污血；尸体的西面还有一双涂漆的秦麻鞋，一只六步开外，另一只十步开外，鞋子合脚。现场地面很硬，找不到凶手的脚印。死者本人年龄在壮年，肤色较白，身高七尺一寸，头发长二尺，（都是秦制）腹部有两处灸疗（艾灸治疗）的旧疤，尸体距某亭一百步，距某里士伍丙的农舍二百步……

再看这则《经死》的爰书，它描述的是一起上吊案件：

死者尸体悬挂在自家东侧卧室北墙的房梁上，用拇指粗的麻绳做成绳套，束在头上，绳套的系束处在头后部，绳在房檐上，绕檐两周后打结，留下了绳头长二尺；尸体的头距房檐二尺，脚离地面二寸，头和背贴墙，舌吐出与嘴唇齐，流出屎溺，玷污了两脚。解下绳索时，尸体的口鼻有气排出，像是在叹息，绳索在尸体上留下瘀血的痕迹，只差头后两寸不到一圈。经检查，尸体其他部位没有兵刃、木棒、绳索的痕迹……

不止凶杀案，盗窃案等财产犯罪也要侦查。看这个“穴盗案”：你和你老婆都是穷苦人，家里唯一值钱的就是这件绵裙衣。这天晚上你将它收在侧房，关好门后和你老婆睡在旁边的正房。没想到第二天一早开门取衣服穿时，发现有人从外面在这间房的墙上打了个洞，直接把衣服从洞里偷走了。等令史、牢隶臣、里典等办案人员来了之后，就在爰书上记：

这间侧房在正房的东面，和正房相连，朝南开有一门。房后有小堂，墙的中央有新挖的洞，洞通到房里。洞下沿与小堂的地面平齐，上高二尺三寸，底部宽二尺五寸，上窄下宽，形状像猪洞。用来挖洞的工具像是宽刃的凿，凿痕宽度估计有二又三分之二寸。土块到处散落，房中和洞里外的土上有膝盖和手的印痕，膝、手的痕迹共六处。户外堆土上有秦綦履（一种有花纹的麻鞋）踩出来的鞋印四处，长一尺二寸。履印前部花纹密，长四寸；中部花纹稀，长五寸；跟部花纹密，长三寸。综合履印的情况判断，像是旧履踩出来的。

侧房的北面有墙，墙高七尺，墙的北面就是街巷。北墙距小堂的北部边缘一丈，东墙距房五步的地方，墙上有不大的新缺口，顺着内外的方向，像是人脚攀墙翻越时踩下的痕迹。由于印痕太过模糊，无法测量长宽。小堂下和墙外的地面坚硬，没有留下任何作案痕迹，比如履印之类，无法判定参与作案的人数以及作案后又往何处逃窜。侧房安放有一张竹床，床在房间的东北部，床东面、北部各距墙四尺，床高一尺。

现场调查一无所获。在里典的带领下，你们又去讯问受害人。以下就是对包扎好伤口的“婢”的调查笔录。

问：被打劫时，你感觉背后有人，怎么不回头看一下？

答：伦家当时打着伞，雨落在伞上“啪啪”直响，听不到后面来人的脚步声，所以米有回头看嘛。

问：从集市回来，遇见什么人没有？

答：遇见过几个路人：一个帅哥、两个帅哥、三个帅哥……都不认识。

问：在乡里，有没有跟你吵过架、闹过矛盾的，比如保庸（仆役），或者和你认识又缺钱的邻居？

答：米有，伦家的人缘可好了，追伦家的男生可多了，不知谁这么恨伦家，嘤嘤嘤……

询问毫无结果，你们转而调查凶器。这是一把柄首为环形、长九寸的小刀（注意那时还没有做兵器的刀，几乎所有的“刀”都是文具刻刀），刀柄的环首有一处突出，可能是铸造时工艺粗糙导致的，突出的旁边还有点残损。

另一样证物是一枚长一尺半的荆券，它是里典“赢”在“婢”摔倒的地方发现的。从荆券边缘参差不齐的券齿来判断，这枚券是右券，该是商人用的。

你们拿它去问“婢”，她摇头说这不是她的；又问住得最近的人家，这家叫“哙”的女子说：我生病了，在屋里躺着，没见到有人在巷子里进出。

线索断了。

第一次调查全无结果，狱史“顺”被撤换，县廷新指派了另一位久负盛名的神探——狱史“举阚”继续追查。他改变了思路，拿着那枚案发现场拾到的荆券，跑到市场去找商人们鉴别，你也跟着去了。

几乎所有受访者都认为，这枚荆券像是交易丝织品“缯”用的券。你们缩小了调查范围，找来一位贩缯的商人进行鉴定，他说：这券上的刻齿表明，“券百一十尺，尺百八十钱，钱千九百八十”（缯长110尺，每尺180钱，交易金额共1980钱）。

你闷头算了一下，忽然说：不对呀，110尺×180钱，结果应该是19,800钱，怎么少了一个0?

贩缯商人也很纳闷，他确认自己的鉴定没问题，不过自己和同行都没有这样的券，毕竟19,800钱是一笔超级巨款，抵得上服徭役者好几年的工钱了，他们都是小本生意，用不上，能用这么大数额的一定是巨富。

“举阚”捋了捋胡须，皱着眉说：我隐隐地感觉到这里面一定有着千丝万缕的联系。又带你们出发去寻找那枚左券，但你们把案发现场周围掘地三尺，仍然一无所获，好不容易出现的线索又断了。

“举阚”苦苦想着新思路，你这个打酱油的也在叨叨着“恩师，这到底是为什么？学生实在想不明白！”“恩师，这是不是太匪夷所思了？”“学生还是不懂，您是说？……”

趁着“举阚”还在想破案思路，说说“鉴定”这档子事。

许多案件都会涉及一些专业领域的知识，办案人员不可能精通所有的专业知识，这时就需要专业人士出场，对其进行鉴定了。大家最熟悉的无疑是医学鉴定，看这个案子：

你是一名疑似患有麻风病的犯罪嫌疑人，被一位里典押送到官府，面对令史的讯问，你供称：自己在三岁时患有疮伤，眉毛脱落，不知道是什么病，没有其他症状。

这时就有医生登场给你做体检。他皱起眉头看看你的外貌，在鉴定书上写："无眉，艮本绝，鼻腔坏"（没有眉毛、鼻梁断绝、鼻腔已坏）；他用一根草秆捅你的鼻孔，你毫无反应，于是记："刺其鼻，不嚏"（探刺鼻孔，不打喷嚏）；又对你说，走两步，没病走两步！你拖着脚走了几步，身姿跟《植物大战僵尸》里的那些僵尸一样，他又记："两足下踦"（两脚不能正常行走）……然后继续检查：你身上有一处溃烂；手背上没有汗毛；让你唱个歌，你只能"吼吼吼"地发出一阵嘶哑声音。有鉴于此，医生给出了医学诊断：麻风病。

这也使令史决定了对你的处理结果："疠者有罪，定杀。"两位牢隶臣把你拖到河边，分别抓住你的双肩双腿，荡秋千一样悠了几下，扑通一声把你丢进河里，这就叫"定杀"。

疠者"奋"，卒。

多说两句，"定杀"并不是一般人理解的，只要得了麻风病就要被淹死，以免传染。一般人被发现患病后，其实是被送到那时的隔离医院——"疠迁所"里隔离的，只有犯了罪的麻风病人才被处以这种死刑。

再看下面这个和司法鉴定相关的案子，比较重口味：

一位怀孕六个月的孕妇与同里一位女子打架（啧啧，真猛），互相揪住头发对殴，她被对方推倒了，被邻居劝开架后回到家，肚子开始疼，结果流了产。她因此带着死婴去起诉那个打人的女子。令史检查了死婴，又让一位有过多次生育经验的隶妾给孕妇做妇科检查（为避免引起你的不适，具体内容略）。这位大妈鉴定说，孕妇"前旁"有干涸的血迹，现在还有点出血，并非"朔事"（月经）；以前也有位曾怀孕流产的妇女，她的出血情况和这位一样。就这样，这位孕妇的流产就被确认了，这个鉴定结果被记录在名为《出子》的爰书上。

有时候，为了在侦查勘验中取得证据或者收缴赃物，令史们还要查封案件当事人的财产，比如这则爰书《封守》，就是一份查封财产的清单：

根据某县某县丞的文书，查封被审讯人某里士伍甲的房屋、妻、子女、奴婢、衣物、畜生：一间堂屋、两间卧室，都有门（这不废话吗），房屋都用瓦盖、木构齐备，门前有十棵桑树；妻名某，已逃亡，查封时不在场；女儿“大女子”某，还没有出嫁；儿子“小男子”某，身高六尺五寸；奴某，婢“小女子” 某；公狗一只。

爰书的结尾，令史又对在场做证的里典、邻居等人说：甲如果还有其他应查封，而你们却脱漏、未加登记的，你们也有罪！[①]里典和邻居们赶紧回答：甲应查封的都在这里，没有其他应封的了！[②]至此，令史才让他们轮流看守已被查封的房屋和家人，办案人员则一起回去商量案情。

“举阚”思虑再三，给你开了一份黑名单，让你把附近能找到的人都找到：竖子（童仆）、贾市者（商贩）、舍人（门客）、人臣仆（私家佣人）、仆隶臣（官府的奴隶）、贵大人臣不敬德（大户人家的家仆中品德不好的人）、它县人来乘庸（外县在本地的打工仔）……这些人当中形迹可疑者，或是一一抓来讯问，或是暗地里盯梢，记下他们的一举一动，观察他们的居住环境……

结果仍然一无所获。

正向思维不行，逆向思维怎样？“举阚”叼着烟斗 （误），慢慢进行推理：从目前掌握的情况看，寻仇、谋色这两大动机已被排除，这显然是一起谋财案。也就是说，嫌疑人行凶很单纯，就是为了受害人携带的1200钱，而他获得那么一大笔钱，不可能为了像贪官一样藏在家里镇宅，肯定是要花的……对了！他眼前一亮，马上让你们去调查，最近周边有没有突然出现大手大脚花钱的可疑人等。你不失时机地拍着“大人真乃神人也”的马屁，赶紧去照办了。

---

① “甲倘有它当封守而某等脱弗占书，且有罪。”

② “甲封具此，无它当封者。”

没想到几天过去，还是一无所获。

这回“举阚”并不气馁，又要你去暗访。他丢给你一套女装，让你化装成隶妾。你满心不乐意，可还是穿上，涂上口红（误），扎好麻花辫（大误），以隶妾“每”的名义，趁着天还没大亮、大家看不清你的长相时，走访一处处闾巷，打探那些白天不做买卖、生活贫困潦倒又行为不检的可疑人员，同样是暗中监视他们的行动。[①]

几天之后，你和同事们将其他嫌疑人一一排除，最终锁定了两名嫌疑人。第一个是士伍“武”，他整日“将阳亡”（游荡逃亡），但没有干过“盗伤人”的事。

第二个是公士“孔”。据你们观察，他曾走到集市的亭旗（市场管理处）下，鬼鬼祟祟待一阵又回去了，连续几天都这样；又据了解他的百姓报告，他本人衣服上本来有一根黑色腰带，那上面有系佩刀的地方，但那几天他没有系；此外他本人能言善辩，擅长看人脸色，和一般人很不一样。

你把这些情况上报给“举阚”，他当机立断一拍案：收网！传讯那个“孔”！

嫌疑人被带来了，显得十分镇静，理直气壮道：我是“走士”（差役），从来没佩过什么带鞘的小刀，更不是什么抢劫犯！你们凭什么抓我？警察了不起啊？我可是有纳税的！（误）……

你听得牙根痒痒，“举阚”却很平静，简单问了几句，就让你们先把他羁押起来。

“孔”被押下去后，“举阚”老谋深算地说：根据我多年断案的经验，可以肯定他有问题。不等你提前说一句“恩师，我真是服了您了”，他已给出分析：“孔”刚才无意中说过一句话，说他从来没佩过什么“带鞘”的小刀，这什么意思？我们完全可以反过来理解，他的意思是自己佩过刀，只不过不是带刀鞘的刀！这就叫欲盖弥彰！——别挑刺，这个成语没穿越，《左

① 这一段原简脱漏较多，隶妾“每”的行动只是根据上下文推测。

传》里就有。

他马上让你去市集张贴布告，告诫大家：凡是接受过“孔”的衣物、钱财的，如果不向官府报告，等发现后要被治罪。[①]

公告贴出去后，果然有人主动来联系你们，这人是“走马”爵，叫“仆”，他送来一个白色皮革做的刀鞘，上面系有丝绢。报告说，这个刀鞘是“孔”送给自己的，不知他从什么地方弄来的。“举阙”马上提出“孔”来对质，“孔”矢口否认：我没有送过刀鞘给他！不知道他为什么这样说！这肯定是诬陷！

“举阙”也不反驳，直接举起那把刺伤被害人的小刀，将它插入“仆”送来的刀鞘，严丝合缝。这才转向“孔”：解释解释吧！

铁一般的证据面前，“孔”不得不承认那刀鞘就是自己的。在解释前面为什么不认时，他说，自己得到刀鞘以后就给了“仆”，时间太久早忘了——事实上自己也不怎么带那把刀。

“举阙”又传讯了“孔”的妻子和女儿，将她们和“孔”隔离审问。俩人的供述又打了“孔”的脸，她们说：“孔”平时是佩刀的，最近却不带了，也不知他把刀放在什么地方了。

“举阙”把妻女的话转告给“孔”，“孔”大为沮丧，嘟囔着自己被败家娘们给卖了，只好承认又说了谎，并交代了那把小刀的由来：这是他从一个不认识的人那里买来的，曾佩戴着到过集市上，后来被人偷了，就把刀鞘给了“仆”。

“举阙”继续追问：既然是这样，那你为什么送了刀鞘却说没送？平时佩刀却说不佩？

“孔”这回卡壳了。

对案件相关人员的讯问，相信你已经很熟悉了，之前你们先后讯问过

---

① “有受‘孔’衣器、钱财，弗诣吏，有罪。”

里典“赢”，受害人“婢”，证人“哙”“仆”等。其他案件也不乏类似内容：前面“巍盗杀安、宜等”的案件中，狱史在侦查现场后，讯问了报案人“喜”，得知遇害的这位女性生前曾和“安”等人干活，不知什么人；邻居“衔”提供的情况是，“安”“宜”两人本来的布衣、襦裙、绔、鞋履后来都丢失不见了；接下来办案人员不分昼夜地连轴转，排查了邻近各县的城旦，后来盘查范围还扩大到了田间地头、交通要道上。

“孔”已是理屈词穷，却还是死不认罪。“举阏”看他这副样子，马上吩咐对他用刑。你早等着这句话，狞笑着开始捋胳膊挽袖子，这下终于把“孔”给吓住了，只得供认了犯罪事实。

…………

几天前。

市集上人声鼎沸，“孔”袖着双手，溜达着来到亭旗下站住了，一双贼溜溜的眼睛四下打量着过往行人，连续几天，他都是这样物色着作案目标。“孔”家里穷，自己又没什么正当职业，于是盘算着要大干一票，发一笔横财。

忽然，他眯起眼睛，迅速锁定了目标，不，不是什么财物，而是……

一个商人在和一个买主讨价还价，双方议定价格后，商人拿出一枚荆券，将它一剖两半，买主付完钱拿过丝绸，拿起一半券，将它揣进怀里，这才与商人告别。

“孔”愣愣看着这一幕，若有所思呆立了半晌，脸上忽然浮现出得意而诡秘的神色。

…………

雨淅淅沥沥地下着，街面上人很少，一半是因为行人都在躲雨，另一半则是前几日田里闹蝗虫，大半个邑的百姓们在官吏的督促下，都去地里除虫了。

猎物，就在这时出现了。

他轻抚着袖中那柄脱鞘的小刀，以及那半枚荆券，目不转睛盯着不远处的女子。吸引他的不仅是那婀娜的腰身，更有她手中的那个大包袱，他之前已在集市上注意过她，清清楚楚看到那里面全是秦半两。

眼见姑娘拐进小巷，他握着小刀的手轻轻从袖中抽出，蹑手蹑脚地快步跟上。

罪案，就这样在僻静的雨巷中发生了。

…………

作案经过已经讲完，你还是丈二和尚摸不着头脑："孔"为什么会有那半枚荆券？他要的是钱，那玩意儿跟他的抢劫一毛钱关系都没有呀！

"举阘"咬着烟斗（误），笑着给出了答案：荆券跟这起罪案的确没有任何关系，它之所以会在犯罪现场出现，根本就是"孔"有意丢在那里，用来误导咱们的！他希望把咱们的注意力引向集市！

那么，荆券是哪来的？

"孔"自己伪造的！这就可以解释，为什么券面金额高达19,800钱，而且计算有误。很简单，"孔"的数学没学好，伪造时露了马脚！——"孔"，是不是这样？

眼看自己再也无法抵赖，"孔"只得扑通一声跪下，双手撑地，大哭大叫表示悔不当初；你也恍然大悟，忙拱手表达敬佩之情：恩师，您真是神了！

案发后将近两个月，"不知何人刺女子婢最里中"案终于告破，案犯"孔"被罚为城旦。在记录这一案件的爰书的末尾，是上级咸阳丞"毂""礼"对主角"举阘"的褒奖：

> 六年八月丙子朔壬辰，咸阳丞毂、礼敢言之。令曰："狱史能得微难狱，上。"今狱史举闾得微难狱，为奏廿二牒，举闾毋害，廉洁敦慤（què）；守吏也，平端，谒以补卒史，劝它吏，敢言之。

翻译过来就是：

秦始皇六年八月丙子朔壬辰，咸阳丞“彀”“礼”斗胆上报。法令规定：“狱史能巧妙地侦破案件，上报。”如今狱史“举閵”做到了这点，特呈上与本案相关的二十二件文书，请上级审阅。“举閵”是位办事精干、品德谦逊、办案公正的官吏，请提升他为卒史，以作为其他官吏的榜样。

最后说一句，狱史因破案而得到升迁，并不是孤例。“魏盗杀安、宜等”一案破获后，上级对令史“彭沮”“衷”的评语也是“皆清洁毋害，敦慤（hù），守吏心，平端礼，任谒课以补卒史，劝它吏”；另一个“同、显盗杀人案”被破获之后，县令“绥”的评语同样是，破案者“洋”“清洁毋害，敦慤，守吏心，平端”，“任谒课以补卒史，劝它吏”。读起来是不是很像？可见，秦朝狱吏想升官，侦破大案要案的确是重要途径。

本节要点

◆对于刑事案件，秦朝已有初步的侦查手段，这项工作往往由负责审理案件的狱史兼领。

◆《封诊式》中记载了几份当时的调查笔录，对犯罪现场记录得极其详尽。

◆鉴定手段也在当时出现，多由某领域的专业人士进行鉴定，并做出鉴定结论。

◆和现在一样，对犯罪嫌疑人、证人等的讯问，往往是案件的突破口。

◆狱史因破案而得到升迁，这在当时是普遍情况，秦简中好几起案件都证明了这点。

审案别乱用刑，要讲证据，证据！
——诉讼

“威——武——”

县衙大堂之上，写有“明镜高悬”四个字的匾额高悬正中，下面端坐着县太爷，头戴乌纱帽，一张大黑脸，额头一弯月牙；堂下摆着龙虎狗三把铡刀。两旁衙役们“威武”喊声未落，化装成包公的你便举起惊堂木“啪”地一拍：“把人犯带上来，先打他三百杀威棒！……”

CUT！

狱史“奋”，虽然你现在可以参与断案了，也不能这样想当然啊。以上这一幕，除了“明镜高悬”的典故出自秦朝[①]，其他全是古装剧的YY。快把那一脸煤灰抹掉吧，戏装也脱了，收拾收拾县府，跟着张不叁来了解一下这时的诉讼审判程序，别整出冤假错案来。

正式开讲前，先请你玩个小游戏热热身，游戏名字叫：审老鼠。

你是西汉时期一位长安县丞的孩子，这天你爸爸煮好了肉出去办事，回家却发现肉不见了，他以为是你偷吃的，恼火之下把你好一顿臭揍。你不甘心白挨打，开始在家中搜索，最后找到一个鼠洞，挖开后发现了剩下的肉，以及一只大老鼠，这下人赃俱获，哦不，鼠赃俱获。你模仿爸爸的日常

---

① 《西京杂记》有关于“秦镜”的记载，传说这面镜子藏在秦宫中，能照出人的内脏，人如果有邪念，镜中的肝胆都会张开。后来就有了“明镜高悬”的说法，意指明察秋毫。

工作，对老鼠进行刑讯与审判，老鼠对你的指控一直报以“吱吱吱”。听取它的辩护意见后你宣布：把罪鼠处以肢解之刑，立即执行。

你的过家家游戏引起了爸爸的好奇，他看看你写的司法文书，大吃一惊：一个几岁的孩子，行文居然和老练狱吏一样，顿时看到一颗司法界新星冉冉升起，从此决定教你学法律。长大后，你成了西汉王朝酷吏的代表，并在太史公的《酷吏列传》中占据了一个重要位置。

你就是汉武帝时期的廷尉张汤，这个故事是“张汤劾鼠”。

你也许不明白，这个小故事和秦朝的诉讼审讯程序有什么关系，来看看史书对你审老鼠过程的描述：

> ……劾鼠掠治，传爰书，讯鞫论报。并取鼠与肉，具狱磔堂下。

请记住“掠治”“爰书”“讯”“鞫”“论”这几个字，接下来你会发现，这短短一句话，几乎囊括了秦汉时期的整套审讯程序。

Step1　告诉

一起刑事案件想要进入诉讼流程，前提自然是官府得知犯罪事实的存在，这叫“觉”。《法律答问》有一句：“甲杀人，不觉。”意思是，某甲杀了人，但官府不了解犯罪事实，也就没法进行审理，相当于如今的“不告不理”。

为了让官府“觉”，必须有人去“告”，也就是向官府检举告发犯罪行为。《法律答问》时常可见“告人盗百一十”“告人盗千钱”“甲告乙盗牛”等记载，都是这种“告”。《夏侯婴列传》里还有一档子事：刘邦没发达时，有一次在乡里和夏侯婴闹着玩，不小心伤了他，结果“人有告高祖”，也就是有人去向官府举报。

告发之后，并不代表你就和案件再无关联了。秦朝没有公诉这个概念，不会有检察院的公诉人代表国家起诉犯罪嫌疑人，你必须和自己告发的对象直接对簿公堂。这样就可能会出现一些问题：比如你胆子小，怕打官司惹麻烦遭报复，即使目睹了罪行也不敢向官府举报；又比如你心理阴暗，想靠着诬告来整治仇人。为了防止类似情况出现，秦朝官府也有着种种手段：用连坐等方式强制民众进行举报，重金奖励“告”者以提高他们的积极性，严厉打击“告不审”“投书”者……具体参见“连坐”那节。

如果你本人就是受害人，更需要去报案了，这种情况就叫“自告”。岳麓秦简有一起“识劫婉案”，是敲诈案：某大户人家的主人“沛”去世，他庶出的儿子“义”分到一间布店和一间“舍客室”（出租房），还有其他好几人的欠款。按秦朝法律规定，这些财产都要申报并上税，但代儿子打理财产的母亲“婉”隐匿不报，企图蒙混过关。没想到这事被仆人“识”知道了，“识”以此为把柄，逼她把布店和出租房都让给自己，否则就要去告官。“婉”只得答应了“识”，为了销毁上税的证据，还把那些欠钱者的借条也毁了。但后来她还是很害怕，最终选择了向官府“自告”。

另一种“自告”等同于“自首”。《封诊式》有一则“自告”爰书，某里的公士甲主动前来投案，供称自己在某年五月末和同里的士伍丙盗了1000钱，现在过来自首，并告发同伙丙，令史得知后立即去逮捕丙。

不过，有一种“告”不被官府受理，这就是“家庭”那节出现的“非公室告”：“子盗父母，父母擅杀、刑、髡子及奴妾”，“子告父母、臣妾告主”，都属于这种情况，官府默认这种“告”为家庭内部矛盾，“勿听”。

Step2　定“名事里”

受理群众举报后，官府会出动警力，前往案件发生地“往诊”，即上一节的内容。确认犯罪嫌疑人后，会将他逮捕，这叫“执”，由令史等人实施；假如是逃犯之类犯罪事实清楚者，抓捕行为就成了“捕”，一般由游徼、亭长、求盗等武吏执行。缉拿归案后犯罪嫌疑人会被暂时拘押，这叫“系”，会一直“系”到庭审结束、做出判决。

审讯由县级政府负责，只是主审官员并非古装剧里必定出现的县太爷，而是县令的副手——县丞，有时也会由县丞手下的狱史、令史负责。这也可以解释张汤为什么那么小就熟悉刑狱——他爸爸就是分管司法的县丞，他自幼耳濡目染，自然从小学着写司法文书，正如“孟母三迁”的故事中，年幼的孟子模仿邻居们哭丧和做生意一样。

审讯开始前，县丞或令史先要确定犯罪嫌疑人的基本情况，包括姓名、身份、籍贯，更重要的是有没有前科，这些信息被记录下来后，会发给犯罪嫌疑人（供述）的原籍乡政府进行核查，并要求对方以书面形式进行答复。

《封诊式》中这类爰书就有好几则，格式大体一致，均以“敢告某县主”“丞某告某乡主”等为开头，接下来描述案情、受调查者的基本情况，然后要求对方予以协助，帮忙“定名事里”，并确定“所坐论云何，何罪赦，或覆问毋有”——曾犯过什么罪、判过什么刑罚或经赦免，再查问还有什么情况，如果有，就需要“遣识者当誊，誊皆为报”，即派了解情况的人去抄录他的旧案底，并将它们带回来。爰书的最后，以“敢告主”或“到以书言”结尾。

Step3　讯狱

如果原籍回信确认犯罪嫌疑人身份无误，就该开始“讯狱”了。刚才“张汤劾鼠”的故事中已出现“讯”这个环节，它相当于现代诉讼程序中的举证、质证阶段，也就是对与案件相关的各种证据的真实性、有效性进行审核。

先来看证据，如今庭审出现的大部分证据类型，当时都有了。

这时有物证。“不知何人刺女子婢最里中”一案里的那把小刀与那枚荆券，“魏盗杀安、宜等”一案中那一件很像城旦劳改服的红上衣，“罪行”那节讲到的一起盗墓案中发掘出来的铜器，《封诊式》中一起私铸钱币案中的钱币和模具，等等，均属此列。

有鉴定结论。上节就出现了对麻风病人和受伤孕妇的医学鉴定报告；还有一起“争牛案”，甲乙两人一起带来一头有角的黑色母牛，都称是自己的，令史为此检查了牛的牙齿，得知牛已经六岁，接下来令史很可能会分别问两人牛的年龄，以此作为判断依据。

有证人证言。刚才的“识劫㛍案”，“㛍”向官府“自告”，狱史听取“㛍”和“识”各自陈述后，又传讯了多位证人：

“建”“昌”“喜”“遗”，他们都是“沛”原来的门客，还都欠了“㛍”死去老公“沛”的钱，他们承认从“沛”那里借钱的事实，还做证“㛍”曾折毁他们的欠条。

“快”“臣”“拳”“嘉”“颉”，他们是“沛”的“宗人”（族人）、“里人”（邻居），证明“㛍”原来是“沛”的隶妾，正妻死后，“沛”免去了“㛍”的隶妾身份，续娶她为妻（所以她拥有对布店和出租房的继承权）。

“狗”“羽”则证明：敲诈者“识”曾得到“沛”生前的宠信，“沛”甚至为他娶过妻，还口头许诺过要赠予他布店和旅馆。

乡长“唐”、乡佐“更”证明了两点：第一，“沛”免除过“㛍”的隶妾身份；第二，“沛”娶“㛍”时没有向他们报告，户籍也没改过来。

…………

和如今庭审中的举证、质证环节一样，在“讯狱”阶段，原被告双方都要互相列举能够支持自己观点的各种人证物证，并对对方的证据发表自己的意见，这往往是庭审过程中最重要的环节，很多律政剧的高潮都出现在这里。

“毛诬讲盗牛案”就是一个经典案例：秦王政元年（前246年）十二月癸亥日，一个名叫“毛”的士伍因偷牛被亭长扭送到雍县县廷，他承认自己的盗窃行为后，又咬出了一名同伙，这就是本案的主角——乐人（乐师）“讲”。爰书完整记录了“毛”“讲”在法庭上的争辩（略有删改）。

“毛”声称：十二月五日，自己和“讲”一起偷了牛，还把这牛牵到“讲”的家里，“讲”的父亲“处”知道这件事，可以做证。

负责审理案件的县丞“昭”命令“处”出庭做证（显然那时还没有家

属回避这一说）。“处”把手按在秦律上起誓（误），然后回忆：自己负责看守汧邑的南门，十二月某一天下半夜，“毛”牵来一头黑母牛，又牵走了，就知道这些。“处”说完下去了。

“讲”当然不会直接认罪，第一时间反驳：“毛”偷牛是在十二月，可自己十一月就去咸阳服徭役了，还是整整一个月的光景，哪可能和他一起去偷牛？

“毛”的解释是：“讲”服了徭役不假，但这不代表他跟本案无关。十月份自己就和“讲”商量过，说南门外那些放牧的牛里，有一头黑母牛性格温顺，很容易逮；十一月两人又商量过一次，还真的偷到这头牛了，但由于两人笨手笨脚，结果让它跑了；然后就是“讲”去服徭役，走之前怂恿自己一个人去偷，还说卖完了两人一起分钱。

…………

“讲”和“毛”互相辩论期间，审判人员必须全程保持安静，不得打断，直到他们说出“毋它解”才算完。因为《封诊式》规定，法庭必须充分听取当事人的陈述，并加以详细记录；就算知道是在说谎，也不要马上诘问，只是记录下来。①

只有当事人话都说完，问题却还没有交代清楚，或者供词自相矛盾、难以自圆其说时，狱史才能有针对性地提出质疑，这就叫“诘”。“诘”时要将对话记录下来，如果还有不清楚或者矛盾的地方，就要继续追问下去，直到当事人无话可说为止。看看前面“不知何人刺女子婢最里中”一案对“孔”的诘问，在办案者环环相扣的质问下，他的心理防线很快崩溃，不得不说了实话。

在“识劫娺案”中，狱史听取各方意见之后，诘问“识”：“沛”生前虽然对“狗”和“羽”说要把房子给你，可后来毕竟没给，你也没再要；

---

① “凡讯狱，必先尽听其言而书之，各展其辞。虽知其訑（dàn），勿庸辄诘。其辞已尽书而无解，乃以诘者诘之。”

“沛”死时也没留遗嘱给你房子，“义”本来有了房子的产权，你却还是来索要，还说“不给我，我要去告发你隐藏产业”，这不是勒索是什么？“识”被问得哑口无言，同样只能承认自己争夺财产的行为。

你也许会纳闷，这些狱史是怎么光凭着问话就能问出破绽的？其实这种方式直到现在还在运用。警方审讯嫌疑人时，会把与案子有关的问题列一个极长的清单，里面有着各种各样的问题，很多都只与案情勉强沾边，但其中会混杂一些关键问题；接下来警方按这个清单一条条问，逐一记下审讯对象的回答，之后还会反复问；最后警方再将这几次的回答进行比对，如果对方说的是假话，那么他的那些回答必定会有出入。别看这办法简单，没有经过反侦查训练的人基本上都过不了关。

Step4　笞掠

理论上，当被告人被问到理屈词穷时，基本就可以定案了。不过有时也会遇上一些难缠的犯罪嫌疑人，他们往往会反复翻供，想尽办法进行抵赖，导致迟迟无法定案。这种情况下，就要用刑了，这就是“笞掠”，前面张汤对老鼠进行的是“掠治”，其实是一回事。

审理案件，不用拷打而破案是最好的，施行拷打不可取，更不能恐吓犯人，这是《封诊式》原则性的规定。[①]但凡事总有例外，如果有回答问题不实或者狡辩、多次欺骗或改变口供、拒不认罪的情况，也就是所谓的“诘之极而数訑，更言不服”，那就要“刑讯逼供”了。

据《尉缭子》记载，当时至少有“笞人之背”（用竹条抽打脊背）、“灼人之肋”（用火烤前胸）、“束人之指”（用夹棍夹手指，古装剧经常能见到）这几种手段，不过执法者必须在刑讯时做出书面报告，格式如下：

> 爰书：以某数更言，无解辞，笞讯某。

意思是，由于某某多次改变口供，无从辩解，因此对其拷打讯问。

---

① “治狱，能以书从迹其言，毋笞掠而得人情为上；笞掠为下；有恐为败。”

这则爰书会被存档以备上级审查，也会使刑讯狱史的考核成绩受到影响。这样的规定既是对执法者的约束，也是尽可能地保护犯罪嫌疑人的合法权益。

“不知何人刺女子婢最里中”一案中，“孔”就是在刑讯的威胁下交代了犯罪事实；刘邦误伤夏侯婴，被人告发到官府，他怕受处罚而导致仕途完蛋，一口咬定没伤到夏侯婴，更绝的是夏侯婴也力证刘邦的清白，甚至因此被“掠笞数百”，终于为刘邦开脱了罪行。做兄弟做到这份上，也真是没说的了。

Step5　读鞫（jū）

这一阶段有点像宣读判决书，即执法者宣布对案件调查和审讯的结果，也是对犯罪的过程和事实进行归纳和总结。

县丞、狱史要宣读的是鞫书，这种司法文书一般以“其鞫曰”“鞫之”等作为开头，“审”字作为结束语，以表明犯罪事实调查清楚，而且被审讯的狱史们确认。

“毛诬讲盗牛案”的鞫书就是：

> 鞫曰：讲与毛谋盗牛，审。

意思是，“讲”“毛”合谋盗牛，审讯属实。

在岳麓秦简的“得之强与弃妻奸”一案中，犯罪嫌疑人“得之”企图强暴前妻未果，被判耐为隶臣，鞫书的格式也大同小异：“其鞫曰：得之强与人奸，未蚀。审。”

后来“得之”不服，还要上诉，官府维持了原判：“其鞫曰：……欲强与奸，未蚀。乞鞫不审。审。”

这死心眼还继续上诉，三审结果仍然是：“鞫之：得之乞鞫不审。审。”

格式相近的还有“识劫娩案”的鞫书：“鞫之：娩为大夫沛妾。沛御娩，娩产义、夹。……皆审。”

Step6　论

同样属于宣读判决的环节，不过“鞫”宣布的是对犯罪事实的认定，“论”则是对被告人做出有罪无罪、如何适用刑罚的判决，秦律常出现“以律论”的说法。它与前面的“鞫”属于两个各自独立的程序阶段，目前看来，两个程序有可能是由同一套人马来完成的。

“毛诬讲盗牛案”中，县丞“昭”、令史“敢”、令史“铫”、令史“赐”四人商量了一会，宣布了“论”的结果：“二月癸亥，丞昭、史敢、铫、赐论：黥讲为城旦。”“得之强与弃妻奸案”记载的也是：“丞□论：耐得之为隶臣。”

Step7　乞鞫

案件审完了，胜诉了固然开心，败诉了你肯定也不会善罢甘休，别管是不是冤假错案，先上个诉再说，好歹也是根救命稻草。

这种情况下，就该“乞鞫”了，它也叫“覆讯”，相当于如今的再审，也就是你认为判决不公，可以请求更高一级的司法部门重新审理自己的案子。《法律答问》规定，已要求重审、为他人要求重审的，是在案件判决以后受理，还是在没有判决以前就受理？在案件判决以后再受理。①

乞鞫在当时相当普遍，岳麓秦简和《奏谳书》里的大部分案例都属于这类案例。刚才的“毛诬讲盗牛案”里，“讲”被官府黥为城旦，他对此不服，就申请进行乞鞫：我原来是“乐人”，没有和士伍“毛”合谋偷牛，却被雍县判为与“毛”合谋，判我黥为城旦。②

秦律没有记载乞鞫的期限，汉朝的规定是在三个月内，郑玄给《周礼》做注释时写：“若今时徒论决，满三月，不得乞鞫。”“讲”是二月癸亥（十六日）被判黥为城旦的，再审是四月丙辰（十一日），中间相隔五十四天，也的确是在三个月内。

---

① “以乞鞫及为人乞鞫者，狱已断乃听，且未断犹听也？狱断乃听之。”

② “故乐人，不与士伍毛谋盗牛，雍以讲为与毛谋，论黥讲为城旦。”

负责再审的官府是一审县廷的上级——郡一级的官府。“讲”这个案子一审是在雍县县廷，这里属于内史（关中地区），上一级官府当然就是帝都咸阳，因此这次负责“覆视其故狱”的也很可能是廷尉府。

大同小异的程序逐一走完，“讲”继续坚持自己当时的不在场证明：十月的后八天，自己受一位有“走马”爵位的“都魁”雇用，一起去咸阳，十一月一日起就开始服徭役，怎么可能有分身术，跟“毛”一起偷牛?

三位证人的证言也都对“讲”有利：牛的失主“和”做证，自己的牛是驯化好的，性格特别温顺，一个人完全可以牵走；“讲”的父亲“处”再度出庭，称儿子当时在咸阳服役，自己守城门时，看到“毛”一个人牵来一头黑母牛；雇用“讲”的“都魁”这时从军去了，妻子“租”替他出庭做证，也与“讲”的陈述相同。从这些证言中不难看出：第一，牛是可以一个人偷走的；第二，“毛”有偷牛的行为，“讲”却有不在场的证据。

更令人吃惊的是，“讲”还说出了初审时的一段隐情：由于不肯承认参与偷牛，自己被令史“铫”打过，还被他浇过凉水。狱史们给他体检后发现，“讲”的后背果然有伤，光是手指一样粗的大伤痕就有十三处，小的瘢痕也相互交织，从肩膀一直伸展到腰。

更更令人吃惊的是对“毛”的重新讯问，他竟然也被刑讯逼供过：“毛”一开始的确承认是独自偷的牛，然而负责审讯他的令史“腾”、令史“铫”认准了他不可能一个人把牛偷走，冲他的后背、屁股、大腿一顿痛打，血流遍地，“毛”疼痛难忍，只得把“讲”也拉下了水。体检发现，“毛”脊背上的伤痕相互交织，从肩膀到腰，伤痕密不可数，屁股、两腿上的伤痕至少有四处和手指一样粗。

真相大白，刑讯逼供的令史“腾”、令史“铫”知道没法抵赖了，只得垂头丧气地接受处罚，县丞“昭”和几位参与审判的令史也不得不承认一审过程中自己存在工作失误。查清案件的来龙去脉之后，廷尉府开出了再审的鞫书：

鞫之：讲不与毛谋盗牛，吏笞掠毛，毛不能支疾痛，而诬指讲，昭、铫、敢、赐论失之，皆审。

翻译过来就是：

审定："讲"没有和"毛"偷牛，原审官吏笞掠"毛"，"毛"不能忍受疼痛，因此诬陷"讲"，县丞"昭"、令史"铫"、令史"敢"、令史"赐"等人论断失误。一切经审问属实。

判决下达后，"讲"在"隐官"服劳役的名籍被注销，得以恢复正常人的身份，被安置到"於"地；他已被卖为奴仆的妻儿也由官府赎回，已被没收和变卖的财物同样按价偿还，该判决文书还被抄送到雍县县廷。尽管一度遭遇了命运的不公、被判在"隐官"服劳役，但他毕竟沉冤得雪，总算有了个光明的结局。

有时候，基层政府如果对案件的定罪、量刑拿不准，比如没有适用案情的律、令，或者适用案件的法律条文互相冲突等，下级官员会只做出"鞫"（案件审理的总结），并提出他们"疑某人罪"（对如何量刑存在疑问），然后"敢谳之"（把案件上报给上级机关），这一程序就叫"奏谳"。岳麓秦简中有十几个案子都是这种"奏谳"性质的，《奏谳书》同样收录了这些疑难案件。

其中有一起案件就极为经典，这起"杜县女子和奸案"不仅狗血情节堪称丧心病狂，审判者们讨论案件的过程也很经典。案情是这样的（内容有修改）：

你是杜县滹（hū）里的一名公士，这天病故了，棺材摆在灵堂上还没下葬，你那不守妇道的媳妇却将相好的偷偷领到你棺材后面的内室，趁着你尸骨未寒，演了一出好戏，差点把你从棺材里给气得活过来。你老娘也不敢管，咬牙切齿扒门缝偷窥了半夜，第二天跑去报官。官府自然把这伤风败俗的女人拘捕了起来，但怎样定罪成了难题，杜县为此把案件上报给了最高法院——廷尉府。

廷尉召集廷尉正、廷尉监、廷尉史等三十多人开了个会，讨论的结果是：法律规定，妻子对待丈夫要像对待父母一样，所以你老婆的行为可视为犯了“不孝罪”；由于婆婆也在家，她的行为又构成了对长辈不敬的“敖悍罪”。不孝罪应当判处弃市，轻一等是黥为城旦舂；敖悍罪应当判处完刑（剃去鬓角）。综合两个罪名，廷尉府合议决定，判处你老婆“完为舂”（剃去鬓角，去当刑徒“舂”）。

本来到这里就可以定案了，不想有一位廷尉史“申”出差回来了，听了判决感到不妥，开始和领导同事顶牛。《奏谳书》完整记录了他和廷尉的对话：

申：《律》里讲，“不孝弃市”。假如爹活得好好的，儿子三天不给他吃饭，这儿子该怎么判？

廷尉：那肯定判“弃市”没错了！

申：那要是爹没了，儿子三天不上坟祭祀（给死去的爹供饭），又该怎么判？

廷尉：祭祀就是个形式而已，这哪算犯罪？

申：那欺负活着的丈夫和欺负死掉的丈夫，哪个罪重？

廷尉：人都死了，你想欺负都没法欺负他了，没罪。

申：通奸罪讲究现场捉奸，“捕奸者，必案之校上”。假设现在丈夫因为当官住在官府，妻子红杏出墙，丈夫听到风声跑去捉奸，没捉到，怎么判？

廷尉：你也说了，捉奸得现场捉到才算，丈夫没捉到，没有证据，就不算妻子犯罪。

申：好，各位都认为欺负死去的爹比欺负活着的爹罪行要轻，欺负死去的丈夫比欺负活着的丈夫罪行要轻。回头来看这个案子，丈夫死了，这个女子才和人通奸，即便也算“欺负”丈夫，那么欺负死的丈夫，是不是比欺负活的丈夫罪行要轻？

廷尉：这个……

申：还有，既然捉奸没捉到就不算犯罪，那她的婆婆等到事后才来报官，这就等于没能抓他们现行，还算不算犯罪？

廷尉：呃……

申：综上，这样就判她剃去鬓角，去当刑徒“舂”，不是太重了吗?

廷尉：说的也是啊，还真是判决不当……

在这个案子中，“申”反驳廷尉府决议的核心理由是，丈夫死后，妻子的一些义务已经消灭，他为此连续举了多个例子进行类比，终于成功说服了同事们。不难想见，秦汉时期最高法院遇到这些疑难案件，少不得类似的唇枪舌剑，这有一个专门称呼，叫“吏议”。更绝的是，这种“吏议”的参与者地位是大体平等的，即便是作为最高大法官的廷尉，在这种业务讨论中也并不天然高人一等，还得老老实实地在下属面前承认自己考虑不周。

最后，来看看这样一封平反冤案的鞫书吧，它讲的是对一位叫“辟死”的人进行平反：

> 鞫之：
>
> （再审判决：）
>
> “辟死”论不当为城旦。
>
> （判处一审论定“辟死”为城旦的结果无效。）
>
> 吏论失者已坐以论。
>
> （一审误判的官吏已被法办。）
>
> 九月丙申，沙羡丞甲、史丙免辟死为庶人，令自尚也。
>
> （九月丙申日，沙羡县丞甲、史丙赦免“辟死”为庶人，使其自由。）

这是出土于龙岗六号秦墓的一份鞫书，死者叫“辟死”。沙羡县（位于今湖北省武汉市江夏区）赦免了墓主“辟死”的罪行，墓主却被葬在长江北岸的安陆县，刘国胜先生认为，他很可能是在沙羡获得平反，后来被安置到安陆定居。

当这位“辟死”长眠的棺木被打开时，考古学家发现了陶器、漆器、六博棋、竹笥等随葬器物，还有许多竹简，它们被命名为龙岗秦简；“辟死”本人遗骸的下半部分已经残失，这枚写有鞫书的木牍却端端正正摆放在他的腰间，表面完整平滑，字迹清晰可辨，静静向世人宣告墓主已重获自由，告慰着他的在天之灵。

本节要点

◆秦朝诉讼没有民事、刑事之分，起诉、报案甚至自首都统称“告”。

◆讯狱阶段很像如今的质证阶段，同样需要控辩双方提出证据，并对对方的证据发表自己的意见。

◆秦朝诉讼允许刑讯，但对其严格限制。

◆宣读审判时，对案件事实部分的调查，与定罪量刑是分开的。

◆如果对审判结果不满意，还可以提起上诉，有些冤案就是这样纠正过来的。

手把手教你在秦朝当公务员
——为吏

旅途进行到现在，你遭遇了各种坑爹的情况，总算都挺过来了，张不叁见你骨骼清奇异于常人，尤其是活到现在都还没被整死，也对你小强似的生命力十分佩服，所以从这章起，决定大发慈悲，让你咸鱼翻身，从此走上仕途！

好，你一下精神大振，问自己该怎么做。很简单，瞅见远处那口井没？过去扒住井口看看……对，听我的，低头，弯腰，撅屁股，身子往前探……好，你被张不叁一脚踢进了时间的洪流。

在时光的长河中扑腾了不知多久，你才从井中艰难爬出，发现自己身处一座小小的城邑，它被一道城垣和一条护城河从北、西、南三面环绕出来，东面没有城墙，代之以一条宽阔的河流，在日光下波光粼粼，对面是苍翠连绵的青山。城中有南北、东西两条纵横交错的大道，有几座小小的军营，有陶器和兵器的作坊，你爬出的那口井还毗邻着一座官署。转到官署正面，你读到了篆体的“迁陵”两个字。

没听说过迁陵？里耶呢，也不知道？服了你了。扫个盲吧：里耶镇位于如今的湖南省湘西土家苗族自治州，地处武陵山脉的腹地，毗邻酉水，也就是你身处的城邑边的那条河。两千多年前的战国时期，这里就叫迁陵县，属于洞庭郡。

不用翻《史记》了，太史公没记这个地名，他恐怕根本就不知道这里。史料中，秦国统一后将天下划分为三十六郡，这一带本该属于黔中郡，但一枚写有“迁陵洞庭郡”的秦简的横空出世，彻底推翻了定论，这枚秦简后来也成了里耶秦简博物馆的三大镇馆之宝之一。

请扭头看看自己爬出来的那口井，它是2002年被发现的，考古学家从井中清理出了多达38,000枚秦简。这是什么概念？最早被发现的睡虎地秦简只有1100多枚，就已经引起了整个考古界的轰动。全中国目前出土的所有秦简，加起来也只有40,000枚，里耶秦简一下就占了秦简总数的四分之三。

总数20多万字的简牍，记录了从秦始皇二十六年（前221年）到秦二世元年（前209年），迁陵县的各类政府公文，内容涉及官吏任免、公文传递、灾害防治、物资运输、户籍统计、司法诉讼、债务追讨……真可谓包罗万象，使人们得以管窥当时基层政府的日常运转、公务员的日常生活。你也将在这里经受长年的历练，成为一名秦朝公务员。

心急了？想找一步登天的捷径？这也不是没有，不过一句话，少数。

第一个途径是去当“守书私卒”，也就是直接跟着高级官员当学徒。当年商鞅没发达时，曾给魏国丞相公叔痤当中庶子，李斯也曾当过相邦吕不韦的舍人，不过前提是这几位自身能力也了得。“毛遂自荐”的故事里，平原君和毛遂斗嘴，人们大多记住了毛遂“你不把我这根锥子放进兜里，我怎么露出来”的怨念，可平原君的话其实也没错，是锥子早晚要扎人，你如果是牙签就只能呵呵了。

游说君王也是个可能的捷径。从秦惠王时期开始，苏秦、张仪、公孙衍、范雎等大批六国士子相继通过游说君王当上客卿，不过他们在那之后一般都要领兵征战，经受严峻战争的考验，张仪、范雎都是历时数年，立下军功为主的功劳，才被拜为卿相。

“官二代”同样可以享受优待。“任子”制度允许一定级别的官员保举子孙为官，不过目前来看，这些高干子弟恐怕不大可能直接当上官，而是先要担任“郎官”，类似君王的贴身卫队，包括中郎、侍郎、郎中等。李斯本人就是在吕不韦的推荐下，“任以为郎”。他的儿子李由，蒙武的儿子蒙恬、蒙毅，王翦的儿孙王贲、王离，也很可能都是这样先在“郎官”的位置上任职，再视表现进行提拔的。

你没什么干爹可认，那就只好靠着名气或人缘来快速当官了。如果在家乡名气足够大，十里八村人人都知道你满腹经纶或乐善好施，那你还有望通过“征召”或者“推择”的方式走上仕途。前者就是官府听说你的能力后，主动提拔你，据说创造了隶书的王次仲[①]就曾经被征召；曾被评选为泗水郡第一的萧何也被征召过（萧何给拒了）。但问题是，你有这二位的本事吗？

更不幸的是，这种方式有时候有风险。秦朝最有名、规模最大的一次征召活动是在刚统一天下之后，始皇帝从民间聘请了七十余位博士，十几年后他们的命运……你懂的。

“推择”与“征召”相反，是地方自下而上推荐人才，到了汉朝就演变为“举孝廉”，不过它的标准主要是家财和德行两项，其实说白了只有家财这一项，因为只要你舍得花钱、肯做点修桥铺路等慈善事业，买个好名声不是什么难事。但以你现在那点儿微薄收入，不比年轻时的淮阴侯韩信好多少，他就是因“家贫无行，不得推择为吏”。

这些途径对你来说都不行，所以啊，还是像RPG 里的勇者那样，老老实实地一点点升级吧。

长话短说。十几岁时，你立志要走上仕途，并准备为此奋斗终生。不过先别忙着表决心，你得先看自身条件是否满足为吏要求。综合秦简记载，秦朝对公务员主要有以下规定：

有前科的不能录用。《内史杂》禁止任用犯过罪的人当吏员，“令赦史毋从事官府”“下吏能书者，毋敢从史之事”“候、司寇及群下吏毋敢为

① 典籍关于王次仲的记载各不相同，其中一种说法是，他因将仓颉旧文改造为隶书，而得到朝廷征召。

官府佐、史及禁苑宪盗”……曾因渎职等罪名被撤职，并永不得起用的“废官”也不能再混进公务员队伍，否则任用他的上级就要“赀二甲”。

有些职位对年龄、爵位也有要求。如《内史杂》规定，佐助长吏的吏员，必须由“壮”（三十岁，一说二十岁）年以上的男子担任，没有爵位的“士伍”不能被任命。[①]

籍贯也会形成限制。《置吏律》规定，如果官员调任别处，不得将自己原岗位的部下们也调过去，这样规定显然是为了防止结成新的山头，也必然涉及籍贯的限制。[②]

对于学历、能力的要求，自然是最核心的了，为此你必须“以法为教，以吏为师”，在官方设立的“学室”中进行学习，具体参见“学室”那节。

最后，还有对于思想道德方面的要求，那时的《为吏之道》《语书》等教材已经列出了“良吏”的种种标准。不过从常理讲，没有哪个头脑正常的人会公然标榜自己是坏人吧。

总之，满足全部条件的你成功混进了体制，被“除”为吏。这是秦朝对于官吏任职的说法。下节会讲到，里耶秦简有一枚简，记载了启陵乡夫想要“除”两位士伍当“里典”和“邮人”。《置吏律》也有一句：“县、都官、十二郡免除吏及佐、群官属，以十二月朔日免除，尽三月而止之。”“免”自然是免职，“除”是任用，这句话是说，县、都官和十二个郡，任免吏、佐和各府属员，都从十二月初一起任免，到三月底截止。

只是在此之前，你要经过“试”，也就是试用期，刘邦曾经“试为吏，为泗水亭长”，夏侯婴也有过“已而试补县吏”的经历，试用期约为一年。睡虎地秦简的主人“喜”就曾在秦始皇三年（前244年）八月试为吏，次年十一月“除”安陆御史。这期间需要在你们的职位前加一个“守”字，比如里耶秦简中出现很多次的“守丞”：“八月癸巳迁陵守丞陉告司空主听

---

① “除佐必当壮以上，毋除士伍新傅。”

② “啬夫之送见它官者，不得除其故官佐、吏以之新官。”

书从事”，“阳陵守丞欣敢言之”。

等到试用期满并转正后，“守”就改为“真”了。秦律虽然没有，张家山汉简的《具律》倒有“真丞”“真令”等说法，也不知里典转正后是不是就要叫“真里”。

当上公务员之后，你最关心的是什么？每月工资能拿多少钱？这话一开口就暴露了你穿越者的身份：第一，那时的报酬不是按月领，是按年领；第二，那也不叫工资，得叫“秩”；第三，你领到的也不是钱，当然更不是古装剧里动不动就出现的以“两”来计算的一枚枚银元宝，而是以“石”为单位的——小米。

白银直到明代才开始自由流通，你很熟悉的“秦半两”铜钱虽在社会生活中运用也很普遍，但财政收支等方面仍习惯以粮食为等价物，“秩”“租”“税”等字之所以用“禾”为偏旁，正有此意。人们将收入称为“稻粱”，陶渊明自称“不为五斗米折腰”，同样源于此。

身为县级吏员的你，“年秩”属于“斗食”这一级别，这一级别的官吏被统称为“少吏”。老将王翦在秦始皇十一年（前236年）攻打邺城、安阳时就曾下令“军归斗食以下，什推二人从军”，意思是自己手下的军官们年薪在“斗食”这一级别以下的，都要被撤军，另外，士兵们每十人选两人，随自己进军作战。这条将令相当于从部队中选出了精锐士兵。

“斗食”能有多少石粟米？从字面上理解是每天一斗粮食，“岁奉不满百石，计日而食一斗二升”，按每天一斗两升换算，一年43.8石。墨子大师在《杂守》中算的账是：“斗食，终岁三十六石。”即使按一年36石粮食来算，这一待遇比起普通民众也相当优厚了。前边说过，李悝估算，当时普通人平均粮食消耗量为一人一月吃一石半粮食；《仓律》中，劳动强度极大的刑徒是每人每月两石粮食。这样一来，一般人一年想要维持温饱，至少需要18—24石粮食。“少吏”们不仅没有体力劳动者那么辛苦，年秩也会超出这个数目很多，由是观之，秦朝给公务员的待遇着实不差。

假如能混成“长吏”，你的官秩可以达到200—400石之间，你也会有资格配上官印。先来见识下比较低级的官印：印身是铜铸的，外形又圆又薄，很像一枚硬币；背面则像一枚纽扣，一个小孔系着黄色的绶带。这就叫铜印黄绶。

古装剧里那些方方正正的官印都是明清时期的，而这时全是这种样子的“硬币”。稍微动脑子就可以理解，秦朝的书写材料既然都是细长条的竹简木片，如果盖上大印，印文怎么可能显示完整？传说苏秦佩六国相印，如果都是那种小砖头一样的相印，腰受得了吗？

这些官印会按官职高低分为不同档次，秦朝没有相关记载，继承秦制的汉朝是将官印和绶带按材质和颜色来区分官阶高低，最低的是铜印黄绶，高一级的是铜印黑绶，再往上是银印青绶，再再往上是金印紫绶，各自对应的官职后面会讲到。你问金印紫绶再往上是什么，还想自己也弄一枚玩玩？……再往上那是传国玉玺，谢谢。

公务员的其他福利也有不少。首先是拥有休息日，秦朝虽没有休假制度的记载，汉朝倒有，《史记》载：“每五日洗沐，归谒亲。”意思是官吏可以在家专门休息一天，用来洗澡。这个理由如今听起来很无厘头，但在当时很合理。古代卫生条件相当有限，很多人家不能保证经常洗澡，以至于身上长虱子都不是新鲜事，“扪虱而谈”的典故就是这么留下来的，所以对古人来说，洗澡是很郑重其事的，连君王祭祀前都要专门斋戒沐浴。

如果出差，吃饭也是公粮。里耶有一枚秦简记载“丞主下行乡，食米三升”，还有“丞主食米一石五斗二驷”“疾已食米一石一斗二驷”等记录，简牍还列上了表，分别用“|”“○”符号来表示，具体数量不清楚，但看来是这位丞主带着跟班“疾已”出差时每天的用餐记录。

《传食律》也规定了这些公干人员的伙食标准：御史的卒人出差，每餐粺米半斗，酱四分之一升，有菜羹，并供给韭葱；如果是有爵的人，爵为大夫、官大夫以上的，按其爵级规定供应饭食。出差者的随从，每餐粝米半斗；驾车的仆，粝米三分之一斗。[①]

此外，等你能混到“有秩”（每年100石小米）级别，还能有资格配备厨师和公车。按《金布律》的规定，每个“有秩”级别的吏员可以分配一名“养”，负责给你和你的副手“佐”、秘书“史”等人做饭；你和你的部下们每十人配备一辆牛车。[②]

不过先别高兴得太早，国家花粮食养你们，可不是让你们当硕鼠的，与之相伴的各种管理肯定少不了，先看这枚里耶秦简：

守丞枯五十五日

守丞平五十七日

守丞固二百卌二日

令佐获卌四日

令佐贺一百卅日

令佐章百八十日

守加卌四日

守顾三百一十日

佐集卌四日

佐苏三百一十日

每个人的名字后面加上一些日期，是不是有点像出勤记录？可以想见，那时虽然没有上下班打卡制度，但对于出勤率同样是有考核的。这份记录中，守丞“枯”的出勤天数是五十五天；守丞“平”是五十七天；“固”更不得了，两百多天；下面的守“顾”和佐“苏”是出勤最多的，都高达三百一十天，真是以单位为家。从天数来看，这或许是全年的出勤记录，如

① “御史卒人使者，食粺米半斗，酱四分升一，菜羹，给之韭葱。其有爵者，自官士大夫以上，爵食之。使者之从者，食粝米半斗；仆，少半斗。”

② “都官有秩吏及离官啬夫，养各一人，其佐、史与共养；十人，车牛一辆，见牛者一人。”

果是真的，不知守丞“枯”和“平”这大半年都不来上班是几个意思，身为领导就可以偷懒吗？（不过也可能是他们都在长期出差）

在编人员的数目也要记录。来看看这枚迁陵吏志简：“迁陵吏志：吏员百三人，令史廿八人，□□人徭使□十八人。”意思是，吏员有一百零三人，负责司法工作的令史有二十八人，来自某某地的服徭役者有十八人。另一枚简牍是这样的：“吏凡百四人缺卅五人，今见五十人。”也就是说，官吏总共有一百零四人，还缺三十五人，现在来了五十人。

记载了迁陵县官吏数目的迁陵吏志简
（里耶秦简博物馆供图）

记载迁陵县官吏人数的一枚简牍
（里耶秦简博物馆供图）

再看这份文件：

凡作……	□□乡廿二年……
为令佐六岁	□功二……
为县令佐一岁十二日	劳四三九月……
为县斗食四岁十一月廿四日	凡功三岁九月廿五日
为县司空有秩□□十三岁八月廿二日	……迁陵六月……廿一
守迁陵丞六……	……洞庭……
凡五岁九月……	

看完这个，更是一头雾水了？解释下吧。这叫“伐阅”，通俗地讲，就是你的履历表。“伐”是指功绩，“阅”指的是资历，换言之，一个是功劳，一个是苦劳。秦朝公务员们应该每人都有这么一份“伐阅”，据说到了汉魏时期，官宦人家会在住宅外立两根柱子，分别记上这些内容，从而表明自己家庭的地位。左边的柱子是“阀”（与“伐”相通），右边是“阅”，这就是“家门阀阅”，简称“门阀”。

上面这份文件就是出土于里耶的一份“伐阅”。从左边一栏可以看出，这位官吏当“令佐”当了六年，当“县令佐”一年零十二天，在县里一个工资级别为“斗食”的吏员岗位上干了四年十一个月零二十四天，在工资级别为“有秩”的“县司空”岗位上干了十三年八个月零二十二天，然后达到了迁陵县丞这一人生巅峰……右边缺字严重的那一列，似乎是他在不同岗位上的成绩。

这些成绩被称为“劳”，古已有之。《左传》中，僖公九年（前651年）、昭公五年（前537年）就有“加劳”“不赏私劳”的记载，可见春秋时“劳”已成为人事考察的标准；《厩苑律》中有“赐牛长日三旬”“罚皂者二月”的记载，有观点认为奖惩的就都是“劳”。《中劳律》还有一句：敢擅自增加自己全年“劳”的数目，罚一甲，并取消其劳绩[①]，说的也是它。

① “敢深益其劳岁数者，赀一甲，弃劳。”

"家门阀阅"场景图
（里耶秦简博物馆供图）

"伐阅"（里耶秦简博物馆供图）

“劳”是上级在“课”中对你进行评定的，里耶秦简不时可见“尉课志”“马产子课”“司寇田课”等字样，主要针对各种生产领域，如饲养牛马、漆园种植、开山挖矿等。评比优秀的叫“最”，不合格的叫“殿”，有一枚简中，沮县官员就提到，在秦始皇二十四年（前223年）所牧养牲畜产子卖钱的考课中，沮县居全郡之末。①

睡虎地秦简中，关于课的内容也很多：

你身为管理粮仓的仓啬夫，如果粮食遗失、损坏甚至发生火灾，就要受罚；

你所负责保管的皮革有被咬坏的，你会被罚一甲；

你身为县令，辖区内的驾车用牛在一年内死掉三分之一，你也有罪；

你保管的仓库中的兵器因保管不当导致质量下降，你要被罚二甲，撤职永不叙用；

“工匠”那节也提到过诸多生产考核；

…………

假如你总能在这些课中表现优秀，就可以像攒下经验值那样不断“积劳”（没有成疾），最终得到升迁。当年萧何担任泗水郡的卒史时，就在考核中名列第一，从而得到了上级提拔的机会。

除了这些定期的考核，到了全年结束时，你还要面临一次年终大考——“上计”。

课是上级考核下级，上计则是下级向上级做工作总结。假如身为秦朝官吏的你业绩不佳，上计之于你，就相当于学渣面临的期末考，备胎对女神的表白，国足的十强赛，村上春树的诺贝尔奖，汪峰老师的头条……

从汉朝的上计来看，这项制度相当规范，俨然是如今“两会”的派头。其流程是：每年秋冬时节，乡、县等各级官吏将辖区内的户口、田亩数、税赋、粮谷出入等汇总编制成“上计簿”，层层上报至各郡专门负责财

---

① “沮守瘳言：课廿四年畜息子得钱殿。”

会工作的“上计吏”那里，由他们召开“上计会议”，审理这些数据，并根据中央规定做出下一年度安排，相当于地方“两会”。

“上计”场景图（里耶秦简博物馆供图）

畜官课志简
（里耶秦简博物馆供图）

“上计”简
（里耶秦简博物馆供图）

会议闭幕后，差不多也就是岁末了，各郡的“上计吏”就率领相关会计官员，满载着“上计簿”和各种备查资料前往都城，参加中央召开的全国性“上计会议”，由他们的上级“治粟内史”做工作报告，再由御史大夫对这些数据进行审核。整个会议的最后一个节目是由皇帝亲临上计活动现场，进行“受计”，听取各地的工作报告，评论各郡、各官的功过，并对他们的工作做出指示。

秦朝的上计缺乏具体资料记载，合理推断应与汉朝相差不大，因为从律条中可以见到一些蛛丝马迹。《仓律》提到，各县太仓上报领取口粮人员的名籍和其他费用，与每年的账簿同时缴送。①《金布律》也提到，给一些刑徒发放褐衣后，如果剩余十件以上，也要与每年的账簿同时缴送大内。②负责审核的官员是御史当中的一类，叫“柱下史”，财会大师张苍就担任过这个职位，据说这个职位名字的由来，是因为他们需要“立柱下方书”。

上计的时间很可能是每年的九、十月份之间。秦朝以十月为新一年的开始，各地官吏当然要在新年前完结前一年的工作；其次，《内史杂》记载“上会九月内（史）”，《仓律》记载“到十月牒书数，上内史”。之所以会提前到九月，很可能是在当时的交通条件下，一些偏远地区的官吏要跋涉很长时间才能赶到关中，需要为他们赶路留出时间。

所以啊，想想身处吴郡或者辽东郡等荒凉郡县的你，为了这道年关，翻山越岭好不容易来到咸阳，献上自己惨不忍睹的政绩单，换来的只有白眼、训斥、罚俸，甚至当场被撤职……会不会沮丧得无以复加？为了避免这样的悲剧，在迁陵接下来的日子里，你必须尽力提高自己的业务素质，以期早日成为一名合格的秦朝公务员。

不过话说回来，作为秦朝的公务员，业务素质到底是什么呢？

---

① “县上食者籍及它费太仓，与计偕。”

② “已稟衣，有余褐十以上，输大内，与计偕。”

本节要点

◆3万多枚里耶秦简记录了秦朝基层政府的日常运作。

◆守书私卒、客卿、任子、征召、推择，都是在秦朝为官的途径，不过最普遍的还是在学室接受教育后为吏。

◆成为正式吏员之前，先要有一年的“试”为吏阶段。

◆当时的公务员工资是小米，按年发放；官印只有现代一枚硬币大小。

◆其他一些福利：拥有休息日、出差吃公粮，高级公务员还有资格配备厨师和公车。

◆各基层官府都有公务员的出勤率、人数、履历表等档案。

◆当时官府对官员的考核有“课”与“上计”等多种，官吏们通过积累经验值一样的“积劳”实现升迁。

“开门，我是送快递的！”
——文书、邮传

书接上回，作为秦朝的公务员，业务素质到底是什么呢？

请客送礼？奉迎拍马？拉帮结派？钩心斗角？能喝酒？……

别扯了，是写公文。

不要皱眉，知道你想到了那些乏味枯燥的八股文，可即便在秦朝，公文写作也是任何一个公务员必备的技能。《内史杂》规定，有事请示，必须用书面形式，不要口头请示，也不要托人代为请示。[①]简单的请示都得落实到书面，何况那些正式公文。

你所在的迁陵县，最不缺的恰恰就是公文，好好练吧。

前面说过，迁陵县位于洞庭郡，在如今湘西一带，水网密布、交通便利，自然少不了各种水陆运输。最近又有一批军事物资要运走，需要征发人力服劳役。但眼下是春天，黔首们都要忙着播种，服劳役就得耽误农活，怎么办？你的领导，洞庭郡守“礼”为此组织领导班子开会讨论，决定尽量不要打扰一般百姓，先征发那些城旦舂、隶臣妾等劳改犯，反正他们干什么活都是干。

散会后，需要下发一个《关于优先征发劳动改造人员运输国有物资以保障本郡春耕工作正常开展的通知》的红头文件，郡守“礼”冲你发话了：

---

① “有事请也，必以书，毋口请，毋羁请。”

“奋”啊，去就这个事写篇文告吧。

领导发了话，你哪敢说“我不会”，硬着头皮应下来，回去咬着笔杆抓着头发，憋了六天，只憋出“领导：”两个字来。

看看，这就是在学室不好好学公文写作的下场。眼下郡守等得不耐烦了，马上要过来检查你的成果了，快抓紧时间重写吧，张不叁来教你！

喂，病急也不要乱投医，哪能随手抓过一枚简牍就往上写？秦朝不同等级的公文都要写在不同类型的简牍上，不能用错了。《司空律》规定，县府、都官得用柳木或其他木质柔软、可以书写的木材，削成木“方”以供书写；没有“方”的，可以用“版”。[①]这里的“方”“版”，就是不同类型的简牍。

“版”其实就是“牍”，较真点的话，写上字的叫“牍”，没写字的叫“椠”（qiàn），里耶出土秦简的长度多保持在23.1厘米左右，刚好符合秦制的一尺，所以也有“尺牍”的说法。由于它规格比较统一，做工也相对精细，多用来书写比较严肃正式的公文。

“方”可谓形如其字，近乎方形。它的长度和“版”一样，宽度一般在6厘米以上，比基本只有1厘米左右的“版”要宽得多。由于那时文字都是竖着写的，所以它主要用于记录分段多、句子短的内容。

还有一种叫“牒”，是一种小而薄的木简。从汉朝的牒来看，长度从14.5厘米到23.7厘米不等，但普遍都比“版”短小，多用于记录数字、器物、人名等。

书写格式更重要。先给你看这几封里耶秦简的公文开头：

卅二年正月戊寅朔甲午，启陵乡夫敢言之……

卅二年四月丙午朔甲寅，少内守是敢言之……

卅三年二月壬寅朔日，迁陵守丞都敢言之……

卅三年四月辛丑朔丙午，司空腾敢言之……

---

① “令县及都官取柳及木柔可用书者，方之以书；毋方者乃用版。”

你也看出来了，它们格式都很相像。前面的“卅二年正月”“卅三年四月”等全是文书写作的日期，也就是秦始皇三十二年、秦始皇三十三年；“启陵乡夫”“迁陵守丞都”，一看就是公文的写作者。

“敢言之”是下级向上级“请示”时的规范用语。比如另一枚简牍抬头是“敢言之洞庭监御史”。迁陵县归洞庭郡管辖，这封公文显然是作为下级的迁陵县官吏写给作为上级的洞庭郡监御史，所以用带有谦恭意味的“敢言之”为开头。

平行公文以“敢告”为开头，相当于如今的“通知”。比如这封公文的开头：

卅二年四月丙午朔甲寅，迁陵守丞色敢告酉阳丞……

它的写作者是迁陵县的守丞“色”，县丞是县令的副手，也有人将守丞理解为代理县丞，收信人是与自己平级的酉阳县县丞，所以用“敢告”。其他出土的秦简中也不时可以发现“敢告尉谓乡官啬夫令书曰公夫（夫）张”“当腾（腾）[①]书到为报敢告主，敢告州陵”等。

无论“敢言之”还是“敢告”，公文的开头和结尾都要各写一次，哪怕文书的内容十分简略，这是为了防止有人成心在公文结尾加上其他字、篡改内容，比如这两封：

三月戊午，迁陵丞欧敢言之：写上。敢言之。

卅二年四月丙午朔甲寅，迁陵守丞色敢告酉阳丞主、令史：下络裙直书已到。敢告主。

下行公文就不用“敢”了，直接“告”“谓”“下”“却”都可以，比如：

八月癸巳，迁陵守丞从告司空主……

① 里耶秦简中经常出现某字后面跟有两个类似顿号的墨点的情况，学者普遍认为这是省略字，本书中以加括号的形式予以区分。

卅五年四月己未朔乙丑，洞庭假尉觿（xī）谓迁陵丞、阳陵卒署……

四月丙午朔癸丑，迁陵守丞色下少内……

正月戊寅朔丁酉，迁陵丞昌却之启陵……

郡守“礼”要你写的，就是这样一封下行公文。明确以上这些基本常识后，你可以动笔写开头了：

廿七年二月丙子朔庚寅，洞庭守礼谓县啬夫、卒史嘉、假卒史谷、属尉……

第一句是日期，主语是下达公文的“洞庭守礼”，谓语是“谓”，用在这里表明是上级写给下级的，后面那些人名都是各地县府的对口负责人。

然后是“谓”的具体内容：

令曰：“传送委输，必先悉行城旦舂、隶臣妾、居赀赎债，急事不可留，乃兴徭。……”

这一句是说，凡是有传送运输的任务，必须先派遣城旦舂、隶臣妾、居赀赎债等身份者，有紧急任务不能耽搁的，才能征发百姓服役。前边的“令”专指朝廷针对特定事件发布的诏书，看来这句话应该是从某份诏书的原文中引用的，因此“令曰”应该也是固定用法。

接下来是传达刚才的会议精神：

……今洞庭兵输内史及巴、南郡、苍梧，输甲兵当传者多。即传之，必先悉行乘城卒、隶臣妾、城旦舂、鬼薪、白粲、居赀赎债、司寇、隐官、践更县者。田时殹（语气词，相当于“也”），不欲兴黔首。……

然后要求各下级落实政策：

嘉、谷、尉各谨案所部县卒、徒隶、居赀赎债、司寇、隐官、践更县者簿，有可令传甲兵，县弗令传之而兴黔首，兴黔首可省少弗省少而多兴者，辄劾移县，县亟以律令具论，当坐者言名决泰守府。

卒史“嘉”、假卒史“谷”、属“尉”等，都要仔细清点核查各自县里的县卒、徒隶等劳改人员的名册。如果有能够参加运输的人，县里却没有派遣他们，而是征发百姓服役，以及本来可以少征发百姓却没有，而是多征发的，都要立即向县里举报，县里会马上按律令治罪论处，应当被连坐的有关人员，得把名字报到郡太守府决断。

记载洞庭郡优先征发刑徒的公文

（里耶秦简博物馆供图）

最后是对下级们的告诫：

嘉、谷、尉在所县上书。嘉、谷、尉令人日夜端行。

也就是要求他们（如果有情况）要从各自的县给郡里上书，他们自己也要日夜自我反省，端正自己的行为。

公文的最后，还要加上一句：“它如律令。”这是秦朝公文的惯用结束语，意思是：“如有其他未尽事宜，依律令来办。”

写好最后一个字，郡守刚好来到你身边，虽然对你的效率非常不满意，但文书本身总算没出问题，他的表情这才和缓下来，你也悄悄松了口气，赶紧把公文发出去了。

从附在这篇公文后面的记录来看，它相继在多地的基层政府间流转，打个比方，就相当于一条微博在各种大V小号之间互相转发：

三月“戊申”日的晚上，这封公文被送到巫县的“下里”，由收发人员“庆”经手，记录后再转发；

“庚戌”日，迁陵的一位“大V”——守丞“敦狐”也收到这封文书，他@了和自己平级的另一位“大V”——县尉，县尉收到后又@了自己的下级都乡司空，都乡司空先转给管武器库的仓主，还在评论里@了启陵、贰春这两乡；

等到“庚戌”日这一天，公文继续被转走，在“戊午”日转到另一位“大V”——迁陵丞“欧”的手上；

随后，“巳未”日的上午，令史“犯”又把文书转走了……

这一套流程叫“以次行”，就是公文以县为单位，按一定的顺序依次传递。

这些公文的流转，都是由那时的邮递员——“邮人”来递送的。这是当时一种固定的职业，你一旦当上邮人，全家都会因此改为特殊户籍，从而获得免除徭役等方面的优待。

想成为邮人，需要你的主管上级提名。公元前215年，也就是秦始皇三十二年，有这么一档子和任命邮人相关的事：你叫匄（gài），家住洞庭郡启陵乡的“成里”，是远近闻名的神行太保。这天乡里原来的邮递员挂靴退役，乡啬夫很看好你，就向主管本乡事务的迁陵县打报告，推荐你去继任这一职位，一同上报的还有准备任命为里典的另一位士伍“成”，乡啬夫是这么写的：

> 卅二年正月戊寅朔甲午，启陵乡夫敢言之：成里典、启陵邮人缺，除士五（伍）成里匄、成，成为典，匄为邮人。谒令、尉以从事，敢言之。

报上之后，公文送到了分管人事的县尉那里，他很快批准了。

你俩上任后，不知情的县丞“昌”很奇怪，尤其怀疑“成”的水平，所以下了公文来“却之”（询问）：“（成里）廿七户已有一典，今又除‘成’为典，何律令应？”——你们启陵乡成里的二十七户不是已经有一个里典了吗，根据什么律令又任命了新人？

记载洞庭郡尉询问启陵乡任用邮人一事的文书
（里耶秦简博物馆供图）

乡啬夫赶紧回信解释："尉已除成，匄为启陵邮人，其以律令。气手。"——县尉已批准提拔"成"为里典，"匄"为邮人，其他情况都是依律令来办，照章办事。最后的"气手"中的"气"似乎是人名，可能是这位乡啬夫的名字；"手"应该是习惯用语，亲手书写、亲笔签名的意思，其他秦简中还发现了"敬手""堪手""嘉手"等。

这封信的最后一句，还透露出一个有趣的细节："正月丁酉旦食时，隶妾冉以来。"——正月丁酉日旦食时，隶妾"冉"将上述内容的信带交到县府。瞅瞅，女性劳改人员居然也能传送文书，《行书律》也验证了这点：隶臣妾老弱和不值得信赖的，不要让他们去送信。[①]这或许证明这个阶层的境遇也不全是那么糟。

乡啬夫解释清楚之后，你正式成为了"邮人"，县府各部门都把需要递送的信件交到你这里。它们当中绝大部分都是政府公文，但也有人把自己的私人信件混在里面了。比如这封：

> 欣敢多问吕柏得毋病？柏幸赐欣一牍，欣辟席再拜。及拜者：柏求笔及黑，今敬进。如柏令寄芎，敢谒之。

写信者叫"欣"，写的似乎是回信，因为他称那位"柏""幸赐"给自己一"牍"，他"避席再拜"，也就是离席起身行礼，这是一种客气的说法。后面似乎还称，自己应"柏"的要求，送了对方笔墨和药材，最后"欣"以"敢谒之"这一敬语作为结尾。

从这封信，以及前面"黑夫"、"惊"兄弟俩的两封信来看，当时的私人书信是在信的开头就写明时间，"黑夫"兄弟的第一封信上来就是"二月辛巳"。问候语也是放在前面，因为日期后面就是"黑夫、惊敢再拜问衷：母毋恙也？""欣"的这封信也是"欣敢多问吕柏得毋病？"

不同之外也有相同之处，这几封信里的不少敬语，如"毋恙也""敢拜问""敢问"等，有的至今还在使用。

---

① "隶臣妾老弱及不可诚仁者勿令。"

“欣”的这封信还说明，当时还没有合法的私邮制度，你这样的“邮人”只负责传递官府文件，官吏之间的私人通信联系也往往通过这一渠道进行，他这样做估计是慷公家之慨。

这一点你并不知道，因为交给你的信件都是事先封好的，你看不见里面的内容。只不过当时没有纸，信件是木片，信封则是——另一枚木片。人们在简牍上写好信，会用另一枚同样大小的空白简牍盖住字；如果信比较长，以至于简牍正反面都写满字，那就在背面再盖上一枚空白简牍，这“信封”就叫“检”，再把三块木片像夹三明治一样夹在一起，用绳子系好。《司空律》甚至对绳子的材质都有规定：如果当地盛产菅草，就用菅草制成的绳子来系文书；如果没有，才用蒲草、兰草或麻的替代品来制绳子[①]。

你肯定会想到，尽管系上了绳子，但如果寄信途中自己不老实，或者遇上了歹人，悄悄解开绳子偷窥信件，看完再把绳子原样系好，岂不就泄密了？放心，为防止这样的事情发生，寄信的官吏会在打绳结的地方糊上一种特制的封泥，再在泥面盖上印章，这一程序叫“封缄”。等送到收信人手中，收信人再用小刀把封泥撬开，解下绳子打开信件，如果中间有人私自撬下封泥，就没法还原了。西安相家巷遗址就出土过很多秦朝官印的封泥，都是这种被撬下来的封泥。

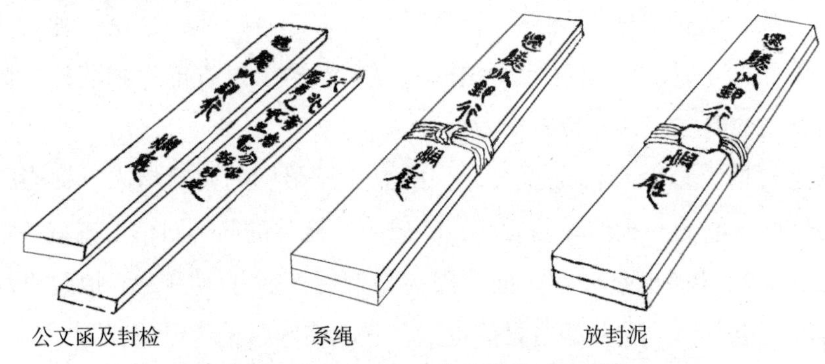

“封缄”的程序（里耶秦简博物馆供图）

机密文书信函上用上下两片木牍做成，下牍称函，用以书信，上牍称检，封盖函牍，检上有捆绳的刻沟，以便封绳盖印。

① “其县山之多□者，以□缠书；无□者以蒲、蔺以枲萷□之。”

不过假如印章在手，你就可以随便私拆信件了，反正看完信后还可以重新封缄。始皇帝在沙丘宫病故后，李斯、赵高、胡亥就曾“阴谋破去始皇所封书赐公子扶苏者”，他们要“破”的“封”，就是这样的文书。由于赵高当时掌管皇帝的符玺，因而有条件干这种偷天换日的事。

这些封检和封泥在里耶同样有出土，其中一份写有“迁陵以邮行洞庭”的封检最为著名，是里耶秦简博物馆的三大镇馆之宝之一。与它相伴的还有两份封泥，分别印有“酉阳丞印”“（洞庭）司马”。

印有“（洞庭）司马”“酉阳丞印”的封泥（里耶秦简博物馆供图）

你把这些“封缄”完毕的公文书信都收好，戴上头盔（误），背上一个写有外卖电话和“及时送”字样的箱子（大误），这就准备出发了。你到处找摩托车，一问没有，又开始找自行车……

拉倒吧，要啥自行车，有轮椅要不？担架呢？

当时别说没有各种代步工具，连牛马这样的畜力都得格外爱惜，《秦律杂抄》甚至规定：伤害了皇帝车驾的“乘舆马”，马皮破了一寸，罚一盾；两寸，罚两盾；两寸以上，罚一甲；不准鞭打志马，否则罚一盾；已经驾车奔驰的马，不及时卸套也要罚一盾。①所以除非是特别远的路，或者特别紧急的信件，你基本都得走着去，与其满世界找自行车，还不如多备几双草鞋。

---

① “伤乘舆马，夬革一寸，赀一盾；二寸，赀二盾；过二寸，赀一甲。”“志马舍乘马乘马后，毋敢炊伤，犯令，赀一盾。已驰马不去车，赀一盾。”

这种走路送信的方式叫“以邮行”，那封“迁陵以邮行洞庭”的封检，正是步行传递的，走得快的被称为“利足”，有一枚里耶秦简上写，“迁陵以邮利足行洞庭，急”，《田律》中则叫“轻足”；高级点才是用马车传送，那叫“传”，专门用来送信的邮车就是“传车”；骑马传送叫“驿”；此外因为洞庭郡内河流纵横，当时还经常有船运，这反倒是最省事的方式。

“邮人”接过文书，准备上路的模拟场景（里耶秦简博物馆供图）

不要以为走路送信太慢，自己就可以在路上拖延。为了保证效率，缺乏现代化手段的官府绞尽脑汁，想出了各种办法对你进行监督。

秦朝的《行书律》先从法律上进行了规定：“命书”和上面标明“急”的文书，应立即传送；不急的也要当天送完，不准耽搁，否则依法处置。[①]

---

① “行命书及书署急者，辄行之；不急者，日毕，勿敢留。留者以律论之。”

里耶秦简也验证了这点，有一枚简写着：“行此书者勿留，书二月乙亥旦食起诣廷。”要求邮人不能停留，必须在规定时刻（二月乙亥旦食起）内送到。也有的公文标上了“急”的字样，如刚才的“迁陵以邮利足行洞庭，急”，另一枚迁陵守丞下达给本县少内（管理仓库的机构）的指示也要求“快行”，其他简上还有“署书到，吏起时，有追”“急使之，赐报”等记载，它们叫“恒署书”，该是中国最早的特快专递了。

汉朝《行书律》则规定了邮人每天赶路的速度：“一日一夜行二百里。”由于旅途中没法监督，不排除你们有拖延症发作，在路上磨磨蹭蹭的可能，因此官府又规定：上路之后，你们每天都要记录自己当天走的里程、途经的重要城邑之间的距离，以供上级考核用。记下这些内容的简牍，就有点像《西游记》里唐长老的那份通关文牒。

里耶秦简就有两枚简——按前面提到过的标准，其实应该叫“方”，从记录内容来看，相当于邮人的里程表。第一枚简记录的是每天途经的地点：他从四月“己巳”日出发，“庚午”日到了“望夷乡”，“壬申”日到达“临沅”，在这里逗留了“癸酉”“甲戌”“乙亥”三天，然后五月“丙子”日重新上路……

第二枚简记录了从南郡的“鄢”（应该就是白起打鄢郢之战的那座城邑）到迁陵每一段旅途的距离，内容是这样的：

> 鄢到销百八十四里；
> 销到江陵二百卌里；
> 江陵到孱陵百一十里；
> 孱陵到索二百九十五里；
> 索到临沅六十里；
> 临沅到迁陵九百一十里；
> 凡四千四百卌里。

从上表可以看到，邮人先后经过了“销”“江陵”“孱陵”“索”“临沅”“迁陵”这几座城，总里程长达4444里。

记载“邮人”行程的“方”（里耶秦简博物馆供图）

北大藏秦简还有一份《道里书》，记录的也是江汉地区的水陆交通路线和里程，也是“某地至某地某里”的形式，对里程的记载甚至详细到了“步”；开头几枚简还记录了江汉流域水路交通的航道里程，以及不同季节

“重船”（即装载货物的船）、“空船”逆水上行和顺水下行的日行里数。

等你到了目的地，交上这两份表，上级根据你的记录和以往邮人的平均速度，就很容易推断出你途中是否有逗留。

除了邮人自己的记录，秦朝《行书律》规定：地方县府也必须登记收发文书的日期、早晚，以便及时回复。[①]

里耶出土的秦简也验证了这点，刚才你看到的所有公文，其实都是迁陵县府的公务员们抄录下来、用作档案备份的副本，内容详细到连几点几分接收都有记录，好几枚简中都能读到“水下八刻”“水下五刻”“水十一刻”“旦食时”等记载，这些都是那时对时间的表述。据学者考证，它们与如今的时间大致换算如下：

水十一刻刻下二	07：05—08：10
水下四刻	09：15—10：20
水十一刻刻下五	10：20—11：25
水十一刻刻下九	14：45—15：50
水下八刻	13：35—14：40
水十一刻刻下者十刻	15：55—17：00
水下尽	18：10

你一天天奔波在路上，带走迁陵的文书，带回各地的消息。不知从哪天起，你发现每当自己带回信件，县领导们的脸色都会凝重些，县里的气氛也越来越紧张。终于有一天晚上，你们所有吏员都被叫到官署外的空地上开会，在火把的映照下，县令宣布了一个重大决定。

大捆大捆的竹简从官署中被搬了出来，全是迁陵县府保存多年的珍贵档案，你们将它们付之一炬。由于文件实在太多，你们只好把剩下未及烧掉的简牍匆匆投入官署外那口幽深的井里。整个过程没人吭声，只有不远处的酉水低声呜咽，为迁陵即将迎来的命运而叹息。

① “行传书、受书，必书其起及到日月夙暮，以辄相报也。”

井口恢复了平静，镜面般的水面最后一次映出你们忧心忡忡的面容。县令一声令下，更多的生活垃圾也被投了下去，最终将井口填得严严实实。

这一年是公元前210年，秦二世元年。在距离迁陵数千里外的大泽乡，一批戍卒点燃了起义的火种，又迅速向天下蔓延，就要逼近你们这座与世无争的小城了。

连年的兵燹离乱中，水井默默保护着那些简牍，也守护着关于这座小城的秘密。一晃两千多年过去了，2002年，考古学家终于发现了这口水井和里面的竹简，从这些穿越时空的文书中，人们才得知迁陵的存在，以及它曾经辉煌的过往。这批竹简因此有了一个新名字：里耶秦简。

本节要点

◆秦朝公文写作从所用材料到书写格式，都有一整套规范。

◆上下级之间、平级之间的公文，用语都有区别。

◆各乡“邮人”的任命需要县尉批准。

◆当时只有公文的邮递，没有专门递送私人信件的邮人。

◆信件是木片，信封也是木片，需要用绳子系在一起，再盖上封泥。

◆为证明自己路上没有偷懒，邮人必须每天记下自己走的里程以及途径的地点。

◆接收公文的地方县府也要记录接收公文的具体日期和时间，以保证效率。

秦时做官何其难
——吏治

多年媳妇熬成婆，你一步步积累着“劳绩”，终于迎来了升迁的机会，想到自己从此以后就要端上铁饭碗，你乐得做梦都在笑。

先别美，秦朝的官吏不好当。身为公务员，你理应受到比普通百姓更严格的约束。上任之前，先要接受一次廉政教育的洗礼，来看看这些故简堆中的“报道”吧。

万万没想到！行贿一钱就判刑！

我国严惩腐败引访秦学者惊叹

秦昭王××年×月×日　黔首日报

本报讯（记者　张不叁）

赵国学者荀况日前表示，秦国对于贪腐官吏惩治的严厉令他颇感意外。“只行贿一个秦半两就要被判刑，这在山东六国是难以想象的。”荀况翻动着面前的秦律，满脸的不可思议。

旬日之前，这位山东[①]学者抵达了函谷关，对我国的官僚体制进行学术考察。他告诉记者，访秦期间，自己开始了对秦律的系统性学习。目前“通钱”罪最令他印象深刻，这是秦国法律对于行贿罪的称呼，他还挑出《法律

---

① 此处山东指函谷关以东，是六国所在地，函谷关在今河南省三门峡市。

答问》的一条给记者看：甲诬陷乙行贿了一钱，应该被判为“黥为城旦”，（事情败露后）甲的“同居”、里典、伍老，是否应当被连坐问罪？结论是不应当。[①]

“尽管这本身是一起诬告反坐的案子，但从另一个角度理解，只有秦律是这样规定的，甲才可能据此去诬陷乙。”荀况说。

他还给记者指出另一则关于“通钱”的规定：如果得知别人行贿，却为他窝藏贿金，一旦行贿者将贿金取走，日后窝藏者也要被论罪。[②]荀况认为，这是连坐制的又一体现。

秦律对于贪公家便宜、搞灰色收入等“居官善取”行为的严厉惩罚，也使荀况颇感兴趣。记者在他随身携带的竹简中发现了他抄下的几则《法律答问》：

“府中公金钱私贷用之，与盗同法。”——挪用公款者，以盗窃罪论处。

“吏有故当止食，弗止，尽禀出之，论何也？当坐所赢出为盗。”——官吏因故本当停止领取口粮（工资）却继续领的，应当以盗窃罪论处，盗窃数额按多领的粮食算。

“不当禀军中而禀者，皆赀二甲，废。”——不该从军中领粮却领取了的，都要罚二甲，撤职永不叙用。

“吏自佐、史以上负从马、守书私卒，令市取钱焉，皆迁。”——身为“佐”“史”以上的官吏，利用配备公车（“从马”，驮运行李的马）和秘书（“守书私卒”）私下从事贸易，都要被流放。

不过荀况也表示，律条的规定与实际的执行往往存在着差距，秦国的吏治情况到底如何，还有待自己的进一步观察。

这位山东学者没有向记者透露访秦的具体行程，不过他承认，此次访问的最后，他将与丞相范雎进行座谈，探讨秦国法治现状。

---

① “甲诬乙通一钱黥城旦罪，问甲同居、典、老当论不当？不当。”

② “知人通钱而为藏，其主已取钱，人后告藏者，藏者论不论？论。”

观察人士指出，荀况是数百年来山东六国造访我国的第二位宗师级学者。上一位访秦的学术大师还是春秋时期的老子，二者相隔了两百余年。

一位差评公务员的自辩①

秦王政二十二年×月×日　南郡周末

记者　张不叁

“暨”没有想到，自己竟然被“劾”了八次之多。

“暨坐八劾，小犯令二，大误一，坐官小误五……”记者见到他时，他正沮丧地盯着眼前这枚竹简，目光也涣散开来。

两次小的“犯令”，一次重大失误，还有五次小失误需要被职务连坐。这就是今年南郡江陵县的考核中，这位县丞惨不忍睹的成绩，有些被“劾”的事由连他自己都不记得了。

“劾”是秦国负责监察官吏的御史、监御史发现官员的过失与罪行，对此进行揭发检举、提起诉讼的意思。这次负责“劾”的是南郡监御史，他的记忆力显然比“暨”强得多，他出示的材料显示：某日，由“暨”负责的豂乡粮仓的天窗出现了一个洞，几只肚皮鼓胀的麻雀正在欢快地飞进飞出；另一日，公士“豕”擅自“将阳”（游荡）后回来“自出”（自首），他本该回去种地，令史却判他戍边，“暨”没能及时纠正这一误判；还有一日，不应傅籍的走马“偃”被傅籍，“暨”同样未能察觉。他被举劾的其他过失，还包括上百张弩入库时账面出现问题，在销县令史“丹”被任命为本县令史的过程中出现失误等。

比这些事由更让“暨”坐卧不宁的，是对他的处理结果。江陵县打算对他的过失进行“羸（léi）论”（累论），也就是每一次过失都叠加起来论罪。但“暨”并不认为这一决定合理，理由是自己“不幸过误失”“非敢端犯法令”——不是故意的；更关键的是，这些事由都“相遝（tà）”（互相关联），只应合起来视为一次过失。“此以曰：羸重。”——所以说，对自

---

① 本文根据岳麓秦简的“暨过误失坐官”一案改编。

己的累计论罪太重了。

没人明白粮仓天窗破洞和傅籍失误之间有什么逻辑关联，“暨”也没对此进一步解释，但这一辩护意见使事态出现了转机。审理官员将案件上报，并在公文中认为，这些案件“皆相遝”，并准备“赀暨二甲，勿羸”。目前案件还在进一步审理中。

法律专家令史“喜”指出，秦律里有“犯令”与“废令”这两条罪行。前者是“令曰勿为而为之”，也就是做了禁止做的事；后者刚好相反，上级要求做却不做。这两种罪行只要被查出来，不管当事人是否已经免职或调任，都会被追究责任；还有一种相似情况叫“不从令”，《内史杂》记载，官府的啬夫被免职后必须及时任命新人选，超过两个月仍未任命，县令、县丞就是“不从令”，[①]会受到相应惩罚。

得知处理意见时，“暨”庆幸之余又显得很委屈，“我们每天都得保持高强度的工作效率，弦绷得紧紧地，谁能保证从不犯错？”他滔滔不绝地倒起苦水，讲述自己怎样发高烧48℃却还坚持工作十五个时辰，以及怎样在孩子刚生下三天的情况下就回到了工作岗位上。

南郡守“腾”不认为这位下级的抱怨成立，“早在商鞅变法时，我国就提出了‘无宿治’的口号，要求官府处置当天的公务不能拖过夜”。他还特意找出《商君书》让记者看，那卷泛黄的竹简用已开始变淡的墨字写着：“无宿治，则邪官不及为私利于民。而百官之情不相稽。”

“如果能不拖延、迅速快捷地处理政务，那些贪官污吏们就没有上下其手的空间，徇私舞弊、贪污腐败等也就此被杜绝了。”说到这里，这位郡级高官又引用了《商君书》的另一条描述：当天能把政务都处理完的政府，就能在天下称王；拖到当夜处理完，国家也能强大；但如果拖过了夜、明天再办，这样的国家就被削弱了。[②]

---

① “官啬夫免，□□□□□□其官亟置啬夫。过二月弗置啬夫，令、丞为不从令。”

② “以日治者王；以夜治者强；以宿治者削。”

"这是体制的问题，该改改了，这样下去谁还肯当公务员。"当记者向"暨"转述《商君书》的内容时，他不安地嘟囔着，背着手在记者面前走来走去。

灵渠设计者的法治拓荒路

岭南人物周刊　秦始皇三十四年第6期，总第1334期

记者　张不叁

很少有人注意"禄"的本职工作——监御史。战争虽已结束，灵渠[①]总工程师却没有休息，这次，他要在蛮荒的岭南用秦律建立起新秩序。

密林掩映中的番禺城（今广东省广州市）遥遥在望，几位乘客叹息了一声，尽力保持在甲板上的平衡。

这种场景"禄"已司空见惯，他很清楚，如果没有其他变故，这些新移民的余生很可能都将在岭南的原始森林中度过。

不同于去年（秦始皇三十三年，前214年）以戍卒和更卒为主，这次被派往岭南的移民者中，有许多"治狱吏不直者"，也就是有违法行为的司法官吏。他们从中原被征发，运送到南海郡治番禺，再经由这里被分派到岭南各处新设立的县府，以充实当地急缺的公务员队伍。这项工作的负责人之一，就是"禄"。

"水利只是我的副业，其实我是监御史。"声望如日中天的灵渠设计者经常这样说，并不忘补上一句，"通俗来讲，就是反腐的。"

据"禄"介绍，监御史一职与各郡行政长官郡守、郡尉平级，但不受他们辖制，因为在秦朝整个官僚体系中，监察系统都是独立的，只有"三公"之一的御史大夫才能指挥这些人。

他们的日常工作主要是对平级及下级官吏进行各种监督以及"课""上计"等定期考核。有时"禄"会和巡视组一起下基层，对那些可能的腐败现象进行

① 灵渠在秦朝的称呼其实是"秦凿渠"，这里只是为了便于读者理解，才采用了后来的名字。

明察暗访，这叫“案行”，南郡守“腾”曾发布过一份名为《语书》的文告，里面就有“今且令人案行之，举劾不从令者”的记载。当从这些“案行”中发现问题时，“禄”就会对问题官员们进行“举劾”。罪名一旦成立，这些问题官员往往就有很大概率加入南下的船队，在岭南的原始森林中度过余生。

以法立国的秦朝不会允许司法腐败，诸如“纵囚”“不直”“失刑”这些罪行是专门为害群之马量身定做的。“纵囚”是指官吏在审理案件时应当论罪却故意不论罪；“失刑”“不直”主要是指官吏因行为失当，导致案件被轻罪重判或重罪轻判，区别是无意还是故意。

“厍”（tuí）就是一名“纵囚”者。加入这支船队前，他有一个令绝大多数人羡慕的身份——南郡攸县县令。秦始皇二十七年（前220年）的一起叛乱导致他失去了权势。[①]那场叛乱发生在南郡利乡，当地官府镇压不力，连不少被征调去平叛的黔首都逃进了深山。“厍”试图对他们宽大处理，想要释放那些被捕获的囚犯，却被判以“篡遂纵囚”，从而被“耐为鬼薪”。如今他成了岭南移民中的一员，他认为，即便是在疫病横行的岭南做自己得心应手的文书工作，也好过留在北方干体力活。

求盗“奋”的罪名则是“失刑”。他曾捕获过一名有盗窃行为的士伍甲，按规定有义务对赃物的价值进行鉴定，“奋”报上去的结果是，赃物估价110钱。这个金额并不大，县廷据此给士伍甲判了最轻的耐刑。

转折却在“案行”时出现了。“禄”发现，赃物原本金额高达660钱；再一查，原来是“奋”的问题，他本该在捕获士伍甲时立即估价，却迟迟拖着没办，使得犯罪嫌疑人的同伙有机会转移了不少赃物。

真相大白后，士伍甲被判了重得多的“黥为城旦”；“奋”费了很大力气才证明，自己的工作失误是出于无意，只属于“失刑”，而非“端为”（故意这样）。

“假如我收受了士伍甲家人的贿赂，或者答应和士伍甲分赃，才导致

---

① 本案来自张家山汉简“南郡卒史盖庐、挚、朔、假卒史瞗复攸厍等狱簿”一案。

工作失误，那就属于‘不直’。”“奋”这样说，又偷瞥了“禄”一眼，压低声音，“不过无所谓了，反正照样是发配到这里。”

秦朝法律对“不直”的处理原本是经济惩罚，《法律答问》中有一句：官吏判处犯人应罚一盾，但判决不公，则他自己也应罚一盾。[①]如今他们都在“禄”的带领下，赶赴这片蛮荒的南天之地。

“觉得惩罚变重了是吗？”“禄”这样反问记者，然后他就笑了，“在我看来，这其实是给这些违法官员戴罪立功的机会。岭南地区刚被平定，秦人与百越人，以及北方移民之间的相处，都可能出现各种矛盾。我们必须尽快建立秩序，才能保证统治的长久。”

龙川县令赵佗也认同“禄”，他对这位同事的评价非常高：“禄主持修建的灵渠，为我们平定岭南提供了物质保障；如今他带来的这些官吏，又要为我们治理岭南提供制度上的保障了。”

“我相信，许多许多年后，我们脚下的这片土地，将成为天下最富庶的地区之一。”本次采访的结尾，“禄”这样告诉记者。

外媒积极评价秦国法治建设成果

参照消息

《参照消息》×月×日报道　随着荀子访秦的游记不断发表，山东六国的外媒纷纷对秦国法制建设成果进行报道。

周王室《天子年报》×月×日报道，秦国不少对官吏行为举止的规定体现出鲜明的尊卑秩序，比如上级的红头文件“命书”下达之后，下级官吏在听“命书”时如果不下席站立，就会罚二甲并被“废”（撤职，永不叙用）。如果假装听从“命书”，实际却废置不予执行，被发现后，官吏不仅会被“废”，还会被“耐为候”。儒家观察人士认为，这是这个缺少礼仪的国度为数不多有教养的体现。

同日，东周君再次敦促秦国，尽快向洛阳运送第二十三批人道救援物

---

① “赀盾不直，何论？赀盾。”

资，因为周天子欠了商人们一大笔债，已经在高筑的债台上躲了一个月了。

齐国路边社×月×日报道，秦国官吏如果丢失了自己的官印、符券，尤其是保存在官府，用来称量的秤、斗、尺等“衡器”，就要受罚，哪怕后来自己找回丢失的物品，仍然不能免罪。作为秦国一以贯之的友好邻邦，齐国对此深表羡慕，并号召商人们都去秦国经商。

楚国《大郢都日报》×月×日报道，秦国对官吏的诸多严格约束中，“严禁冒名领功”是很重要的一点。如果一名官吏捕获了逃亡出关的偷渡者，却让同事将俘虏送交官府，企图领取赏金后两人一起分，被发现后他们都要各罚二甲。[①]

近日发生在秦楚边境——南郡州陵县的一起案件也验证了这点。[②]一名秦国校长（亭长的另一个称呼）“癸”奉命前去捕盗，赶到现场后发现士伍“琐”已抓住犯罪嫌疑人，他因此和“琐”商量，打算以自己名义去押解这些盗贼，意在多分到些赏金，但最后事情败露，“癸”被罚戍守，“琐”也被罚“赎黥”（施以黥刑，但允许用钱抵罪）。

也有楚国观察人士指出，这说明秦国人权状况未有任何好转，秦国百姓生活在水深火热中，以至于很多脱秦者企图逃亡，作为一个负责任的大国，楚国应对他们施以人道救援兮。

魏国魏联社×月×日报道，伪造公章公文或上级命令能不被惩罚？这在秦国是不可想象的。如果你身为“有秩”级别的小吏，却伪造官印，冒充县令、县丞，这就构成了“矫丞令”“伪写其印”等罪行；伪造公文被称为“为伪书”，如果胆子大到敢伪造王命，这就叫“矫诏”，这些行为被秦国《法律答问》统称为“诅伪”。按照成例，官吏弄虚作假所犯的罪，严重程度在应判“赀盾”以上的，判决执行后，撤职永不叙用。[③]

---

① 《法律答问》：“有秩吏捕阑亡者，以畀乙，令诣，约分购，问吏及乙论何也？当赀各二甲，勿购。”

② 本案来自岳麓秦简“癸、琐相移谋购”一案。

③ “廷行事，吏为诅伪，赀盾以上，行其论，又废之。”

魏国观察人士指出，魏国有必要借鉴秦国经验，坚决打击某些人伪称王命、盗取虎符、暗杀将领，甚至私自发兵援助别国最后还流亡国外等恶劣行径。

南郡学室试行道德课本获好评

秦始皇二十年四月丙戌朔丁亥日　环秦时报

本报讯（记者　张不叁）

“操邦柄，慎度量，来者有稽莫敢忘……”琅琅的读书声从南郡安陆县一处学室中传出，史子们手持竹简，在老师的带领下，齐声朗诵着新教材——《为吏之道》。

近一两个月来，这种场景已在南郡各县屡见不鲜。

《为吏之道》是南郡守“腾”在郡内大力推行的一版识字课本，旨在以鲜活的语言告诉史子们，身为秦国官吏应当具有哪些道德品质。教材的开头是：“凡为吏之道，必精洁正直，慎谨坚固，审悉无私，微密纤察，安静毋苛，审当赏罚……”后面还提出，“吏有五善”，也就是对史子们提出五点要求：

一曰忠信敬上（热爱祖国、尊敬上级）；

二曰清廉毋谤（为官清廉、不得以权谋私）；

三曰举事审当（举止得当）；

四曰喜为善行（助人为乐）；

五曰恭敬多让（和谐相处、谦让有礼）。

同时还要求他们力戒“五失”，其实禁止的不止有五条，而是足足三个五条，比如：

不得“夸以迣（zhì，夸夸其谈不做事）、贵以泰”（有人将两句合为一句，解释为过于奢侈）；

不得“犯上弗知害”（犯上作乱，目无法纪）；

不得“贱士而贵货贝”（轻视人才、见钱眼开）；

不得“见民倨傲”（见了人民群众摆官架子）；

…………

安陆县的令史“喜”认为，这版教材一般以四字为一句，在竹简上写得十分整齐，非常有节奏感，读起来朗朗上口，既有利于史子们学习生字，也能在潜移默化中对他们进行道德情操的熏陶。

也在今天，南郡守“腾”面向全郡发布了重要文告《语书》，在这封文告中，他把官吏分为“良吏”“恶吏”。前者的标准是通晓法律令、廉洁忠诚且能为国君效力、有公正之心、能纠正自己的行为等；恶吏则有不懂法律令、懒惰、爱搬弄是非等种种表现。

“山东六国一些人士认为，以法家学说治国的秦国完全不讲道德，这是一个流传甚广的谬误。”“腾”这样表示，“法律与道德从来就不冲突，只是适用范围各有侧重而已。”

针对一些人对《商君书》的误读，“腾”同时进行了澄清。有人在《去强》篇中读到一句“以奸民治善民”，便毫不犹豫地声称秦国是“流氓治国”。“腾”指出，产生歧义的关键在于对“奸”和“善”的理解。他为记者翻出另一篇《说民》的原文：“合而覆之者，善也；别而窥之者，奸也。”解释说，那些合力掩盖彼此过失的人，是善民；彼此疏远、互相监督的人，是奸民。所谓“以奸民治善民”，说的其实是要用那些有责任感的人来监督那些互相包庇的人，跟道德品行完全无关。

“断章取义害死人呐。”“腾”感叹道。

范雎、荀况对话实录

（原载于《咸阳宫内参》，未经许可不得外泄）

时间：秦昭王××年×月×日

地点：咸阳丞相府

对话者：范雎、荀况

记录人：张不叁

范雎（以下简称范）：荀卿你好，你在秦国的访问已进入尾声，能否谈谈入秦何见？

荀况（以下简称荀）：范叔你好，我对秦国地理的感觉是，边塞险峻，地势便利，山林河流美好，自然资源带来的好处很多，是“形胜之地”啊。①

范：吏治状况呢？这是你入秦时就很关心的。

荀：和刚才那句话一样，都记录在我这篇新文章《强国》中，我来读读：入境，观其风俗，其百姓朴，其声乐不流污，其服不挑，甚畏有司而顺，古之民也。及都邑官府，其百吏肃然，莫不恭俭敦敬，忠信而不楛（kǔ），古之吏也。入其国，观其士大夫，出于其门，入于公门；出于公门，归于其家，无有私事也。不比周，不朋党，倜然莫不明通而公也，古之士大夫也。观其朝廷，其朝闲。听决百事不留，恬然如无治者，古之朝也。

范：抱歉，负责记录的工作人员水平有限，恐怕需要你翻译成白话文。

荀：来到秦国，观察这里的习俗，百姓质朴淳厚，对官府畏惧而顺从，跟古代圣王治下的臣民一样。各城邑的官府中，大小官吏都严谨忠诚、爱岗敬业，跟古代官吏一样。在国都咸阳，那些官员们保持着上下班两点一线的生活，没有拉帮结派，跟古代大夫们一样。在朝廷上，君王处理国家大事绝无遗漏懈怠，驾轻就熟得仿佛无为而治，跟古代的朝廷一样。

范：没想到你对秦国评价这么高。

荀：故四世有胜，非幸也，数也——正因如此，秦国四代都持续强大，这并不是因为侥幸，而是注定的。

范：这样的称赞，出自一位有独立立场的学者之口，我很欣慰。

荀：但我也认为，即便具备了以上这么多优点，要是用王者的功绩名声来衡量，秦国还差得远。

范：这又是为什么？

荀：秦国没有儒者，所以说：粹而王，驳而霸，无一焉而亡。——纯粹

① “其固塞险，形势便，山林川谷美，天材之利多：是形胜也。”

按道义行事者，可以王天下；既讲道义又兼顾其他者，可以称霸；如果这两者一样也做不到，必定灭亡。

范：还是继续谈秦国的吏治吧。

荀：好吧，我想了解的是，秦国提拔官吏的过程中，真的不会有贿赂等情况存在吗？

范：我不能告诉你绝对不可能有，但他们肯定会为此付出沉重代价。

秦国各级官员对于下属的人事任命是极其慎重的，这是因为下级日后的表现和自己的位子直接挂钩，可谓利害攸关。秦法规定：某位官员被提拔后，工作出现问题，不仅他本人要被处理，选拔推荐他的官员也要被连坐。[①]《效律》也有一条：县尉的会计和属吏如犯罪，该县令、丞均应承担罪责。[②]

荀：那能不能解释下你自己的情况？

范：我？

荀：你当年在郑安平、王稽的救助下入秦，被秦王重用为丞相。为了报恩，你保举他俩为官。可如今，郑安平投降了赵国，王稽也与敌国私通。按他们的罪，作为推荐人的你，是被要灭三族的……

范：陛下赦免了我，你知道，他有这个权力。不过我还是打算引咎辞职了，我很内疚，舆论压力也太大。

荀：是为了避风头？过段时间再回来悄悄上任？

范：哪可能，我的情况这么严重，仕途已经就此完结了。秦国对官吏的免职有两种：一种叫“免”，是普通的撤职；另一种更严厉的叫“废”，官员被撤后就再也不能重新上任，《秦律杂抄》明确规定，“任废官者为吏，赀二甲”。我的情况与这种“废”差不多。

荀：让我们换个话题吧。了解秦国的吏治状况后，我倒想起最近新收

---

① 《史记·范雎蔡泽列传》：“任人而所任不善者，各以其罪罪之。”

② “尉计及尉官吏即有劾，其令、丞坐之，如它官然。”

的一个学生。他是韩国王族，说话口吃，不过文章写得非常好。

他打过两个比方：摇树叶的人，如果一片叶子一片叶子地去摇，累死他也干不完，但要是直接敲打树干，整棵树的叶子都会晃动；张网捕鱼的人，如果一个网眼一个网眼地拨弄，同样不知要忙到什么时候，但如果牵引渔网上的总绳，鱼就一下被网住了。

范：很有趣的比喻。

荀：他还说，万千树叶和网眼就相当于民众，树干和总绳就相当于官吏，管好了官，民自然也就管好了，所以，“明主治吏不治民”。我想秦国重视吏治，也是出于同样考虑。

范：说得不错，不过这还是头一次有人如此生动地阐述这一理论，你这位学生前途不可限量。

荀：回去后，我准备向他好好讲下自己在秦国的所见所闻，也许以后他也会来秦国造访。

范：我相信他一定会来的，秦国对他表示热烈欢迎，保证他来了就不想走。

本节要点

◆针对官吏，秦朝有“通钱”“居官善取”等罪名，处罚很严厉。

◆如果工作中出现“犯令”“废令”等情况，秦朝官吏会被负责监督的御史“举劾”。

◆司法官吏断案不当，会被视为犯有“纵囚”“不直”“失刑”等罪行。

◆与传统观点完全不同，秦朝同样也对官吏的道德操守有要求。

◆秦朝官吏之间存在职务连坐，当有官员落马后，提拔他的上级也会负连带责任。

从里典到郡守，这套制度用了两千年
——郡县制

经历了之前几节的公务员培训，你总算出师了，从此也要像那些被耍的猴子一样，一听见锣响就成群结队“噌噌”爬上那根名为“仕途”的竹竿，哪怕抬头都是屁股，低头全是笑脸……是的，我知道你迫不及待（要升官发财）了，那我们赶快开始吧。

宰相起于州部，猛将发于卒伍。在基层磨炼多年后，你实现了自己在这个时代的第一次人生飞跃，当上了——街道居委会主任，当然，它的正式称呼应该是“里正”，出土秦简中则记为“里典”，有观点认为这是为了避始皇帝的讳（当时的“政”和“正”相通）。

你对这一职位很熟悉了，他们就是“里”的管理者，“里”也正是当时最基层的行政单元，与国家的关系相当于细胞之于生物体。秦朝官府相当重视乡、里一级的基层建设，《商君书》认为，一个国家有案件发生，如果只能由十里之内的基层官府来审理，这样的国家就弱；如果五里内的基层政府就可以判断是非曲直，这样的国家就称得上强大。[①]瞧瞧，“五十步”和“百步”的区别就这么大。

岳麓秦简的《尉卒律》规定：三十户以上各设一位里典、一位伍老；不够三十户就和邻近的里合并，共同设里典、伍老。[②]他们都是大家推举出

---

① “十里断者国弱，五里断者国强。”

② “里自卅户以上置典、老各一人，不盈卅户以下，便利，令与其旁里共典、老。”

来的德高望重者，“置典、老，必里相推，以其里公卒、士伍年长而毋害者为典、老，毋长者令它里年长者”。对你的任命还有一个专有名词，叫“率敖”，因为“率敖当里典之谓也”。

明白了这个道理，你心头涌起了一股国家最低领导人的自豪感，胳膊上套起红袖章（误），欣然走马上任了。

你的日常工作十分繁杂，但首要任务还是保证辖区内治安。“衣食住行”那节说过，当时的“里”都是封闭式结构，外面有墙、进出有门，以防歹人混进“里”中；“里”的大门由你手下的“里监门”每天早晨开门、晚上关门，并像小区保安那样盘查进出人等；有时你们还得小心火灾，按《法律答问》的说法，如果不小心失火连带烧毁了里门，就得罚一面盾牌，虽然没明说具体罚谁，但可以想象，作为里典的你首先要承担责任。

一旦罪案发生，你也要第一时间赶到现场，并及时报告求盗、令史等，《奏谳书》中那起“不知何人刺女子婢最里中”一案，最先赶到的正是里典“赢”。《封诊式》中的好几个案子也都有里典的身影出现：《封守》中，令史查封一户人家，作为里典的你也需要在场接受讯问并做证；《经死》里，作为里典的你则向上级报告了你们“里”的一起上吊自杀案；《疠》中，作为里典的你又解送来自己那个里的一位士伍，原因是你怀疑他得了传染病；《穴》中，有士伍发现自己的衣服被人用打洞的方式偷走，你也得跟着令史去现场进行勘验；《亡自出》中，你又要处理一位逃亡者的自首……

假如这些罪案是因为你的失职而出现的，没说的，首先就要处罚你，这就是前面说过很多次的“连坐”——强盗入室杀伤了住户，他高声呼救，但邻居、伍老和作为里典的你偏偏都不在家，那么邻居可以不予论处，你和伍老却都要被论罪。

好在安定团结局面仍然是秦朝社会的主流，有案件发生的情况毕竟是少数，平时你们的日常工作还是对居民的各种管理，比如对本里的居民进行户口登记，向他们收取租赋、征发徭役等，至多需要排解一下邻里之间的矛盾。比如《封诊式》有则《毒言》的爰书：某里二十来人把一位士伍丙解送到官府，声称他“有宁毒言”（口舌有毒），里中有祭祀，谁也不和他共用饮食器具，平时也不和他一起吃饭，其实无非是骂人骂得狠了些而已，官府询问之后，在爰书上记下：士伍丙没有毒，没有其他过犯。[①]算是还了他一个清白。

几年后，你又因表现出色被提拔到“乡”，这是“里”的上一级管理机构，二者大体对应如今农村“村”与“乡”之间的关系。商鞅变法时期，曾经“集小都乡邑聚为县”，乡治（乡政府）的所在地被称为“离邑”，县治（县政府）所在地则被称为“都邑”。

这一级的官吏首推乡长，它的正式称呼是“乡啬夫”，里耶秦简就出现了“乡啬夫以律令从事”的记载；有时也可简称为“乡夫”，如“卅二年正月戊寅朔甲午启陵乡夫敢言之”；或者按照《封诊式》的说法，叫“乡主”。假如能坐到这个位置，你的“年秩”将达到“有秩”这一级别，《汉书·百官公卿表》记载称，每个乡都要设“三老、有秩、啬夫、游徼”，其实正确的表述应该是“三老、有秩啬夫、游徼”。

乡啬夫的职权范围相当广，你掌握着全乡的户籍信息，收税、征发徭役、征兵等工作自然也是一把抓，还会参与一些案件的审理工作。《封诊式》有一则爰书记载，某里的五大夫请求将自家的婢女施加“黥劓”之刑，县丞为此要求乡主搞清案情，并以书面形式进行汇报。显然，这里作为乡主的你，起到了代理审讯的作用。另一则爰书则记载了一名逃亡者投案自首的经过，同样是由乡主记录下来。另外，你和你的属官们还有权对百姓的各种经济活动进行管理：给民户授田，为他们的田地划分疆界，监督农耕，指导放牧和饲养禽畜，对这些工作进行评定……

除了乡啬夫，乡政府中另一个地位很高的职位就是“三老”，这不是三个老头，而是当地年高德劭的老者。他们的任务据说主要是负责“教化

① “丙而不把毒，无它坐。”

民众”，不过在讲究“以法为教，以吏为师”的秦朝，道德教化恐怕不太会受重视，所以这一职位很可能只是个摆设。他们也只在《陈涉世家》中出现过一次，而且还倒向了官府的对立面：陈胜拿下陈城之后，曾经“号令召三老、豪杰与来会计事”，他们好一通吹捧，说陈胜讨伐“暴秦”有功，应该为王。

乡一级的其他官吏还包括负责抓捕盗贼等治安工作的“游徼”，作为乡啬夫副手的“乡佐”，以及一些业务性较强的官职，如主管耕田、粮仓、厩苑等重要设施的吏员，他们既要接受你的领导，也要接受县一级对口上级——如田啬夫、仓啬夫、厩啬夫等的指导，这些吏员统称为“乡官”。

和乡、里平行的还有“亭”。传统观点认为乡下面是亭，亭下面才是里，但尹湾汉墓简牍《集簿》中，亭却和邮列在另一栏，显然与乡、里属于完全不同的体系。合理推测，亭应该是官府在一些险要位置或重要场合专门设置的独立机构。

从史料记载来看，驿道、关津、市场都会设有“亭”，其设置的频率是“十里一亭”，有观点认为是居民居住的“里”，也有观点说是公里的“里”，白起自裁的地点杜邮亭就是“出咸阳西门十里”。亭相当于基层派出所，“所长”叫亭长，也叫亭啬夫，副手叫亭佐，手下有一些亭卒，有类似传达室大爷那样负责给亭“开闭扫除”的亭父，还有专门负责抓盗贼的求盗。如果身为亭长的你非要支使他们迎送官吏或者干其他一些杂事，被发现后会被罚二甲，因为《捕盗律》规定：“求盗勿令送逆为它，令送逆为它事者，赀二甲。”

你平时的首要任务是保障当地治安，发现贼寇就要带领求盗们迅速出警，汉朝官府还要求你随身带两件东西，一是用来绑罪犯的绳索，另一样是“二尺版”，这是一种上面写有朝廷法令的木牍，你手持着它，就相当于警察亮出警官证，表示有权逮捕违法者。假如对方暴力抗法，将对方打伤也不会承担刑事责任。

《奏谳书》有一起案例：西汉初的江陵县，有人向一位校长（相当于亭长）报案称，自己的奴仆“武”逃亡到了这一辖区，校长赶忙带着求盗“视”前往追捕，但“武”公然拒捕，搏斗过程中他和“视”互相刺伤了对方。“武”被抓获归案后，上级判决下来，“武”被判“贼伤人”，被黥为城旦，“视”是正当防卫，无罪。

但反过来看，执法时携带法令，也表示亭长必须依照法令行事，不得随意抓人、杀伤人。《法律答问》表明，逮捕轻微犯罪的嫌疑人时，如果故意用兵刃刺死他，你自己就要被罚“完为城旦”；故意伤害犯罪嫌疑人，则要“耐为隶臣”。[①]

同样地，你和求盗们也都无权审判嫌疑人，而是要抓获他们后解送到县廷；辖区内发现案情后，你同样有责任把有关案情记录下来，报告县廷。《封诊式》有一则爰书就记录了一起盗马案：市南街亭的一位求盗捆送来一名男子丙，还有一匹右眼有病、苍白杂色的母马，又带来一件衣服和一双鞋，衣服是丹色帛面夹皮，有帛里，领和袖有宽大的绿边，他报告说这匹马和这些衣物都是这个男子“丙”盗窃的，刚好被自己在亭旁边抓了个正着。这则爰书就很可能是亭长记录的。

运气来了，挡都挡不住。你继续一路官运亨通，干着干着就干到了县一级。混到这一步，你的人生足够成功了，因为这一级的官员已算是“长吏”，你也有资格配上官印了，官秩也实现了大幅度提高。

要是不清楚自己一年能挣多少小米，建议你上任之初先查一下自己辖区内的人口。如果户数不到万户，那你当的就是“县长”，官秩在300—500石；如果户数还差一点就能到万户，给你个建议：什么也别说，赶紧想尽办法鼓励民众们生育，让你们县的户数尽早达到万户，这样你就可以成为“县令”，对应的官秩也能飞跃到600—1000石之多。辖区内人口数差这么一点，你每年的待遇就差出100石以上，夸张吧？

更夸张的是，600石官秩往上的就是“显大夫”，按《法律答问》的说

① “捕赀罪，即端以剑及兵刃刺杀之，何论？杀之，完为城旦；伤之，耐为隶臣。”

法，“宦及知于王”，也就是做官做到能让皇帝知道你这个人了，好好表现前途无量啊。

当然了，职位越高，工作也就越重，看看你的公务吧。你的工作囊括了乡、里两级基层官府的工作，但很明显的是，管理日常生产的工作占了很大一部分比重；在此基础上，你的职权范围也进一步扩大，最显著的是你已经有了人事任免权，也就是所谓的“置吏权”。

《内史杂》规定，有“官啬夫”（县一级吏员的统称，包括田啬夫、厩啬夫、仓啬夫……）被免职，他所在的官府就要赶快任命新人选，如果超过两个月还没有任命，县令、县丞就是“不从令” 。《置吏律》也规定，县啬夫被调任其他官府，不准把原任官府的佐、吏任用到新任官府。[①]这一规定显然是为了防止山头主义，不过反过来理解就是，他们理论上是有权把自己的心腹一同带到新岗位上的。

除了人事任免权，县政府的职责还包括司法、军事两大部分，只是负责它们的并不是身为县长或县令的你，而是你的一文一武两位左膀右臂。负责司法工作的是你的副手县丞，《封诊式》中的许多案件都由他来经手，那些爰书中经常可以看到“以某县丞某书”“丞某告某乡主”“丞某讯某”“丞某爰书”等记载。里耶秦简还显示，迁陵、阳陵两县公文的收发就基本都是县丞和守丞（代理县丞）来负责，很少见到县令的身影，可见文书档案工作也主要由他负责。

军事方面是县尉来管。当时各郡县都拥有一定数目的士卒，就是由县尉指挥，平时进行训练、巡逻，维护当地治安，如果有土匪强盗出没则需要去剿匪；当战争打响或需要征发徭役时，这些郡卒、县卒就在县尉的率领下奔赴前方，陈胜、吴广和阳城县尉、阳夏县尉就是这种关系。

从岳麓秦简中的《尉卒律》来看，县尉职责不只局限于军事。除了同样拥有人事任免权之外，他还管理财政和户籍：乡啬夫、里典等每月要将乡

---

① “啬夫之送见它官者，不得除其故官佐、吏以之新官。”

里收缴的粮食和人口变动报告给县尉，县尉也要做记录；[①]如果黔首们离开当地五日以上而不报告，他就要被罚一甲；[②]他甚至拥有将逃亡黔首削去爵位的权力。[③]

你的“属吏”（部下）们数目不少，从之前那枚迁陵吏志简来看，整个迁陵县“吏员百三（一百零三）人”，其中“令史廿八（二十八）人”。他们大体可以分为“曹”“官”这两大体系，这一点在里耶秦简中体现得非常明显，既有“户曹”“吏曹”“尉曹”“狱曹”等职位，也有“田官”“畜官”“司空”“船官”等职位，后者中的不少官职还往往被称为“啬夫”“官啬夫”。

“曹”与“官”的区别在于，“曹”主要负责民政等方面的行政事务，从前面那些官职的名称就可以看出来：“户曹”无疑是掌管户籍，“吏曹”显然是人事部门，“狱曹”应该与讼狱相关。打个比方，它们有点像一个单位中的办公室、财务处、人事处等事务性部门。

“官”则往往主管某项专门事务：“田官”“畜官”“司空”“船官”的职能一目了然，睡虎地秦简还有“仓啬夫”“库啬夫”“皂啬夫”“漆园啬夫”“采山啬夫”等很多种名目的官职。显然这些都是管理相关生产领域的业务性部门。

有些边远地区的县政府则叫“道”，相当于如今的少数民族自治区，也就是《百官公卿表》所谓的“有蛮夷曰道”。比如位于陇西的狄道（今甘肃省临洮县，秦时的临洮其实是今甘肃省定西市岷县），那不是字面意义上“叫作狄的一条道路”，而是一处名为“狄”的城邑，秦始皇时期十二金（铜）人的原型——阮翁仲就是在那里抵御匈奴立下了大功；《奏谳书》那位蛮夷男子“毋忧”逃避兵役，就发生在南郡的夷道。出土封泥显示，其他的“道”还有昫（朐）衍道、溥道等很多。

---

① “乡啬夫及典老月辟其乡里之入谷，徙除及死亡者，谒于尉，尉月牒部之。”

② “所之它县，不谒，自五日以上，缘故徼县，赀一甲。”

③ “黔首将阳及诸亡者，已有奔书及亡毋奔书盈三月者，辄削爵以为士伍。”

与县、道级官府平行的还有一类行政机构——都官。睡虎地秦简经常将它与县相提并论，动不动就是“县、都官”“令县及都官”如何如何。《法律答问》也提过：“何谓‘官长’？何谓‘啬夫’？命都官曰‘长’，县曰‘啬夫’。”从这一句不难看出，“都官长”和“县啬夫”应该是同一级别的。

说到底，这些都官都是一些直属咸阳朝廷的机构，工作与县级官府中的啬夫们看起来很像，同样是管理某些生产领域，关键在于，都官管理的物资大多与国家命脉相关。《厩苑律》中的“大厩”“中厩”“官厩”等都属于这类都官，他们负责的是国有牛马的饲养；秦朝的铁官“采铁”，尹湾汉简中出现的“盐官”，也都被认为是都官——盐、铁这两样物资历来都是官府管制的重中之重，自然也需要朝廷直接管理。由于那些牧场、盐场、铁山等都散落在全国各地，位于咸阳的朝廷想要对它们直接管理难免鞭长莫及，因而设立了这些机构。

当你能平步青云，做到“郡”一级的长官，就俨然是封疆大吏了。你的职位是郡守，也叫太守，里耶秦简写作“泰守”，相当于如今的省长。这一职位的官秩达到了惊人的2000石，官印也换成了银制的，绶带则是青色。由你主导的领导班子大体是县级政府的升级版：你总揽全郡工作，和你平级的是负责军事的郡尉，你俩各有一位副手“丞”，他们的官秩都是600石，印绶是“铜印黑绶”。

还有一个职位与你和郡尉平起平坐，共同构成“三驾马车”，这就是监御史，“吏治”那节中，主持修灵渠的“禄”就是干这个的。前面说过，他类似中纪委一样的存在，不受你的管辖，只对咸阳的御史大夫负责，反过来却有权监督你和县里的官吏们，防止违纪行为出现。

郡守的职责仍然是县令的升级版，不过在此基础上似乎还多了一些传达法令的教化职能。秦始皇时期灭韩功臣“腾”曾担任南郡太守，他在郡内下达了一份文告称，现在法律令都已具备，但仍有一些官吏和百姓不加遵守，所以我把法律令、田令和惩办奸私的法规整理出来，命官吏公布于众，使官吏、百姓都清楚了解，不要违法犯罪。[①]这篇文告叫《语书》，也是睡虎地秦简中的一部分。

成为郡守的你，回首自己这些年来的经历，不由得感慨万千。让你感慨的不仅是自己终于混出头来、告别了之前形形色色的悲惨命运，更有眼前这一整套庞大而精密的官僚体系。时间证明，郡县制有着极大的合理性，以至于如今省—市—县—乡—村的行政划分，仍然和两千年前基本一致。

本节要点

◆“里”是秦朝最基层的行政单位，里典的主要任务是维护治安。

◆乡啬夫的职权范围相当广，既负责户籍保管，也有代理审讯权。

◆“亭”并不是乡、里两级之间的行政单位，而是自成体系的治安机构。

◆县令、县长已经有了人事任免权，县丞、县尉分别负责辖区内的司法、军务。

◆与县平级的机构还有都官，管理地方上的某些重要生产领域。

---

① “今法律令已具矣，而吏民莫用”，“故腾为是而修法律令、田令及为间私方而下之，令吏明布，令吏民皆明知之，毋歫于罪”。

第五章
终极篇

到咸阳啦，来次帝都深度游！
——咸阳

在太守这个职位上工作多年，你将自己治下的土地管理得井井有条，一步步积累着“劳绩”，终于引起了中央的注意。这天，来自朝廷的命书被送到手上，将你调任咸阳。你激动不已，收拾一番，怀着诚惶诚恐的心情踏上了崭新的仕途。

多日之后，你步入了一马平川的关中腹地，在秦帝国的行政区划中，这里属于“内史”，也就是京畿地区。它的行政长官同样叫“内史”，类似晚清时期的直隶总督，是下一节即将讲到的“三公九卿”中的一员。秦始皇时期有好几个人担任过这一职位，比如灭韩大将“腾”除了当过南郡太守，也担任过内史；蒙恬刚走上仕途时，也在这里留下过奋斗的足迹。还有一位内史马兴，据《广韵》载，他是赵国名将赵奢的孙子，由于赵奢获封马服君，赵国灭亡后他们就以马为姓，后来在秦朝当了官。

你的车马飞驰在当时的高速公路——“驰道”上。这是秦始皇统一之后在全国修建的道路网络，筑起的夯土将路面抬得比两旁土地要高，里面还隐藏着一定密度的“金锥”（铜条），类似钢筋混凝土。各地道路的标准也都是统一的：路面宽50步，按1步为6秦尺换算，就是300秦尺；再按1秦尺相当于今天的23.1厘米换算下来，约宽69.3米。要知道如今北京的长安街也不过60米宽，这样的气魄够惊人吧？

和如今的高速路一样，驰道也被分为三条车道，中间那条道有三丈宽，两侧被松树隔开，是皇室车马和紧急信使才能走的快速通道，一般人是不允许走的，这点可见汉朝延续下来的规定：“诸侯有制得行驰道中者，行旁道，无得行中央三丈也。不如令，没入其车马，盖沿秦制。”

凭借驰道组成的交通网络，由咸阳发出的命令可以迅速传遍全国，也极大便利了各种物资的流通。这些驰道中最牛的要数从云阳（今陕西省淳化县）直通九原（今内蒙古自治区包头市西北）的那条，全程700多公里，几乎都是直线，修建过程中逢山开路，遇谷填埋，几乎无视地形的起伏变化，它也因此被称为“秦直道”，为后来汉朝反击匈奴提供了最好的基础设施保障。

一路走来，你见识了关中的不少旅游景点，坐落在咸阳东面骊山脚下的始皇帝陵就不用说了，后面会专门详细介绍，那一带还有两个重要景点值得去。一是丽（骊）山汤温泉，考古人员曾在唐代的华清宫遗址内，发现了秦汉文化层的一些遗迹，足以证明这里早在秦朝就是洗温泉的胜地。

二是北阪宫殿群，这是最早的“世界之窗”主题游乐园，它坐落在咸阳以北的山塬上，也就是如今从渭城湾到杨家湾之间。统一战争期间，秦始皇每灭一国，就下令模仿那国宫殿，在这里修建一个山寨版，这一带出土过楚国形制的瓦当、燕国的云山纹瓦当、齐国风格的双兽树枝纹瓦当，足以证明了其对六国宫殿风格的模仿。假如你想短时间内看完六国王宫，这里是不错的选择。到了汉朝，这里被称为五陵原，是当时的富人区，《琵琶行》里的“五陵年少争缠头”，就是说那些纨绔子弟们都来自这里。

兰池同样著名，它是引水而成的一个狭长人工湖，热爱求仙的皇帝在这里模仿东海的那三座仙山——蓬莱、方丈、瀛洲造了几座小岛，还在湖中放了一条巨型石鲸，据说足有两百余丈长。后来秦始皇有一次微服出访，在这里遇到刺客差点没命，幸好卫士们经过奋战确保了他的安全。

上林苑堪称最大的原始森林公园，它位于渭水以南，里面珍禽异兽无数。始皇帝有一次想把上林苑一直扩大到西到陈仓（今陕西省宝鸡市陈仓区），东到函谷关（在今河南省三门峡市）。宫中一位叫旃（zhān）的侏儒小丑讽谏说，陛下这主意太好了，您多养点珍禽异兽，等敌军从东面打过来，让那些麋鹿用角去顶他们就足够了。秦始皇听出了他的反讽之意，因此打消了这个念头。

传说中的阿房宫也位于这里，不过必须指出的是，尽管杜牧的《阿房宫赋》把这里吹得跟人间仙境一般，又是低头“长桥卧波”，抬头“复道行空”，又是“歌台暖响，春光融融，舞殿冷袖，风雨凄凄”……考古却显示，阿房宫根本就没建成，只建了个基座就被项羽一把火烧得精光，杜牧笔下的各种景色都是他自己脑补的，秦始皇却为此背了上千年黑锅。

这些景点的分布大有玄机，对照关中地图你会发现，它们全和天上星辰的位置逐一对应：渭水象征着银河，跨过渭水的横桥对应着阁道六星；位于渭南地区的极庙对应的是南斗；阿房宫对应营室；阿房宫西部的章台宫对应营室西部的渐台星；兰池宫和兰池对应着毕宿的五车星与咸池星；宜春苑、上林苑对应昴宿的天苑星等；咸阳宫本身对应的当然是天帝居住的“紫宫”，也就是北极星。

假如运气足够好，没准你能在去咸阳的途中赶上皇帝的花车巡游，哦不，是巡狩车队，正式叫法是“卤簿”。你最先看到的会是一队队仪仗，走在最前面的武士人人头戴一种白狐狸皮制成的帽子“狸皮白首”。传说有一次始皇帝巡狩，有猛兽突然窜出来，当时刚好有武士头戴这种帽子，猛兽看了很害怕就逃掉了（不知什么原理），从此这一头饰就推广到整个仪仗队。

接下来是车队，分为大驾、法驾、小驾三种规格，区别主要是车辆数目的不同，规模最大的“大驾”足有九九八十一乘“属车”（侍从们乘的车），“法驾”的数目只有一半。所有的车都有黑色的车盖，车内侧为赤红色，车轓（fān，车厢两旁用来遮尘土的屏障）朱红色，竖着各种戈矛弩等兵器，最后一车还悬挂着豹尾。其中还有一种仪仗车叫辟恶车，车上装备着桃木做成的弓、芦苇制成的矢，这种完全没有杀伤力的兵器只是为了祓除不祥。

你伸长脖子等了很久，待到这些“属车”滚滚而过，皇帝的“金根车”

终于姗姗而来。这种车据说是根据殷商时期的“瑞山车”改进而来，装饰着金子，竖着一种黑色的旗帜“元旗皂斿”，由六匹马拉动；还配以安车（可以乘坐的车）、立车（驭手只能站立驾驶的车）各五辆，每辆车都由四匹马拉，五对车驾分为青、红、白、黑、黄五色，代表五个季节（青为春，红为夏，白为秋，黑为冬，黄为“季夏”，即夏历六月），十辆车统称“五时副车”，秦始皇陵出土的一对铜车马，据专家分析就是这种安车和立车。后来秦始皇在沙丘宫去世，尸体就放置在安车里，这种车也叫辒（wēn）凉车，人在里面可以坐可以卧，车窗也可以根据温度开闭，后来演变成真正的丧车。

皇帝的车驾轰隆隆开过了，你的目的地也快到了。看到远处那大片绵延不绝的宫殿群落没？那就是帝都咸阳了。你可以发现，这座城市坐北朝南，南北各有一山一水包围环绕：北面是一道东西走向的山塬，形成一个向南面张开的巨大弧形，这就是北阪，它属于九嵕（zōng）山；泾水从西北流向东南，从咸阳北面流过，汇入南面的滔滔渭水，这就是杜牧所说的“二川溶溶”，泾水清澈、渭水混浊，这一景象因此促成了“泾渭分明”的成语出现；两条大河夹成一个向东的锐角，咸阳刚好位于这个夹角中；再往南就是当时被称为南山的秦岭，隔绝开了关中与汉中。

如果是从南面进入咸阳，你势必要跨越渭水，一道长长的石桥由此连接了渭水的南北两岸，用杜牧的话说，仿佛“长桥卧波”，它被称为横桥，后世叫渭桥，《三辅故事》说它是秦昭王时期修建，《三辅黄图》《水经注》则说是始皇帝建的。它宽六丈，长380步，桥边立有大力士孟贲的石像，传说一开始建桥时，由于桥身太重，桥柱无法承受，立起石像、向它祭祀后才得以建成。

你迫不及待地随人群走上长桥，眼前是熙来攘往的人群、鳞次栉比的建筑，视野分外开阔。你带着第一次出国的中国游客那样的兴奋与新奇边走边看，忽然想起一个问题：自己什么时候能进城啊？

你已经进来了啊。

很意外？的确，当时几乎所有城邑都要有城墙，城门口还要站着守卫关卡的士兵，逐一检查过往行人的证件，伍子胥过昭关、公孙龙白马入城、孟尝君鸡鸣狗盗等故事，都发生在出入城时。

再说咸阳又是长安、洛阳、北京、南京那样的帝都，肯定有着高大的城廓、森严的戒备，“以弱黔首之民”嘛。何况《滑稽列传》还记载了一个段子：胡亥即位后，想整点面子工程，打算把整个咸阳的城墙都刷上漆，这主意的想象力之宏伟，好比如今给明长城贴瓷砖。这时又是那位“表演艺术家”“旃”讽谏说，陛下这主意太好了，敌人打过来了也爬不上城墙（漆太滑了），没说的咱赶紧办吧！就是有一个问题：刷墙的漆好找，可是哪找能把这么大城墙晾干的“荫室”（地窖，用来把刚上好漆的器具晾干）呢？以胡亥的智商居然也能听明白这话的言外之意，笑了一通作罢了。

段子本身很精彩，但从考古发现来看，胡亥要漆的墙很可能只是咸阳宫的墙，而不是这座城市的。王学理先生专门考察过咸阳城遗址，确认了这座战国后期的天下第一大城市没有城墙的事实。原因一是咸阳周遭地理位置极佳：关中地区有“四塞”（东面函谷关，西面大散关，南面武关，北面萧关）的保护，只要重兵扼守险要就可保证安全；二是秦国一直在不断扩张，而且胜多败少，因此没必要太在意防御问题，这也体现出秦人强烈的进取扩张精神。换句话说，“旃”所谓“敌人打过来也爬不上城墙”的说法，根本不在历任秦王的考虑范围之内，因为他们觉得：敌人根本就打不过来！就这么任性。

不过作为这种“任性”的结果，当刘邦的军队从武关进入关中后，子婴只得乖乖请降——没办法，咸阳根本没有城墙，无险可守，继续抵抗没有意义了。

广义的咸阳范围极大，《三辅黄图》称：“咸阳北至九嵕、甘泉，南至鄠、杜，东至河，西至汧渭之交，东西八百里，南北四百里，离宫别馆，相望联属。”也就是如今陕西北至淳化，南至户县，西至宝鸡，东至黄河这一大片区域。渭水南岸散布着许多行宫和附属建筑，以及祖庙、苑囿、池陂、先王陵寝、居民墓葬群等；北岸则是政治经济中心，有冶铜、铸铁、砖瓦、陶器、骨器等大量手工业作坊和市肆，直属中央官署的国营作坊分布在西部，民营作坊主要分布在西南部。考古学家们还在咸阳地区出土的陶器上发现了大量当地“里”的名字，如屈里、完里、右里、泾里、当柳里、阳安里、沙寿里、芮里等。

你可能不会想到，自己脚下的土地里还埋着很多下水管道。考古学家们在咸阳一带发现了许多陶制水管，有圆形的也有五角形的。前面说过，冀阙遗址是一座三层夯土建筑，它每层都有一个污水池，四壁砌着空心砖片，底层铺着板瓦，中间还有一个用来泄水的大型漏斗，一直连着陶制的下水管道。北阪宫殿区总计有三十多处陶质管道。秦始皇陵西内墙底部甚至发现了五个并列的五角形陶水管，足见整个咸阳排水系统的发达。

咸阳一带出土的圆形、五角形排水管道（兵马俑博物馆供图）

市区北部是咸阳宫的所在。越往那边走，你越会觉得地势在逐渐拔高，等走到咸阳宫前时，你不得不仰视这片宫殿群，这也正是建造者们的本意：地理上的居高临下也象征着王权的至高无上，而咸阳地势刚好又北高南低，宫殿群建在这里更符合这一规律。

来到咸阳宫前，你最先看到的就是“冀阙”，这是咸阳的标志性景点，商鞅变法时秦国迁都这里，最先建成的就是它，各种法令发布后都会记录在上面，足见其地位的重要性。它的遗址位于现今咸阳市秦都区东北15公里的牛羊村以北，是宫门外一对由夯土筑起的三层高台建筑，类似塔楼，也有点像牌楼。考古学家复原后发现，它高17米，两座“塔楼”之间用悬空的飞阁复道连接，西边那座“塔楼”的底层围绕台基排列着七个房间，上层为主室和露台等。各个房间的地面平整光滑，呈暗红色，墙壁上还有彩色壁画或者墨绘的几何纹图案，室内甚至还有用来冷藏食品的竖井①、取暖的壁炉。以及排水的陶管道。

冀阙之后就正式进入咸阳宫殿群了，它们无不坐落在高耸的夯土台基上，有着“四阿五脊”，也叫重檐庑殿顶，也就是故宫太和殿的那种屋顶，“四阿”是屋顶的四面斜坡，“五脊”是五条屋脊，包括一条正脊、四条垂脊。

宫殿的墙壁不是砖石而是夯土的，墙面粉刷成红色、白色，有的甚至画上了彩色壁画。考古学家曾在咸阳的三号宫殿基址发现一道30多米长的走廊，廊道两侧的墙上绘有百戏图（耍杂技的图）、车马仪仗等，颜色有红、黑、紫红、石黄、石青、石绿等很多种；地面是朱红色或者青灰色，有些是用方砖铺地；柱子上还裹着带花纹的丝织品，显得十分华丽。这叫“木衣绨绣，土被朱紫”。

宫殿里充满了各种珍宝，你一定会对李斯《谏逐客书》里的这一段印象深刻：

> ……今陛下致昆山之玉，有随、和之宝，垂明月之珠，服太阿之剑，乘纤离之马，建翠凤之旗，树灵鼍之鼓。此数宝者，秦不生一焉，而陛下说之，何也？必秦国之所生然后可，则是夜光之璧，不饰朝廷；犀、象之器，不为玩好；郑、卫之女，不充后宫；而骏良駃騠，不实外厩；江南金锡不为用，西蜀丹青不为采……

是不是被这一大串华丽丽的名字晃瞎了眼？有没有好奇过，这些珍宝

① 有不同观点认为，这座建筑设有食物储藏室，所以有可能是祭祀的地方。

到底都是什么稀罕玩意儿？这就揭晓答案。

昆山之玉：其实是和阗玉。“昆山”是昆仑山，位于如今新疆、西藏之间，著名的产玉胜地——新疆和阗就属于那里，其中最有名的是羊脂玉。

随、和之宝：随侯珠与和氏璧。和氏璧知名度高到不用多说了，随侯珠倒颇有神话色彩。传说春秋时期随国君主出游时见到一条受伤的大蛇，很同情它，让人给蛇敷药包扎放了生，大蛇痊愈后衔了一颗宝珠来报恩，所谓“灵蛇之珠”说的也是它。

明月之珠、夜光之璧：明月珠、夜光璧，都是一种磷光型宝石。王学理先生认为应该是萤石或者某种水晶，白天的自然光照射后，这种物质内部特殊的微量杂质元素就会活跃，到了夜晚，会把吸收的能量以可见光形式释放出来，看起来就像在发光。

太阿之剑：也叫泰阿剑，知名度同样极高，以至于成为宝剑的代称。《战国策》形容韩国出产的宝剑锋利，就是“龙渊、太阿，皆陆断牛马，水击鹄雁，当敌则斩坚甲铁幕”。

灵鼍（tuó，扬子鳄）之鼓，这种鼓是用扬子鳄皮制成的，《诗·大雅·灵台》有“鼍鼓逢逢”的说法，也就是说这种鼓会发出“逢逢”的声音。

翠凤之旗：用翠鸟羽毛装饰起来的旗子。当时翠鸟只在岭南地区有，羽毛极为珍贵。《淮南子》称秦始皇是贪图岭南的“翡翠”才发兵百越，这里的翡翠不是你熟悉的那种碧玉，而是翠鸟的羽毛。

犀、象之器：犀角、象牙雕成的器物。当时中原地区比现在炎热很多，犀牛、大象都有，典籍中经常把这两种动物相提并论。

郑、卫之女：郑国、卫国的姑娘。当时这两个地方以浪漫多情著称，“郑卫之音”就是靡靡之音的代名词，所以出自那里的妹子也被认为风情万种。

江南金锡：对于“金”有两种解释：一种解释是青铜，湖北江陵等地有多座春秋战国铜矿的遗址，或许可以证明当地的矿冶业很发达；另一种理解是黄金，《韩非子·内储说》记载，楚国南部的丽水一带盛产黄金，很多人偷偷去采。

西蜀丹青：丹青你很熟悉了，是国画中红色和青色的颜料，这时候应该是用作宫廷建筑的涂料，它们其实是丹砂和青雘（huò）。丹砂还是炼制水银的原料，由于出自蜀地，很可能来自那位女富商寡妇“清”。

…………

看够了没，游客“奋”？为什么你两眼放光还流起了口水？喂喂，把你的手缩回去，请记住穿越是带不走身外之物的……别再恋恋不舍啦，我们继续往前走。

想要像逛故宫那样在不同宫殿之间随意乱串是基本不可能的，因为咸阳宫的每座宫殿都是相对独立的，互相之间以甬道、复道、阁道连接。

甬道就是两边有围墙遮挡的道路，由于始皇帝听信了方士的鬼话，不想让人看见自己的行踪，因此宫中全是这样的道路。

复道是架在两座高耸建筑之间的空中走廊，曹魏时期的学者如淳在《汉书》中注解说，“上下有道，故谓之复道”，你也可理解为天桥。

阁道类似长廊，是在道路上架起帐篷，两侧立起护栏；每隔一段距离就建一座亭阁，在各建筑之间回环曲绕，显得很美观。考古学家们就在阿房宫前殿的遗址发现了一条阁道，南北长230米，宽2.5米。

沿甬道走入咸阳宫殿群，走着走着你忽然看到前方宫殿外一片金光灿灿，开始还以为自己花了眼，走近才不由得惊叹：一群熠熠生辉的巨人列在皋门外，足有五丈之高，个个耸入云端，那正是著名的十二金（铜）人。它的来历你已经清楚了：统一天下后，秦始皇把全国的兵器都收集到咸阳，把它们铸成眼前你看到的这些铜像，重量各达千石；传说统一那年，陇西临洮出现了十二个身高五丈、脚足有六尺长，身着夷狄服饰的巨人，这些金人就模仿了他们。

前面就是巍峨庄严的咸阳殿了，其他大臣们都在这殿外的广场上济济一堂，快加入他们吧，朝会就要开始了，你即将见到那位千古一帝，想想还真有点小激动呢。

本节要点

◆遍布在关中地区的驰道是最早的高速公路。

◆咸阳地区宫殿的分布都和天上星辰的位置逐一对应。

◆考古显示，咸阳没有城墙。

◆咸阳宫位于城市的北部，地势很高，有居高临下之势。

◆每座宫殿都是相对独立的，互相之间以甬道、复道、阁道连接。

来，认识下大臣们，肯定有熟人
——三公九卿

你眼前的大臣们衣着统一，都穿着黑色礼服“袀（jūn）玄”，手执笏板，腰间悬着鞶（pán）袋，里面装着各自的印绶。能够区分他们身份的，也就剩头上戴的冠了。

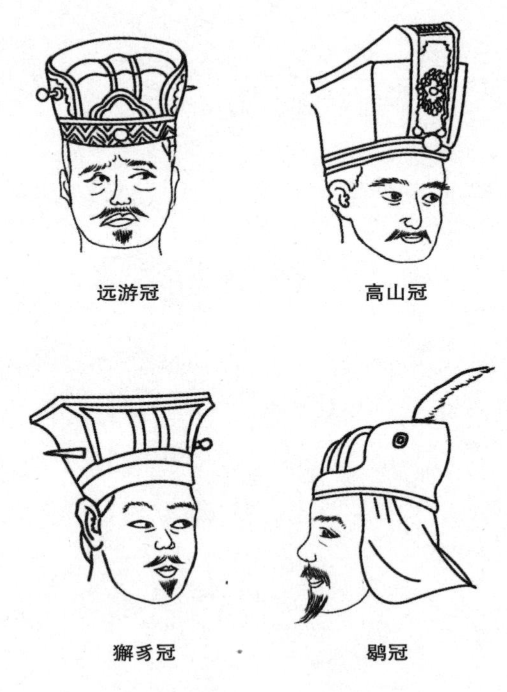

秦朝大臣们不同种类的冠（部分）

如果是皇子们，戴的应该是“远游冠”，前面没有装饰物“山述”，取而代之的是“展筩（yǒng）”（类似帽子的帽顶）横在冠前。如果是太子，“緌”（冠缨下垂的部分）会装饰有翠鸟的羽毛，还点缀着白珍珠。其他皇子只有青丝。

那些侍从头戴的是“高山冠”，又叫“侧注冠”，高九寸（秦制）。这本来是齐王戴的冠，灭齐之后，皇帝下令近臣、谒者等都戴这种式样的冠。

廷尉、御史等司法官吏戴的是“法冠”，也叫“獬豸冠”，高五寸（秦制）。“展筩”以黑色薄纱“纚”制成，里面裹着一根类似铁丝的“铁柱卷”以保持冠的挺立不变形。传说某任楚王曾捕获了一只獬豸，后来发明出这种冠就以它命名。秦国灭楚之后，秦始皇下令御史们戴这种冠。

武将们戴的是“武冠”，也叫“武弁大冠”“惠文冠”。据说是赵武灵王发明的，前面插着貂尾，装饰着“金珰”，同样是秦始皇灭赵之后要求大臣们戴这种冠。如果是皇帝的卫队，“武冠”两旁还会加上一对“鹖（hé）尾”，这就成了“鹖冠”。“鹖”是一种很凶的鸟，传说它如果和其他鸟争斗，会一直斗到死才罢休，插上鹖尾显然有象征勇猛的意思。

这些大臣们统称“三公九卿”，其实“三公”不是“三位公”，“九卿”也不是“九位卿”，这里的“三”和“九”都是泛指，这一等级官员的实际数目远不止十二位。他们都是皇帝身边的重臣，几乎每个人都在自己负责的领域拥有着无上权力。即便你都不认识他们，对他们的名字也该早有耳闻，张不叁这就挨个给你介绍。

先说“三公”。前面讲过，郡一级的官职是“三驾马车”——郡守、郡尉、监御史，分管当地政务、军务以及监察工作。“三公”同样遵循着这样的职责划分：丞相管政务，太尉负责军务，御史大夫行使监察职能。

看看站在最前面那两位大臣没有？右边那位叫冯去疾，左边那位你更熟悉，正是李斯。他们的官职就是丞相。在秦始皇之前，这一职位的称呼是“相邦”，吕不韦就是“相邦”，其职责是“掌丞天子助理万机”，相当于如今各国的总理、首相、国务卿等，拥有一人之下、万人之上的地位。秦朝丞相分左、右两人，出土的秦朝封泥就有“左丞相印”“右丞相印”，至于谁地位更高很难说，当时既有“无出其右”，也有“君子居则贵左”的说法。

在秦始皇前期和中期，先后担任过丞相或相邦的有吕不韦、熊启、隗状、王绾四人。吕不韦不用多说，王绾就是主张秦王称“泰皇”的那位，不久后他又主张在秦朝的边远郡县封嬴姓子弟为王，不过这两点都没有被采纳；隗状只在《琅琊台刻石》中出现了名字，出土兵器中也有；最神秘的是熊启，李开元先生根据出土兵器上“昌平君启”的铭文，联系《秦始皇本纪》中“令相国昌平君、昌文君发卒攻毐”那句推测，他该是吕不韦的继任者，应当属于楚国王族，李信攻楚那年他曾在郢陈起兵反叛，李信的失败甚至有可能与这起后院起火相关。

历任丞相中，只有最后两任冯去疾和李斯的职位是明确的：秦始皇最后一次出巡时，“左丞相斯从，右丞相去疾守”；二世巡狩，是在“丞相臣斯、臣去疾”的“昧死言”（冒着死罪说出来，一种自贬的说法）之下立起了刻石；关东动乱，也是“右丞相去疾、左丞相斯”一同向胡亥上书。等到这两位都被下了狱，独揽大权的赵高则既不当左丞相也不当右丞相，而是鼓捣出一个不伦不类的“中丞相”，天知道他是怎么想的。

在他俩旁边的是太尉，他是……张不叁也不认识（史料没记），但可以肯定是个牛人。不信可以看他的前任：司马错、白起、“缭”（他写的兵书被称为《尉缭子》）……现任太尉至少应该和这几位处于同一档次。《大秦帝国》把这一人选设定为灭魏名将王贲，从资历威望来看很有道理。该职位的前身是国尉，秦朝统一后更名为太尉（也有观点认为，秦国只有国尉，是《汉书》搞错了），和地方上的郡尉、县尉一样，负责军政事务，只是范围扩大到了全国。

有观点认为，秦朝的太尉并不是一个常设官职，理由是，在君主集权制下，不可能由他长期掌握兵权，否则秦始皇恐怕又会生出把全国军队都交给老将王翦那样的担忧。这一看法有待商榷，别忘了，当时如果没有虎符，任何将领都是无权直接调兵的，兵权始终被牢牢抓在皇帝本人手中。如果说皇帝相当于军委主席，太尉就更类似国防部长，主要负责对士兵进行征发和训练，运输粮草以保障后勤，各处关塞的防务，等等，战争时期除非有皇帝授权，他才能领兵出征。

接下来是“三公”中的最后一位——御史大夫冯劫，他和前面的右丞相冯去疾，以及另一位被封为武信侯的大臣冯毋择，都是长平之战时上党郡守冯亭的后代。《史记》《汉书》中关于他们的资料极少，但从这三位的官职爵位来看，冯氏绝对是秦朝可与王氏、蒙氏、李氏分庭抗礼的一大功勋世族。他担任的御史大夫是个很特殊的职位，论地位不如丞相和太尉，只相当于副丞相，佩戴的也是“银印青绶”，实权却相当大，负责“打老虎”，也就是监察百官、调查官吏们的不法行为。御史大夫的另一个职责是保管各种文件、律令，有一名属官叫御史中丞，“在殿中兰台，掌图籍秘书”。

二世时期，御史大夫换成了一个叫“德”的官员，但很明显他并未履行自己应负的责任，因为接下来赵高倒行逆施的几年中，没有见到他的任何弹劾行为，这有两种可能：或者他是赵高一党，或者早早就被赵高清洗掉了。而冯劫再次出场时只是“将军”，显然那时已被降职了。

“九卿”的数量同样远不止九个，其中值得格外注意的有以下几位：

奉常：“九卿”之首，负责的是宗庙礼仪，这从他的属官们就可以看出来，包括主管皇室礼乐的太乐，主管太庙祭祀事务的太祝，主管“御膳”以及祭祀用食物的太宰，主管史书编写以及观察星象的太史。秦始皇时期的太史令是胡毋敬，统一文字时他曾和李斯、赵高各自写过一篇范文以推广小篆。当然历史上最著名的还是太史公司马迁。另外还有负责应皇帝诏命进行卜筮的太卜：比如秦朝灭亡前，胡亥梦见一只白虎咬死了自己驾车的左骖马，找太卜卜出来的结果是“泾水为祟”，他因此跑到望夷宫斋戒，结果就被阎乐咔嚓了。古装剧中出现频率相当高的职位太医也是奉常的属官，负责给皇帝看病。荆轲刺秦时，间接救了秦王的夏无且就是太医。

尽管如今看来，诸如礼乐、祭祀、占卜这些都是形式主义，但在鬼神观念还十分浓重，也极为讲究礼仪的当时，奉常和自己属官们地位这样高也很好理解。

郎中令：《古今大战秦俑情》里张艺谋饰演的蒙天放就是这个官职，但千万不要以为郎中令只是卫队长般的存在。他名义上是“掌宫殿掖门户”，实际包含的职责相当丰富，属官们既有类似智囊团、“掌议论”的大夫，也有类似皇帝贴身卫队的“郎”，包括中郎、侍郎、郎中等，人数多至千人，还有在各种典礼中担任类似司仪职能的“谒者”，甚至掌管博士学宫的“仆射”也归他管理。胡亥即位为二世之后，赵高最先当上的就是郎中令，显然也是瞅准了这一职位的重要性。

廷尉：掌管刑狱司法，相当于如今的最高大法官，李斯成为左丞相之前担任过这一职位。从《奏谳书》来看，它负责的应该是全国各地疑难案件的复审，“毛诬讲盗牛案”“杜县女子通奸案”中都出现了廷尉复审的内容。对这些疑难案件做出的最终决议被称为“廷行事”，将对各地方判决类似案件起到“判例”的作用。

汉文帝的廷尉张释之就对自己职位的意义进行过极为精彩的论述：“廷尉，天下之平也，一倾而天下用法皆为轻重，民安所措其手足？”——廷尉是天下公正执法的带头人，稍一偏失，天下执法者也会在断案时出现过轻或过重的情况，百姓岂不是手足无措？

从“杜县女子通奸案”来看，这一职位还有不少属官：廷尉正、廷尉监、廷尉史等，都有权参与疑难案件的讨论。

治粟内史：经济大臣之首，掌管粮食、财货储备等国家经济命脉，秦简中将这一职位简称为“内史”，很容易让人把它和前面职掌内史地区的同名官职搞混。实际上这一职位的任务包括统计全国的粮草数额[①]，对各官署财物进行调配[②]，以及监督、培训各地工匠[③]。其属官包括太仓、均输、平

---

①《仓律》：“入禾稼、刍，辄为秦廥（kuài）籍，上内史。”

②《金布律》：“粪其有物不可以须时，求先卖，以书时谒其状内史。”

③《均工律》：“盈期不成学者，籍书而上内史。”

准、都内、籍田这五位“令丞”，也包括斡官、铁市这两位“长丞”。按照应劭的注解，其中“都内”就是秦简中的“大内”，也就是国库。

少府：听到这个职位，你肯定能条件反射般想到又一位名人——章邯。尽管在秦末战争中威名赫赫，但章邯的本职工作其实是经济大臣，“掌山海池泽之税，以给供养”，只不太清楚他为什么在二世时期又成了刑徒们的头儿。

其他九卿大臣还包括：

“掌宫门卫屯兵”的卫尉，显然是御林军统帅；

掌管皇室车马的调用、国有马匹的饲养与训练的太仆；

“掌诸归义蛮夷”的典客，有点统战部的感觉；

管理皇族事务的宗正；

管理京师治安的中尉；

负责宫室修建的将作少府；

管理列侯事务的主爵中尉；

管理皇后、太子家事的詹事；

治理京师地区、类似直辖市长的内史；

…………

最后，朝廷上还有一批散官——博士。这可不是现在大学里的那些博士，而是号称“掌古通今”，类似顾问的角色。统一天下后，秦始皇需要制定新的礼仪制度时，他们出过一些力，“泰皇”那个称号就是他们议定的；秦始皇巡狩他们往往也都跟着，比如秦始皇第二次巡狩到泰山时，他们曾拟定过封禅仪式，不过后来皇帝嫌麻烦没有采用，双方闹得很不愉快；到了湘山时，皇帝也问过他们“湘君何神”。

他们当中的知名人士，有管理整个博士团体的仆射周青臣，有孔子的八世孙、被封为文通君的孔鲋（前面说过，后来逃跑了），有日后为刘邦制定礼仪的叔孙通（也跑了，跑之前还忽悠了秦二世一通），有在焚书事件中把书藏起来的伏胜（同样是逃跑大军中的一员），有与张良关系密切的“商山四皓”（组团逃跑后隐居了），有当众骂过“体制”的淳于越；有当众骂过秦始皇的鲍白令之……所以你明白秦始皇为什么焚书坑儒了吧，这些位妥妥的都是体制内的推墙派啊。

这时，宏大的乐声响彻云霄，朝会开始了。在为皇帝传达诏令的近侍——谒者的引导下，你们这些大臣依次步入咸阳殿的殿门，走过道路两旁整齐肃立着的车骑、步卒、卫宫等旌旗仪仗队列。

大殿内传来谒者的喊声“趋——”一队队郎中、陛楯郎（也是卫士的一种）组成的卫队随之开出，守在殿下。你们穿过他们组成的夹道，来到陛下，也就是王座之下，武将们按爵位官职的高低依次列于西面，面向东，文官以丞相为首，同样依次列于东面，面向西。这时由“典客”安排的九名礼宾官，以“胪传”的方式接力传呼，宣告着皇帝的驾临。

几名内侍拉着“辇”，护送着皇帝来到大殿上，这是一种小型两轮车，适合宫廷中短距离的行驶，宫中专门有“辇道”，后来则取消了轮子，演化成类似轿子的模样。皇帝出现的同时，左右侍从们都举起旗帜，喊着“警——”引领大臣们按爵秩高低，分班次朝贺。当行礼全部结束后，大臣们分别在大殿上各自的席位就座，内侍会为他们献上“法酒”，你们又是一番叩首，继续按职爵高低，依次向皇帝敬酒，也就是所谓“上寿”，斟酒九巡之后，谒者喊出“罢酒”后才算结束。

整个过程中，还有执法御史不断在大臣们中间巡视，如果发现有仪态举止不合礼节的，会立刻将他们“请”出大殿。众目睽睽之下，那种滋味肯定好受不了，所以整个大朝会过程中，大臣们无不战战兢兢，没人敢掉以轻心。

你发现，眼前的皇帝并没有穿着古装剧里那身千年不变的龙袍，因为那是明清时才有的，秦朝皇帝的服饰绝不是这样。不过他具体穿什么，得看你是在什么时期见到他。

如果是天下统一之前，他穿的应该是“衮冕”：头上戴的冠叫“冕”，上身穿的是“玄衣”，下身穿的是“纁（xūn）裳”，“女性”那节讲过，这是《周礼》规定的最庄重的礼服，上至周天子下至卿大夫都穿它，并根据衣服上不同规格的“章”（图案、花纹）来区分等级。

根据《尚书·益稷》的说法，天子所能穿的最高规格“衮冕”为“十二章”，也就是十二种图案：日、月、星、山、龙、华虫（雉鸡）、火焰、宗彝（宗庙祭祀用的一种酒器，饰以虎纹和猴纹“蜼”）、藻（水草）、粉米（白色米形花纹）、黼（fǔ，黑白相间如斧形的花纹）、黻（fú，黑青相间，如两弓相背形的花纹）。头上戴的“冕”也会根据等级不同有所区别，判断标准主要是“旒”（liú，像门帘那样分别垂在冕的前后的珠玉串）的数目，天子同样是十二旒。

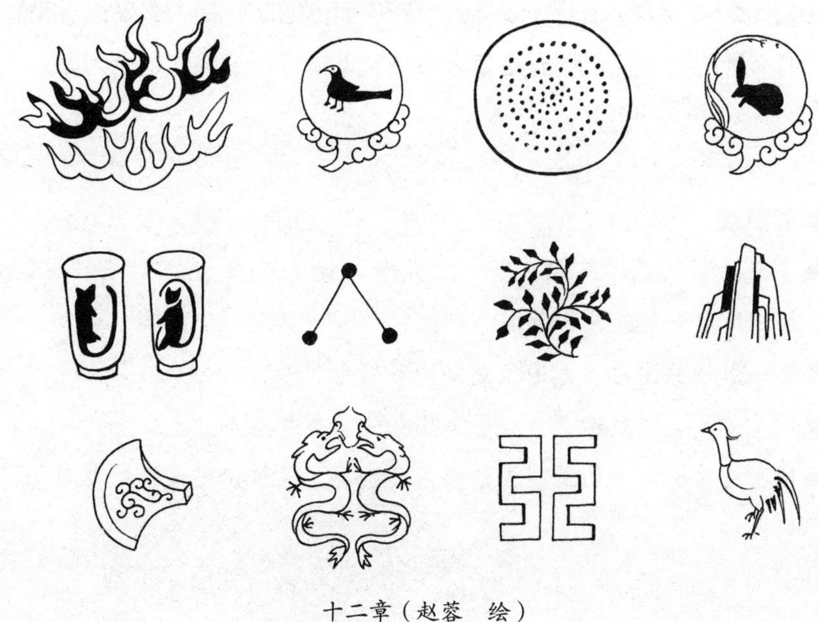

十二章（赵蓉　绘）

除了这些，“衮冕”还会搭配一些饰物。比如“大珮”，这是连缀在一起的各种佩玉的总称，包括珩、璜、琚、瑀、冲牙等；又比如“蔽膝”，它看起来很像围裙，专门用来遮盖大腿至膝部；再比如“垂绅”，这是一种下垂的大带；还有“赤舄（xì）”，专指君王穿的一种红色的鞋；其他还包括革带、大带、绶、圭……这些衣饰全部穿着好之后，君王看起来就很神秘威严而且浑身散发着文化气息，但可以想象，那么多沉重的衣饰也实在让人难受得紧。

如果是天下统一之后，皇帝的礼服反而没那么考究了。秦始皇做什么事都求新求变，就连自己穿的衣服都要跟前人不一样。为此他废除了传承数百年之久的“衮冕”，代之以简洁得多的“袀玄”，《后汉书·舆服志》记载：“秦以战国即天子位，灭去礼学，郊祀之服皆以袀玄。”这是一种全黑色的深衣，符合秦朝尚水德、尚黑色的要求，其简洁的式样或许是始皇帝出于提高办公效率的考虑而设计的。“袀玄”后来也被西汉的皇帝们继承了下来，直到东汉的汉明帝时期才恢复“衮冕”。

无论是朝会仪式，还是你眼前皇帝和大臣们的衣着，都象征着皇权的威严。那么所谓的皇权，到底是怎么回事？下节将详细阐述这个问题。

本节要点

◆“三公”不是“三位公”，“九卿”也不是“九位卿”，“三公九卿”只是泛指咸阳朝廷的大臣们。

◆秦朝丞相分左右，谁地位更高尚不确定。

◆“九卿”之首是奉常，主管宗庙祭祀等相关事务。

◆廷尉相当于如今的最高大法官，负责全国各地疑难案件的复审。

秦始皇“想杀谁，就杀谁”？
——皇权

秦始皇为什么要搞形式主义

在秦始皇成为皇帝的二十年后，和他年岁差不多的刘邦当上了西汉王朝的开国皇帝，看到叔孙通为自己复原出来的秦朝朝会仪式，他对这庄严的场面十分受用，自称：“吾乃今日知为皇帝之贵也。”

刘邦的感受没错，这正是皇帝为自己建立权威的方式之一。

假如你稍微关注过秦始皇的生平，肯定会记得统一后他干的第一件事：向全天下发布了文告，历数六国君王“不作死就不会死”的“劣迹”。然后宣布：“令名号不更，无以称成功，传后世。其议帝号。”

大臣们为此讨论出的结果是“泰皇”，他自己则别出心裁地从“三皇”“五帝”中各选了一个字，组成“皇帝”这个接下来影响了中国两千年的称号；同时朝廷还想出一系列专有名词，管朝廷下达的“命”叫“制”，“令”叫“诏”，百姓叫“黔首”，皇帝自称“朕”（后来由于秦始皇分外迷恋求仙，又曾自称“真人”）……

这还只是第一步。

始皇帝的第二批举动充满了神秘主义色彩。根据阴阳五行的说法，他声称秦朝的“德性”是“水德”，因此才得以取代周王室的“火德”。围绕着这一理论，他将黄河称为“德水”，下令皇室的服饰、旌旗等均以黑色为高大上的颜色，又根据“天一生壬水，第六癸成之”的原理，将秦朝吉祥数字定为“六”：符、法冠的规格统一为六寸，他所乘坐的车舆也长六尺，用六匹马来拉。

在这一套用如今眼光看来完全是形式主义的举措相继推出之后，秦始皇才开始着手废分封、设郡县、统一文字货币度量衡等。忙活这些正事之余，他继续着各种劳民伤财：大兴土木建设许多宫殿，每次巡狩都要留下一方堪比《新闻联播》的刻石，还有封禅泰山、在泗水打捞九鼎、派方士去求仙等各种迷信活动……

那么问你一个简单问题：天下刚统一，那么多大事要处理，秦始皇为什么先搞这些形象工程？

你也许会从教科书中翻出答案：秦始皇穷奢极欲，权力欲极度膨胀，灭六国的胜利使他冲昏了头脑，迷信自己无所不能……或者干脆说简练点：有权，任性。

很好，第二个问题：这些作为有实际意义吗？

完全没有，钱全浪费了，还不如都给我呢。

第三个问题：既然如此，为什么大臣们没人反对？

谁敢啊？向暴君提意见，不想活命了？

完美的逻辑，只不过，这样的回答纯粹是出于现代人的心理。

张不叁的答案或许会让你吃惊：以当时的认知水平，秦始皇是有充足理由干这些劳民伤财的事的；也许会更让你吃惊的是，上至大臣、下至黔首，对此也未必会有你想象的那么强烈的反对。

如果觉得难以理解，可以看看另一个例子：先秦时期的祭祀。它的本质与秦始皇折腾的那些事如出一辙，其实只是白白浪费钱财，可那些君王贵族仍然经常郑重其事地举行这一活动，也没见百姓们骂他们如何糟蹋东西，真是一群败家玩意儿之类。

在这个问题上，古人与今人最大的区别就在于，他们是实实在在有着信仰的，尽管并不是以宗教的形式。他们敬畏上天、鬼神和祖先，不信你可以回忆下前面讲到的《日书》，里面包罗万象的内容足以证明鬼神信仰是当时的普遍现象。不少典籍更格外强调祭祀对于国家的重要意义，《礼记·祭统》就说：治理百姓的措施中，没有比礼更要紧的；礼共有五种，又没有比祭礼更重要的。①在这种具有深厚基础的社会心理的作用下，上至君王下至百姓，都会虔诚（或者至少假装虔诚）地向崇拜对象贡献牺牲，以表达自己的敬畏之情，并从它们那里换取想象中的眷顾。

同样是在这种具有深厚基础的社会心理的作用下，先秦时期的君王依旧和人们熟悉的英国王室、日本天皇一样，格外讲究"君权神授"，要干点什么大事都要自称秉持上天的旨意。夏启讨伐有扈氏时，说自己是"恭行天罚"，夏桀自信"吾有天下，如天之有日也"；商汤伐夏也说，"有夏多罪，天命殛之"；盘庚迁殷时又对众人说，"天其永命我于兹新邑"。春秋战国数百年，"弑君"的行为发生了N多起，可权臣们极少有敢杀了国君自己取而代之的，无一不是拥立王族的另一位继承人，就连赵高最后都拥立了子婴，这都是因为"天命所归"观念的牢不可破。

秦始皇的这些举措，同样是为了使自己在人们心目中获得敬畏。他先是通过一系列专门称呼确立了皇权的独一无二，又通过规定"水德"等举动使皇权和神权挂钩；打捞九鼎的举动是为了使自己的政权获得更大合法性；留在各地的刻石也不是大臣对他的拍马屁，而是他写给上天的政绩报告，体现出的是咸阳朝廷的道路自信、理论自信和制度自信……

就连那些迫不及待开始动工的大批宫殿，也未必完全是按后人理解的那样纯粹为了个人享乐，因为这些超乎常人的物质和精神享受，不仅是皇帝个人的私事，还关乎整个政权的颜面。类似举动后来也出现过：西汉初年，萧何把未央宫盖得十分豪华壮丽，刘邦看了很生气，现在天下百废待兴，你干吗把宫殿盖这么大？萧何的回答却是，全天下都是您的家，这宫殿要是不盖得壮丽点，（对比之下）您就没有威严了（百姓一看，皇帝那么牛的人，

---

① "凡治人之道，莫急于礼；礼有五经，莫重于祭。"

怎么才住这样的小破屋啊，就会看轻您了）。[①]在这个故事中，刘邦的观点显然符合今人的看法，萧何的回答却更贴近当时的普遍心理，还不能简单理解成奉迎拍马。

只有犯罪时，皇帝才有对你的生杀大权

大朝会结束后，皇帝终于接见了你，单独地。

在他面前，你两股战战差点给跪了，生怕他一发火就下令把自己拉出去砍了。数不胜数的野史、演义、小说、电视剧已反复渲染过他的残暴，你不禁为自己的小命攥在他手里暗暗叫苦。

链接

秦始皇不叫“嬴政”

你应该怎么称呼秦始皇？肯定不能叫“嬴政”。首要原因是，历朝历代都有对君王名字的避讳，既不能直呼他的名字，也不能在书写过程中用他名字中的字，秦朝甚至曾为此改正月为端月。里耶秦简还记载了其他一些避讳的规定，比如要求黔首名字中带有国号“秦”字的人改名[②]，还把关内侯改成伦侯，彻侯改成列侯，边塞改为故塞等。[③]

更重要的是，“嬴政”不是那时的普遍叫法。

那个时代名字有姓、氏之分，姓是宗族的血缘标志，用来避免同姓结婚，《左传》讲“同姓为婚，其后不蕃”，因此姓只是“一群人”的称呼，而不能用来称呼“某个人”。后来这些宗族规模不断扩大，出现N多分支部族，他们开始以各自的职业、居住地等作为称号，“氏”才由此出现。

按当时习惯，男子只称氏不称姓，女子则常常称姓不称氏。秦朝皇

① “天子以四海为家，非令壮丽亡以重威。”

② “令曰：黔首徒隶名为秦者更名之，敢有弗更，赀二甲。”

③ “承令曰承制　王室曰县官　公室曰县官　内侯曰轮侯　彻侯曰列侯　以命为皇帝□命曰制　□命曰制　为谓□诏 庄王为泰上皇　边塞曰故塞　毋塞者曰故徼。”

室为嬴姓秦氏，所以非要称呼他的全名，应该是“秦政”，他的儿子也应该是“秦扶苏”“秦胡亥”等，只有秦朝公主名字中才有“嬴”字，比如春秋时期的怀嬴、文嬴、伯嬴之类的。

这两年还有观点认为，秦始皇应该叫赵政，理由是《史记》有两处明确说他是赵氏，这种看法也是有问题的。秦赵两国祖先虽然都是嬴氏，但很早以前就分了家，按先秦宗法制度，即便是同姓同宗，“出五服”（五代以外）也已没有任何联系了，因此他们各自都是以国号为氏。秦始皇叫赵政，很可能是在赵国时尚未归宗告庙，后来才成了一种约定俗成的称呼。

知识面广的可能还会拿北大藏汉简《赵正书》说事，但它的真伪目前还没有定论，而且由于通篇都管秦始皇叫“秦王赵正”，胡亥也是“秦王胡亥”，很容易让人怀疑原作者是否秉持着“秦非正统”的观念，可信度也因此大打折扣。

至于那些吃饱了撑的，非要管秦始皇叫“吕政”的无聊的人，没准哪天夜里始皇帝就把你们叫过去聊聊。

你猜对了一半。

皇帝的确掌握着所有臣民的生杀大权，只是得加个前提：当你犯罪时。

从理论上讲，先秦法家并不像人们骂的那样一味主张君权无限，《商君书·修权》就明确提出过用“法”来限制君权：世上治理国家者，大多抛弃了法度而任由私人意见盛行，这就是国家混乱的原因。其实法度才是国家的权衡，（君王）违背法度而听取个人意见，那都是不懂事理。[①]其潜台词是，君王必须自己也恪守法度，才能使国家强大。联系起商鞅学说对秦国的深远影响，不难推断这种说法至少是秦孝公之后秦国君臣的普遍共识，秦始皇也不会例外。

---

① “世之为治者，多释法而任私议，此国之所以乱也。……故法者，国之权衡也。夫倍法度而任私议，皆不知其类也。”

不信？觉得张不叁是在为暴君开脱？好，我们接下来就分析一下那些年的秦始皇杀人事件。野史里的种种编排不能当真，且看《史记》中与他相关的所有死亡：

1. 秦始皇八年，长安君成蛟反叛被镇压，他本人及全部叛党被杀；

2. 九年，嫪毐反叛被镇压，“车裂以徇，灭其宗”；

3. 同年，秦始皇“囊扑”了自己母亲与嫪毐生下的两个孩子；

4. 十年，吕不韦因与嫪毐事件有牵连被免职，饮鸩自裁；

5. 十四年，韩非使秦，在云阳狱中饮鸩自裁，下狱原因一说李斯、姚贾进谗，一说韩非图谋弱秦；

6. 十九年，灭赵之后秦始皇亲赴邯郸，坑杀了一众与自己母亲家有仇的赵国贵族；

7. 秦将樊於（wū）期全家被杀，时间不明，他本人也主动自杀授首；

8. 二十年，荆轲刺秦王失败，被杀；

9. 秦始皇饶过高渐离一命，将他留在身旁当乐师，但弄瞎了他的眼睛[①]，此后高渐离试图行刺未果，被杀，时间不明；

10. “梁山宫事件”，秦始皇杀掉了当时在场的所有侍从宫女。（详见“女性”一节）

11. 三十五年，著名的“坑儒”事件，死了四百六十余名儒生与方士；

12. 三十六年，一颗陨石落到东郡，被人刻上反动标语“始皇帝死而地分”，由于没有查出真凶，陨石周围居民都被杀。

以上就是秦始皇一生中的全部杀人记录，当然如果你非要把灭六国、打百越、匈奴时的死者，以及修长城、始皇陵的死者都算他头上，那就没办法了，这一问题已上升到了战略决策层面，只能另当别论。

以上案例中，严格来讲真正属于滥杀的只有两起：案例6和案例10。案

① 这一举动如今看来仍然很残忍，但在当时也非任意胡为。先秦时期是有用盲人担任乐师的传统的，他们叫“瞽”（gǔ）、“矇”（méng）、“瞍”（sǒu），春秋时期的著名乐师师旷就是盲人。

例4甚至都不能算到秦始皇头上，吕不韦只被判处流放，是他本人选择了自杀。其他案例也都是因当事人本身存在犯罪行为，或至少有这方面嫌疑。从这些案例看，如果想被秦始皇处死，你须有如下表现：

叛乱。案例1的成蛟、案例2的嫪毐都属于这种类型，案例3是案例2的余波。

危害国家安全。参见案例5中的韩非。

叛逃。案例7中的樊於期即连累了他的家人。

鼓吹复辟。这就是案例11中的儒生和方士们，孤立来看，坑儒案确实是判重了，但如果和当时严峻的政治形势（各种谶语、民谣流行，暗杀活动频繁）联系起来就不难明白，秦始皇此举真正目的是杀鸡儆猴，借这些倒霉方士儒生的血来吓阻六国旧贵族们，这其实已经是政治层面的考量，而不能单单从法律角度看了。

进行恐怖活动。案例8、9中的荆轲和高渐离都是这样。

躺枪。也就是案例6、10、12中被杀的路人甲乙丙丁们了，他们当中的确无辜者居多，但别忘了秦朝是有连坐制的，后两个案例中的死者不排除是被连坐的可能。

从这些案例不难看出，秦始皇不是没有打击面扩大化的举动，但绝不是主流，大部分死刑还是针对性质严重，尤其是可能危及国家政权的犯罪行为。

正常情况下，即便你真的有罪，至少也要先经过审判。前述案例中已有一些细节体现了这点：坑儒案是“使御史悉案问诸生”，接下来的陨石刻字案也是“遣御史逐问”。显然都是有固定办案程序的。

这一点甚至在胡作非为的秦二世时期也没有改变，当时赵高已经“更为法律”，彻底扭曲和阉割了秦律，从而制造了大批冤狱，但即便他基本把持了朝政，也没能完全为所欲为，该走的司法程序仍然要走。李斯的遭遇正可谓典型，他被诬陷谋反、投入监狱，赵高通过无数次刑讯逼供才获得了他认罪的口供。再看看《水浒传》，那里反复出现的一个情节是，随便一个监狱里，狱吏都能直接把犯人打死。对比之下，赵高的修行还真差得远，也足见秦法的根基有多深厚。

更重要的是，即使李斯入了狱，理论上还有一线生机。他在监狱中依然心存侥幸，写了一篇洋洋洒洒的“认罪书”，把自己曾经的功劳全说成是罪行，盼望着能通过这一方式打动秦二世，从而获得赦免，这份小聪明当然瞒不过赵高，只来了句“囚安得上书”，就把“认罪书”扣了下来。

读到这个细节，人们大多会感叹李斯聪明一世，糊涂一时，想靠这种办法保命未免太一厢情愿。但这里也许还存在着另一种可能：假如秦二世真的看到了这封上书，智商也突然变得正常，决定赦免他，李斯还是有可能咸鱼翻身的。

这方面其实存在着不少先例。《吕氏春秋·去私》记载，秦惠王时期，墨家钜子（墨家对领袖的称呼）腹䵍（tūn）在秦国定居，他儿子杀了人，秦惠王觉得钜子年龄大了又只有这一个儿子，下令将他赦免，钜子却认为这样是坏法，还是根据墨家自己的法令把儿子处死了。

另一个例子前面也说过，秦昭王时期，丞相范雎因自己的两个恩人王稽、郑安平犯重罪而面临着被连坐的危险，但秦昭王下令全国，有敢说郑安平所犯之事的人，先按郑安平的罪治他，反过来还赏赐范雎。

还有两个秦始皇时期的案子，第一个案子的主角就是高渐离，第二个案子的主角则是赵高，这货有一次犯了大罪，负责审案的蒙毅决定判处他死罪，当时还是秦王的始皇帝觉得赵高办事精干，赦免了他。

四个故事各自单独看，很容易给人留下一种印象：历任秦王对于臣子的生杀予夺完全出于一己好恶，所谓秦朝实行法治根本就是瞎扯。不过当你把这种理解和前面的李斯案对比起来看，就很有意思了：赵高把秦法摧残得一塌糊涂之后，想要整死李斯仍不得不费尽心机；秦国法治处于正常状态下时，秦王想赦免谁反而只是一句话的事。这不矛盾吗？

合理推断，这其中或许还存在着另一种可能：君王应该掌握着某种死刑赦免权。

后来历代的王朝中，皇帝们都有这种权力。汉朝已有“报囚”制度，按颜师古的注解：“奏报行决也。”也就是朝廷高官犯罪后，皇帝有权对他的案件进行复核，再决定其生死。南北朝时期，这项制度开始有了明确记载：“当死者，部案奏闻。以死不可复生，俱监官不能平，狱成皆呈，帝亲临问，无异辞怨言乃绝之。诸州国之大辟，皆先谳报，乃施行。”[①]此后这项制度也一直延续了下来。

不过从史料的蛛丝马迹来看，这一制度的雏形也许在秦朝就出现了。《汉书·刑法志》里说秦始皇“躬操文墨，昼断狱，夜理书，自程决事”，假如这一说法没有夸大，那么推断一下，“昼断狱”，断的什么狱？肯定不是一般案件，一来全国那么多起，皇帝一个人根本判不过来，二来这活计有廷尉府来干。最大的可能是，皇帝是在针对那些重大死刑案件进行复核，从而把好最后一道关。秦惠王赦免钜子之子，秦昭王赦免范雎，秦始皇赦免赵高、高渐离，有可能都是在死刑复核这一环节做出的决定。而精通秦律的李斯之所以选择给二世上书，同样有可能意图在此环节打动秦二世，促使他赦免自己。

为了避免这种情况发生，赵高甚至专门想出了糊弄胡亥的法子：他好几次派出自己的门客冒充胡亥特使来探监，一旦李斯申冤，使者们都会原形毕露，给他一顿胖揍。这种“狼来了”的故事重复多次后，李斯再也不敢有翻供的念头，后来见到真正的特使时就乖乖认了罪。

国家大事由大臣们辩论决定

不光是司法，在决定各种国家大事时，皇帝也不可能像野史演绎的那样随心所欲、为所欲为。看看《韩非子》，尽管韩非和商鞅一样被骂成法西斯，但他的这本书同样少不了强调君王必须集思广益：“毋专信一人而失其都国焉。”“离内远游而忽于谏士，则危身之道也。”“过而不听于忠臣，而独行其意，则灭高名，为人笑之始也。”“力不敌众，智不尽物，与其用

---

① 《魏书·刑罚志》

一人，不如用一国。”“人主虽贤，不能独计。”……和人们的一贯印象相差很大吧？

所以，事实上的皇帝更类似如今国家元首一样的存在，拥有的主要是对官吏们的人事任免权、行政监督权，以及各项事务的最终决定权，但动用最终决定权的前提往往是，他得和大臣们达成共识。怎样达成共识？这就得……开会了。

听到这个词，你脑海中多半会浮现出如今那些文山会海，放心，当时可没工夫搞形式主义，看看秦国历史上那些重大事项的商议：

秦孝公时期，商鞅和甘龙、杜挚等大臣搞过辩论，讨论过后，变法开始了；

秦惠王时期，张仪和司马错搞过辩论，之后秦国伐蜀；

秦王政时期，王翦和李信搞过辩论，之后秦国灭楚；

秦始皇前期，王绾、李斯等大臣们也搞过辩论，之后实行郡县制；

秦始皇后期，李斯又和淳于越等儒生再度辩论，之后焚书。

…………

显然，当时的会议讨论绝不是走过场，是要真真切切形成决议，更要付诸实施的。

这种御前会议被称为“廷议”，是朝廷决策过程中的一项重要制度。从廷议内容来看，其议题十分广泛。没统一前以军政外交事务为主，除了前面列举的几次，还有：秦武王时期，樗里疾、公孙衍就进攻宜阳的争论；秦昭王时期，楚、赵等四国准备攻秦，他召集群臣、宾客等六十人开会讨论，齐、韩、魏三国攻秦，打入函谷关，他又召楼缓、公子池讨论；等。

其中有一件事值得注意，这就是白起之死。秦国战神是因拒不服从命令而被赐死的，很多人不假思索说这就是秦昭王一句话的事，但他们忽略了史料中的一个细节：决定处死白起时，“秦昭王与应侯群臣议曰”，也就是说，做出这一决定同样是经过会议商讨过的。

统一天下后，讨论内容就主要是“体制”问题了。秦始皇与大臣们讨论帝号以及分封郡县之争等；秦二世刚登基也曾“令群臣议尊始皇庙”，后来，各地都掀起了武装暴动，秦二世也总算懂得“与群臣谋”，至于不“与公卿廷决事”是在赵高的忽悠下才出现的。

这些会议的流程很像是辩论赛。君王一般作为主持人与裁判，负责抛出议题；大臣们作为辩手，各自阐述观点理由，彼此进行辩论；最后由君王拍板决定，再交由相关大臣拟定实施细则。整个会议过程也都应该有御史史官等做笔录。

如果不是非常重要的议题，或者皇帝本人实在忙得脱不开身，他就不亲自到场，而是大臣们自己商议，再将各方意见汇总，交由他定夺，这是“集议”。有时皇权旁落或者干脆没了皇帝，权臣也会发起动议，赵高派女婿阎乐杀死二世之后，就把朝廷中剩下的大臣公子们召集起来，告诉他们这件事，然后动议立公子婴为帝。

总体来看，这些内部讨论会基本可以保证言论自由，以至于有时甚至火药味十足：商鞅说甘龙杜挚是“世俗之言”；秦始皇说王翦“王将军老矣，何怯也”；李斯骂儒生们是“愚儒”；淳于越更是直接当着满朝大臣来了句“事不师古而能长久者，非所闻也”，置换一下语境，相当于在老佛爷面前嚷嚷“大清国药丸”，可过后也没见秦始皇如何惩治他，很有点统治集团内部搞民主集中制的味道。

你也许该纳闷了：闹了半天，中国的皇帝制居然不是独裁专制？居然还民主？我读书少，你可别骗我。

放心，皇帝制绝对不是民主制，正如屠夫项羽也绝对不像某些人吹捧的那样，是什么两千年前的华盛顿或者民主的代表。非要类比一下，皇帝制有点像欧洲的开明专制，只是不像人们一贯以为的那样，国家兴衰、民众生死都维系在一个人的意志之上，这种情况不是没有，但在中国历史上实在不多见。

这是因为，统治阶级内部本身就存在着制衡。

制衡它的，是以丞相为首的士大夫官僚体系，廷议正是这种制衡最直观的体现。

逻辑是这样的：理论上，天下的确是皇帝一个人的，就相当于一家企业本来是董事长的，但皇帝自己不可能什么事都去管，也无法一个人做好任何事，他也许精力不够，也许智商余额不足，也许长于深宫全无阅历，也许性格软弱难以服众。因此他不得不去雇用丞相（总经理或CEO）、文武百官（中层干部）以及万万千千官吏们（员工），来协助自己治理国家。

官员们要替皇帝做事，就要有相应权力，皇帝也就势必会将自己的权力让渡一部分给他们。如果大臣官员们能力足够强，政绩很出色，其他人都对他们赞不绝口，日积月累下来，也会慢慢形成影响力，从而进一步扩大自己有形无形的权力，当这种实际影响力达到一定程度，就形成了那些地方诸侯或“大老虎”们。

反过来，这些大臣、官员们要将自己的官做下去或升上去，就不会希望皇位上坐着一个动不动抽风的皇帝——比如胡亥，凭借他自己的任性胡来，连累大家一起玩完，所以大臣们势必会通过种种手段，把皇帝的言行和影响力限定在一定的范围内。换言之，整个统治阶级既要借“一个人”的形式来统治国家，却又不愿意也不允许被“一个人”轻而易举地毁灭掉，这样君臣之间就形成了相当程度的博弈与制衡。

秦汉时期，臣权普遍都很强大，这种博弈也就格外明显。尽管有时候，一些空前强势的皇帝——首推你眼前的始皇帝，以及后来的汉武帝——能通过清除政敌、拓土开疆、推行改革、架空相权等各种手段树立自己的威信，一步步将大权集中到手中。但从整个历史长河来看，这远不是主流。看看刘邦，在秦汉时期的所有皇帝中，他的威势几乎仅次于秦皇汉武，可当他想废掉太子刘盈时，也遭遇了大臣们众口一词的反对，提案愣是通不过，他也只能生闷气。

刘邦尚且如此，更不用提那些占了绝大部分比例的能力平庸甚至孱弱的皇帝了，他们处理政务只能依赖整个官僚体系，相应也就一定会受到大臣们各种方式的限制和制衡：搬出上天的目光、祖宗的魂灵、先贤的训诫来吓唬他；在下达诏书的各个环节拖延磨蹭、消极罢工；宋、明不少官员甚至为了青史留名、成为“舍生取义”的忠烈，以和皇帝对着干为荣，哪怕为此丢官、挨板子乃至掉脑袋都不在乎。这样一来，皇帝只要不是特别浑蛋同时又意志格外强韧的那种人，利弊权衡之下往往也就只能妥协了。

而秦朝灭亡的密码，同样潜藏在皇权与臣权的关系中。

电视剧《大秦帝国之裂变》有一集，商鞅在和秦孝公聊天时曾向他保证：只要昏君和奸臣不同时在朝，秦国就不会灭亡。这句话看似轻描淡写，却实堪玩味，完全可以将它视为百年之后的预言。秦孝公之后，秦国有昏君庸君在朝时（秦武王、秦孝文王、秦庄襄王），有权臣把持朝政时（魏冉等“四贵”、嫪毐、吕不韦），秦国都有惊无险地渡过了这些时期，正是因为存在着君与臣之间的博弈与制衡。

但到了秦始皇后期，皇权空前膨胀，始皇帝没来得及明确立扶苏为太子就撒手人寰，从而给朝局留下了巨大的权力真空。这种情况下，假如同样手握重权的李斯秉公处事，一切按法度来办，皇权依旧能得以平稳过渡；即使是胡亥上台之后，假如李斯能铁了心与他抗衡，众多胡作非为的诏令也不可能那样顺畅地得以施行。可叹李斯出于私心，反而对此采取了默许甚至纵容的态度，当胡亥以及藏在他身后的赵高手中的皇权，与李斯手中的相权步调一致时，再也没有任何力量可以阻止秦朝在倒行逆施中走向灭亡。

也正因此，目前学界的普遍看法是，所谓的“皇权专制”，从来不是皇帝一个人的统治，而是以他为轴心，延伸到全国各级政府、严格根据律法和典章运转的整个官僚阶层的统治。它固然有着种种弊端，但不能不说在当时的情况下，有着相当大程度的合理性。

借用那句关于民主的众所周知的名言：在当时条件下的中国，皇帝制只是各种制度中最不坏的那一种。

本节要点

◆秦始皇的各种“封建迷信”活动，本质上是为了使自己成为“神权”的代表。

◆皇帝是不可能说杀人就杀人的，必须经过司法程序，死刑主要适用于危害国家安全的行为。

◆秦王或皇帝可能掌握着某种死刑赦免权。

◆皇帝更类似国家元首，主要拥有人事任免权，以及对各项事务的最终决定权。

◆“廷议”“集议”是秦朝决策过程中的重要制度，大臣们会以朝会形式形成决议，由皇帝批准。

◆中国历史上的大部分时间，君臣之间会形成相当程度的博弈与制衡，很少有皇帝乾纲独断的情况。

◆秦朝灭亡的关键不在胡亥、赵高的倒行逆施，而在李斯的纵容。

一个幽灵，秦始皇的幽灵，在骊山飘荡
——始皇帝陵

目睹了陛下的英姿之后，你开始盼着穿越成始皇帝本人了是不是？别盼啦，张不叁才不会满足你的愿望，喂喂，抱大腿也没用……放手，我叫你放手……算了，拗不过你，这节就让你穿越成始皇帝吧，不过先说好，就一小会儿啊，就一小会儿……

一觉醒来，你发觉自己身处一座华丽宫殿中，窗外雄壮的仪仗招展的旌旗绵延不绝，手中还握着枚泛着温润光泽的玉玺。你大喜过望：老子终于穿越成始皇帝了！张嘴就问："朕这是在哪？"一位内侍谦卑答话："陛下您终于醒了，这是沙丘宫啊。"

这句话让你登时喷出一口鲜血，下一个瞬间就以芭蕾舞演员的哀怨姿势缓缓滑倒，另一手还握着没写完的简牍：以兵属蒙恬，与丧会咸阳而葬。

…………

别骂啦，都说了，就让你穿越一小会儿嘛！再者，后面还没完呢。

你驾崩的消息被封锁了，巡狩车队若无其事地继续前进，接下来的每一天你都在辒辌车上挺尸，和你相伴的只有一车臭鱼，那味道不仅让车队的人马个个呕吐，也差点把你熏得活过来。一路上你列席了李斯、赵高的阴谋，听说了皇长子与蒙公的悲剧，又目睹了不成器的小儿子胡亥登上皇位，接下来你就听说，儿子要给你办葬礼了。

作为一具尸体，你被好一通折腾。按先秦时的丧葬习俗，人们要用丝绵放在你鼻子下面，以确定你没有呼吸（不过既然你尸体都发臭了，这一步估计也可以省掉了）。然后由巫师拿着一套你生前穿过的、可以代表你身份的衣服，登上停尸房的屋顶“招魂”，嘴里喊着：“陛下归来兮！”连喊三次，再把衣服从房顶扔下，下面一人用衣箱接住衣服，从东面的台阶（主阶）进入房间，用衣服盖住你。内侍们用煮过的淘米水给你洗头和尸身，修剪指甲、头发、胡须等。担任祭司的“商祝”会用角制的“匕”（尖头的小勺）撬开你的牙齿，向你嘴里先后放一些米粒、贝壳或玉琀，还有用缀有五官形状玉片的“幎目”蒙住你的脸……

这些程序还只是当时葬礼中的九牛一毛，真要把所有烦琐程序逐一走过，估计你烦都要烦得再死一次了。所以我们长话短说，还是来看你长眠的居所吧。

世纪葬礼的规格：以山为陵，水为之竭

你一缕香魂御风而行，杳杳冥冥飘向咸阳城东，眼前连绵起伏的青翠群山正是骊山，当时也写作丽山、郦山。注意，“丽山”还不仅指这座山本身，更是指你的整个陵寝。秦国历史上，君王陵寝的名称是伴随着规模步步升级的，秦景公的埋葬地还叫“墓”，商鞅变法后你的几位先祖则是“陵”，到你这里终于成了“山”。

你十三岁刚即位时（公元前247年），仲父吕不韦就为你选定了这里，修陵工程也是那年启动的。郦道元认为，骊山的山阳（南麓，山南水北为阳）距离蓝田不远，出产美玉（蓝田玉），山阴（北麓，山北水南为阴）又产黄金（后来地质队还真在骊山北麓发现了金矿），你睡在这里不愁没钱花。

骊山附近还有一处城邑——丽邑，它是始皇陵的“奉陵邑”，也就是建在陵园旁，专门负责拱卫和祭祀陵园的城市。你在位的第十六年（前231年）设置了这座城邑；第三十五年（前212年），你又将三万户黔首迁徙到这里；如今，这里更汇集了号称人数多达七十万的刑徒、居赀赎债者与服徭役的百姓，人人愁眉苦脸。你知道他们哀悼的不是你的去世，而是自己的悲惨命运。

骊山东北有一条河原本向北流淌，由于你被葬在骊山北麓，它硬是被人力改造成西北流向，形成环绕陵园的地势，修陵需要的土方也从这里挖掘，以至于最后形成了一个大水池，人们叫它鱼池。蜀地和荆楚地的木材从水路千里迢迢被运了过来。由于骊山也缺少石料，人们不得不从渭水北山（哪座山待考）去开采，其中有一块天然巨石最引人注目，它高达一丈八尺、周长十八步，人们叫它“很（hěn）石”，其实就是“狠石”，谁也不知为了运这块石头累死了多少人。

1979年，在始皇陵封土西部1500米远的赵背户村，考古工作者探测出一百一十四座墓葬，都属于陵园修建者。这里还出土过瓦片，上面刻有一些修陵者的姓名；在瑶池台村，考古队还发现了叠压在一起的厚厚尸骨层，有100多米长。

那些日子里，整个骊山工地都响彻着这样的歌声：

> 运石甘泉口。
> 渭水不敢流。
> 千人唱，万人讴，
> 金陵余石大如坵（ōu）！
> ……

你在位的最后一年（前210年），修陵工程还遭遇了一件不小的意外。施工队向地下挖得太深，遇到了岩石层，敲一敲岩壁，就会发出“空空”的声音，怎么都挖不下去了，而且那里空气稀薄得火把都点不燃。主持修陵工程的丞相李斯向你报告工程难题，你下了一道“制”，要求施工队向北三百丈[①]（合693米）远再挖，看看能不能避开这岩石层，结果状况还是这样，你

① 《秦始皇本纪》原文是“旁行三百丈”，学界对这一句如何解释看法不一，有观点认为是把地官面积扩大三百丈。

只得作罢。

修着修着又出问题了，骊山一带地下水很丰富，施工队一往下凿就冒出泉水。最后工匠们想出了一个天才的办法：他们围绕陵冢下的地宫修建了一条巨大的地下水坝，顶部由84米宽的黄土夯成，底部由17米厚的青膏泥夯成，这种泥既防水又防腐，秦汉墓穴中经常可以发现它；水坝外还修有地下水渠，可以将泉水引向地底更深处，类似“坎儿井”的结构。

这种做法就是所谓的“下锢三泉”，还有史料称施工时“塞以文石，致以丹漆”，“文石”不清楚是什么，也许是某种填充水坝裂纹的物质，“丹漆”可能是某种防水涂料。总之，这些措施都起到了良好的防水效果，考古学家们检测发现，排水渠之外，土壤中含水量非常高，排水渠内却是干燥的。据段清波先生介绍，北京的国家大剧院也是用这种方式修建的。

地上陵园分内外两城

不知进行了多久，这项空前绝后的浩大工程终于在累累尸骨中完工了。飘浮在半空中俯瞰，你可以发现，地上陵园类似一座城邑，范围达到56.25平方公里，面积相当于近78个故宫大小，它分为内城和外城，大体呈回字形，也就是陵墓周围建有内外两重城垣。

外城垣宽8米左右，周长6210米，四面各一扇城门，不同于后代帝王坐北面南为尊，这里东门是正门，位于东西轴线上，门阙也最高大。有观点认为，按当时的礼仪，主人的位置应该面向东，鸿门宴中的主宾位置就是“项王、项伯东向坐”。

外城的主要建筑有两处，一是“食官”的处所，相当于整个陵园的厨房，出土的陶器刻有“丽邑二斗半，八厨”“六厨”“丽山厨”等字样，显然是那些储藏食物的橱柜的编号。食官是负责给你祭祀的官员，据说每天要给你供四顿饭，有些重大日子的祭祀会更加隆重。食官北面坐落着“园寺吏舍”，相当于宿舍。为了不打扰你的休息，这些侍女、劳役、卫士等负责守陵、祭祀工作的活人们都居住在这里，食官也会每天供应他们的饮食。

内城垣周长3870米，北墙设置两座城门，其余三面各开一门，后来内城垣外出土了大量筒瓦、板瓦、脊瓦等建筑材料，考古学家推测，当时紧贴城垣的内外两侧应该还建有廊房。

内城最核心的是寝殿，位于陵冢北侧53米偏西的地方，也是坐西面东，南北长62米，东西长57米，总面积3534平方米，主体建筑外分别有回廊和水渠环绕。

这是供奉和祭祀你的地方，也是你一个别出心裁的创新。《后汉书·祭祀志》及蔡邕的《独断》称，秦朝以前，贵族阶层祭祀先祖都不去坟墓，而是在自家的宗庙中，也就是一间专门用于祭祀的房屋，这才是“庙”这个字的本意；“庙”的后面还有一座“寝”，里面放着逝者生前用过的东西，比如衣冠、几案、手杖等。你即位之后，什么都要创新，也顺手把这祭祀的习惯改了，将“寝”从宗庙挪到了陵园，从此别人想要祭祀你都要来这里，这一风俗也被后人继承了下来。

寝殿北面150米外，是一批被称为“便殿”的建筑。如果说寝殿是你灵魂饮食起居的地方，便殿就是游乐休息的地方。便殿室内的地面经过夯筑，有的地方铺着石板，还有卵石铺成的环形路。

你问了：陵园中有这么多建筑，怎么见不到那如雷贯耳的兵马俑坑？别急，请站在自己的陵冢向东看，1695米外就是啦；如果以陵园外墙为起点算，距离则是1225米。你也许会纳闷，它们怎么离朕那么远？朕要想玩玩这些手办，还得飘到一公里外去，麻烦不麻烦？

答案可能会让你吃惊：那些兵马俑其实不是你最心爱的物品。兵马俑考古队队长许卫红老师为此提出了很多证据：俑坑离你的墓葬太远就是一条；此外，有些俑坑中发掘出一些建筑木料，并没有完全砍掉枝杈，可以想见用它们搭成的窝棚肯定很简陋，住在里面的工匠自然也不会地位很高；更夸张的是，俑坑中还出现了炭迹和小动物的肢骨，这证明工匠曾在这里吃过烤肉，显然他们没觉得这里是多么重要的场所。

没想到吧，被誉为“世界第八大奇迹”的兵马俑，在你眼中不过是一般的陪葬品罢了，那些真正的陪葬珍宝还不知都有什么好东西呢。

看够了兵马俑，还是把注意力集中到你脚下的陵冢吧。这就是人们俗称的封土堆，它也是由黄土夯成的，总体结构就像一个“覆斗”（倒扣的方形漏斗），像阶梯一样分成三级。《汉书·楚元王传》称，陵冢“其高五十余丈，周回五里有余”，不过王学理先生估算后认为，这很可能是传抄史书时抄错了，陵冢的真正高度恐怕只有三十丈，按秦制换算后约合69.6米。两千多年来由于风雨侵蚀、人为破坏等因素，陵冢目前更是只有51.668米高，底部周长1390米，面积约为12.075万平方米。整座陵冢上还种满了松柏，所谓“树草木以象山”，现在这里的树木都换成了石榴树。

如今，你就要长眠在这处陵冢之下。

下葬那天，震天哭声从咸阳一路传到这里。你看到自己的棺椁被缓缓运进陵园，从外城进到内城，然后没入了陵冢的墓门；你又看到自己宠爱的那些后妃们一个个哭泣着被拉到陵前受死，原来胡亥下了一道命令：宫中没有为你生下儿女的后妃，不宜放出宫，都要为你殉葬。你在空中捶胸顿足，却什么也做不了，眼睁睁看着她们娇嫩的脖颈被青铜斧钺逐一斩断。随后，那些修陵的工匠们也被赶入陵冢，沉重的墓门森然落下，仿佛史前怪兽闭上了黑漆漆的大口，如叹息之墙般划出生与死的分界。

葬礼结束、人群散去后，你穿过厚重的墓门，飘入那道吞噬了无数生灵的墓道。本来按帝王的规格，这样的墓道应该有四条，分别贯穿四个方向，学者们甚至一度以为秦始皇陵有五条墓道，但据段清波先生研究，这里只有东、西两条。

狭长的墓道中躺满了工匠们的尸骨，奇怪的是他们都留在这里，没人向地宫深处探寻，直到第二道墓门出现在眼前，你才明白为什么：墓道设了三道墓门，由内向外依次为“内羡”“中羡”“外羡”，由于《史记》原文是“闭中羡，下外羡门”，有专家推测“中羡”应该是双扇或单扇的开合门，“外羡”则是一旦落下就无法开启的闸门。这些工匠们就被封闭在“中羡”与“外羡”之间的墓道中，既无法逃出陵冢，也无法进入地宫，这样设计既可以防止他们在地宫中搞破坏，也是为了对付盗墓贼。

不过墓门对你构不成障碍。你透明的身体沿着墓道一直飘过“内羡”，有几次拐弯时会发现角落中闪烁着点点寒芒，它们都是设置在暗处的弩机，如果你不是幽灵而是真正的盗墓者，一旦不小心触动了机关，弩机就会突然“嗖嗖”发射出弩矢，将你钉在墓道中。

九级地宫下是水银江海，还有超出想象的巨大宝藏

越过重重机关后，你来到了地宫。这里的学名是“墓圹（kuàng）”，平面呈一个“亚”字形。刚才讲过，陵冢外形为“覆斗”，“墓圹”的结构则类似“仰斗”（口朝上的方形漏斗），越向下口越小。最上面（也是陵冢封土最下面）的口叫“方中”，南北长515米，东西宽485米，占地面积24.9775万平方米。“方中”里面有一圈夯土城墙“方城”，尽管它建在地下，却高出地面达30米，只是被陵冢的封土盖住才不为人知，这圈方城在其他所有陵墓中从未发现过，很可能也是你自己的创举。

秦公一号大墓内部构造的模拟图（摄于陕西历史博物馆）
据推测，秦始皇陵的内部也应与之相似

沿着“墓圹”的内壁走下去，你会发现，内壁被修成了类似一层层台阶那样的结构，总共九级，每级都是一条首尾相连的长廊，筑有百官衙署的模型，越向下周长越短。这些“台阶”叫“中成观游”，据说是供你的灵魂出游，登高望远的。

下到最底层，你就来到了整座秦始皇陵园最核心的区域——玄宫，也叫“明中”“椁室”，它底部东西长160米，南北宽120米。四壁都是石砌的，有一些墓道通向多个幽深的侧室与耳室。

你站在玄宫底部，仿佛站在教堂中那样，仰头望向上方的墓室穹顶，从你站的位置到那里，距离有33.18米，大约有十一层楼那么高，这是王学理先生的探测结果。你看到穹顶是圆形的，与方形的玄宫一同构成“天圆地方”的格局，如同天幕般倒扣在自己头顶，甚至真有万千“星光”在黑暗中闪烁，它们都来自镶嵌在穹顶上的明珠，位置与夜空中的星宿别无二致，这就叫“上具天文”。

你看到脖子都酸了才低下头，又发现脚下是一道道沟渠，银亮亮的水银正在其中缓缓流动，飘上半空后，你发现这些水银河流的轮廓与长江、黄河、淮河等大体一致，这就是“以水银为百川江河大海，机相灌输”，只是没人知道水银是靠什么动力流动的。

现代地质勘探也验证了秦始皇陵中有大量水银的事实。1981年、1982年，研究人员对秦始皇陵园进行了汞含量测试，发现这里有一个面积达1.2万平方米的汞含量异常区，汞含量的平均值为205ppb，比背景平均值35ppb高出5.9倍。另据中国地质调查研究院的刘士毅先生介绍，这些汞的分布也很有规律：东南、西南强，东北、西北弱，刚好对应中国河流南方多、北方少的分布规律。

这些水银很可能都是那位女富商寡妇“清”提供的，她在巴蜀地的“丹穴”（朱砂矿）开采出朱砂，然后千里迢迢运到关中，再炼成水银，注入地宫。它们不仅烘托得地宫更加富丽堂皇，还可使尸体和随葬品长久保持不腐，最重要的是水银具有很大毒性，一旦有盗墓者闯入，都会被毒死。因此早在春秋时代，就有向墓冢灌注水银的习俗，只是谁也没有你的陵墓水银用量大。王学理先生估算，里面的水银可能有100吨之多。

墓穴中并不黑暗，人鱼膏点起的长明灯照耀着这里的一切。按照《拾遗录》的描述，水银的江河湖海中有用琉璃和各种宝石雕成的鱼和龟，上面漂浮着名贵的沙棠木、沉檀木做成的舟楫，以及无数金银制成的凫雁。（后来这一带还真出土了一些青铜水禽，铸造工艺极为高超，部分印证了这一记载）与之相关的还有一个神奇传说：项羽入关中后曾试图盗掘陵冢，不料刚开始发掘，墓中就飞出了一只金雁；数百年后的三国时代，有人给日南太守张善送来一只金雁，他判断这就是从你的陵中飞出的那只。《三辅故事》《独异记》等笔记中都有类似记载。

即便这个故事是虚构的，也丝毫无损玄宫中随葬品的丰富，这里只提一个细节：也许是被那只金雁吓到了，项羽没有继续发掘陵冢，只在地上陵园大肆掳掠，运走那些战利品时用了三十万人，运了整整三十天都没运完。

再后来，考古学家们在这一带相继发现了六百多处俑坑、陪葬墓，发掘出的文物多达十万余件，看看如今摆放在兵马俑博物馆的那对镇馆之宝——彩绘铜车马，再看看那些青铜水禽，那些百戏俑，那枚乐府钟，每一样都堪称无价之宝。这些还仅仅是九牛一毛，埋藏在始皇陵中的宝物总量，或许又是一座北京故宫（一百八十余万件珍贵文物）的规模，而且别忘了，那是在两千年前。

地宫的中心位置伫立着一座“黄肠题凑”，你会看到它很像一座方方正正、没有封顶的木制堡垒，“黄肠”指黄心柏木枋（方形的木头），“题”是头的意思，“凑”意为内向，“题凑”就是这些木枋的头一律朝内排列，垒成四面木墙，这样堆起来会很坚固，也有助于防潮。这种“黄肠题凑”在汉墓中发现了许多，位于如今陕西省宝鸡市凤翔县的秦公一号大墓中也有。

“黄肠题凑”里安置着你的棺椁。关于它的质地说法不一，《史记》《水经注》都说是铜椁，《刘向传》称是石椁，而根据《贾山传》“漆涂其外，被以珠玉，饰以翡翠”的描述，恐怕只有木椁才能有这些装饰。很多人推断，它也该和始皇陵一样面向东方，之前的很多秦墓都是这样，有学者认为，这是因为秦人先祖发源于东方，这样摆放有不忘根本的意思。

棺椁中就是你的尸首，它有可能穿着殓服——丝缕玉衣。你也许听说过金缕玉衣，也就是将许多玉片用金丝穿缀成一套铠甲式样的“衣服”，再按部位给死者套上，很多西汉王侯的墓中都有它。不过其前身也许在春秋战国时期就已出现，邯郸赵王陵就出土了玉片，从广州南越王墓出土的丝缕玉衣来看，这些玉片应当是用丝线穿起来，再用麻布粘贴编缀而成的。

幽灵状态的你飘进丝缕玉衣覆盖下的尸体中，闭上眼睛开始长眠。有时一觉醒来，你就在这处壶中日月里四处游荡：一件件把玩那些堆积如山的珍宝，在水银江海中凫水，飞上墓穴的穹顶去数星星；每天定期飘到外面，去寝殿吃祭祀，再去便殿自娱自乐一番，有时还去各个陪葬坑，与那些后妃们从诗词歌赋谈到人生哲学，再亲切慰问下工匠刑徒们；偶尔你还会飘到陵园最外围，去检阅自己收藏的那些手办——兵马俑，他们则对你这位主人抱以恒久的沉默。

将自己的领地视察完毕后，你还会飘荡到封土的松柏林中，攀在那棵最高松树的枝头向西望去，那是你生前的处所，你在那里为自己的帝国殚精竭虑了一辈子，也曾享受过无与伦比的威赫权势，全天下每一个人都匍匐在你脚下。如今，那样的生活永远也回不来了。

两千年来，没有盗墓者能在这里得手

平静而单调的生活被打破了。这天，你听到守陵的官吏内侍们神色紧张地窃窃私语，从他们口中你得知，咸阳发生了惊变，你所有的子女都被处死，还有不知多少无辜者被随意扣上罪名处决。这一切的始作俑者都是胡亥和他背后的赵高，雷霆震怒的你拍案而起，恨不能把这两个祸害直接掐死，让他们来给自己陪葬。

可你无能为力，曾经一怒而伏尸百万流血千里的你，如今只是一个幽灵。

不久后，你看到又有一些棺椁被运到陵园外，数了数总共十七具，它们都南北纵向排列着，埋在如今的临潼上焦村一带。考古学家从这些墓葬中

发现了一些陪葬品，其中一枚印章刻着“荣禄”字样，另一枚刻着“阴嫚”（也有说是“阳滋”），也许都是人名，有的器物还刻有“少府”字样，说明这些墓主都与宫廷有关，地位不低。鉴定显示，死者年龄多为二三十岁，骨骼都是身首分离，死因或是肢解，或是缢杀，还有一颗颅骨插有铜镞，下颌骨向前凸出，显得十分痛苦和惊恐。最后，他们还发现一处墓葬中空荡荡没有尸骸，只埋了一把剑。

目前学者普遍推测，这些墓葬就属于你的儿女们；至于那处空墓，或许是你的长子扶苏的衣冠冢。

笼罩在关中大地的阴霾越来越浓重，各地乱象连连，黔首们怨声载道。二世元年（前209年）七月，一声惊雷从遥远的大泽乡响起，滂沱的大雨中，九百戍卒揭竿而起，蛰伏的六国贵胄纷纷出动，反秦烽火迅速蔓延，天下每一个角落都充斥着连绵的杀戮，乱世终于还是重新降临了。

可你无能为力，只能在陵园中孤零零地徘徊，等待着那个早已注定的结局。

没有等待多久。这天，你看到一支自称汉军的队伍开过陵园；没过几天，诸侯联军的队伍也浩浩荡荡出现在关中，带着横扫一切牛鬼蛇神的气魄到处打砸抢烧，像瘟疫一样将途经的每一寸土地摧残得寸草不生鸡犬不留。

所有的守陵人都被杀害了，所有的建筑都被拆毁了，所有的财宝都被掠走了。后来山东省淄博市临淄区的西汉齐王墓出土过一件鎏金龙凤纹银盘，铭文有“三十三年”字样，经鉴定是秦朝文物，也是目前所见唯一秦朝的银质器皿，有学者认为，它就是诸侯联军灭秦的战利品之一。

毁掉地面的一切之后，他们又试图发掘陵冢，也许是时间过于仓促，也许是陵冢修建得太过坚固，也许是彼此各怀鬼胎，这项尝试最终失败了。那之后，你的陵墓再也不缺少光顾，项羽来过，石虎来过，黄巢来过，大大小小的盗墓贼都将觊觎的目光投向这里，然而没人能打扰黄土下你的长眠。近十年来，考古人员在陵冢及周围打了四千多个探孔，发现夯土层十分清晰规整，没有任何被掘开、焚烧、盗扰的痕迹；陵区中依旧存在的巨大水银含量也验证了这点，如果地宫被盗过，水银势必早就顺着盗洞挥发完毕了。

两千多年过去了，星移斗转，沧海桑田，你的陵冢依旧伫立在关中大地上，被重新修建为旅游景点。学界一致决定，在技术水平没有足够把握的情况下，不会对这里进行发掘。

时光永在流逝，街市依旧太平。如今，不远处的兵马俑坑已成为了世界第八大奇迹，每天游人如织，有些游客也会顺便来到陵冢参观，在这座土丘爬上爬下。他们不会知道，你的灵魂依旧默默注视着他们，也守望着这片土地，两千多年来，夜夜皆然。

“谁能想象到，在那平静土地下的长眠者，竟会拥有并不平静的睡眠。”

本节要点

◆骊山不只是山，“山”其实也是对陵园的称呼。

◆“下锢三泉”的本意是用地下水坝将泉水隔离，这项工程体现出极为高超的技术水平。

◆秦始皇陵坐东向西，分为内城和外城，建筑有寝殿、便殿、食官等。

◆从秦始皇开始，“寝”被移到墓地，人们在家祭祀先祖的形式渐渐转为到墓地上坟。

◆地宫共分九级，与墓穴穹顶呈“天圆地方”的格局。

◆地宫中存在大量水银，这一点已被地下探测印证。

◆考古显示，秦始皇陵是现在为数不多没遭到盗墓者荼毒的帝王陵。

尾声

历史的车轮转到公元前210年以后，即便不成为始皇帝，你也会发现无论怎样穿越，自己都没有好下场。

一觉醒来，你发现自己成了一位衣着华丽的贵公子，找个小水坑照了照，只见自己剑眉星目、玉树临风，你又得知自己的身份——天潢贵胄，不折不扣龙傲天式男猪脚一枚。你不禁大喜过望，正沉醉在自己如何开疆拓土、组建后宫的幻想中，一名士卒匆匆来报："皇长子，陛下特使已至，这就要宣读诏书了！"

再度睁眼，你发现自己伫立在万里长城之上，眼前无数虎贲猛士，在绵延的草原上伸展得无边无际。周身热血都开始沸腾的你正要下令全军开出、与匈奴一决高下，一张嘴却成了："我何罪于天，无过而死乎？"

不屈不挠接着穿，你这回成了整个秦朝最有权势的人，天下之事无大小皆决于你手，而且你博古通今、学贯中西，一手小篆写得铁画银钩、矫若惊龙。踌躇满志的你这就准备施展自己的绝世才华，扭头见儿子站在身旁，不假思索冲他开了口："吾欲与汝复牵黄犬，俱出上蔡东门逐狡兔，岂可得乎？"

咬咬牙继续穿。你再次从梦中醒来，发现周遭陈设极为华丽，身旁宫女个个美似天仙，你正盯着她们流口水，一个恶汉丢给你一把剑："足下其自为计！"你说我不当皇帝了，只当郡守就行，他说不行；只当万户侯呢？

仍然不行；只和我老婆当普通百姓呢？他说你再说多少都没用，你只能哭着举起了剑。

接着穿！这回你成了秦朝最后的救世主，反贼集团在你的英明领导下被彻底粉碎，眼前的混乱局势开始安定下来，一切都在向好的方向发展。你正在思考如何力挽狂澜于既倒，一名内侍小步跑来："陛下，沛公将至，该去轵道了。"不由分说把你搀上一辆由白马拉着的素车。

…………

大人物难免一死，小人物命运更是凄惨。

你穿越成了内史一名老实巴交的黔首，没招谁没惹谁，结果全年收入都被官府掠走，自己也被征发去修了长城，饥累交加中死在了路上；

你穿越成了蕲县一名老实巴交的黔首，没招谁没惹谁，这天乡里出现一群自称张楚军的士兵，把全乡洗劫得片瓦无存；

你穿越成了襄城一名老实巴交的黔首，没招谁没惹谁，这天城外出现一群自称楚军的士兵，攻陷城池后把你们杀得鸡犬不留；

你穿越成了相县一名老实巴交的黔首，没招谁没惹谁，这天城外出现一群自称秦军的士兵，攻陷城池后把你们杀得鸡犬不留；

你穿越成了武关一名老实巴交的黔首，没招谁没惹谁，这天关外出现了一群自称汉军的士兵，攻陷关隘后把你们杀得鸡犬不留；

你穿越成了会稽郡一名老实巴交的郡卒，没招谁没惹谁，这天当地一家旧贵族项氏带着一群"反秦志士"杀了郡守又冲进官府打砸抢烧，你们拼命抵抗，被一名有着重瞳子的恶汉全数杀死；

你穿越成了骊山一名老实巴交的城旦，没招谁没惹谁，这天跟着少府打了败仗投降敌军，路过一个叫新安的地方，你和其他二十万降兵又被刚才那名有着重瞳子的恶汉坑杀；

你穿越成了咸阳一名老实巴交的居民，没招谁没惹谁，这天那些自称楚军、赵军、齐军、魏军的士兵在那名有着重瞳子的恶汉的带领下开进咸阳，打着"伐无道，诛暴秦"的旗号，洗劫了始皇陵，屠杀了皇族，在城内到处抢钱抢粮抢女人，最后把整座城市付之一炬，大火三月不灭；

…………

连绵的征战使华夏大地满目疮痍。和平终于勉强降临时，天下民失作业，而大饥馑；人相食，死者过半，天子车驾都凑不齐四匹相同颜色的马，将相只能乘坐牛车。

秦朝覆灭了，新王朝在废墟中建立起来，秦朝创设的诸般制度都被继承下来，一同延续的还有人们对“统一”的根深蒂固的执念。作为这些遗产的创造者的秦朝，却在“暴秦”的骂名中被蒙上了厚厚尘埃。

那之后的许多年，再度穿越的你回到骊山，孤身进入了兵马俑坑中。

空旷的俑坑回荡着你孤单的脚步。摇曳灯火下，兵马俑一个个粗长的影子从地面延伸至远处，你在它们凝固的身姿间穿梭，从一张张明晦交替的漠然面孔中辨认着昔日同袍的样貌，在心底默默向他们致以最后的告别。

离开那里后，你沿着已开通的秦直道一路向北。在这条笔直如矢的大道尽头，你的万千新同袍即将与匈奴展开又一场旷古大战，属于新王朝的红色旗帜正在草原上高高飘扬，旗上那个斗大的“汉”字，耀人眼目，夺人心魄。

◎ 我只是知识的搬运工

假如能坚持看到这一页，恭喜，士伍“奋”，你的穿越旅途正式结束了。

作为你的导游，我也总算可以喘口气了。

从古至今，在各种正史、演义乃至影视剧的卖力渲染下，“暴秦”的形象早已深入人心，上至学者，下至网民，对秦政如何“反人类”“法西斯”的声讨，充斥在舆论场的每一个角落。种种看似花样翻新、实则拾人牙慧的说法，无非是引用《史记》《汉书》里那些耸人听闻的形容词，至多再加上对《商君书》的望文生义与断章取义。与此同时，没有多少人肯沉下心来去读出土秦简以及严谨的研究著述。毕竟，前者佶屈聱牙的文字、语焉不详又歧异丛生的句读，后者枯燥乏味的冰冷叙述，足以令大多数读者对它们望而却步。

所以在这本书中，我尝试着以自己的方式，将这些知识以尽可能通俗生动的形式呈现给读者。从原创性讲，它谈不上有什么学界从未提过的新颖观点，行文也比不上真正学术著作的严谨，我甚至不敢自称书中的所有叙述都无懈可击，这既是因为自己学识有限，也是因为在没有更权威的证据出现之前，关于秦政的诸多争论既不能被证实，同样也不能被证伪，许多结论都只是推理，姑且算我一家之言。

我不生产观点，我只是知识的搬运工。

尽管这部书的语言比较网络化，但毕竟更侧重于介绍秦朝的各种社会制度与司法案例，因此对这些方面不太关心也缺乏基本了解的读者，读起来恐怕仍不免有艰深乃至乏味的感觉。但无论如何，我依旧相信这部书至少能给读者带来不少耳目一新的知识，也希望它能在一定程度上澄清关于秦政的种种误解，多少扭转主流认知中对于秦朝的刻板印象，抹去蒙罩在那个时代上面的几许尘埃。

2013年9月，我开始了《秦朝穿越指南》的写作。2015年3月，羊年春节刚结束不久，被派往国外交流的我在悉尼完成了初稿。沐浴着专属于南半球盛夏的阳光与海风，从满天繁星中辨认着南十字星座，身处西方文化包围的我，前所未有地深彻体味到自己“中国人”的身份，也第一次惊觉，两千年前由秦朝所创立的统一文明，已在自己身上打下了深彻烙印，永不磨灭。

简牍中的秦朝，固然不如《大秦帝国》等文艺作品描写的那样完美，查阅各种资料时，我甚至时常生出“多亏没活在当时”之类的庆幸，但即使这样，以如今的眼光看来，有着各种落后甚至野蛮的那个时代，终究为中华民族奠定了最坚实的文明基础。我们每天都要使用的方块字，我们认为天经地义的“统一”观念，我们“四海之内皆兄弟”般对于华人的身份认同和文化认同，都是在那个时代正式确立的。

秦朝其实既不是天堂也不是地狱，它只是我们民族的文明根基。士伍“奋”是你，士伍“奋”也是我，士伍“奋”是千千万万的秦朝黔首，以及如今万万千千的华人的化身。

最后，感谢对本书有帮助的所有师长朋友们，发自肺腑地：

感谢我的策划编辑姚蓓蕾对书稿的漫长等待与辛苦付出，她有热情、有想法更有能力，对待编辑工作充满活力又尽职尽责，与她合作我感到分外顺畅。

感谢马伯庸、森林鹿、柳馥等前辈为这部书写的推荐语，尤其感谢森林鹿开创了“穿越指南”这一新颖表现形式，这部书就借鉴了她的《唐朝穿越指南》。

感谢“大秦帝国书友会”的几位朋友：公士或、蒹葭从风、草色风烟、萧十七妹等，早在我的第一部小说《大秦将军》的写作过程中，他们就是我的顾问与监工，如今他们的意见同样保证了我这部新作品的水准；感谢燕王wf绘制的封面；感谢我的同事吴了了，她不仅扮演了“白居易的老婆婆”这一角色，从纯读者的角度为我提供了诸多有益反馈，还帮我修改了书中各章节的标题。

必须感谢的还有孙皓晖老师。十年前，他的历史小说《大秦帝国》将我引入了秦史学习的殿堂，从此我开始广泛阅读各种史料典籍、学术著作乃至出土秦简。多年来他的言传身教也深深影响了我的三观。

更要感谢的是所有对秦简进行发掘、整理与注释的考古专家，以及对秦史秦政进行研究的学者老师们（按姓氏笔划排序）：于振波、马非百、王子今、王学理、王焕林、许卫红、许倬云、孙机、吕思勉、吴小强、李开元、李学勤、辛德勇、扬之水、陈伟、陈松长、张分田、张金光、张春龙、林剑鸣、杨宽、段清波、饶宗颐、袁仲一、徐卫民、高恒、阎步克、黄留珠……是他们的研究成果支撑起了这部书的内容，这段写作经历更使我深深体味到他们的艰辛与不易。如果本书能使这些成果为更多的读者所了解，这无疑是我此次写作的最大快乐与成就。

我相信，这本书的完成，并不是我持续多年的阅读、思考与写作的完结，而是一个新的开始。毕竟，出土简牍只是关于秦朝历史真相的冰山一角，更多内容依然隐藏在重重历史迷雾中，这种现状足以使我发出“无极之外，复无极也”的慨叹。但不管怎样，哪怕知也无涯，哪怕以有涯追无涯仍不免“殆矣”，那个时代的魅力，依旧足以吸引着我继续探索下去。

就这么愉快地决定了。

张述（张不叁）
2015年9月20日